职业教育“十四五”教材·高速铁路系列
行业紧缺人才、关键岗位从业人员培训教材
多媒体数字化教材建设成果

高速铁路客运组织

（修订本）

主　编　兰云飞　何　萍
副主编　韩晶书　张红博

本书为 E－Book 教材，
书中🔍图标处，配有微课视频。

北京交通大学出版社
·北京·

内容简介

本书对高速铁路客运组织工作的理论与实务进行了较为详细的介绍。本书分为七个项目：高速铁路客运工作概述，高速铁路旅客运输条件，高速铁路客流调查、列车开行方案、列车运行图及动车组运用计划，高速铁路客运乘务组织，高速铁路车站客运组织，高速铁路客运服务岗位工作，高速铁路旅客运输安全。

本书可作为应用型本科院校、高职高专院校、中等职业技术学校的教学用书，也可作为企业职工培训教材。

图书在版编目（CIP）数据

高速铁路客运组织 / 兰云飞，何萍主编. —北京：北京交通大学出版社，2017.10（2025.1 重印）

ISBN 978-7-5121-3296-2

Ⅰ. ①高… Ⅱ. ①兰… ②何… Ⅲ. ①高速铁路-客运组织-高等职业教育-教材 Ⅳ. ①U293.3

中国版本图书馆 CIP 数据核字（2017）第 178463 号

高速铁路客运组织

GAOSU TIELU KEYUN ZUZHI

策划编辑：刘辉　　责任编辑：刘辉

出版发行：北京交通大学出版社　　电话：010-51686414　　http://www.bjtup.com.cn

地　　址：北京市海淀区高梁桥斜街 44 号　　邮编：100044

印 刷 者：北京鑫海金澳胶印有限公司

经　　销：全国新华书店

开　　本：185 mm×260 mm　　印张：20.25　　字数：499 千字

版　　次：2025 年 1 月第 1 版第 1 次修订　　2025 年 1 月第 5 次印刷

书　　号：ISBN 978-7-5121-3296-2 / U·278

定　　价：49.80 元

本书如有质量问题，请向北京交通大学出版社质监组反映。对您的意见和批评，我们表示欢迎和感谢。
投诉电话：010-51686043，51686008；传真：010-62225406；E-mail：press@bjtu.edu.cn。

前　　言

为适应铁路快速发展对高技能人才的需要，结合《铁路技术管理规程》（高速铁路部分）的相关规定，我们编写了本书。

本书坚持继承与创新相结合、理论与实践相结合的编写原则，充分体现了近年来与高速铁路相关的新技术、新设备、新规章的运用。本书由兰云飞、何萍担任主编，韩晶书、张红博担任副主编，具体分工如下：项目一、项目二、项目三由韩晶书编写；项目四、项目五由兰云飞编写；项目六由何萍编写；项目七由兰云飞、张红博编写。

本书为 E－Book 教材，书中图标处，配有微课视频。

由于本书编写人员水平有限，对于各种问题的分析和处理难免有不足之处，敬请广大读者批评指正。索取与本书相关的教学资源可从出版社网站（http://www.bjtup.com.cn）下载，或与出版社编辑刘辉联系（邮箱 cbslh@jg.bjtu.edu.cn，QQ39116920）。

编者

2025 年 1 月

目　　录

项目一

高速铁路客运工作概述

【项目描述】

本项目主要介绍国内外高速铁路概况、高速铁路的主要客运技术、高速铁路客运服务工作的相关知识。通过本项目的学习，使学生了解国内外高速铁路的发展状况及相关的客运技术，掌握客运工作的岗位分工及工作内容。

任务一　国内外高速铁路概况

【技能目标】

了解国内外高速铁路的发展历程，以及国内高速铁路的发展规划。

【知识点】

国外高速铁路发展状况；高速铁路的主要客运技术；我国高速铁路的"八纵八横"高速铁路主通道。

【相关知识】

一、国外高速铁路概况

高速铁路技术是世界铁路的一项重大技术成就，它集中地反映了一个国家在铁路牵引动力、线路结构、运行控制、运输组织和经营管理等方面的技术水平，也体现了一个国家的科技和工业水平。1825 年，英国修建了世界上第一条铁路；1903 年，德国用电动机车创造了试验速度 210 km/h 的纪录；1955 年 3 月，法国用两台电力机车牵引三辆客车的试验速度达到了 331 km/h，刷新了当时的高速铁路试验速度纪录；1964 年日本新干线开始运营；1981 年法国建成了最高时速为 270 km 的 TGV 东南新干线；2007 年法国创造了轮轨高速铁路试验速度 574.8 km/h 的纪录。2014 年 1 月，中国的 CIT500 型动车组的试验速度达到了 605 km/h。

铁路运输尤其是高速铁路运输，因其速度快、清洁环保、运输量大等特点，受到国外很多国家的欢迎，高速铁路网也成为很多发达国家重要的交通运输基础设施。

1. 日本

1964 年，世界上第一条商业运营的高速铁路——日本东海道新干线（东京至大阪）开通运行，该线路全程 515.4 km，直达旅行时间为 3 h，列车最高运营速度为 210 km/h。在这之后，日本大力发展新干线，并不断进行技术升级，山阳新干线和东海道新干线的运行速度分别提高到现在的 300 km/h 和 270 km/h，东北新干线的运行速度提高到 320 km/h。如今，新干线的主干线和支线已经覆盖日本大部分国土。日本新干线铁路如图 1－1 所示。

图 1－1　日本新干线铁路

2. 法国

1981 年，欧洲第一条高速铁路——法国巴黎至里昂的 TGV 东南线通车，全程 417 km，直达时间 2 h，列车运行最高速度 270 km/h，经过改造后，目前速度可达 300 km/h。此后，法国相继建设开通了 TGV 大西洋线、北方线、地中海线、巴黎东部线等高速铁路线路，形成了以巴黎为中心，辐射法国全国的 TGV 高速铁路干线，并与周边国家连接。TGV 高速列车最高运营速度可达 320 km/h。法国 TGV 列车如图 1－2 所示。

图 1－2　法国 TGV 列车

3. 德国

1971 年，德国铁路开行最高时速 200 km 的 ICE 城间特快列车，这是德国真正向现代高速铁路迈出的第一步，其第一条高速铁路专线汉诺威—维尔茨堡铁路，于 1991 年正式开通运营。目前，ICE 高速列车可通达德国境内的多数大城市，ICE 列车最高运营速度可达 300 km/h。德国 ICE 列车如图 1－3 所示。

图 1－3　德国 ICE 列车

4. 意大利

意大利已建成总长 438 km 的 2 条高速客运专线：罗马—佛罗伦萨的高速客运专线（252 km），开行最高运行时速 259 km 的高速列车；罗马—那不勒斯的高速客运专线（186 km），开车最高运行时速 300 km 的高速列车。意大利 TAV 列车如图 1－4 所示。

图1-4 意大利TAV列车

二、我国客运专线及高速铁路建设概况

（一）客运专线

铁路客运专线（客专）是专供旅客列车（客车）行驶的线路。更通俗地说，客运专线只跑客车、不跑货车。在中国，客运专线有两大级别：高铁级客专和快铁级客专。高铁级客专、快铁级客专有时也分别称为高客线、快客线。

（二）高速铁路规划和建设概况

1. 中长期铁路网规划

2004年1月，国务院常务会议讨论通过了《中长期铁路网规划》，这是国务院批准的第一个行业规划。为进一步适应我国铁路网建设对国民经济的推动作用，2008年铁道部对《中长期铁路网规划》进行了调整，并于2008年10月31日获得国家批准正式颁布实施。根据《中长期铁路网调整规划方案》，到2020年，全国铁路营业里程由原计划的达到10万km，调整为达到12万km以上，复线率和电气化率分别达到50%和60%以上，主要繁忙干线实现客货分线，基本形成布局合理、结构清晰、功能完善、衔接顺畅的铁路网络。

2. 高铁建设实施方案

1）“四纵”客运专线

（1）北京—济南—南京—上海，简称京沪线，全长约1 318 km，纵贯京津沪和冀鲁皖苏三市四省，连接环渤海和长江三角洲两大经济区。

（2）北京—郑州—武汉—长沙—广州—深圳，简称京广线，全长约2 260 km，连接华北、华中和华南地区。

（3）北京—沈阳—哈尔滨（大连），简称京哈线，全长约1 700 km，连接华北和东北地区。

（4）杭州—宁波—温州—福州—厦门—深圳，简称东南沿海铁路，全长约 1 600 km，连接长江三角洲、珠江三角洲和东南沿海地区。

2）“四横”客运专线

（1）徐州—郑州—西安—兰州，简称徐兰线，全长约 1 400 km，连接华东和西北地区，并延伸至乌鲁木齐。

（2）上海—杭州—南昌—长沙—贵阳—昆明，简称沪昆线，全长约 2 690 km，连接华东、华中和西南地区。

（3）青岛—济南—石家庄—太原，简称青太线，全长约 770 km，连接华东和华北地区。

（4）上海—南京—合肥—武汉—重庆—成都，简称沪汉蓉线，全长约 2 078 km，连接华东、华中和西南地区。

3）区域城际铁路交通

在环渤海城市群、长三角城市群、珠三角城市群、长株潭城市群、成渝城市群、中原城市群、武汉城市圈、关中城市群、海峡西岸城市群等经济发达和人口稠密地区建设城际客运系统，覆盖区域内主要城镇。

（1）长三角城市群：以上海、南京、杭州为中心，形成“Z”形主骨架，连接沪宁杭周边重要城镇的城际铁路客运网络。

（2）珠三角城市群：以广深、广珠两条客运专线为主轴，形成“A”形线网，辐射广州、深圳、珠海等 9 个大中城市，构建包括港澳在内的城市 1 小时经济圈。

（3）环渤海城市群：以北京、天津为中心进行建设，形成对外辐射能力。

（三）未来中国高铁建设方案（此处配备微课视频）

2016 年，我国发布了新制定的《中长期铁路网规划》，本次规划期限为 2016—2025 年，远期展望到 2030 年，规划目标如下。

（1）到 2020 年，一批重大标志性项目建成投产，铁路网规模达到 15 万 km，其中高速铁路 3 万 km，覆盖 80% 以上的大城市，为完成“十三五”规划任务、实现全面建成小康社会目标提供有力支撑。

（2）到 2025 年，铁路网规模达到 17.5 万 km，其中高速铁路 3.8 万 km，网络覆盖进一步扩大，路网结构更加优化，骨干作用更加显著，铁路对经济社会发展的保障作用更加显著。

（3）到 2030 年，基本实现内外互联互通、区际多路畅通、省会高铁连通、地市快速通达、县域基本覆盖。

新制定的《中长期铁路网规划》具体方案如下。

1. 构建“八纵八横”高速铁路主通道（此处配备微课视频）

1）“八纵”通道

（1）沿海通道。大连（丹东）—秦皇岛—天津—东营—潍坊—青岛（烟台）—连云港—盐城—南通—上海—宁波—福州—厦门—深圳—湛江—北海（防城港）高速铁路（其中青岛至盐城段利用青连、连盐铁路，南通至上海段利用沪通铁路），连接东部沿海地区，贯通辽中南、京津冀、山东半岛、东陇海、长三角、海峡西岸、珠三角、北部湾等城市群。

(2) 京沪通道。北京—天津—济南—南京—上海（杭州）高速铁路，包括南京—杭州、蚌埠—合肥—杭州高速铁路，同时通过北京—天津—东营—潍坊—临沂—淮安—扬州—南通—上海高速铁路，连接华北、华东地区，贯通京津冀、长三角等城市群。

(3) 京港（台）通道。北京—衡水—菏泽—商丘—阜阳—合肥（黄冈）—九江—南昌—赣州—深圳—香港（九龙）高速铁路；另一支线为合肥—福州—台北高速铁路，包括南昌—福州（莆田）铁路。连接华北、华中、华东、华南地区，贯通京津冀、长江中游、海峡西岸、珠三角等城市群。

(4) 京哈—京港澳通道。哈尔滨—长春—沈阳—北京—石家庄—郑州—武汉—长沙—广州—深圳—香港高速铁路，包括广州—珠海—澳门高速铁路。连接东北、华北、华中、华南、港澳地区，贯通哈长、辽中南、京津冀、中原、长江中游、珠三角等城市群。

(5) 呼南通道。呼和浩特—大同—太原—郑州—襄阳—常德—益阳—邵阳—永州—桂林—南宁高速铁路。连接华北、中原、华中、华南地区，贯通呼包鄂榆、山西中部、中原、长江中游、北部湾等城市群。

(6) 京昆通道。北京—石家庄—太原—西安—成都（重庆）—昆明高速铁路，包括北京—张家口—大同—太原高速铁路。连接华北、西北、西南地区，贯通京津冀、太原、关中、成渝、滇中等城市群。

(7) 包（银）海通道。包头—延安—西安—重庆—贵阳—南宁—湛江—海口（三亚）高速铁路，包括银川—西安及海南环岛高速铁路。连接西北、西南、华南地区，贯通呼包鄂、宁夏沿黄、关中、成渝、黔中、北部湾等城市群。

(8) 兰（西）广通道。兰州（西宁）—成都（重庆）—贵阳—广州高速铁路。连接西北、西南、华南地区，贯通兰西、成渝、黔中、珠三角等城市群。

2）“八横”通道

(1) 绥满通道。绥芬河—牡丹江—哈尔滨—齐齐哈尔—海拉尔—满洲里高速铁路。连接黑龙江及蒙东地区。

(2) 京兰通道。北京—呼和浩特—银川—兰州高速铁路。连接华北、西北地区，贯通京津冀、呼包鄂、宁夏沿黄、兰西等城市群。

(3) 青银通道。青岛—济南—石家庄—太原—银川高速铁路（其中绥德至银川段利用太中银铁路）。连接华东、华北、西北地区，贯通山东半岛、京津冀、太原、宁夏沿黄等城市群。

(4) 陆桥通道。连云港—徐州—郑州—西安—兰州—西宁—乌鲁木齐高速铁路。连接华东、华中、西北地区，贯通东陇海、中原、关中平原、兰西、天山北坡等城市群。

(5) 沿江通道。上海—南京—合肥—武汉—重庆—成都高速铁路，包括南京—安庆—九江—武汉—宜昌—重庆、万州—达州—遂宁—成都高速铁路（其中成都至遂宁段利用达成铁路），连接华东、华中、西南地区，贯通长三角、长江中游、成渝等城市群。

(6) 沪昆通道。上海—杭州—南昌—长沙—贵阳—昆明高速铁路。连接华东、华中、西南地区，贯通长三角、长江中游、黔中、滇中等城市群。

(7) 厦渝通道。厦门—龙岩—赣州—长沙—常德—张家界—黔江—重庆高速铁路

(其中厦门至赣州段利用龙厦铁路、赣龙铁路，常德至黔江段利用黔张常铁路)。连接海峡西岸、中南、西南地区，贯通海峡西岸、长江中游、成渝等城市群。

(8) 广昆通道。广州—南宁—昆明高速铁路。连接华南、西南地区，贯通珠三角、北部湾、滇中等城市群。

“八纵八横”高速铁路主通道示意图如图 1－5 所示。

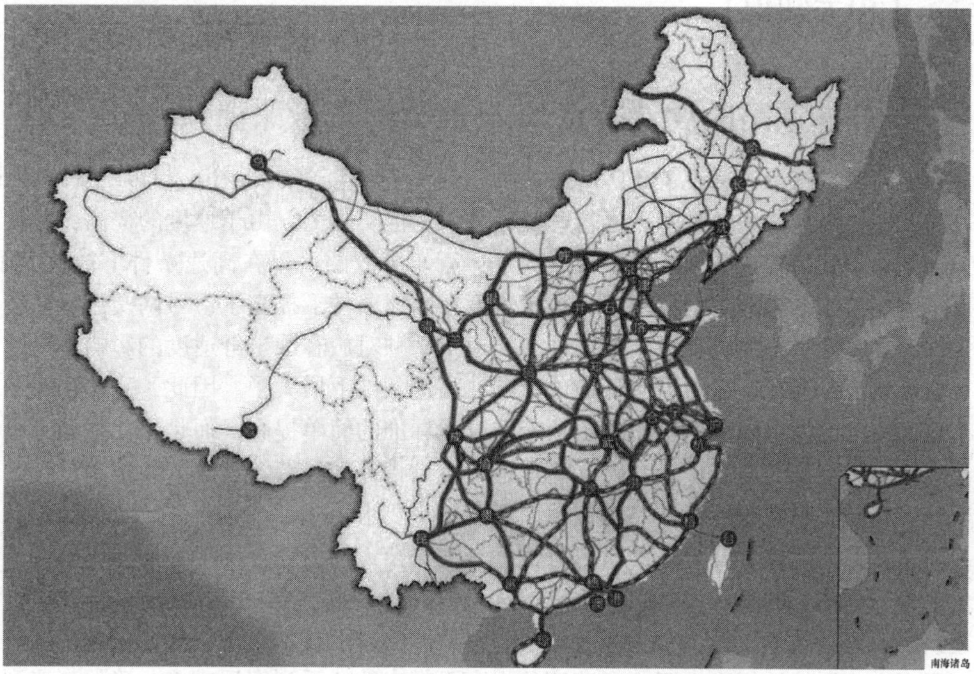

图 1－5　“八纵八横”高速铁路主通道示意图

2. 拓展区域铁路连接线

在“八纵八横”高速铁路主通道的基础上，规划布局高速铁路区域连接线，目的是进一步完善路网，扩大高速铁路覆盖范围。

3. 发展城际客运铁路

在优先利用高速铁路、普速铁路开行城际列车服务城际交通的同时，规划建设支撑和引领新型城镇化发展、有效连接大中城市与中心城镇、服务通勤功能的城市群城际客运铁路。

任务二　高速铁路的主要客运技术

【技能目标】

了解高速铁路列车运输组织模式、列车开行方案、线路走向方案。

【知识点】

高速铁路列车运输组织模式；高速铁路列车开行方案；高速铁路线路走向方案。

【相关知识】

一、高速铁路的设计特点（此处配备微课视频）

我国高速铁路设计速度350 km/h，初期开通运行速度300 km/h。与传统铁路相比，从表面上看，高速铁路只是列车运行速度提高了。但实际上，由于速度的提高，各种运行工况下的不利因素在高速条件下被放大了；行车事故的后果在高速条件下被放大了；对列车运行控制系统的安全性要求和技术难度在高速条件下提高了；弓网受流特性在高速条件下更复杂了；线路平纵断面条件和轨道不平顺对旅客乘坐舒适度的影响在高速条件下更敏感了；列车运行对周围环境的影响在高速条件下增大了。因此，高速铁路不是列车运行速度的简单提高，也不是单项专业技术标准的简单提高，而是当代新型牵引动力、高性能轻型车辆、高质量线路、高速运行控制指挥和经营管理等方面技术进步的集中反映，它具有不同于传统铁路的技术内涵和特定要求。

高速铁路以高速、安全、准时、方便、舒适、全天候为综合优势，需要以高性能的技术装备、高质量的基础设施、高水平的运营管理和高度科学的规划布局为支撑条件。高速铁路的客运技术设计，必须充分体现高速铁路的以上技术经济优势，具备高度的系统工程观念，系统地解决由于行车速度的提高而带来的一系列客运难点，确保高速列车高速、安全、舒适地运营。

二、高速铁路运输组织模式

我国高速铁路的运输组织模式与国情、路情和沿线经济、社会条件等密切相关，具有很强的地域特征，不可能完全照搬国外现成的模式。欧洲、日本、韩国等已有或在建高速铁路的国家，由于国土面积较小、既有路网发达等特点，选择了不同的高速铁路运输组织模式，这些高速铁路运输组织模式主要包括客运专线型和客货混跑型两种。其中客运专线型中又分为纯客运专线型，如日本、韩国等；高速列车下既有线的兼容型，如法国、德国等。

无论哪种类型的运输组织模式，均有一个共同的发展趋势，即考虑与既有路网的兼容性，以实现高速列车跨线运行，提高铁路的网络效益。法国高速铁路营业里程为1 568 km，而高速列车通达里程达到7 000 km；德国新建高速铁路虽然只有900 km，但高速列车的服务范围达到了约5 000 km。欧盟为了实现欧洲一体化，实现高速铁路的跨国运行，正在致力于建设一个统一的欧洲铁路网，采用欧洲统一的信号制式。西班牙既有铁路为宽轨，为了将来与整个欧洲路网的连接方便，在建和计划修建的高速铁路全部采用标准轨距。日本既有铁路是窄轨，而新干线是标准轨距，高速列车曾经只能采用独立运行的模式，造成旅客出行困难，影响了跨线客流，为此，日本对既有线进行了改造，增加一条第三轨或改造为标准轨，实现了新干线与既有线的跨线运行。

为方便跨线客流，减少跨线旅客换乘引起旅行时间和费用的额外支出，我国高速铁路必然要开行跨线旅客列车。我国的国情和高速铁路网络的特点，决定了我国高速铁路的运输组织模式必然是本线列车和跨线列车混合运行。

三、高速铁路列车开行方案

列车开行方案的设计要最大限度地满足客流的需求，创造良好的社会效益；要为旅客提供优良的服务方式，吸引和诱发旅客乘坐高速列车，引导旅客运输市场向有利于提高铁路的经济效益方向发展。列车开行方案也与车站设计规模有关，与动车组配属数量有关，与动车段（所）设计规模有关，与列车运行控制系统（ATP）和行车指挥自动化系统（CTC）的复杂程度有关。

列车开行方案的设计，须经过综合技术经济分析合理确定。不仅要考虑运输服务的质量情况，还要考虑相应设备的配置情况，要通过运行图铺画，不断地修正列车开行方案，做到客流与设备规模，运输组织方便、安全等方面的最佳结合。

四、高速铁路线路走向方案

高速铁路的运营目标是方便旅客乘降、吸引客流，最终获得较高的经济效益。对于旅客来说，关心的是旅行时间和旅行过程的方便与舒适，关心旅行时间、服务质量与旅行费用的性价比。因此，高速铁路线路走向方案的研究，不仅要追求较高的速度目标值，更要追求较短的旅行时间目标值；不仅要关注列车运行的平稳、舒适，关注高密度的列车开行方案，关注与城市交通的有机结合、方便旅客乘降，更要关注以上因素的综合集成。

区间线路方案的设计宗旨是要尽可能选择较大的曲线半径和较缓的线路纵坡，实现列车的高速、安全、平稳、舒适运行。

而引入枢纽方案的设计则较为复杂，既要考虑列车快速通过枢纽，又要降低对周围环境的影响；既要缩短列车的旅行时间，又要加大列车的停站数量，提高车站服务频率，吸引客流；既要选择较好的线路平纵断面条件，又要引入城市，与城市综合交通枢纽有机结合；既要充分利用既有铁路设施，节约工程投资，又要考虑减少施工干扰、枢纽能力的远景发展、铁路生产力布局的调整和点线能力的协调。

例如，高速铁路引入北京南站方案，就是贯彻以上综合设计理念的具体体现。首先，规划京沪线、京哈线和京广线分别引入北京南站、北京站和北京西站，解决了枢纽客运站的合理布局和分工，引入枢纽列车走行距离短，旅客乘车方向感明确；其次，避免了引入北京站后引起枢纽多站重复改建；再次，北京枢纽动车段集中设于李营，检修集中，运用相对分散，既充分利用了既有北京站、北京西站的机务、车辆设施，也考虑了铁路生产力布局调整的发展规划，并为京哈、京广客运专线引入枢纽动车检修设施的发展预留了条件；最后，将北京南站的车站建筑设计、站区交通疏解和用地规划进行统筹布置，既充分考虑了铁路车站与城市综合交通体系的有机结合，方便旅客乘降和疏散，也促进了北京南站地区的整体改造，展示了首都的新形象。

任务三 高速铁路客运工作概述

【技能目标】

掌握高速铁路客运工作的基本要求，客运工作的内容和客运岗位的分工。

【知识点】

高速铁路客运工作的基本要求；高速铁路客运工作的内容及岗位设置。

【相关知识】

一、高速铁路客运工作的基本要求

1. 保证运输安全

保证安全是铁路运输最重要的任务，为此，要切实遵守各项安全制度，维护运输秩序，确保铁路旅客运输的安全。众所周知，整个运输生产过程，是众人的联合劳动，在生产实践和作业过程中具有高度的连续性、联动性和准确性。在这种联合劳动中，哪怕有一个环节、一道工序出现纰漏，都可能导致车毁人亡、运输中断。安全是铁路运输这个大系统得以稳定、正常运作的必要条件。为了确保安全，必须教育每个铁路职工发扬人民铁路为人民的光荣传统，遵纲守纪，顾全大局，在任何情况下都把保证铁路畅通、安全作为自己的职责；维护好站车秩序，做好危险物品的查堵工作，并对所有用于旅客运输的设备定期检查、维修，确保旅客出行安全。高速铁路客运安全要着眼于避免旅客列车事故，使高速列车平安进、出站，安全过区间。

2. 提高旅客列车运行速度

提高旅客列车运行速度是提高客运服务质量的重要方面之一，是铁路发展的大趋势，也是广大旅客的迫切要求。随着我国社会经济的发展和人民生活水平的提高及生活节奏的加快，人们的时间观念越来越强。速度成了选择交通方式的重要指标，它将是今后不同客运交通方式在竞争中成败的关键。提高列车运行速度也是有效地加速机车车辆周转、提高运输能力和降低运输成本的重要手段。

为了满足旅客对缩短旅行时间的要求，我国旅客列车运行速度已经有了较大的提高，铁路部门采用因地制宜、区别对待、普遍提高与重点突破相结合的方针，促进了列车运行速度的普遍提高。一是加快研究既有干线旅客列车提速，通过对线路的技术改造、动力的更新、运输组织的改革等措施，提高既有线列车的速度；二是新建干线的技术标准满足旅客列车高速运行的要求；三是构建高速铁路网；四是合理布局旅客列车停车站，重新核定技术作业标准，重新制定客车停车标准。

3. 加强运输计划的编制，组织旅客有序流动

有计划地组织旅客运输，是保证完成旅客运输任务的基础，要经济合理地使用机车车辆和其他技术设备，安全正点地完成运输工作。必须在客流调查的基础上，正确编制旅客运输计划，组织均衡运输。要加强对客流信息的了解、掌握、传递、反馈、处理，把客票销售计划和运能安排紧密结合起来。对主要客运大站和重点车次，每日要进行客流分析，及时掌握客流变化情况，了解客流的构成、特点及其波动性，用科学的市场预测方法对不同时期的客流情况进行预测和分析，提高计划编制的科学性和准确性。

为了组织旅客有序流动，还应灵活设计列车开行方案。旅客列车的开行，必须遵循“有流即开、无流停开、流多增开、流少减开”的灵活机动的运输原则，动态地确定旅客列车开行对数及编挂辆数；在时间安排上，尽量满足中、短途旅客当日往返的需求；在运输组织上，黄金时间段里尽可能组织客车按追踪间隔运行，减少因不同列车间的速度差造成的运行图能力损失。应着力进行计算机运行图编制与调整系统的开发，做到一图（基本运行图）多备（准备若干套适合于不同情况的运行图），满足旅客列车开行方案调整的需要。

4. 提高服务质量，营造舒适的旅行环境

服务质量的优劣直接影响到铁路运输企业的生命力，优质服务是高速铁路进入市场的“入场券”。服务观念不仅是一个经济观念，更重要的是一个文化观念。优质服务能够增加运输产品的文化含量，增加产品的文化附加值和企业形象的附加值，满足旅客的精神需要。通过优质服务与旅客进行情感和心理的沟通，是吸引旅客、开拓市场的有效手段，为此，要强化客运队伍的培训，使服务操作规范化、上水平，对客运员工要实行优胜劣汰、竞争上岗的制度，要求全体客运员工努力工作，将站、车建设成为一个温馨的“旅客之家”。

为完成旅客运输任务及达到上述客运服务要求，必须遵守《铁路旅客运输规程》《铁路客运运价规则》《铁路旅客运输办理细则》《铁路旅客运输管理规则》等相关规章。这些与客运相关的规章、细则是搞好铁路客运工作的准绳，全体客运员工都应该努力学习，深刻理解，认真执行。

二、高速铁路基层客运工作的内容及岗位设置

高速铁路客运部门要加强人才队伍建设，实施人才强路战略，紧紧抓住培养、吸引和用好人才三个环节，以经营管理人才、专业技术人才、技能人才三支队伍建设为重点，构建多层次、多渠道的教育培训体系，形成完善的高速铁路客运人才培训、选拔任用、考核评价、激励保障和合理流动机制，造就高素质的高速铁路客运人才队伍。

高速铁路客运工作是高速铁路运输生产中的重要组成部分，随着近些年来旅客列车的提速，多条高速铁路线路的开通运营，铁路客运业务的增长非常迅速。高速铁路旅客运输过程是一个多部门、多岗位相互协调和联动的过程，车站和列车作为铁路客运的主要部门在客运服务方面扮演着重要的角色。高速铁路客运基层岗位的设置与高速铁路旅客运输的基本作业流程相关。高速铁路旅客运输的基本作业流程图如图1－6所示。

图1－6　高速铁路旅客运输的基本作业流程图

（1）发送作业包括：问询、售票、候车室服务、检票、上车作业。

（2）途中作业包括：中转签证、列车服务工作等。

（3）到达作业包括：下车作业、验票。

以上的作业内容由许多不同岗位的客运人员来完成，主要包括基层的操作岗位和管理岗位，高速铁路客运基层岗位结构图如图 1－7 所示。

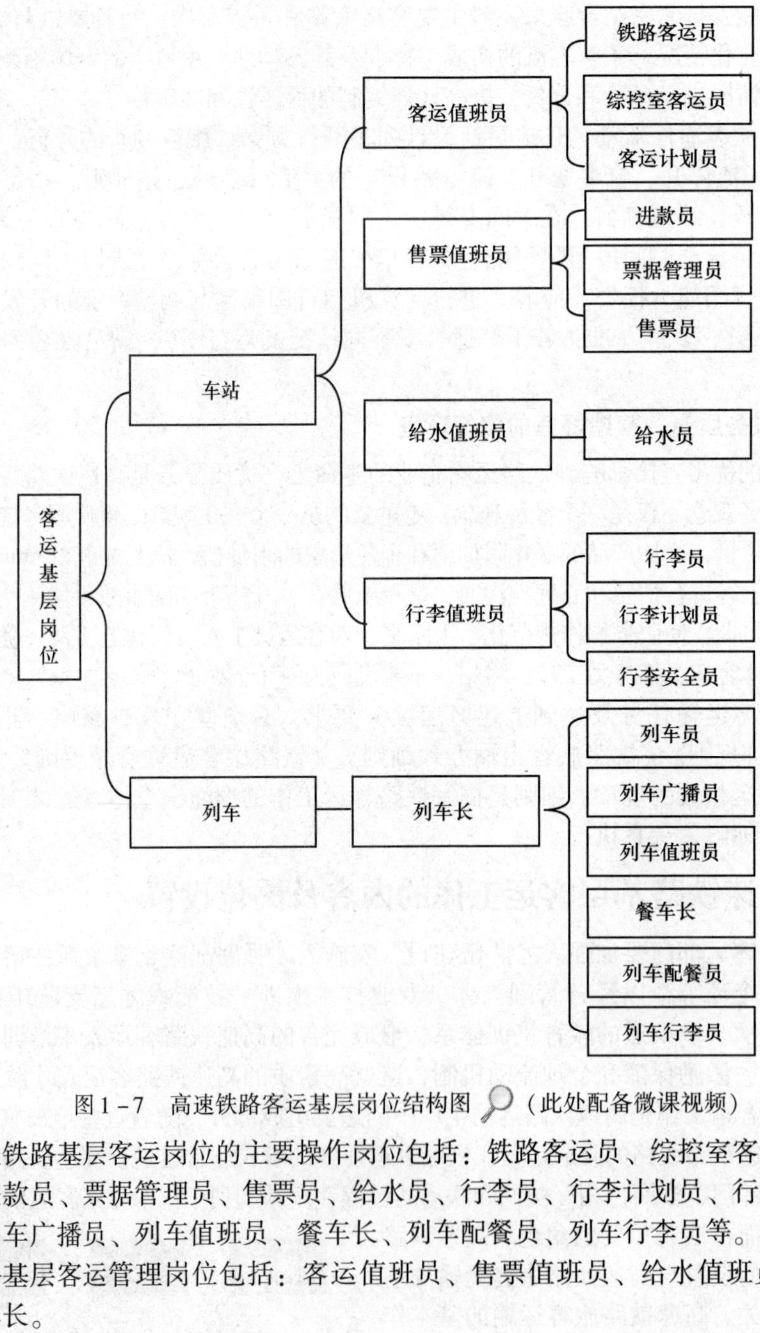

图 1－7 高速铁路客运基层岗位结构图（此处配备微课视频）

高速铁路基层客运岗位的主要操作岗位包括：铁路客运员、综控室客运员、客运计划员、进款员、票据管理员、售票员、给水员、行李员、行李计划员、行李安全员、列车员、列车广播员、列车值班员、餐车长、列车配餐员、列车行李员等。

铁路基层客运管理岗位包括：客运值班员、售票值班员、给水值班员、行李值班员、列车长。

项目二

高速铁路旅客运输条件

任务一　高速铁路客运运价

【技能目标】

掌握铁路运价确定的依据；
掌握铁路客运运价的基本规定；
掌握高速铁路旅客票价的制定方法。

【知识点】

铁路运价的制定依据；
铁路客运运价的基本规定；
高速铁路旅客票价的制定方法。

【任务的提出】

高速铁路运输中如何制定铁路客运运价、如何调整铁路客运运价是铁路运输从业者要掌握的必备能力。

【相关知识】

一、铁路客运运价确定的基本依据

铁路客运运价包括旅客票价和行李、包裹运价。客运运价与客运杂费构成全部运输费用。国家铁路的旅客票价率和行李、包裹运价率由国务院铁路主管部门拟定，报国务院批准；客运杂费由国务院铁路主管部门规定，经国务院铁路主管部门商国家物价主管部门同意，特殊区段可实行特殊运价。

在国务院批准的价格内，经国家物价主管部门同意，国务院铁路主管部门可根据运输市场的需求实行浮动价格；对在铁路局管内运行的旅客列车的票、运价，可根据具体情况，赋予铁路局自行浮动的权力。

国家铁路的旅客票价，以 5 角为计算单位，不足 5 角的尾数按 2.5 角以下舍去、2.5 角及以上进为 5 角处理。行李、包裹运价及客运杂费的尾数保留至角。对浮动票价应分别按票种处理尾数。

在本任务中做以下规定：

"过轨运输"——国家铁路与地方铁路、合资铁路及特殊运价区段间的相互运输。

二、铁路客运运价基本规定

（一）运价里程

旅客和行李、包裹的票、运价里程，以国务院铁路主管部门公布的《铁路客运运价里程表》为计算依据。发到站间跨及两条及其以上线路时；应按规定的接算站接算；通过轮渡时，应将规定的轮渡里程加入运价里程内计算。

旅客票价里程，按旅客乘车的实际径路计算。

行李运价里程，按行李实际运送的径路计算，旅客要求行李由近径路运送时，如有直达列车可按近径路计算。

超过车票终到站以远的行李计费径路比照包裹计费径路办理。

包裹运价里程按最短径路计算，有指定径路时，按指定径路计算。带运、押运包裹的运价里程按实际径路计算。

有直达列车的按直达列车径路计算，有多条直达径路的，按其中最短径路计算。

没有直达列车的，按中转次数最少的列车径路计算，中转次数相同的，按最短列车径路计算。

计算旅客票价，行李、包裹运价的起码里程为：客票 20 千米；空调票 20 千米；加快票 100 千米；卧铺票 400 千米（特殊区段另有规定者除外）；行李 20 千米；包裹 100 千米。

（二）旅客票价

旅客票价包括客票票价和附加票票价两部分。

客票票价分为硬座、软座、市郊及棚车客票票价。其中硬座客票票价是基础票价，软座等客票票价均以硬座客票票价为基础，按一定比率换算得出。

附加票票价分为加快、卧铺、空调票票价。附加票票价也以硬座票价为基础。

旅客票价是以每人每千米的票价率为基础，按照旅客旅行的距离和不同的列车设备条件，采取递远递减的办法确定。保险费按硬座客票基本票价的2%计算，作为旅客旅行中发生意外伤害时支付保险费的基金，保险费遵循自愿购买的原则。

具体票价以国务院铁路主管部门公布的票价表为准。包房式硬卧票价分别按硬卧中、下铺另加30%计算。

儿童票可享受客票、加快票和空调票的优惠，儿童票票价按相应客票和附加票票价的50%计算。免费乘车及持儿童票乘车的儿童单独使用卧铺时，应另收全价卧铺票价，有空调时还应另收半价空调票票价。

学生票可享受硬座客票、加快票和空调票的优惠，学生票票价按相应客票和附加票票价的50%计算。持学生票乘车的学生使用硬卧时，应另收全价硬卧票价，有空调时还应另收半价空调票票价。

残疾军人票可享受客票和附加票的优惠，残疾军人票票价按相应客票和附加票票价的50%计算。

棚车代用客车时，客票票价按硬座客票半价计算。棚车儿童客票票价按棚车客票半价计算。棚车加快票票价按普通加快票票价计算。

享受减价优待的儿童学生、伤残军人乘坐市郊、棚车时，仍按硬座客票半价计算，不再减价。

1. 票价率

旅客票价以硬座客票票价率为基础，其他各种票价率均以它为基准制定。当硬座客票基础票价率确定后，其他各种票价率就按其加成或减成比例计算。各种票价率的比例关系如表2－1所示。

表2－1　各种票价率和比例关系

<table>
<tr><th colspan="3">票种</th><th>票价率/[元/（人·千米）]</th><th>比例/%</th></tr>
<tr><td colspan="3">硬座客票</td><td>0.058 61</td><td>100</td></tr>
<tr><td colspan="3">软座客票</td><td>0.117 22</td><td>200</td></tr>
<tr><td colspan="3">市郊客票</td><td>单程0.049 82</td><td>85</td></tr>
<tr><td colspan="3">月票</td><td>按市郊单程票价率18回计算</td><td></td></tr>
<tr><td colspan="3">季票</td><td>按市郊单程票价率40回计算</td><td></td></tr>
<tr><td colspan="3">棚车客票</td><td>按硬座客票半价计算</td><td></td></tr>
<tr><td rowspan="2">加快票</td><td colspan="2">普快</td><td>0.011 72</td><td>20</td></tr>
<tr><td colspan="2">快速</td><td>按普快票价2倍计算</td><td></td></tr>
<tr><td rowspan="5">硬卧票</td><td rowspan="3">开放式</td><td>上铺</td><td>0.064 47</td><td>110</td></tr>
<tr><td>中铺</td><td>0.070 33</td><td>120</td></tr>
<tr><td>下铺</td><td>0.076 19</td><td>130</td></tr>
<tr><td rowspan="2">包房式</td><td>上铺</td><td>按开放式硬卧中铺票价另加30%计算</td><td></td></tr>
<tr><td>下铺</td><td>按开放式硬卧下铺票价另加30%计算</td><td></td></tr>
</table>

续表

票种		票价率/[元/(人·千米)]	比例/%
软卧票	上铺	0.102 57	175
	下铺	0.114 29	195
高级软卧票	上铺	0.123 08	210
	下铺	0.134 80	230
空调票		0.014 65	25

2. 区段里程

计算旅客票价时，并不是完全按运输里程一一计算，而是将运输里程分为若干区段，对同一里程区段核收同一票价。旅客票价里程区段划分如表 2－2 所示。

表 2－2　旅客票价里程区段

里程区段/千米	每区段里程/千米	区段数
1～200	10	20
201～400	20	10
401～700	30	10
701～1 100	40	10
1 101～1 600	50	10
1 601～2 200	60	10
2 201～2 900	70	10
2 901～3 700	80	10
3 701～4 600	90	10
4 601 以上	100	10

3. 递远递减

旅客票价采取递远递减的办法进行计算，旅客票价从 201 千米起实行递远递减。各里程区段的递远递减率和递减票价率（以硬座票价为例）如表 2－3 所示。

表 2－3　各里程区段的递远递减率和递减票价率（以硬座票价为例）

区段/千米	递减率/%	票价率［元/（人·千米）］	各区段全程票价/元	区段累计票价/元
1～200	0	0.058 610	11.722 0	11.722 0
201～500	10	0.052 749	15.824 7	27.546 7
501～1 000	20	0.046 888	23.444 0	50.990 7
1 001～1 500	30	0.041 027	20.513 5	71.504 2
1 501～2 500	40	0.035 166	35.166 0	106.670 2
2 501 以上	50	0.029 305		

4. 旅客票价计算

基本票价的计算：除初始区段不足起码里程按起码里程和最后一个区段按中间里程

计算外，其余各区段均分别按其区段里程计算，根据各区段的递减票价率求出该区段的全程票价和最后一个区段按中间里程求出的票价相加，即为基础票价。起码里程，客票为20千米，加快票为100千米，卧铺票为400千米。

上述票价为普通票价，根据规定还有优惠或免费票价。例如，身高不足1.2米的一名儿童随成人旅行可免票；身高1.2米至1.4米的随行儿童可享受半价客票、加快票、空调票；学生可享受家庭至学校（或实习地点）之间的半价硬座客票、加快票、空调票；持有伤残军人证的可享受半价优惠。

5. 旅客票价表的运用

1）客运运价里程的确定

计算运价所应用的里程，称为运价里程，它是计算客运运价的依据，是用以计算旅客票价及行李、包裹运价里程的依据，也是查找和确认车站有无营业办理限制的依据。

根据旅客的乘车径路和乘坐列车车次，从“铁路客运运价里程表”中查出乘车里程，或分段计算出全部乘车里程，如发到站在同一线路上时，用两站到本线路起点或终点的里程相减，即可求出两站间的里程，如发到站跨及两条及其以上线路时，应按规定的接算站接算。

接算站就是为了将发到站间跨及两条及两条以上的线路衔接起来进行里程加总计算票价和运价所规定的接算衔接点。

① 如图2-1所示，大多数接算站是两条及两条以上线路相互衔接的接轨站。

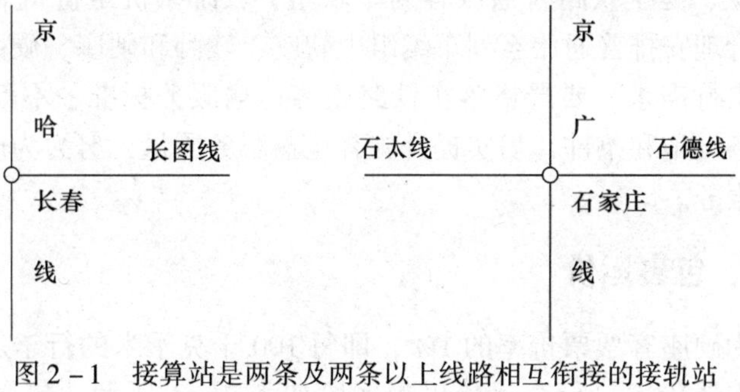

图2-1　接算站是两条及两条以上线路相互衔接的接轨站

② 如图2-2所示，部分接算站是接轨站附近的城市所在站。

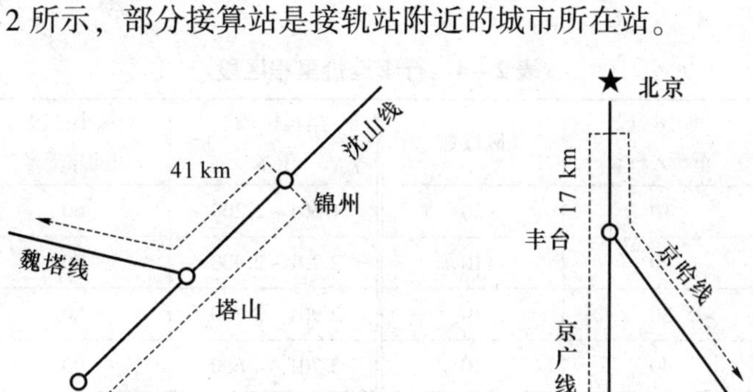

图2-2　接算站是接轨站附近的城市所在站

2）查找旅客票价

“旅客票价表”按客车装备分为两部分，分别是非空调列车票价表和空调列车票价表，适用于普通旅客慢车、普通旅客快车、快速旅客列车、特快旅客列车、直达特快旅客列车等非动车组列车（另有规定除外）。

6. 铁路运输票价的企业定价原则

为贯彻落实《中共中央国务院关于推进价格机制改革的若干意见》（中发〔2015〕28号）精神，充分发挥市场对资源配置的决定性作用，依据《中华人民共和国价格法》（以下简称《价格法》）、《中华人民共和国铁路法》（以下简称《铁路法》）和《中央定价目录》，国家发展和改革委员会批准了中国铁路总公司上报的铁路普通旅客列车软座、软卧票价形成机制。

在中央管理企业全资及控股铁路上开行的普通旅客列车软座、软卧票价，由铁路运输企业依法自主制定；普通旅客列车高级软卧包房票价继续实行市场调节价。

铁路运输企业制定上述铁路普通旅客列车软座、软卧票价时，应当制定无折扣的公布票价（以下简称公布票价），同时可根据运输市场竞争状况、服务设施条件差异、客流分布变化规律、旅客承受能力和需求特点等实行一定折扣，确定实际执行票价。要按照明码标价制度规定，及时通过网络、售票窗口等渠道公示、公布票价和实际执行票价，主动接受社会监督。调整软座、软卧公布票价应当提前30天对外公告。

铁路运输企业要依据《价格法》《铁路法》等法律法规规定，按照“合法、公平、诚信”原则，建立、健全铁路普通旅客列车软座、软卧票价定价机制和定价规则。要完善运输组织，合理安排普通旅客列车编组中软座、软卧和硬座、硬卧列车配置，优先保障大多数旅客出行需求。要严格落实铁路旅客运输服务标准，不断优化服务作业流程，持续改善服务设施和条件，切实提升旅客运输服务质量，努力为广大旅客提供更加舒适便捷的客运服务。

（三）行李、包裹运价

行李运价率为硬座客票票价率的1%，即每100千克千米的行李运价率等于1人千米的硬座客票基本票价率。行李运价里程区段如表2－4所示，包裹运价里程区段如表2－5所示。

表2－4 行李运价里程区段

里程区段/千米	每小区段里程/千米	区段数	里程区段/千米	每小区段里程/千米	区段数
1 ~200	10	20	1 601 ~2 200	60	10
201 ~400	20	10	2 201 ~2 900	70	10
401 ~700	30	10	2 901 ~3 700	80	10
701 ~1 100	40	10	3 701 ~4 600	90	10
1 101 ~1 600	50	10	4 601 及以上	100	

表 2-5　包裹运价里程区段

里程区段/千米	每区段公里数/千米	区段数
1～100	100	1
101～300	20	10
601～1 000	40	10
1 001～1 500	50	10
1 501 及以上	100	

包裹运价率是以三类包裹运价率为基数，其他各类包裹运价率按三类包裹的运价率加成或减成的比例确定。包裹分类如表 2-6 所示。

表 2-6　包裹分类

类别	具体内容
一类	报纸类——自发刊日起 5 日以内的报纸； 政宣品——为中央、省级政府（含国务院各部委和解放军各大军区）宣传用非卖品及新闻图片； 课本类——中、小学生的教学课本，不含各种教学参考及辅导读物等； 全国政协工作用书可按一类包裹
二类	抢险救灾物资——凭政府机关证明办理托运； 书刊——使用国家规定的统 一书刊号的各种刊物、著作、工具书册及内部发行的规章等； 鲜、冻的食用品——鲜或冻鱼介类、肉、蛋、奶类、果蔬类
三类	不属于一、二、四类包裹的物品
四类	特殊运输物品——一级运输包装的放射性同位素、油样箱、摩托车； 轻泡物品——泡沫塑料及其制品； 国务院铁路主管部门指定的需要特殊运输的物品

行李、包裹运价是根据规定的运价区段，以每千克千米的运价率乘以通过递远递减后而确定的计价里程，再乘以 1 千克，即得 1 千克为单位的运价基数。

行李、包裹的运费，根据《行李包裹运价表》按每张票据计算。每张行李、包裹票的起码运费为 1 元。

行李、包裹均按物品重量计算运价，但有规定计价重量的物品按规定重量计价。行李、包裹规定计价重量如表 2-7 所示。

表 2-7　行李、包裹规定计价重量

物品名称	计价单位	规定计价重量/千克	备　注
残疾人用车	每辆	25	以包裹托运时，按实际重量计算
自行车	每辆	25	
助力自行车	每辆	40	含机动自行车

续表

物品名称	计价单位	规定计价重量/千克	备注
两轮轻型摩托车	每辆	50	① 含轻骑； ② 气缸容量50立方厘米以下时
两轮重型摩托车	每辆	按气缸容量每立方厘米折合1千克计算	气缸容量超过50立方厘米时
警犬、猎犬	每头	20	超重时，按实际重量计算

行李、包裹运价的计价重量以千克为单位，不足1千克按1千克计算。

旅客可凭客票办理一次行李托运。托运的行李在50千克以内，按行李运价计算，超过50千克时（行李中有残疾人用车时为75千克），对超过部分按行李运价加倍计算。

运价不同的物品混装为一件时，按其中运价高的计算。

按保价运输的行李、包裹核收保价费。行李保价费按声明价格的0.5%、包裹保价费按声明价格的1%计算。

（四）特定运价

特定运价是对一些特殊运输方式和特殊运价区段而制定的客运运价，包括以下两个方面：

（1）包车、租车、挂运、行驶等运价的计算。

（2）国家铁路、地方铁路及特殊运价区段间办理直通、过轨运输运价的计算。

包用客车、公务车、专用列车、豪华列车时，应预先支付相当于运费20%的定金。

包车时按下列标准，根据运行里程（娱乐车、餐车根据使用日数）核收票价、运费、使用费：

① 客车和合造车的客车部分，按客车种别、定员核收全价客票票价。成人与儿童（含享受减价优待的学生、伤残军人）混乘一辆车，人数不足时，按定员核收全价客票票价；实际乘车人数超过定员时，对超过人数按实际分别核收全价或半价客票票价。

② 卧车按种别、定员核收客票及卧铺票的全价票价。

③ 公务车按40个定员核收软座客票及高级软卧票（上下铺各二分之一）的全价票价。

④ 豪华列车每辆按32个定员核收软座客票及高级软卧票（上下铺各二分之一）的全价票价。

⑤ 棚车代用客车，按车辆标记载重计算定员（每吨按1.5人折算）核收棚车客票票价。

⑥ 娱乐车、餐车使用费每日每辆5 000元，餐车合造车每日每辆2 500元（不足1日按1日核收）。

⑦ 行李车和合造车的行李车部分，按车辆标记载重核收行李或包裹运费。用棚车

代用行李车时，按行李或包裹的实际重量核收行李或包裹运费。起码计费重量按标记载重的三分之一计算（不足1吨的尾数进整为1吨）。行李、包裹混装时，按其中运价高的核收。

⑧ 包用的客车、公务车加挂在普通快车、特别快车列车上或加开的专用列车、豪华列车按上述等级速度运行时，都应根据核收客票票价人数核收相应的加快票价；途中发生中转换挂（或开行）不同等级列车时，按首次挂运（或开行）列车的等级核收加快票价。

⑨ 包用车辆使用空调设备时，还应按核收客票票价的人数核收空调费。娱乐车、餐车的空调费按使用费的25%计算。

⑩ 包车全部运行途中，里程采取通算。

厂矿、企业等单位租用客车在本单位使用时，按包车停留费标准，按日核收租车费。单独租用发电车时，租车费每日每辆2 100元。

租用客车或企业自备客车在国家铁路的旅客列车或货物列车挂运时，按下列标准核收挂运费。

空车：不分车种，按每轴每千米0.534元核收。

重车：① 客车按标记定员票价的80%核收。

② 行李车按标记载重运费的80%核收。

③ 餐车、娱乐车、发电车按租车费的80%核收。

企业自备机车、车辆或租用车，利用国家铁路线路运行时，不论空车或重车，均按每轴（含机车轴数）每千米0.468元核收行驶费。

国家铁路、合资铁路、地方铁路及特殊运价区段间相互办理直通过轨运输时，应分别按各段里程计算客运运价，加总核收。国家铁路涉及几个地段时，里程采取通算。上述各段由于分段计算，有不足起码里程区段时，按起码里程计算，但卧铺票价按表2－8所列比例计算。客运杂费按实际产生的核收。

表2－8 400千米卧铺票价比例计算表

里程/千米	占400千米卧铺票价的比例/%
1～100	25
101～200	50
201～300	75
301～400	100

国家铁路、合资铁路、地方铁路及特殊运价区段间办理行李、包裹直通运输的，执行国家铁路行李、包裹统一运价及相关计费标准，里程通算，运费在发站一次核收。

（五）客运杂费

客运杂费是指在铁路运输过程中，除去旅客车票票价、行李包裹运价以外，铁路运输企业向旅客、托运人、收货人提供的辅助作业、劳务及物耗等所收的费用。

客运杂费的收费项目和收费标准由国务院铁路主管部门制定，统一规定的部分客运杂费收费项目及收费标准见表2－9。

表2－9 统一规定的部分客运杂费收费项目及收费标准

序号	收费项目	计费条件	收费标准	备注
1	站台票		1元/张	
2	手续费	列车上补卧铺	5元/人次	同时发生时按最高标准核收一次手续费
		其他	2元/人次	
3	退票费	按每张车票面额计算	5%（以5角为单位，2.5角以下舍去、2.5角及以上进为5角）	最低按2元计收
4	送票费	送到集中取票点	3元/人次	
		送到旅客所在地	5元/人次	
5	标签费	货签费	0.25元/个	
		安全标志费	0.2元/个	
6	行李、包裹变更手续费	装运前	5元/票次	
		装运后	10元/票次	
7	行李、包裹查询费	行李、包裹交付后，旅客或收货人还要求查询时	5元/票次	
8	行李、包裹装卸费	从行李房收货地点至装上行李车，或从行李车卸下至交付地点，各为一次装卸作业	2元/件次	超过每件规定重量的，按其超重倍数增收
9	行李、包裹保管费	超过免费保管期限，每日核收	3元/件	超过每件规定重量的，按其超重倍数增收
10	行李、包裹搬运费	从车站广场停车地点搬运至行包房办理处或从行包交付处搬运至广场停车地点各为一次搬运作业；由汽车搬上、搬下时，每搬一次，另计一次搬运作业	1元/件次	超过每件规定重量的，按其超重倍数增收
11	行李、包裹接取送达费	接取、送达各为一次作业每5千米（不足5千米按5千米计算）核收	5元/件次	超过每件规定重量的，按其超重倍数增收
12	携带品暂存费		3元/件	每件重量以20千克为限，超重时按其超重倍数增收
13	携带品搬运费	从广场停车地点搬运至站台或从站台搬运至广场停车地点各为一次搬运作业；由火车、汽车搬上、搬下时，每搬一次，另计一次搬运作业	2元/件次	每件重量以20千克为限，超重时按其超重倍数增收

迟交票款、运费、杂费时从应收该项费用之次日起至付款日止，每迟交一日，按迟交总额的1%核收运输费用迟交金。

包裹到达通知费，以市内电话以外的方式通知时，产生的信函、电话、电报等费用，由到站以实际发生的款额向收货人收取。

行李、包裹实际运到日数超过规定的运到期限时，铁路运输企业应按所收运费的百分比，向收货人支付运到逾期的违约金（运到逾期违约金计算表如表2－10所示），但最多不超过运费的30%。

表2－10　运到逾期违约金计算表

逾期日数 / 违约金比率/% / 运到期限	1日	2日	3日	4日	5日	6日	7日	8日	9日	10日以上
3日	10	20	30							
4日	5	15	20	30						
5日	5	10	20	25	30					
6日	5	10	15	20	25	30				
7日	5	10	10	15	20	25	30			
8日	5	5	10	15	20	20	25	30		
9日	5	5	10	15	15	20	20	25	30	
10日以上	5	5	10	10	15	20	20	25	25	30

一批行李、包裹部分逾期时，按逾期部分的运费比例支付运到逾期的违约金。

包车时，根据包车人提出的全程路程单，对要求在发站、中途站、折返站停留（因换挂接续列车除外），按下列标准核收包车停留费，在停留当日不足12小时的减半核收。

（1）餐车、娱乐车的包车停留费、使用费每辆每日5 000元，餐车合造车每辆每日2 500元。

（2）公务车、高级软卧的包车停留费每辆每日3 300元。

（3）软座车、软卧车、软硬卧车、硬卧车、软座硬卧合造车的包车停留费每辆每日1 800元。

（4）硬座车、行李车、软硬座合造车、行李邮政车、软座行李合造车、硬座行李合造车的包车停留费每辆每日1 400元。

包用娱乐车、餐车，一日内同时发生停留费、使用费两项费用时只收一项整日费用。

包用公务车、豪华列车的服务费，按车票票价的15%核收。

包用专用列车、豪华列车，当列车编成辆数不足12辆时，应按实际运行日数，每欠编一辆每日核收欠编费850元，当日不足12小时的减半核收。

包用的车辆，自车辆所在站向乘车（装运）站空送时起至回送至车辆原所在站止，产生空驶时，对空驶区段（里程按最短径路并采取通算），不分车种。每车每千米核收3. 458元的空驶费，但棚车不核收空驶费。

包车变更的费用计算：

（1）包车单位在始发站停止使用，除退还已收空驶费与已产生的空驶区段往返空驶费差额外，其他费用按下列规定办理：

① 开车48小时以前退还全部费用，核收票价、使用费、运费10%的停止使用费。

② 开车前6小时至不足48小时时，退还全部费用，核收票价、使用费、运费20%的停止使用费。

③ 开车前不足6小时退还全部费用，核收票价、使用费、运费50%的停止使用费。

④ 开车后要求停止使用，只退还尚未产生的包车停留费。

（2）包车单位在始发站延期使用，在开车前6小时以前提出时，按规定核收包车停留费；在开车前不足6小时提出时，核收票价、使用费、运费50%延期使用费，并重新办理包车手续。

（3）包车单位在中途站延长使用时，经中途变更站报请铁路局（集团公司）同意后，核收票价、运费、使用费或包车停留费；如包车单位付款有困难，可根据书面要求，由变更站电告发站或到站补收应收费用。包车单位中途缩短使用时，所收费用不退。

三、高等级列车及动车组票价

高等级列车及动车组的票价制定经历了三个阶段。

（一）票价的政府指导阶段（1997—2007年）

1997年国家计委关于高等级软座快速列车票价的问题复函铁道部，相关内容如下。

北京铁路局开行北京—秦皇岛25K型高等级软座快速列车，票价可比照《国家计委关于25K型高等级软座列车暂定票价问题的复函》（计价管〔1997〕470号）中确定的票价执行。

二等车软座基准价：二等车软座基准价参照现行软座票价确定，即：旅行速度达到每小时110千米以上的，二等软座客票基准价为每人千米0.280 5元；旅行速度在每小时110千米以下的，二等软座客票基准价为每人千米0.233 0元。

一等车和特等车软座基准价：以二等车基准价为基础，一等车软座客票基准价按高出20%确定，特等车按高出50%确定。其中，旅行速度达到每小时110千米以上的，一等车客票基准价为每人千米0.336 6元，特等车客票基准价为每人千米0.420 8元；旅行速度在每小时110千米以下的，一等车客票基准价为每人千米0.279 6元，特等车客票基准价为每人千米0.349 5元。

浮动幅度：以上述基准价格为基础，铁道部可根据市场情况，在上下10%的幅度内，确定具体票价。

（二）票价明确实施阶段（2007—2015年）

1. 动车组座车票价

2007年铁道部发布了《关于确定CRH_1、CRH_2和CRH_5型动车组座车等级为软座车的通知》，要求动车组的定价依据《国家计委关于高等级软座快速列车票价问题的复函》（计价管〔1997〕1068号）的规定，旅行速度达到每小时110千米以上的动车组列车软座票价基准价：每人千米一等座车为 0.336 6 元，二等座车为 0.280 5 元，可上下浮动 10%。

按《国家计委关于广深铁路运价的复函》（计价管〔1996〕261 号）的规定，广深线开行的动车组列车票价可在国家铁路统一运价为中准价上下浮动 50% 的基础上再上下浮动 50%，由企业自主定价。

动车组公布票价计算公式如下：

一等座车公布票价 = 0.336 6 ×（1 + 10%）× 运价里程

二等座车公布票价 = 0.280 5 ×（1 + 10%）× 运价里程

广深线上的动车组列车公布票价由企业在规定水平内自行确定。

动车组票价可按公布票价打折，但应符合下列条件：

（1）根据不同区域、不同季节、不同时段的市场需求，实行不同形式的打折票价；

（2）二等座车公布票价打折后不得低于相同运价里程的新空软座票价，在短途，公布票价低于新空软座票价时，按公布票价执行，70 千米及以下运价里程的动车组不进行任何形式打折优惠，一律按公布票价执行；

（3）经过相同径路、相同站间、相同时段，不同车次应执行同一票价；

（4）同一车次，各经停站的票价在里程上不能倒挂；

（5）一等座车与二等座车的比价在 1∶1.2 ~ 1∶1.25 之间。

公布票价由铁道部决定，扣票价由铁路运输企业决定，并在公布前 3 天报铁道部备案，但遇跨局开行的动车组列车、折扣率须低于 6 折时、铁路运输企业之间意见有分歧时等情况，铁路运输企业要在公布前 10 天报铁道部备案。

公布票价的折扣率和折后票价由上车站所在铁路局提出车次别、发到站别的动车组列车点到点票价，商有关担当铁路局后，按管理权限执行。

按列车开行日期，至少提前 7 天在车站营业场所向旅客公布点到点公布票价，不公布价率。实行打折优惠时，车站除公布公布票价外，还要及时公布车次别点到点票价的折扣率和折后票价。公布票价打折时，在票面打印“折”字。

2. 动车组软卧票价

2008 年，动车组软卧车陆续上线运行，铁道部公布了动车组卧铺的票价规定，按现行新空特快不同席别的比价关系和动车组座车的票价，对动车组软卧票价水平及相关事项作了如下规定。

（1）公布票价。

软卧上铺公布票价 = 0.336 6 ×（1 + 10%）× 1.6 × 运价里程

软卧下铺公布票价 = 0.336 6 ×（1 + 10%）× 1.8 × 运价里程

（2）动车组软卧票价可按公布票价打折，但打折后不得低于相同运价里程的新空软卧票价。

3. 动车组高级软卧票价

2009 年，铁道部按新空特快不同席别的比价关系和动车组软卧的票价，对动车组高级软卧票价水平及相关事项作了如下规定。

（1）公布票价。

高级软卧上铺公布票价 = 0.336 6 ×（1 + 10%）×3.2 × 运价里程

高级软卧下铺公布票价 = 0.336 6 ×（1 + 10%）×3.6 × 运价里程

（2）动车组高级软卧票价可按公布票价打折，但打折后不得低于相同运价里程的动车组软卧票价。

4. 动车组儿童、学生、伤残军人票价

按《铁路旅客运输规程》等有关规定享受减价优待的儿童、学生、伤残军人乘坐动车组时，其票价均以公布票价为基础计算。

动车组软卧儿童票确定如下：

动车组软卧儿童票 = 动车组软卧公布票价 − 动车组一等座公布票价/2

5. 动车组特等座、商务座等席别票价

2011 年，铁道部按不同席别占用面积和既有动车组列车票价，对时速 200 ~ 250 千米动车组列车特等座、商务座、一等包座、观光座票价水平及相关事项作了如下规定。

（1）公布票价。

特等座公布票价 = 0.280 5 ×（1 + 10%）×1.8 × 运价里程

商务座公布票价 = 0.280 5 ×（1 + 10%）×3 × 运价里程

一等包座、观光座按特等座公布票价执行。

（2）动车组特等座、商务座、一等包座、观光座票价可按公布票价打折，但特等座、一等包座、观光座折后票价不应低于一等座公布票价，商务座折后票价不应低于特等座公布票价。

（3）其他有关票价执行、管理权限和公布等均按《关于动车组票价有关事项的通知》（铁运电〔2007〕75 号）和《铁路客运运价规则》等规定执行。

（三）动车组客票的企业定价阶段（2015 年）

2015 年年末，国家发展和改革委员会发布了《国家发展改革委关于改革完善高铁动车组旅客票价政策的通知》。

该通知的主要内容如下。

2008 年以来，部分高铁动车组实行铁路运输企业自主制定试行票价，市场运行总体平稳，对促进旅客运输市场竞争、提升铁路客运服务水平、方便群众出行、吸引社会资本投入铁路建设等发挥了重要作用。依据《中华人民共和国价格法》《中华人民共和国铁路法》《中共中央国务院关于推进价格机制改革的若干意见》（中发〔2015〕28 号）和《中央定价目录》等规定，就改革完善高铁动车组旅客票价政策、同步加强价格行为监管做出相关规定。

（1）对在中央管理企业全资及控股铁路上开行的设计时速 200 千米以上的高铁动车组列车一、二等座旅客票价，由铁路运输企业依据价格法律法规自主制定；商务座、特等座、动卧等票价，以及社会资本投资控股新建铁路客运专线旅客票价继续实行市场调节，由铁路运输企业根据市场供求和竞争状况等因素自主制定。

（2）铁路运输企业制定高铁动车组一、二等座旅客票价时，应当制定无折扣的公布票价（以下简称公布票价），同时，可根据运输市场竞争状况、服务设施条件差异、客流分布变化规律、旅客承受能力和需求特点等实行一定折扣，确定实际执行票价。公布票价和实际执行票价要按照明码标价制度规定，及时通过网络和售票窗口等渠道告知旅客。制定公布票价应当在售票前对外公告，调整公布票价应当提前30天对外公告。

对符合《中华人民共和国警察法》《军人抚恤优待条例》规定条件的伤残军人、人民警察及符合《铁路旅客运输规程》规定条件的学生，继续分别按照现行规定幅度实行票价优惠。

（3）铁路运输企业要依据《价格法》《铁路法》等法律法规规定，按照“合法、公平、诚信”原则，建立、健全高铁动车组票价内部管理制度，明确制定、调整公布票价、执行票价的办法；要建立健全高铁动车组运输成本核算制度，强化内部成本管理，自觉规范定价行为。

（4）铁路运输企业要完善运输组织，保证与高铁动车组同方向的其他旅客列车种类不减少并合理安排运力投入。要加强管理，优化客票销售、旅客进出站等服务流程，切实提升服务质量，不断满足广大旅客出行需要。

（5）中国铁路总公司要加强对高铁动车组票价和运输市场供求变化的监测分析，建立统计分析制度和评估体系，按季度将高铁动车组公布票价、执行票价、各区段旅客运量、旅客运输周转量和票价收入变动情况书面报告国家发展和改革委员会。要加强对所属铁路运输企业、客票销售代理单位的信用管理，研究推动建立企业信用信息共享平台，及时主动公开信用记录，接受社会监督。

（6）各级价格主管部门要加强对铁路运输企业价格行为的监督检查，依法查处价格欺诈、标价外另行收费、不执行优惠票价政策、不执行明码标价规定等各类价格违法行为，维护市场正常价格秩序。要充分发挥12358价格举报系统作用，鼓励社会共同参与价格监督，认真及时查处群众举报。

《国家发展改革委关于改革完善高铁动车组旅客票价政策的通知》规定了时速200公里以上的高铁动车组列车一、二等座旅客票价，可以由铁路运输企业依据价格法律法规自主制定，这就赋予了铁路部门相应的定价职责和自主调整票价的权力，改变了以往铁路运价完全由国家掌控的格局。

2017年2月铁路部门第一次使用自主定价权，向社会公布：从2017年4月21日起上调沿海高铁动车组列车票价。

多年来，铁路部门既要大力兴建高铁线路，又要投入大量人力、物力、财力去维护、维修设备设施，铁路的自身的营运收入远远满足不了需求，铁路票价的调整，正是符合我国国情的产物。铁路票价，既不会一味地上涨，也不会一成不变，必定是在合理范围之内调整。“突然”提高沿海铁路票价让人有些“难受”，但根据沿海城市这些年来的经济发展情况，这种票价调整也是在合理范围内的，我国东南沿海地区人们相对富足，沿海地区经济、政治、文化都相对开放，资金大幅度地融入这些城市，人们生活水平大幅度提高，在这种情况下，运用市场价格调节机制可发挥提高运输企业经济效益；调整运力，促进高铁设施合理运行的作用。

任务二 铁路旅客运输规程

【技能目标】

掌握铁路旅客运输规程的基本要求；
能运用铁路旅客运输规程完成售票、检票、旅客携带品的检查等客运工作。

【知识点】

铁路旅客运输规程的基本要求；
铁路旅客运输规程中售票、检票、旅客携带品的要求。

【任务的提出】

高速铁路运输中，要更好地为旅客服务，须熟练掌握铁路旅客运输规程，规范售票、检票等相关作业。

【相关知识】

一、总则

（1）为了维护铁路旅客运输的正常秩序，保护铁路旅客运输合同各方当事人的合法权益，依据《中华人民共和国铁路法》制定铁路旅客运输规程。

（2）铁路旅客运输规程适用于中华人民共和国境内的铁路旅客和行李、包裹公共运输。

（3）国家铁路营业站的营业范围和与国家铁路办理直通运输业务的其他铁路营业站的营业范围以《铁路客运运价里程表》为准。其启用、封闭和营业范围的变更由国务院铁路主管部门批准，在《铁路客货运输专刊》上公布。

（4）铁路车站有关营业处所应有相应的票价表、运价表、杂费表、时刻表和旅客须知等内容。遇有变动，须于实施前通告。未经通告不得实施。

（5）铁路旅客运输规程中相关名词的解释。

① 承运人：与旅客或托运人签有运输合同的铁路运输企业。铁路运输企业的员工在执行职务中的行为代表承运人。

② 旅客：持有铁路有效乘车凭证的人和同行的免费乘车儿童。根据铁路货物运输合同押运货物的人视为旅客。

③ 托运人：委托承运人运输行李或小件货物并与其签有行李包裹运输合同的人。

④ 收货人：凭有效领取凭证领收行李、包裹的人。

⑤ 直达票：从发站至到站不需中转换乘的车票。

⑥ 通票：从发站至到站需中转换乘的车票。

⑦ 改签：旅客变更乘车日期、车次、席（铺）位时需办理的签证手续。

⑧ 等级：同等距离以承运人提供的乘车条件不同而确定的列车档次。

⑨ 动车组：运行时速在200千米及以上的列车。

⑩ 客运记录：在旅客或行李、包裹运输过程中因特殊情况，承运人与旅客、托运人、收货人之间需记载某种事项或车站与列车之间办理业务交接的文字凭证。

本任务中的时间以北京时间为准，从零时起计算，实行24小时制。

（6）在不违反铁路旅客运输规程原则的前提下，铁路运输企业可根据具体情况制订补充规定在本企业管辖范围内实行并报国务院铁路主管部门备案。

二、旅客运输

1. 铁路旅客运输合同

（1）铁路旅客运输合同是明确承运人与旅客之间权利义务关系的协议。起运地承运人依据铁路旅客运输规程订立的旅客运输合同对所涉及的承运人具有同等约束力。

铁路旅客运输合同的基本凭证是车票。

（2）铁路旅客运输合同从售出车票时起成立，至完成票面规定的运输行为，旅客出站时止。旅客运输的运送期间自检票进站起至到站出站时止计算。

（3）旅客的基本权利和义务。

① 权利：

- 依据车票票面记载的内容乘车；
- 要求承运人提供与车票等级相对应的服务并保障旅行安全；
- 对运送期间发生的身体损害有权要求承运人赔偿；
- 对运送期间因承运人过错造成的随身携带物品损失有权要求承运人赔偿。

② 义务：

- 支付运输费用，当场核对票、款，妥善保管车票，保持票面信息完整可识别；
- 遵守国家法令和铁路运输规章制度，听从铁路车站、列车工作人员的引导，按照车站的引导标志进、出站；
- 爱护铁路设备、设施，维护公共秩序和运输安全；
- 对所造成铁路或者其他旅客的损失予以赔偿。

（4）承运人的基本权利和义务。

① 权利：

- 依照规定收取运输费用；
- 要求旅客遵守国家法令和铁路规章制度，保证安全；
- 对损害他人利益和铁路设备、设施的行为有权制止、消除危险和要求赔偿。

② 义务：

- 确保旅客运输安全正点；

- 为旅客提供良好的旅行环境和服务设施，不断提高服务质量，文明礼貌地为旅客服务；
- 对运送期间发生的旅客身体损害予以赔偿；
- 对运送期间因承运人过错造成的旅客随身携带物品损失予以赔偿。

2. 车票

（1）车票票面（特殊票种除外）主要应当载明：

① 发站和到站站名；

② 座别、卧别；

③ 径路；

④ 票价；

⑤ 车次；

⑥ 乘车日期；

⑦ 有效期。

（2）车票包括客票和附加票两部分。客票部分为软座票、硬座票。附加票部分为加快票、卧铺票、空调票。

附加票是客票的补充部分，可以与客票合并发售，但除儿童外不能单独使用。

（3）车票票价为旅客乘车日的适用票价。承运人调整票价时，已售出的车票不再补收或退还票价差额。

3. 售票与购票

（1）车票应在承运人或销售代理人的售票处购买。在有运输能力的情况下，承运人或销售代理人应按购票人的要求发售车票。

承运人可以开办往返票、联程票（指在购票地能够买到换乘地带有席位、铺位号的车票）、定期、不定期、储值、定额等多种售票业务，以便于购票人购票。

（2）发售软座客票时最远至本次列车终点站。旅客在乘车区间中，要求一段乘坐硬座车，一段乘坐软座车时，全程发售硬座客票。乘坐软座时，另收软座区间的软、硬座票价差额。

动车组列车车票最远只发售至本次列车终点站。

（3）旅客购买加快票必须有软座或硬座客票。发售加快票的到站，必须是所乘快车或特别快车的停车站。发售需要中转换车的加快票的中转站还必须是有同等级快车始发的车站。

（4）旅客购买卧铺票时，卧铺票的到站、座别必须与客票的到站、座别相同，但对持通票的旅客，卧铺票只发售到中转站。

（5）旅客乘坐提供空调的列车时，应购买相应等级的车票和空调票。旅客在全部旅途中分别乘坐空调车和普通车时，可发售全程普通硬座车票，对乘坐空调车区段另行核收空调车与普通车的票价差额。

（6）承运人一般不接受儿童单独旅行（乘火车通学的学生和承运人同意在旅途中监护的除外）。随同成人旅行身高 1.2～1.5 米的儿童，应当购买儿童票；超过 1.5 米时应买全价票。每一成人旅客可免费携带一名身高不足 1.2 米的儿童，超过一名时，超过的人数应买儿童票。

儿童票的座别应与成人车票相同，其到站不得远于成人车票的到站。

免费乘车及持儿童票乘车的儿童单独使用卧铺时，应当补收票价差额。

(7) 在普通大专院校（含国家教育主管部门批准有学历教育资格的民办大学），军事院校，中、小学和中等专业学校、技工学校就读，没有工资收入的学生、研究生，家庭居住地和学校不在同一城市时，凭附有加盖院校公章的减价优待证的学生证（小学生凭书面证明），每年可购买家庭至院校（实习地点）之间四次单程的学生票。新生凭录取通知书、毕业生凭学校书面证明可买一次学生票。学生票限于使用普通旅客列车硬座和动车组列车二等座，使用普通旅客列车硬卧时应当补收票价差额。

华侨学生和港澳台学生按照上述规定同样办理。

发售学生票时应以近径路或换乘次数少的列车发售。

下列情况不能发售学生票：

① 学校所在地有学生父或母其中一方时；

② 学生休学、复学、转学、退学时；

③ 学生往返于学校与实习地点时；

④ 学生证未按时办理学校注册的；

⑤ 学生证优惠乘车区间更改但未加盖学校公章的；

⑥ 没有“学生火车票优惠卡”，“学生火车票优惠卡”不能识别或者所购车票区间与学生证记载的区间不一致的。

(8) 中国人民解放军和中国人民武装警察部队因伤致残的军人凭“中华人民共和国残疾军人证”、因公致残的人民警察凭“中华人民共和国伤残人民警察证”购买残疾军人优待票（以下简称残疾军人票）。

“中华人民共和国残疾军人证”和“中华人民共和国伤残人民警察证”由国家有关部门颁发，铁路运输企业有权进行核对。

(9) 到站台上迎送旅客的人员应买站台票。站台票当日使用一次有效。对经常进站接送旅客的单位，车站可根据需要发售定期站台票。随同成人进站身高不足 1.2 米的儿童及特殊情况经车站同意进站人员可不买站台票。未经车站同意无站台票进站时，加倍补收站台票款。遇特殊情况，站长可决定暂停发售站台票。

(10) 20 人以上乘车日期、车次、到站、座别相同的旅客可作为团体旅客，承运人应优先安排；填发代用票时，除代用票持票人外，其他团体旅客每人另发一张团体旅客证。

(11) 在无人售票的乘降所上车的人员，可在列车内购票，不收手续费。

4. 车票的有效期

(1) 直达票当日当次有效，但下列情形除外：

① 全程在铁路运输企业管内运行的动车组列车车票有效期由企业自定。

② 有效期有不同规定的其他票种。

通票的有效期按乘车里程计算：1 000 千米为 2 日，超过 1 000 千米的，每增加

1 000千米增加1日，不足1 000 千米的尾数按 1 日计算；通票的有效期的核定自指定乘车日起至有效期最后一日的24 时止。

（2）遇有下列情况可延长通票的有效期：

① 因列车满员、晚点、停运等原因，使旅客在规定的有效期内不能到达到站时，车站可视实际需要延长通票的有效期。延长日数从通票有效期终了的次日起计算。

② 旅客因病中途下车、恢复旅行时，在通票有效期内，出具医疗单位证明或经车站证实时，可按医疗日数延长有效期，但最多不超过 10 天；卧铺票不办理延长，可办理退票手续；同行人同样办理。

5. 检票、验票和收票

（1）车站对进出站的旅客和人员应检票，列车对乘车旅客应验票。对必须持证购买的减价票和各种乘车证的旅客应当核对相应的证件，验票后应加盖查验标记。

车站应当在开车前提前停止检票并应当在本站营业场所通告列车开车前多长时间停止检票。

（2）铁路稽查人员在车内验票时，应出示稽查证件、佩戴稽查臂章。

6. 乘车条件

（1）旅客须按票面载明的日期、车次、席别乘车，并在票面规定的有效期内到达到站。

持通票的旅客中转换乘时，应当办理中转签证手续。

（2）持通票的旅客在乘车途中，有效期终了，要求继续乘车时，应自有效期终了站或最近前方停车站起，另行补票，核收手续费。

（3）对乘坐卧铺的旅客，列车可以收取车票并集中保管。收取车票时，应当换发卧铺证；旅客下车前，凭卧铺证换回车票。

成人带儿童或儿童与儿童可共用一个卧铺。

（4）除列车长同意的特殊情况，持低票价席别车票的旅客不能在高票价席别的车厢停留。

（5）烈性传染病患者、精神病患者或健康状况危及他人安全的旅客，站、车可以不予运送；已购车票按旅客退票的有关规定处理。

7. 变更

（1）旅客不能按票面指定的日期、车次乘车时，应当在票面指定的日期、车次开车前办理一次提前或推迟乘车的签证手续，特殊情况经站长同意可在开车后 2 小时内办理。持动车组列车车票的旅客改乘当日其他动车组列车时，不受开车后 2 小时内办理的限制。团体旅客不应晚于开车前 48 小时办理旅行变更手续。

在车站售票预售期内且有运输能力的前提下，车站应予办理车票变更，收回原车票，换发新车票，并在新车票票面注明“始发改签”字样（特殊情况在开车后改签的注明“开车后改签不予退票”字样）；原车票已托运行李的，在新车票背面注明“原票已托运行李”字样并加盖站名戳。

必要时，铁路运输企业可以临时调整改签办法。

（2）旅客在发站办理改签时，改签后的车次票价高于原票价时，核收票价差额；改签后的车次票价低于原票价时，退还票价差额。

旅客办理中转签证或在列车上办理补签、变更席（铺）位时，签证或变更后的车次、席（铺）位票价高于原票价时，核收票价差额；签证或变更后的车次、席（铺）位票价低于原票价时，票价差额部分不予退还。

（3）因承运人责任使旅客不能按票面记载的日期、车次、座别、铺别乘车时，站、车应重新妥善安排。重新安排的列车、座席、铺位高于原票等级时，超过部分票价不予补收。低于原票等级时，应退还票价差额，不收退票费。

（4）持通票的旅客在中转站和列车上要求变更径路时，必须在通票有效期能够到达到站时方可办理。办理时，原票价低于变径后的票价时，应补收新旧径路里程票价差额，核收手续费；原票价高于或等于变更后的径路票价时，持原票乘车有效，差额部分（包括列车等级不符的差额）不予退还。

（5）旅客在车票到站前要求越过到站继续乘车时，在有运输能力的情况下列车应予以办理。核收越站区间的票价和手续费。

（6）两名以上旅客共持一张代用票要求办理分票手续时，站、车应予以办理。办理时按分票的张数核收手续费。

8. 误售、误购、误乘的处理

（1）发生车票误售、误购时，在发站应换发新票。在中途站、原票到站或列车内应补收票价时，换发代用票，补收票价差额。应退还票价时，站、车应编制客运记录交旅客，作为乘车至正当到站要求退还票价差额的凭证，并应以最方便的列车将旅客运送至正当到站，不收取手续费或退票费。

（2）因误售、误购或误乘需送回时，承运人应免费将旅客送回。在免费送回区间，旅客不得中途下车。如中途下车，对往返乘车区间补收票价，核收手续费。

（3）由于误售、误购、误乘或坐过了站在原通票有效期不能到达到站时，应根据折返站至正当到站间的里程，重新计算通票有效期。

9. 丢失车票的处理

2017 年之前，旅客丢失车票须另行购票。在列车上应自丢失站起（不能判明时从列车始发站起）补收票价，核收手续费。旅客补票后又找到原票时，列车长应编制客运记录交旅客，作为在到站出站前向到站要求退还后补票价的依据。退票核收退票费。

从 2017 年开始，铁路部门规定：旅客若在检票进站前、列车上、出站检票前丢失实名制火车票，不用“自认倒霉”了，只要旅客能提供相关购票信息和有效身份证件，就可办理挂失补办手续，具体情况分以下三种。

（1）检票进站前丢失车票。

进站前丢失车票的补票办理截止时间为该趟列车停止售票前。旅客在该情况下发现火车票遗失，在经过车站确认核实后，可根据购票时使用的证件原件、购票地（取票地）车站名称、乘车日期、车次、发到站信息按原车票车次、席位、票价重新购买一张新车票。新车票票面信息与原车票一致，新车票票面上有“挂失补”字样。

到站前，列车工作人员经查验未发现原车票被他人使用，列车长会开具客运记录交旅客，与新车票（“挂失补车票”）一并作为退票的凭证。到站后24小时内，旅客可凭客运记录、新车票和购票时所使用的身份证原件，至退票窗口办理退票。退票时无退票费，只收取2元手续费。

（2）车上丢失车票。

旅客在车上丢失车票，首先要向列车长及列车员声明，列车工作人员会查验丢失车票旅客本人购票时所使用的身份证件原件、购票信息是否一致，随后办理挂失补办服务，收取2元手续费，票面标注“车票丢失”字样；如果列车未查询到购票信息，则须按规定先办理补票，直至到站前，列车长核验席位使用正常时，开具一份客运记录。到站后，旅客须配合车站工作人员进行查验，并凭标注有“车票丢失”的车票、客运记录和购票时所使用的身份证原件办理出站检票手续。

列车未查询到购票信息而补票的旅客，可在到站后24小时内凭以上证件至退票窗口，经退票窗口工作人员核实信息，确认有购票记录、已购车票有效后，退还后补车票与原票乘车区间一致部分的票价和列车补票手续费，并收取2元手续费。

（3）出站检票前丢失车票。

若出站检票时发现车票丢失，旅客须主动向车站声明，由车站核查购票记录，已购车票有效，乘车日期、车次相符，票、证、人一致，实际乘车区间未超过已购车票乘车区间，且没有出站检票记录的，车站将为旅客办理车票挂失补办手续，收取2元手续费，新车票标注“车票丢失”字样。

此外，铁路部门建立了丢失车票旅客信息库，声称丢失车票的旅客具有以下情形的，不予办理挂失补办手续，列车和到站按无票处理，并登记其身份信息。

① 不能提供购票时所使用的有效身份证件原件的。

② 没有购票记录的。

③ 所购原票已经失效、退票或有出站检票记录的。

④ 证、人、购票记录不一致的。

⑤ 乘车日期、车次不符的。

⑥ 实际乘车区间超过所购车票乘车区间的。

10. 不符合乘车条件的处理

（1）有下列行为时，除按规定补票，核收手续费外，铁路运输企业有权对其身份进行登记，并加收已乘区间应补票价50%的票款：

① 无票乘车时，补收自乘车站（不能判明时自始发站）起至到站止车票票价。持失效车票乘车按无票处理。

② 持用伪造或涂改的车票乘车时，除按无票对待并送交公安部门处理。

③ 持站台票上车并在开车20分钟后仍不声明时，按无票处理。

④ 持用低等级的车票乘坐高等级列车、铺位、座席时，补收所乘区间的票价差额。

⑤ 旅客持儿童票、学生票、残疾军人票，但无法提供规定的减价凭证或不符合减价条件时，按照全价票价补收票价差额。

（2）有下列情况时，补收票价，核收手续费：

① 应买票而未买票的儿童按规定补收票价。身高超过 1.5 米的儿童使用儿童票乘车时，应补收儿童票价与全价票价的差额。

② 持站台票上车送客未下车但及时声明时，补收至前方下车站的票款。

③ 主动补票或者经站、车同意上车补票的。

下列情况只核收手续费，但已经使用至到站的除外：

① 旅客在票面指定的日期、车次开车前乘车的，应补签。

② 旅客所持车票日期、车次相符但未经车站剪口的，应补剪。

③ 持通票的旅客中转换乘应签证而未签证的，应补签。

11. 拒绝运送和运输合同的终止

（1）对无票乘车而又拒绝补票的人，列车长可责令其下车并应编制客运记录交县、市所在地车站或三等以上车站处理（其到站近于上述到站时应交到站处理）。车站对列车移交或本站发现的上述人员应追补应收和加收的票款，核收手续费。

（2）对违反国家法律、法规，在站内、列车内寻衅滋事、扰乱公共秩序的人，站、车均可拒绝其上车或责令其下车；情节严重的送交公安部门处理；对未使用至到站的票价不予退还，并在票背面做相应的记载，运输合同即行终止。

12. 退票

（1）旅客要求退票时，按下列规定办理，核收退票费：

① 旅客退票可在所有“通退通签”窗口办理（在 12306. cn 网站购票未取纸质车票时，可在网上办理退票）。

② 在发站开车前，特殊情况也可在开车后 2 小时内，办理退票。团体旅客必须在开车 48 小时之前办理退票。

③ 旅客开始旅行后不能退票。但因伤、病不能继续旅行时，经站、车证实，可退还已收票价与已乘区间票价差额。已乘区间不足起码里程时，按起码里程计算；同行人同样办理。

④ 退还带有㊔字戳记的车票时，应先办理行李变更手续。

⑤ 因特殊情况经站长同意在开车后 2 小时内改签的车票不退。

⑥ 站台票售出不退。

市郊票、定期票、定额票的退票办法由铁路运输企业自定。

必要时，铁路运输企业可以临时调整退票办法。

（2）因承运人责任致使旅客退票时，按下列规定办理，不收退票费：

① 在发站，退还全部票价。

② 在中途站，退还已收票价与已乘区间票价差额，已乘区间不足起码里程时，退还全部票价。

③ 在到站，退还已收票价与已使用部分票价差额。未使用部分不足起码里程按起码里程计算。

④ 空调列车因空调设备故障在运行过程中不能修复时，应退还未使用区间的空调票价。

（3）发生线路中断旅客要求退票时，在发站（包括中断运输站返回发站的）退还全部票价，在中途站退还已收票价与已乘区间票价差额，不收退票费，但因违章加收的部分和已使用至到站的车票不退。

13. 携带品

（1）旅客携带品由自己负责看管。每人免费携带品的重量和体积如下：

儿童（含免费儿童）10 千克，外交人员 35 千克，其他旅客 20 千克。每件物品外部尺寸长、宽、高之和不超过 160 厘米，杆状物品不超过 200 厘米。乘坐动车组列车的旅客随身携带品长、宽、高相加不能超过 130 厘米；重量不超过 20 千克。

残疾人旅行时代步的折叠式轮椅不计入上述范围，可免费携带。

（2）下列物品不得带入车内：

① 国家禁止或限制运输的物品；

② 法律、法规、规章中规定的危险物品、弹药和承运人不能判明性质的化工产品；

③ 动物及妨碍公共卫生（包括有恶臭等异味）的物品；

④ 能够损坏或污染车辆的物品；

⑤ 规格或重量超过规定的物品。

为方便旅客的旅行生活，限量携带下列物品：

① 气体打火机 5 个，安全火柴 20 小盒。

② 不超过 20 毫升的指甲油、去光剂、染发剂。不超过 100 毫升的酒精、冷烫精。不超过 600 毫升的摩丝、发胶、卫生杀虫剂、空气清新剂。

③ 军人、武警、公安人员、民兵、猎人凭法规规定的持枪证明佩带的枪支子弹。

④ 初生雏 20 只。

（3）旅客违章携带物品按下列规定处理：

① 在发站禁止进站上车。

② 在车内或下车站，对超过免费重量的物品，其超重部分应补收四类包裹运费。对不可分拆的整件超重、超大物品、动物，按该件全部重量补收上车站至下车站四类包裹运费。

③ 发现危险物品或国家禁止、限制运输的物品，妨碍公共卫生的物品，损坏或污染车辆的物品，按该件全部重量加倍补收乘车站至下车站四类包裹运费。危险物品交前方停车站处理；必要时移交公安部门处理。对有必要就地销毁的危险物品应就地销毁，铁路部门不承担任何赔偿责任。

没收危险物品时，应向被没收人出具书面证明。

④ 如旅客超重、超大的物品价值低于运费时，可按物品价值的 50% 核收运费。

⑤ 补收运费时，不得超过本次列车的始发站和终点站。

（4）车站开展携带品搬运、暂存服务业务时，可核收搬运、暂存费。

14. 旅客遗失物品的处理

（1）对旅客的遗失物品应设法归还原主。如旅客已经下车，应编制客运记录，注明品名、件数等移交下车站。不能判明时，移交列车终点站。

（2）客流量较大的车站应设失物招领处。失物招领处对旅客遗失物品应妥善保管，正确交付。遗失物品需通过铁路向失主所在站转送时，物品在 5 千克以内的免费转送，超过 5 千克时，到站按品类补收运费。

三、行李、包裹运输

1. 行李、包裹运输合同

（1）铁路行李、包裹运输合同是指承运人与托运人、收货人之间明确行李、包裹运输权利义务关系的协议。

行李、包裹运输合同的基本凭证是行李票、包裹票。

（2）行李票、包裹票应当载明以下内容：

① 发站和到站；

② 托运人、收货人的姓名、地址、联系电话、邮政编码；

③ 行李和包裹的品名、包装、件数、重量；

④ 运费；

⑤ 声明价格；

⑥ 承运日期、运到期限、承运站站名戳及经办人员名章。

（3）行李、包裹运输合同自承运人接收行李、包裹并填发行李票、包裹票时起成立，到行李、包裹运至到站交付给收货人为止。

（4）托运人的基本权利和义务。

① 权利：

- 要求承运人将行李、包裹按期、完好地运至目的地；
- 行李、包裹灭失、损坏、变质、污染时要求赔偿。

② 义务：

- 缴纳运输费用，完整、准确地填写托运单，遵守国家有关法令及铁路规章制度，维护铁路运输安全；
- 因自身过错给承运人或其他托运人、收货人造成损失时应负赔偿责任。

（5）承运人的基本权利和义务：

① 权利：

- 按规定收取运输费用，要求托运的物品符合国家政策法令和铁路规章制度。对托运的物品进行安全检查，对不符合运输条件的物品拒绝承运。
- 因托运人、收货人的责任给他人或承运人造成损失时向责任人要求赔偿。

② 义务：

- 为托运人提供方便、快捷的运输条件，将行李、包裹安全、及时、准确运送到目的地；
- 行李、包裹从承运后至交付前，发生灭失、损坏、变质、污染时，负赔偿责任。

2. 行李的范围

（1）行李是指旅客自用的被褥、衣服、个人阅读的书籍、残疾人车和其他旅行必需品。

（2）行李中不得夹带货币、证券、珍贵文物、金银珠宝、档案材料等贵重物品和国家禁止、限制运输物品、危险物品。

(3) 行李每件的最大重量为50千克。体积以适于装入行李车为限，但最小不得小于0.01立方米。行李应随旅客所乘列车运送或提前运送。

3. 包裹的范围

(1) 包裹是指适合在旅客列车行李车内运输的小件货物。包裹分为四类：

一类包裹：自发刊日起5日以内的报纸；中央、省级政府宣传用非卖品；新闻图片和中、小学生课本。

二类包裹：抢险救灾物资，书刊，鲜或冻鱼介类、肉、蛋、奶类、果蔬类。

三类包裹：不属于一、二、四类包裹的物品。

四类包裹：

① 一级运输包装的放射性同位素、油样箱、摩托车；

② 泡沫塑料及其制品；

③ 国务院铁路主管部门指定的其他需要特殊运输条件的物品。

包裹每件体积、重量与行李相同。

(2) 运输超过包裹规定重量和四类包裹中第3项规定的物品时，应经调度命令或上级书面运输命令批准。

铁路运输企业可制定管内包裹运输的范围。

(3) 不能按包裹运输的物品：

① 尸体、尸骨、骨灰、灵柩及易于污染、损坏车辆的物品；

② 蛇、猛兽和每头超过20千克的活动物（警犬和运输命令指定运输的动物除外）；

③ 国务院及国务院铁路主管部门颁发的有关危险物品管理规定中规定的危险物品、弹药及不明性质的化工产品；

④ 国家禁止运输的物品和不适于装入行李车的物品。

4. 行李、包裹的托运与承运

(1) 旅客在乘车区间内凭有效客票每张可托运一次行李，残疾人车不限次数。

(2) 托运下列物品时，托运人应提供规定部门签发的运输证明：

① 金银珠宝、珍贵文物、货币、证券、枪支；

② 警犬和国家法律保护的动物；

③ 省级以上政府宣传用非卖品；

④ 国家有关部门规定的免检物品；

⑤ 国家限制运输的物品；

⑥ 承运人认为应提供证明的其他物品。

托运动、植物时应有动、植物检疫部门的检疫证明。

托运放射性物品、油样箱时，应按照国务院铁路主管部门的规定提供剂量证明书、油样箱使用证。

5. 保价运输

(1) 行李、包裹分为保价运输和不保价运输，托运人可选择其中一种运输方式。

(2) 按保价运输时，可分件声明价格，也可按一批全部件数声明价格。按一批办理时，不得只保价其中一部分。

（3）按保价运输的行李、包裹核收保价费。一段按行李、一段按包裹托运时，全程按行李核收保价费。保价的行李、包裹发生运输变更时，保价费不补不退。因承运人责任造成取消托运时，保价费全部退还。

（4）承运人对按保价运输的行李、包裹可以检查其声明价格与实际价格是否相符；如拒绝检查，承运人可以拒绝按保价运输承运。

6. 包装和货签

（1）行李、包裹的包装必须完整牢固，适合运输。其包装的材料和方法应符合国家或运输行业规定的包装标准。

（2）承运后、交付前包装破损、松散时，承运人应负责及时整修并承担整修费用。

（3）行李、包裹每件的两端应各有一个铁路货签。货签上的内容应清楚、准确并与托运单上相应的内容一致。

（4）托运易碎品、流质物品或一级运输包装的放射性同位素时，应在包装表面明显处贴上“小心轻放”“向上”“一级放射性物品”等相应的安全标志。

7. 包裹的押运

托运金银珠宝、货币证券、文物、枪支、中途需饲养的动物等必须派人押运。押运人应购买车票并对所押物品的安全负责。承运人应为押运人购票提供方便。

车站行李员对已经办理承运的包裹应通知押运人装车日期和车次。

列车行李员应对押运人进行登记并告之注意事项。

8. 运到期限

（1）行李、包裹的运到期限以运价里程计算。从承运日起，行李 600 千米以内为三日，超过 600 千米时，每增加 600 千米增加一日，不足 600 千米也按一日计算。包裹 400 千米以内为三日，超过 400 千米时，每增加 400 千米增加一日，不足 400 千米也按一日计算。快运包裹按承诺的运到期限计算。

由于不可抗力等非承运人责任发生的停留时间加算在运到期限内。

（2）行李、包裹超过规定的运到期限运到时，承运人应按逾期日数及所收运费的百分比向收货人支付违约金。一批中的行李、包裹部分逾期时，按逾期部分运费比例支付。违约金最高不超过运费的 30%。行李、包裹变更运输时，逾期运到违约金不予支付。

收货人要求支付违约金时，凭行李票、包裹票在行李包裹到达次日起 10 日以内提出。

（3）收货人要求将逾期运到的行李运至新到站时，可凭新车票办理，不再支付运费，承运人也不再支付违约金。

（4）行李、包裹超过运到期限 30 天以上仍未到达时，收货人可以认为行李、包裹已灭失而向承运人提出赔偿。

9. 到达保管、通知和查询

（1）行李从运到日起、包裹从发出通知日起，承运人免费保管 3 天，逾期到达的行李、包裹免费保管10天。因事故或不可抗力等原因而延长车票有效期的行李按车票延长日数增加免费保管日数。超过免费保管期限时，按日核收保管费。

(2) 包裹到达后，承运人应及时通知收货人领取。通知时间最晚不得超过包裹到达次日的12点。

(3) 收货人询问行李、包裹是否到达时，承运人应及时予以查找。对逾期未到的行李、包裹应及时做查询记录。

10. 装卸、交付和转运

(1) 行李、包裹从行李房的收货地点至装上行李车，从行李车卸下至规定的交付地点，各为一次作业，由发站收取装费，由到站收取卸费。

(2) 收货人凭行李、包裹领取凭证领取行李、包裹。如将领取凭证丢失，必须提出本人身份证、物品清单和担保人的担保书，承运人对上述单、证和担保人的担保资格认可后，由收货人签收办理交付。如在收货人声明领取凭证丢失前行李、包裹已被冒领，承运人不承担责任。

(3) 经当事人双方约定，包裹也可使用领取凭证的传真件领取，约定内容应记载在包裹票记事栏内。收货人要求凭印鉴领取包裹时，应与承运人签订协议并将印鉴式样备案。经约定凭传真件或凭印鉴领取时，收货人不得再凭领取凭证领取。

(4) 收货人领取行李、包裹时，如发现有短少或异状应在领货时及时提出。承运人必须认真检查，必要时可会同公安人员开包检查。检查发现有损失时，应编制事故记录交收货人作为要求赔偿的依据。

(5) 旅客如继续旅行，要求将行李继续运至新到站时，可凭新车票及原行李票重新办理托运。

11. 变更运输

(1) 托运人在办理托运手续后，可按如下规定办理一次行李、包裹变更手续（鲜活包裹不办理变更），核收变更手续费：

① 在发站装车前取消托运时，退还全部运费。

② 装运后要求运回发站或变更到站的（行李只办理运回发站或中止旅行站），补收或退还已收运费与实际运送区间里程通算的运费差额。

③ 旅客在发站停止旅行，要求仍将行李运至到站时，按包裹收费，应补收发站至到站的包裹与行李运费的差额。

(2) 办理变更运输后产生的杂费按实际产生的核收。如已收运费低于已产生的杂费时，则不补收杂费也不退还运费。但因误售、误购客票产生的行李变更，不收变更手续费。

12. 品名、重量不符及无票运输的处理

(1) 发现品名不符时，在发站，应补收已收运费与正当运费的差额；在到站，加收应收运费与已收运费差额两倍的运费。到站发现重量不符应退还时，退还多收部分的运费。应补收时，只补收超重部分运费。如将国家禁止、限制运输的物品或危险物品伪报其他品名托运时，在发站取消托运，在中途站停止运送（在列车上发现危险物品交前方停车站)，均通知有关部门和托运人处理，已收运费不退，按四类包裹另行补收运输区段的运费及保管费。

(2) 发现无票运输的物品，按实际运送区间加倍补收四类包裹运费。

13. 无法交付物品的处理

(1) 对无法交付的行李、包裹或旅客的遗失物品、暂存物品，承运人应登记造册，妥善保管，不得动用。枪支弹药、机要文件及国家法令规定不能买卖的物品应及时交有关部门处理。容易变质的物品应及时处理。

(2) 行李从运到日起，包裹从发出通知日起，遗失物品、暂存物品从收到日起，承运人对90天以内仍无人领取的物品应在车站进行通告。通告90天以后仍无人领取时，应报上一级主管部门批准后予以变卖。

(3) 对变卖所得款项，扣除所发生的保管费、变卖手续费等费用的剩余款额，旅客、托运人、收货人在180天以内来领取时，承运人凭旅客、托运人、收货人出具的物品所有权的书面证明办理退款手续，不来领取时，上缴国库。

四、特定运输

1. 包车

(1) 凡要求单独使用加挂车辆或加开专用列车时，均按包车办理。包车人应先向承运人提供路程单。

(2) 包车人应与承运人签订包车合同。包车合同主要载明：

① 包车人、承运人的名称、地址、联系人姓名、电话；

② 包用车辆种类、数量；

③ 发站和到站站名；

④ 时间；

⑤ 包车运输费用；

⑥ 违约责任；

⑦ 双方商定的其他事项。

签订包车合同的同时，包车人应缴付定金。

(3) 包车人改变或取消用车计划时，应向承运人缴付延期使用费或停止使用费；因包用车辆自其他站向用车站调运车辆产生空驶时，还应缴付空驶费。承运人违约时应双倍返还定金。

包车人在中途站、折返站要求停留时，应缴付停留费。请求延长使用时，由中途变更站报请上一级主管部门批准后核收运输费用。缩短使用时，已收费用不退。

2. 租车及自备车辆的挂运与行驶

(1) 向承运人租用车辆时，租用单位应与承运人签订租车合同。租车合同主要载明：

① 承租人和承运人的名称、地址、联系人姓名、电话；

② 租用车辆种类、数量；

③ 租用的时间和区间；

④ 租车费用；

⑤ 违约责任；

⑥ 双方商定的其他事项。

（2）企业自备车辆或租用车利用铁路动力、线路运行时，应向承运人提出书面要求，经承运人同意并对机车车辆的技术状态检查合格后才能办理，核收挂运费或行驶费。长期挂运或行驶时，承运人应与企业或承租人签订合同。

3. 过轨运输

国家铁路运输企业与其他铁路运输企业办理直通旅客运输业务为过轨运输。办理过轨运输应报国务院铁路主管部门批准。

五、运输事故的处理

1. 线路中断时对旅客的安排

（1）线路中断，列车不能继续运行时，应妥善安排被阻旅客。车站应将停办营业和恢复营业的信息及时向旅客公告。

（2）线路中断，旅客可以要求在原地等候通车、返回发站、中途站退票或按照承运人的安排绕道旅行。

（3）停止运行站或列车应在旅客车票背面注明原因、日期、返回××站并加盖站名章或列车长名章，作为旅客免费返回发站、中途站办理退票、换车或延长有效期的凭证。

（4）旅客持票等候通车后继续旅行时，可凭原票在通车 10 日内恢复旅行。车站应予办理签证手续，通票还应根据旅客候车日数延长车票有效期。卧铺票应办理退票。

（5）铁路组织原列车绕道运输时，旅客原票不补不退，但中途下车即行失效。

旅客自行绕道按变径办理。

线路中断后，旅客买票绕道乘车时，按实际径路计算票价。

2. 线路中断时对行李、包裹的安排

（1）对发站已承运的行李、包裹应妥善保管，铁路组织绕道运输时，运费不补不退。对滞留中途站的鲜活包裹应及时变卖处理。

（2）收货人在中途站要求领取时，应退还已收运费与发站至领取站应收运费的差额。不足起码运费按起码运费核收。对要求运回发站取消托运的，退还全部运费。

（3）旅客在发站或中途站停止旅行，而托运的行李已运至到站，要求将行李运回发站或中途站，运费不补不退。旅客在发站或中途站停止旅行，如要求将行李仍运至到站时，补收行李和包裹运费的差额。

3. 现场处理

发生旅客人身伤害或急病时，车站或列车应会同公安人员勘查现场，收集旁证、物证，调查事故发生原因，编制客运记录或旅客伤亡事故记录并积极采取抢救措施，按照旅客人身伤害或疾病处理的有关规定办理。

4. 赔偿责任和免责范围

（1）承运人应当对铁路运送期间发生的旅客人身伤亡承担损害赔偿责任；但伤亡是不可抗力、旅客自身健康原因造成的或者承运人证明伤亡是旅客故意、重大过失造成的，承运人不承担责任。

在铁路旅客运送期间因第三人原因造成旅客人身损害的，由第三人承担赔偿责任。承运人有过错的，应当在能够防止或者制止损害的范围内承担相应的补充赔偿责任。承运人承担补充赔偿责任后，有权向第三人追偿。

（2）在铁路旅客运送期间发生旅客携带品毁损、灭失时，承运人有过错的，应当承担损害赔偿责任。

旅客证明其确已携带进站乘车，且能够确定携带品价值的，按下列规定赔偿：

① 旅客出具发票（或者其他有效证明）证明购买价格时，以扣除物品合理折旧、损耗后的净值赔偿；

② 以处理单位所在地物价部门或价格评估机构确定的物品价值赔偿。

（3）承运人应当对承运的行李、包裹自接受承运时起到交付时止发生的灭失、短少、变质、污染或者损坏，承担赔偿责任。

因下列原因造成的行李、包裹损失，承运人不承担责任：

① 不可抗力；

② 物品本身的自然属性或合理损耗；

③ 包装方法或容器不良，从外部观察不能发现或无规定的安全标志时；

④ 托运人自己押运的包裹（因铁路责任除外）；

⑤ 托运人、收货人违反铁路规章或其他自身的过错。

（4）行李、包裹事故赔偿标准如下。

按保价运输办理的物品全部灭失时按实际损失赔偿，但最高不超过声明价格。部分损失时，按损失部分所占的比例赔偿。分件保价的物品按所灭失件的实际损失赔偿，最高不超过该件的声明价格。

未按保价运输的物品按实际损失赔偿，但最高连同包装重量每千克不超过 15 元。如由于承运人故意或重大过失造成的，不受上述赔偿限额的限制，按实际损失赔偿。

（5）行李、包裹全部或部分灭失时，退还全部或部分运费。

5. 事故赔偿、索赔时效及纠纷处理

（1）发生旅客伤害事故时，旅客可向事故发生站或处理站请求赔偿。

（2）旅客在车站发现携带品损失时，应当在离开车站前向发生站声明；在列车上发现时，应当在下车前声明，由列车长开具客运记录交到站处理。

旅客请求赔偿时，应当按照相关规定，提交承运人有过错及证明携带品内容、价格等有关证明。

（3）发生行李、包裹事故时，车站应会同有关人员编制行李、包裹事故记录交收货人作为请求赔偿的依据。事故赔偿一般应在到站办理，特殊情况也可由发站办理。

(4) 发生事故，收货人要求赔偿时，应在规定的期限内提出并应附下列文字材料：

① 行李票或包裹票；

② 行李、包裹事故记录；

③ 证明物品内容和价格的凭证。

(5) 丢失的旅客携带品、行李、包裹找到后，承运人应迅速通知旅客、托运人或收货人领取，撤销一切赔偿手续，收回全部赔款。如旅客、托运人或收货人不同意领取时，按无法交付物品处理。如发现有欺诈行为不肯退回赔款时，可通过行政或法律手段追索。

(6) 暂存物品发生丢失、损坏时，应参照行李、包裹事故赔偿有关规定办理。赔偿款额协商确定。

(7) 承运人与旅客、托运人、收货人因合同纠纷产生索赔或互相间要求办理退补费用的有效期为一年。有效期从下列日期起计算：

① 身体损害和随身携带品损失时，为发生事故的次日；

② 行李、包裹全部损失时，为运到期终了的次日；部分损失时，为交付的次日；

③ 给铁路造成损失时，为发生事故的次日；

④ 多收或少收运输费用时，为核收该项费用的次日。

责任方自接到赔偿要求书的次日起，一般应于 30 天内向赔偿要求人做出答复并尽快办理赔偿。多收或少收时应于 30 天内退补完毕。

项目三

高速铁路客流调查、列车开行方案、列车运行图及动车组运用计划

任务一　高速铁路客运市场调查

【技能目标】

掌握高速铁路客流的分类原则；
掌握高速铁路客运市场调查的方法。

【知识点】

高速铁路客流的分类；
高速铁路客运市场调查。

【相关知识】

一、高速铁路客流的分类

1. 按客流组成分

按客流组成分，高速铁路客流可分为基本客流、诱发客流及转移客流三类。

（1）基本客流。

基本客流由既有线上符合条件的客流转移而来，它是高速铁路承担的主要客流，也是修建高速铁路的主要依据。

（2）诱发客流。

诱发客流是由于高速铁路运能的扩大、运输质量的提高及运输环境的改善，促使人们增加出行而产生的客流。

（3）转移客流。

转移客流是由于各种运输方式间的竞争，旅客由其他运输方式转到高速铁路运输方式而产生的客流。高速铁路在其有优势的运距范围内，会将原来属于其他运输方式的客流吸引过来；相反，由于旅客选择的多层次性，也有一部分客流因高速列车停站少等因素而转向其他运输方式。双向转移的情况能体现出高速铁路在客运市场中的竞争力。

2. 按空间范围分

从客流流动的空间范围上看，根据始发、终到站是否在同一通道上，高速铁路客流又可分为本线客流和跨线客流。以京沪高铁为例，京沪高铁通道为本线，则本线客流是指始发、终到站均在京沪高铁通道上的客流；跨线客流则指部分或全部跨越本通道的客流。跨线客流分以下三种情况：

（1）始发站在通道外而终到站在通道上的客流；

（2）始发站在通道上而终到站在通道外的客流；

（3）始发站和终到站均在通道外但经本通道输送的客流。

3. 按跨线客流输送方式分

按跨线客流的输送方式分，高速铁路客流可分为直达客流和换乘客流两类。

（1）直达客流。

直达客流是由跨线运行的高速列车承担的客流（高速直达客流），无须中途换乘。

（2）换乘客流。

换乘客流是在高速线与既有线的接轨站换乘后到达目的地的客流。根据换乘方向的不同，可分为普速列车换乘高速列车客流和高速列车换乘普速列车客流。

4. 其他分类

从客流流动的数量（流量）上分，高速铁路客流可分为大客流、中客流、小客流。

从客流流动的方向（流向）上分，高速铁路客流可分为上行客流、下行客流。

从客流流动的时间（流时）上分，高速铁路客流可分为高峰客流、平峰客流、低峰客流。

从客流流动的距离（流程）上分，高速铁路客流可分为长途客流、中途客流、短途客流。

二、高速铁路客运市场调查

随着铁路由卖方市场向买方市场转变，我国的铁路市场调查正逐渐受到重视，已陆续在一定区域开展了一些有目的的客运市场调查，使客运市场调查的内容逐渐充实丰富起来。例如为修建高速铁路进行的市场潜力预测调查、对铁路和公路竞争情况进行分析的短途客运市场调查、对铁路和航空竞争情况进行分析的中长途客运市场调查等。表 3－1 所示为 2016 年农民工旅客购票渠道调查结果。许多高速铁路客运市场调查在调查内容设计、调查方式选择、调查问卷设计、调查对象选择、调查步骤设计和实施，以及调查结果统计分析等各个方面都已做得比较成功，但在规范化、系统化、连续性等方面还有待加强，调查内容、调查方式、调查方法的科学性有待进一步提高。

表3－1　2016年农民工旅客购票渠道调查结果

	问卷数	回收数	车站购票	代售点购票	电话订票	网上购票	旅馆订票	旅行社订票	上车补票	绿色通道	单位订票	其他
合计	264 330	260 544	137 020	28 857	19 439	11 607	14 286	9 825	10 972	8 668	9 864	10 006
所占比例	—	1.00	0.53	0.11	0.07	0.04	0.06	0.04	0.04	0.03	0.04	0.04

1. 高速铁路客运市场调查的内容

高速铁路客运市场调查应从宏观和微观两个层次出发，多角度地调查，其主要内容包括以下几个方面。

(1) 对高速铁路客运市场环境的调查。

高速铁路客运市场环境主要包括政治环境、经济环境、科学技术环境和社会文化环境等。

政治环境主要指政府颁布的有关政策、法令等，如金融政策、外贸政策、价格政策、税收政策、经济开发倾斜政策、市场准入法等。

经济环境主要指国民生产总值、国民收入总值、人口总数、工资水平、自然资源状况和基础设施条件等。

科学技术环境主要指当前国内外科学技术的发展状况，如科学技术领域的重大进展，对客运市场有影响的新技术的开发、引进与国产化程度，铁路客运新产品的开发、研制、推广等。

社会文化环境主要包括文化传统、宗教信仰、风俗习惯、可持续发展意识和消费观念等。

(2) 对数量信息方面的调查。

数量信息主要包括客流量、客运周转量、旅客行程和客流密度分布变化等。

(3) 对高速铁路客运营销需求信息的调查。

对高速铁路客运营销需求信息的调查主要包括对高速铁路客运产品的调查和对旅客需求的调查。

对高速铁路客运产品的调查包括高速铁路客运产品所能提供的客运服务水平、客运产品的价格、销售渠道、形象和促销手段（如广告）等情况的调查。

对旅客需求的调查内容包括旅客的基本情况和构成、旅客对高速铁路客运产品的满意程度（如安全性、舒适性、便利性）、旅客对交通方式的选择意愿、旅客选择交通方式所考虑的因素和旅客对铁路客运产品的潜在需求等。

(4) 对竞争对手的调查。

对竞争对手的调查主要是对公路、航空和水运等其他交通方式的调查，调查内容包括各种交通方式占有市场份额的情况、客运服务水平、价格、市场营销手段和旅客满意程度等。

2. 高速铁路客运市场调查的体系结构

高速铁路客运市场调查的体系应从系统性、连续性和制度化几个方面着手，根据不同的调查目的确定相应的调查内容及方式，高速铁路客运市场调查的体系结构图如图 3－1 所示。

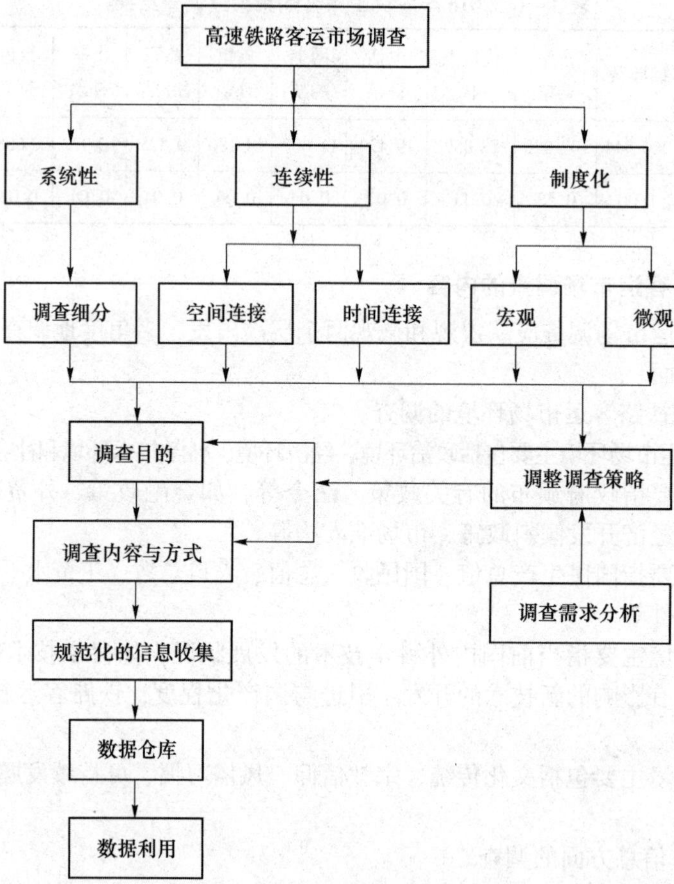

图 3－1 高速铁路客运市场调查的体系结构图

高速铁路企业经营决策者进行市场营销决策，在不同时期、不同经营状况和不同竞争对手等条件下，需要不同的市场信息，这就必须进行高速铁路客运市场调查细分。高速铁路客运市场调查细分如图 3－2 所示。开展一项调查前，应根据不同的调查目的设计不同的调查方案。

3. 高速铁路客运市场调查方案

（1）调查目的。

由于不同地区经济发展水平不同，存在梯度性的差异，因此不同地区的旅客总体消费水平也存在较大差异，客运需求也不同，调查的目的主要是了解不同区域的旅客需求，例如不同区域旅客对高速列车一等座、二等座、卧铺的需求情况；不同区域旅客对票价的敏感程度等。

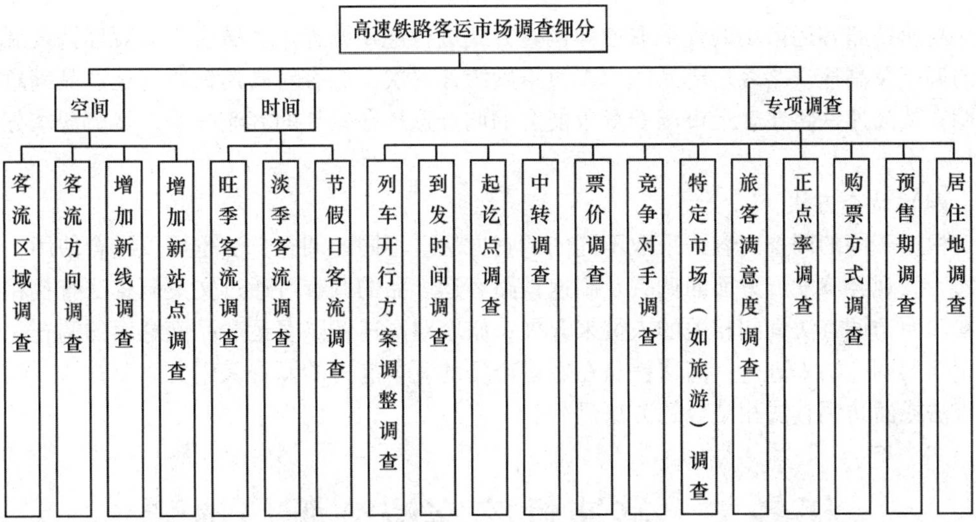

图 3－2　高速铁路客运市场调查细分

（2）调查内容。

调查内容主要包括以下几个方面：区域的经济政策、区域的经济发展阶段、区域在全国经济发展中所处的位置；区域的社会习惯、宗教传统、科技水平等；高速铁路列车的开行数量满足市场需求的情况和客座利用率；旅客乘车的舒适度；高速铁路在客运市场的竞争力情况；高速铁路票价是否能及时反映客运市场的供求变化等。

高速铁路客运市场调查的具体调查内容如下。

① 与区域宏观经济发展相关的调查项目，包括国家在该区域的经济政策（如金融政策、外贸政策、价格政策、税收政策、经济开发政策、市场准入法等）、区域生产总值、区域人口及人口构成、区域城市化水平、区域在全国经济发展中的排名等。

② 与区域微观经济相关的调查项目，包括区域居民的消费水平、工资水平、消费观念等。

③ 与区域社会文化相关的调查项目，包括区域的文化传统、宗教信仰、风俗习惯、可持续发展意识等。

④ 与高速铁路客运产品相关的调查项目，包括高速铁路列车的开行种类、数量、客运量、客运周转量、旅客平均运距、客座利用率等。

⑤ 与旅客对高速铁路客运产品满意度相关的调查项目，包括购票情况（如购票的渠道、订票费、车票预售时间、票价等）、候车情况（如服务态度、开水供应、卫生、舒适、安全情况等）、乘车情况（如乘务员的服务、车内治安秩序、车内环境卫生、列车发到正点率、列车速度、上车购票情况、小商品服务等）等。

⑥ 与高速铁路在客运市场的竞争能力相关的调查项目，包括各种运输方式在客运量、客运周转量、平均运距等方面的对比，各种运输方式在安全、方便、舒适、票价、速度等因素上对旅客出行选择的影响，各种运输方式的营销手段等。

（3）调查方式。

高速铁路客运市场调查采取抽样调查方式进行定期调查。区域宏、微观经济发展方面的调查及高速铁路客运产品的调查每季度统计一次，旅客对高速铁路客运产品满意度的调查及高速铁路在客运市场的竞争能力的调查选择在每年的客流旺季、客流淡季分别进行一次。

（4）调查方法。

根据不同的调查内容，采取不同的调查方法。不同的调查方法也可以结合使用。区域宏、微观经济发展方面的调查及高速铁路客运产品的调查可通过文案调查法查找相关资料和面访调查法询问相关的人员来开展；旅客对高速铁路客运产品满意度的调查一般采用问卷调查法来进行；高速铁路在客运市场的竞争能力的调查采用文案调查法、问卷调查法或面访调查法相结合的方法进行。

任务二　高速铁路客流分析与预测

【技能目标】

掌握高速铁路客运需求的分析方法；
掌握各种运输方式客运分担率的计算方法；
了解高速铁路客流吸引范围；
掌握客运市场需求预测方法。

【知识点】

高速铁路客运需求分析原则；
各种运输方式的客运分担率；
高速铁路客流吸引范围；
客运市场需求预测。

【相关知识】

一、高速铁路客运需求分析

旅客旅行按出行目的可以分为公务性旅行、个人旅行两大类，主要包括出差、通勤、经商、打工、探亲、求学和旅游等。以出差、通勤、经商、打工为目的的旅客运输需求来源于生产领域，是与人类生产、交换、分配等活动有关的需求，可称为生产性旅行需求，这种需求是生产活动在运输领域的继续，其运输费用进入产品或劳务成本。以探亲、求学、旅游为目的的旅客运输需求来源于消费领域，可称为消费性旅行需求，其运输费用来源于个人收入。

影响旅客运输需求的主要因素包括：经济发展水平、居民消费水平、人口数量、运输服务价格、运输服务质量等。

下面对经济发展水平对旅客运输市场需求的影响进行初步的分析。

市场经济条件下居民的消费动机受到政府宏观政策调控的影响日益减少，更趋于满足人的自然需求。对旅客运输市场需求的研究须从旅客主观出行动机出发进行分析，这样得到的旅客运输市场需求分析结论才能指导客运企业准确地设计出适销对路的客运产品以满足居民出行的需要。

随着我国国民经济持续稳定发展，居民的交通消费占总消费比重将有快速的增长，表3－2对比了中国与日本、联邦德国、苏联年人均GDP和人均出行次数指标。以人均GDP为1 000美元为例，我国2003年人均GDP达到1 000美元，而人均出行次数远小于20世纪60年代达到1 000美元的日本、联邦德国和苏联，从中可以看出我们与发达国家之间的差距，这也意味着我国未来必将拥有极具潜力的客运市场。参考表3－2中其他国家的数据，到21世纪中叶，我国经济达到世界中等发达国家水平时，我国的人均出行次数将是现在的几倍、十几倍甚至几十倍。

表3－2　人均GDP和人均出行次数统计分析表

国别	年份	人均GDP/美元	人均出行次数/（次/年）	其中			
				铁路/（次/年）	公路/（次/年）	水运/（次/年）	航空/（次/年）
中国	1994	660	9.12	0.91	7.96	0.22	0.03
	1998	751	11.01	0.75	10.08	0.17	0.01
	1999	780	11.09	0.78	10.10	0.18	0.03
	2000	844	11.64	0.80	10.63	0.15	0.06
	2001	911	12.01	0.82	10.99	0.14	0.06
	2002	978	12.51	0.82	11.48	0.15	0.06
	2003	1 080	12.28	0.75	11.32	0.14	0.07
	2004	1 490	13.60	0.86	12.50	0.15	0.09
	2005	1 741	14.12	0.88	12.98	0.15	0.11
	2006	2 070	15.40	0.96	14.15	0.17	0.12
	2007	2 592	16.86	1.03	15.52	0.17	0.14
日本	1966	1 000	321.56	159.57	160.64	1.30	0.05
	1971	2 000	397.43	156.04	239.56	1.68	0.15
	1974	4 000	409.23	159.67	247.92	1.41	0.23
联邦德国	1960	1 000	139.80	20.07	119.41	0.23	0.09
	1965	2 000	166.00	24.50	141.01	0.31	0.18
	1972	4 000	226.25	37.67	187.80	0.33	0.45
苏联	1960	1 000	63.96	10.41	52.8	0.68	0.07
	1970	2 000	127.51	13.82	112.64	0.76	0.29

二、各种运输方式的客运分担率

随着我国经济的快速发展，客运需求也快速增长，但是，受旅客（消费者）交通行为偏好的影响，各种运输方式的需求并不是同比增长的，表3－3和表3－4表明多种运输方式的竞争为旅客提供了更多的选择余地，旅客本身经济实力的提高也使选择更多交通方式成为可能。

表3－3　我国各种运输方式完成的客运量比例表/%

年份	总计	其中			
		铁路	公路	水运	航空
1994	100	9.9	87.3	2.4	0.4
1995	100	8.8	88.8	2.0	0.4
1996	100	7.7	90.1	1.8	0.4
1997	100	7.1	90.8	1.7	0.4
1998	100	6.9	91.2	1.5	0.4
1999	100	7.1	90.9	1.7	0.3
2000	100	6.9	91.2	1.4	0.5
2001	100	6.8	91.5	1.2	0.5
2002	100	6.6	91.7	1.2	0.5
2003	100	6.1	92.2	1.2	0.5
2004	100	6.3	91.9	1.1	0.7
2005	100	6.3	91.9	1.1	0.7
2006	100	6.2	91.9	1.1	0.8
2007	100	6.1	92.1	1.0	0.8

表3－4　我国各种运输方式完成的旅客周转量比例表/%

年份	总计	其中			
		铁路	公路	水运	航空
1994	100	42.32	49.12	2.14	6.42
1995	100	39.39	51.85	1.19	7.57
1996	100	36.53	53.56	1.75	8.16
1997	100	35.65	55.11	1.55	7.69
1998	100	35.48	55.87	1.13	7.52
1999	100	36.60	54.86	0.95	7.59
2000	100	36.97	54.30	0.82	7.91
2001	100	36.23	54.79	0.68	8.30
2002	100	35.18	55.26	0.58	8.98

续表

年份	总计	其中			
		铁路	公路	水运	航空
2003	100	34.68	55.72	0.46	9.14
2004	100	35.02	53.64	0.44	10.9
2005	100	34.71	53.20	0.38	11.71
2006	100	34.50	52.77	0.38	12.35
2007	100	33.42	53.29	0.36	12.93

三、高速铁路客流吸引范围

日本客运市场的统计资料表明，新干线铁路运输在运距400～1 000 km的范围内，市场占有率在50%以上，这显示出高速铁路在此运距范围内强大的优势和生命力。在运距200～400 km和运距1 000～1 500 km的范围内，高速铁路和公路、航空激烈竞争。

西欧国家在高速铁路修建之前，出行距离在400 km以内时，有50%的人选择公路，28%的人选择铁路；运距在400～600 km时，有34%的人选择铁路；运距在600 km以上时，40%以上的人选择飞机，且运距越远比例越高。在高速铁路修通之后，情况有了很大变化，出行距离在1 000 km以内时，选择高速铁路的比例大幅上升；出行距离在1 000 km以上时，选择高速铁路的人数也有增加。

我国地域辽阔，地区经济发展差异较大，省会城市间的平均距离在1 400 km左右，省会城市周边500 km左右的经济带、经济圈布局已基本形成，因此，中长途旅客运输需求一直比较旺盛。铁路连接了全国400多个主要城市，今后城市间的铁路运量增长将会加快，因此，保持中、长途运输的优势仍然是铁路工作的重点，也是高速铁路工作的重点。

四、客运需求预测（此处配备微课视频）

客运需求预测对于合理地确定交通设施的投资、运营策略、运输发展战略起着十分重要的作用。

影响客运需求的因素有很多，宏观层次的因素包括：地区经济发展水平、居民消费水平、人口数量及结构、经济体制和经济政策、综合交通发展水平等。微观的因素包括：旅行速度、运价水平、发车密度、运输服务设施、服务水平等。若从高速铁路运营部门的角度分析，对于一些宏观因素通常是无法改变的，但是运输企业可以通过调整和改变一些微观、直接的影响因素，使不断变化的运输需求能更好地与运输供给相匹配，以确保运输安全，提升运输企业的公众形象。

目前存在的客运需求预测方法，归纳起来可以分为两大类，即定性预测方法和定量预测方法。根据预测时间不同，客运需求预测可分为长期预测、中期预测、近期预测及短期预测。

定性预测的优点是能集思广益、简单易行，在缺乏足够统计数据或原始资料的情况下，可以获得文献上尚未反映的信息，而且其一般不需要建立高深的数学模型，所以易于普及和推广。当然定性预测的缺点也是显而易见的，其缺乏统一的客观标准，易受预测人员经验和认识的制约，预测结果难免会带有一定的主观片面性。

不同预测目的所采用的方法不同，要保证预测的准确性，必须根据预测的目的选用最合适、最科学的方法，在预测中还要注意以下几点。

1. 面向整个运输市场预测高速铁路客运需求

高速铁路运输是运输市场中的一种运输方式，过去我们在进行客流预测时，往往只考虑高速铁路本身的情况。在市场经济条件下，各种运输方式之间存在激烈的竞争，高速铁路的运量不一定随着经济增长而同比增长。虽然高速铁路运输有其自身的技术经济优势，但如果其他运输方式提高供给水平，一部分高速铁路客流就有可能转移到其他运输方式。特别是当前部分高速铁路线路运输供给量（运输能力）短缺，一定程度限制了旅客对高速铁路运输方式的选择。只有综合考虑相关的社会经济因素和比较各种运输方式的供给水平，才能准确地预测高速铁路客运需求在整个运输市场中所占的份额。

2. 客流结构的预测

以往我们更加关注量的预测，但是旅客需求的多样化越来越明显，要合理地设计相应的运输产品，如列车等级、车厢等级、服务频率、列车发到时刻、票种等，就必须分析预测客流的结构（即旅客的各种属性），如旅客的构成（收入水平、职业、年龄）、出行目的、区域分布（离火车站的距离）、家庭规模等。

3. 运输市场调查法

运输市场调查法是我国运输企业长期使用的主要运量预测方法。通过一定时期的历史资料和周到细致的调查工作，可以掌握一定区域内客运量变化的大体趋势，得出比较符合实际的预测结果，但如果区域范围较大，经济调查的工作量会过于庞大，遗漏和调查数据发生偏差的情况也难以避免。此外，当市场因素在经济活动中所占比重越来越大的时候，客运需求会受很多不确定因素的影响，运输市场调查法的局限性也就比较明显。目前该方法仍然不失为一种相当有效的预测方法，与其他适用的方法相结合，将继续发挥重要的作用。

运输市场调查应关注质与量两个层面："质"是指对高速铁路在运行过程中提供的相关服务内容、方式及水平与旅客需求或期望的关系；"量"是指车站的客运需求量及客运量。在调查预测时要考虑到关键的几个时间点，如夏季运行图与冬季运行图相互转换时期、节假日增开列车时期、其他调图时期等。运输市场调查的具体调查内容包括以下方面。

① 列车开行方案：车站开行列车的种类、车次、方向、数量、时间、停站及时间。

② 发到时间调查：列车计划与实际的发到时间、正点率。

③ 票价调查：不同类型列车及座席的票价水平。

④ 运行速度调查：不同类型列车的旅行速度及技术速度。

⑤ 定员数调查：不同车次列车的编组及定员数。

任务三　高速铁路列车开行方案

【技能目标】

了解国外高速铁路客运组织方法；
掌握高速铁路列车开行方案编制方法；
掌握高速铁路区间通过能力计算方法。

【知识点】

国外高速铁路客运组织原则；
高速铁路列车开行方案编制原则；
高速铁路区间通过能力计算规定。

【相关知识】

一、国外高速铁路客运组织

1. 日本

日本高速铁路线路采用 1 435 mm 的标准轨距，而既有铁路线路为 1 067 mm 的窄轨，高速铁路为独立体系。最初的跨线客流在高速铁路车站换乘。高速列车白天运行、夜间维修，运营和维修互不干扰。

1987 年 JR 东日本公司民营化后，为提高大东北新干线的效益，首先将山形线（福岛—山形）改造成标准轨（部分地段增设第三轨），为适应山形线的限界，还专门开发了 400 系高速列车，并于 1992 年 7 月 1 日实现了东京至山形直达旅客运输，为此客流增长了 56.7%。

东京—博多的新干线全长 1 069.1 km，设站 33 个。为了吸引更多客流，1996 年 10 月 1 日—11 月 30 日的列车运行图（单方向）安排了三种高速列车共 61 种停站方式。专为通勤旅客服务的“回声号”运行距离短，站站停车；为满足旅客便捷、快速而开行的“希望号”列车，停站少，全程最多停 6 站；“光号”列车的停站次数则介于二者之间，一般为 8 ~ 12 个；全程不开行途中不停站的直达列车，主要原因是日本的旅客在里程超过 1 000 km 时更愿意选择飞机。

高密度、长编组、多定员、停站时间短、停站方案多、车站站线利用率高、列车服务频率高是日本高速铁路客运组织的主要特点。表 3 - 5 为东京至各大站的列车车次频率，表 3 - 6 为东海道—山阳新干线列车停站时间标准。

表 3-5 东京至各大站的列车车次频率/（次/日）

运行区间	东京—新横滨	东京—静冈	东京—名古屋	东京—京都	东京—新大阪	东京—姬路	东京—冈山	东京—福山	东京—广岛	东京—小仓	东京—博多
服务频率	98	52	145	134	135	27	54	25	41	33	33

表 3-6 东海道—山阳新干线列车停站时间标准

上车旅客人数/人	停站时间	备注
<100	45 s	平均下车时间：1.1 s/人 平均上车时间：1.2 s/人 列车在站最小立折时间：16 min
100～200	1 min	
200～300	1 min15 s	
>300	1 min45 s～2 min	
有服务员的车站	1 min30 s	
有大的旅行团	临时设定时间	

2. 法国

法国的高速铁路网以巴黎为中心，呈放射状，主要在大运量的干线上修建，高速铁路与既有铁路联网互通，TGV 列车通过既有线开行到更多的人口密集地区。法国高速铁路采用“多车次、少中转”的运营方式，高速线为全高速的线路，线路能力得到最佳利用，但列车编组少，在高峰时段采用“多列联运”的方式增加载客量。由于高速列车可下高速线运行，其通达里程远大于高速线里程，在高速铁路线路还只有 1 576 km 时，TGV 高速列车的运行范围就达到了 7 500 km 以上。

3. 德国

德国铁路没有针对高速铁路成立专门的组织机构，高速铁路与既有铁路一并管理。德国高速铁路采用新线建设和既有线改造结合的方式构建，旅客列车及货物列车分时混用。旅客列车采用电动高速列车（ICE）。德国经济发达，国土较宽，城市的密集程度不是很大，ICE 列车主要用于运能紧张的干线。

在德国，6:00—22:00 开行高速列车，列车密度较低，ICE 列车每小时一列，其他为普通列车，繁忙区段开行各类旅客列车 100 列，夜间开行货物列车 80 列。旅客列车停站时间在 1～4 min。德国高速列车也大量下线运行，在高速铁路线路只有 427 km 时，ICE 高速列车的运行范围就达到了 4 000 km 左右。

国外高速铁路客运组织和客运服务方面有以下几点值得借鉴。

（1）不少国家的高速铁路成功地采用了客货列车分时运行或多种速度等级旅客列车混合运行的运营方式。

（2）为提高高速铁路的效益及整个社会的综合效益，高速铁路必须多吸引旅客，以产生规模效应。减少换乘是吸引旅客的重要手段之一。尽可能开行直达列车，减少换乘，是各国共同致力的方向。

（3）灵活多样的高速列车编组和列车定员，既满足了客流变化的需要，又可节省车辆设备。高速铁路客运组织应考虑长、短编组结合的开行方案。

（4）在大中型车站，保证足够数量的列车服务频率（车次）是吸引旅客的重要因素。

（5）统计数据表明，各国高速铁路的上座率随着高速铁路运营管理的不断加强和完善而逐年上升，日本、法国、西班牙高速铁路平日上座率都在60%～70%，节假日呈超员状态。我国高速铁路的客运组织也要保证较高的上座率。

（6）快捷、简明、方便、流畅的旅客流线和相对固定使用的站台、站线是各国高速铁路车站建设的方针和目标，也是更好吸引客流的必要条件。

（7）完善的旅客向导系统，极大地方便了旅客的出行。

（8）车站和列车上均设置了旅客旅行所需的、先进的设备和设施，营造出舒适的候车和乘车环境。

二、高速铁路列车开行方案

列车运行图、旅客列车时刻表的编制都要以列车开行方案为基础，铁路客运产品的表现形式就是旅客列车时刻表。客运市场的需求是列车开行方案编制的前提，因此旅客列车开行方案要满足客运市场需求，合理确定旅客列车开行计划，提高列车运行速度，发挥高速客运专线的优势，逐步增加直通旅客列车比例。随着国民经济的发展、人民生活水平的提高，旅客需求也发生了很大变化。不同层次旅客由于出行目的的不同，对旅行的需求也有所不同。在编制高速客运专线旅客列车开行方案的时候也要利用既有线开行不同档次的旅客列车以满足市场多样化的需求，提高铁路运输在客运市场的综合竞争能力。机、车、工、电、辆等技术条件，以及高速客运专线所处的地质、气候条件也影响着高速铁路列车开行方案的确定。

（一）旅客列车开行方案的定义

旅客列车开行方案是在客流预测的基础上，确定旅客列车的运行区段、径路、种类及开行对数。旅客列车开行方案以市场需求为导向，以客流为确定旅客列车开行方案的基本依据，同时还必须尽可能减少旅客的换乘次数与在途时间，经济合理地使用列车车底，使线路长短结合，客流分布均匀，充分发挥高速铁路的运输能力和设备的利用率。

铁路部门在组织旅客运输的生产过程中，应充分发挥列车运行图的作用，有效地利用好多种铁路技术设备，促使各部门、各工种、各项作业之间协调配合，以保证行车安全，提高运输效率。

列车运行图是车务、机务、工务、电务、车辆等部门的综合计划。所有与列车运行图有关的部门，尤其是客运部门，必须严格按照列车运行图的要求，组织好本部门的工作。列车运行图明确规定了列车占用区间的顺序，各分界点，列车到、发、通过时刻，各区间的列车运行速度，停站时间标准，并须保障有计划地、经济合理地使用机车车辆。

旅客列车开行方案的编制工作是编制整个列车运行图的中心环节，它要解决的是各个方向旅客列车在运行图上的整体布局。它涉及机务、车务、客运、线路、桥隧、车站等诸多方面。

确定列车的始发站、终到站的发到时间；确定列车在铁路局分界口、大城市、旅游点所在站的发到时间；解决车底运用、机车周转、列车的接续、列车密度等问题是编制旅客列车开行方案的目标。

（二）旅客列车开行方案编制的基本原则

1. 充分协调客运专线和既有线运输能力的原则

如果在高速铁路建设前，既有线承担了全部的客、货运输，那么在高速铁路建成后，大部分的客运量将转移到客运专线上，但为了兼顾低收入群体和小站客流的需求，既有线上应适当保留一定数量的旅客列车。

2. 尽量减少旅客换乘的原则

换乘给旅客的出行带来很多不便，既增加了旅客的旅行时间，又会使部分客流转向其他交通运输方式。减少换乘是吸引旅客的重要手段。

3. 到发时间适当的原则

客车开行时间的不同对旅客的吸引程度差异明显，合理的始发、终到时间可以适应人们生活和出行的习惯，节省旅行时间。为了适应人们生活和出行的习惯，节省旅行时间，方便工作，必须合理地确定始发、终到时间。对于短途旅客列车，发到时间应尽量满足多数人能够当日往返的出行需要。对于中、长途旅客列车尤其是一些平行于高速公路和与航空运输速度竞争不利的线路，应充分发挥铁路行车安全、全天候运行的特点，开行带卧铺的夕发朝至动车组，旅途时间以夜间为主，不影响旅客白天的工作，提高旅客的旅行效率，达到吸引客流的目的。

4. 提高列车运行速度的原则

旅客对列车速度的要求随着时间价值的提高而普遍提高。为了提高列车速度、减少旅客在途时间，增加铁路在旅客运输市场的竞争力是高速客运专线建设的目的。客运专线旅客列车开行方案优化的首要原则是列车旅行速度。对长、短途旅客列车的速度，应区别对待。长途客车应尽可能提高运行速度，压缩旅行时间。短途旅客列车则须考虑停靠站点数量等诸多因素后，合理提高运行速度。

5. 合理编组原则

高速铁路列车的编组一般在 6 到 12 辆之间，具体编组数量须综合考虑各种因素来确定，例如哈齐客运专线的旅客列车编组就要充分考虑该线路的客流特点以提高效率。由于除了哈尔滨、大庆、齐齐哈尔三个城市客流比较集中，其他几个站的客流均较小且公路运输又比较便捷，对于这样的运输实际情况，旅客列车应尽量采取小编组、高频率的运行方式。跨线长途旅客列车行车密度相对较小，因此应适当增加列车编组，合理利用线路、设备能力。

6. 合理停站原则

一方面，旅客列车停站越多辐射的区域也就越多，对于某些旅客的出行也更加方便，另一方面，停站多必然降低列车的运行速度，增加部分旅客的在途时间，为此也会失去部分客流。因此，中、长途旅客列车的合理停站是优化客运专线旅客列车开行方案的又一重要原则。在有两次以上的列车经过同一线路时，应适当交错停站，以达到既满足旅客出行需求又提高列车运行速度的目的。

（三）旅客列车开行方案的影响因素（此处配备微课视频）

1. 列车编组及定员

为了完成一定的运量必须提高服务频率，运量和服务频率是确定列车定员的依据。一般采用短编组、高密度的开行方案可大大提高服务频率。这样能更好地吸引客流；但当线路能力紧张时，只有大编组才能够达到充分利用线路能力的目的。列车编组方案应该尽可能采取灵活的编组形式，也就是说，列车编组不必固定不变，应针对客流量的增加而逐步扩大编组，并始终保持较小的列车运行间隔来实现较高的服务水平，同时也可以通过调节编组和行车密度来保证较高的载客率。

2. 列车客座利用率

列车客座利用率的含义是“用百分率表示的平均每一客座公里所完成的人公里数”，它是用来反映列车利用程度的指标。我国铁路旅客列车平均客座利用率多年来保持在70%左右。客座利用率与列车运行线路、运行距离、旅行速度、开行时间、列车定员、停站次数等因素有很大关系。等级相对较低、停站次数较多的旅客列车，吸引的客流比较多，客流成分多样，其平均席位周转次数一般比高等级列车高。

3. 服务频率和运量的关系

在市场经济条件下，服务频率是吸引旅客的重要因素。服务频率可直接反映出沿线各站旅客乘坐旅客列车的次数，以及吸引客流的程度。在客流预测中，将不同的服务频率输入运量预测模型后，可得出不同服务频率条件下的运量变化情况。

服务频率与客流量的关系是：服务频率高，运量增长，服务频率达到一定的次数后，服务频率和旅客运量的关系就不明显了。

4. 客流结构

旅客客流结构不同也影响着开行方案的制定。客流结构主要包括旅客的出行目的、经济收入、知识层次、社会地位，等等。在编制开行方案时必须向数量比较大的旅客类型倾斜，更多地考虑这类旅客的需求。例如当公务出行、旅游出行所占比例较大时，开行方案应满足旅客快捷舒适的要求；而农民工等低收入阶层比例很高时，则开行方案要满足其经济性要求，多开行廉价、等级较低的列车。如果通勤客流较多，则开行方案要满足其随到随走的便捷性要求，提高列车发车频率和速度。

三、高速铁路区间通过能力

（一）区段通过能力

运输设备、行车组织方式共同作用、相互影响，最终形成区段通过能力。通过能力一般要通过区段表现出来。区段通过能力可以定义为在单位时间内（通常是一昼夜）某一区段所能通过的最大行车量。区段通过能力是制订运输计划，新建、改建铁路线路和装备运输设备的重要依据和指标。

（二）区间通过能力

区间通过能力是指铁路区段的每一区间在一定的行车组织条件下，一昼夜最多能通过的列车数量（列数或对数）。区段通常由多个区间组成，一般可分别通过每一区间来研究列车对区间的占用，从中找出列车运行最困难的区间，并把这一区间作为整个区段通过能力的标准区间。

（三）区间通过能力的影响因素

区段通过能力是区间通过能力的整体反映。区段内中间站的数量及各区间的距离即区间大小的不均衡性、列车在各站的追踪、到达和出发间隔时分、客货列车在各站的起停车附加时分、客货列车运行速度、旅客列车对数和旅客列车的分布结构等是通过能力计算时应当考虑的因素。区间通过能力主要受下列因素的影响。

1. 区间内的正线数目

双线、三线或四线区间的通过能力将大于单线区间的通过能力。

2. 区间长度

当列车运行速度一定时，区间长度的大小对区间的通过能力往往起着决定性的影响。

3. 线路平纵断面

当列车重量一定时，线路的坡度和曲线半径的不同将影响列车的运行速度，进而影响列车占用区间的时间。

4. 牵引机车类型

各类机车在牵引性能、构造速度、计算速度、制动等方面存在差别，因此，各种不同类型的机车牵引一定重量的列车在同一区间运行时，将有不同的速度，从而产生不同的运行时间。

5. 信、联、闭设备

各种类型的信、联、闭设备的性能、操纵方式、办理作业时间各不相同，从而影响区间通过能力的大小。

6. “天窗”设置

使用大型机械进行线路整修，以及电气化铁道的供电设备需要停电进行维修时，需要在列车运行图上设置固定的施工“天窗”，这对区间通过能力的影响很大。

7. 行车组织方式

行车组织方式具体体现为列车运行图的类型。例如，根据各种列车运行速度的对比关系，我国铁路传统的列车运行图分为平行运行图和非平行运行图。平行运行图能保证最充分地利用区段通过能力，并作为研究各种类型运行图性质和规律的基础。

计算区间通过能力所需要考虑的时间因素主要有：列车区间运行时间和起停车附加时间、列车技术作业停站时间、车站间隔时间、追踪列车间隔时间、施工“天窗”时间等。这些因素也是列车运行图的主要影响因素。

（三）高速铁路列车开行模式分析

设计高速铁路客运组织模式时，可以开行一种速度目标值列车，也可以开行几种速度目标值列车。对于仅开行一种速度目标值列车的情况，列车仅有有无停站的区别，其通过能力的确定较简单。若高速铁路上开行多种速度目标值列车，则通过能力的计算将变得复杂。不同种类旅客列车的差别主要体现在客车速度等级、停站比例等方面。由于列车存在速度差别，导致客运专线列车运行图是不规则的非平行运行图。借鉴既有线不同速度列车混运通过能力计算办法，结合旅客列车特点，可采用扣除系数法和平均最小列车间隔法来计算区间通过能力。

任务四　高速铁路列车运行图及动车组运用计划

【技能目标】

掌握列车运行图的基本规定；
掌握动车组运用计划。

【知识点】

列车运行图的基本规定；
动车组运用计划。

【任务的提出】

高速铁路列车运行图与动车组的运用计划相结合可以达到充分利用运输设备，提升运输能力的效果。

【相关知识】

一、列车运行图

在运输生产过程中，列车运行是一个很复杂的环节，它要利用多种铁路技术设备，要求各部门、各工种、各项作业之间互相协调配合，才能保证行车安全和提高运输效率。

列车运行图是铁路组织运输生产和运输产品供应的综合计划，是铁路运输生产联结社会生活的纽带。它规定各次列车占用区间的顺序，列车在每个车站的到达或通过的时刻，列车在区间的运行时间，列车在车站的停站时间，以及机车交路等，是全路生产组织运行的基础。

列车运行图是一个生产计划——规定了线路、站场、动车组等设备的运用，使得运输生产活动有条不紊地进行。

列车运行图是一个产品供应计划——规定了列车开行方案，出发的各种列车的等级、服务等。

铁路旅客列车时刻表就是列车运行图输出的铁路运输产品目录。

高速铁路列车运行图的编制工作是全路列车运行图编制工作的一部分，由中国铁路总公司统一组织编制。高速铁路列车运行图严格遵守各种间隔时间标准和规章制度；适应高速铁路客流特点，最大限度满足旅客出行的需要，尽可能按时段、服务频率安排列车运行；协调好高速铁路客运专线与既有线的衔接，并尽可能提高高速铁路客运专线及既有线的通过能力；协调好跨线列车运行线与本线列车运行线的关系，尽量减少高速铁路客运专线上各种列车的相互影响。

高速铁路列车运行图应尽可能考虑客流高峰需求，列车开行数量具有与时段相关的波动性和规律性；列车开行数量受动车组数量和运用方式的制约，应尽可能提高动车组的上线率；对于跨线列车和本线高速列车，需要明确优先原则和列车等级；跨线列车运行线布局方案应尽可能考虑高速铁路客运专线的通过能力，并为本线列车的开行创造条件；高速铁路客运专线综合维修天窗设置方案对跨线列车和夕发朝至列车的开行具有制约作用；高速铁路客运专线运行图的编制要考虑相关运行线的紧密接续，方便旅客的换乘。

二、动车组运用计划

动车组的运用计划主要由动车组周转计划、动车组分配计划和动车组检修计划组成。动车组周转计划主要规定了按什么顺序担当列车，但并不规定具体的动车组；分配计划指定具体的动车组担当周转计划中的具体交路，保证每个交路有质量良好的动车组完成；检修计划规定了动车组在基地检修的时间、内容、检修线等具体内容，供动车组基地检修使用。

1. 动车组周转计划

动车组运用计划是动车组周转接续和维修的综合计划。动车组周转计划是根据给定的列车运行图、有关动车组检修修程的规定及检修基地的条件等，对动车组在什么时刻、在哪个车站、担当哪次列车，以及在什么时间、什么地点、进行哪种类型的检修等做出具体安排，以确保状态良好的动车组实现列车运行图。

2. 动车组分配计划

动车组周转计划中对列车周转接续进行了安排，形成了周转交路，但没有指定具体的动车组。动车组分配计划要充分考虑动车组的位置、累计走行公里、已进行过的各类检修情况等条件，在模拟未来使用计划的基础上进行编制。动车组分配计划的编制过程如图 3－3 所示。

动车组分配计划的编制结果必须以适当的形式表现出来，并明确动车组编号、初始位置、担当的交路编号、运用后的驻留位置、运用后的状态等内容。

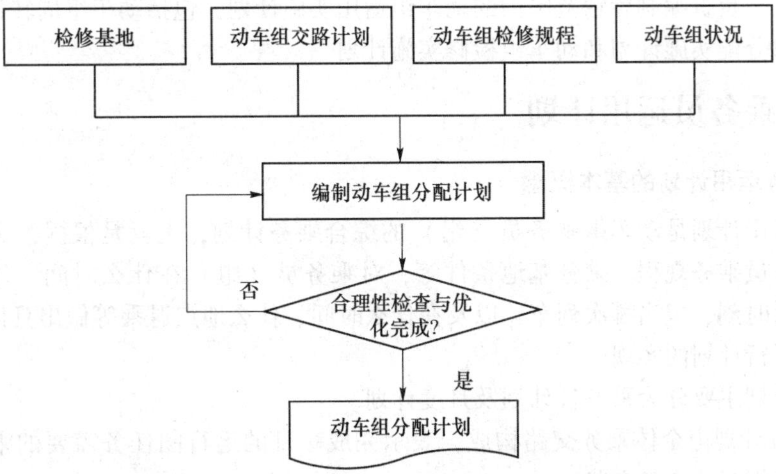

图 3-3　动车组分配计划的编制过程

3. 动车组检修计划

根据动车组的检修地点、检修项目等所做的计划称为动车组检修计划。动车组检修计划根据交路计划、车辆分配计划、动车设备履历、修程、修制、动车走行统计数据和列车故障情况、检修基地的作业能力等实际情况编制。动车组检修计划的主要依据为：动车组检修的长期规划、检修基地的检修能力、动车组的实际状态。动车组检修计划的编制结果必须以适当的形式表现出来，并明确动车组编号、检修项目、检修地点、检修时间等内容。

三、动车组运用计划的编制

在编制动车组运用计划时，考虑到列车运行图结构及动车组的检修体制，动车组运用计划必须符合以下运用规则：任意一列车车次必须有且仅有一列动车组担当运输任务；动车组的日常运转必须与列车运行图一致；动车组达到修程规定，必须到相应的检修场所检修，并保证一定的检修时间；动车组在进行列车接续的时候需要进行一定的整备作业，动车组所担当列车运行线之间的接续必须满足整备时间标准。动车组本身比较昂贵，检修费用较高因此一般采用下面几个指标评价动车组运用计划：使用的动车组数、定期检修次数和日常检修次数。

1. 动车组运用基本计划编制

列车运行基本计划编制完成后，需要编制相应的动车组运用基本计划。中国铁路总公司下达编制基本计划的命令后，相应的计划编制部门（调度所）根据列车运行基本计划，按照动车组信息，动车组修程、修制，检修地点，检修能力限制条件等要求，编制动车组运用基本计划。

2. 动车组运用实施计划编制

动车组运用基本计划编制完成后，高速铁路客运专线调度所计划编制人员根据相应的列车运行实施计划，动车组运用基本计划，动车组修程、修制要求，检修地点、检修能力等信息，负责编制管辖范围内的动车组运用实施计划，包括动车组周转接续实施计划、动车组分配实施计划和动车组检修实施计划。

四、乘务员运用计划

1. 乘务运用计划的基本概念

乘务运用计划是动车组乘务员（组）的综合乘务计划，也就是根据给定的列车运行图、乘务员乘务规程、乘务基地条件等，对乘务员（组）在什么时间、什么地点出乘，在什么时刻、担当哪次列车，以及在什么时间、什么地点退乘等做出具体安排，以确保列车开行计划的实现。

乘务计划主要分为乘务日计划及月度计划。

（1）日计划由全体乘务交路构成，表示完成一日的运行图任务需要的乘务员数量及各乘务员担当的乘务交路。

（2）乘务交路就是一个乘务员（组）一日的工作计划，每一行是一个乘务交路，每条线段上的字符表示车次。

（3）月度计划描述各乘务员（组）在指定月度中担当的乘务交路及休息计划。

2. 乘务运用计划的编制

动车组采用不固定区段使用的方式，与之相对应的乘务员运用方式也与普速列车的既有方式有所不同。动车组乘务运用计划的特点是在乘务基地的乘务范围内，只要满足乘务规则，乘务员可以担当任意列车的乘务任务。

项目四

高速铁路客运乘务组织

任务一　高速铁路动车组列车

【技能目标】

能掌握我国动车组车型组成；

能掌握我国 CRH$_1$、CRH$_2$、CRH$_3$、CRH$_5$、CRH$_6$、CRH380 动车组列车的组成与结构。

【知识点】

我国动车组车型的发展；

CRH$_1$、CRH$_2$、CRH$_3$、CRH$_5$、CRH$_6$、CRH380 动车组列车的组成与结构。

【任务的提出】

高速铁路动车组的发展是我国高速铁路运输发展的缩影，也是高速铁路运输从业人员必须掌握的内容。

【相关知识】

一、我国动车组车型简介

（一）动车组车型（此处配备微课视频）

CRH_1——青岛BSP（庞巴迪），8辆编组，定员668人，运营时速200～250 km，牵引功率5 300 kW，不锈钢车体，轴重小于16 t。

CRH_2——四方股份（川崎重工），CRH_2型动车组有两种列车，一种8辆编组，定员610人，运营时速200～250 km，牵引功率4 800 kW，铝合金车体，轴重小于14 t；另一种，运营时速300～350 km，总牵引功率7 200 kW。

CRH_3——唐客股份（西门子），8辆编组，定员557人，运营时速300～350 km，牵引功率8 800 kW，铝合金车体，轴重小于17 t。

CRH_5——长客股份（阿尔斯通），8辆编组，定员622人，运营时速200～250 km，牵引功率5 500 kW，铝合金车体，轴重小于17 t。

CRH_6——南京浦镇车辆公司，8辆编组，运营速度分为时速200 km和160 km两种。

CRH380A——四方股份，运营时速350～380 km，最高试验时速超过400 km，铝合金车体，轴重小于15 t，8辆编组（CRH380A），定员494人，牵引功率9 600 kW；16辆编组（CRH380AL），定员1 066人，牵引功率21 560 kW。

（二）动车组编组中的车种代码

车种代码为汉语拼音缩写，分别为：一等座车ZY，二等座车ZE，软卧车RW，硬卧车YW，餐车（含酒吧车）CA，二等座车/餐车ZEC，餐车卧车合造车CW，商务车SW，一等座车/观光车ZYG，二等座车/观光车ZEG。

（三）动车组的型号和列车编号的构成

CRH_X－×××Z。

CRH，中国高速铁路动车组简称。

X，技术序列代码（例如BSP动车组为1，四方动车组为2，唐客动车组为3，长客动车组为5）。

×××，制造序列代码，由001～999排列。

Z，型号系列代码，以A、B、C等表示：

A——运行速度200 km/h，8辆编组，座车；

B——运行速度200 km/h，16辆编组，座车；

C——运行速度300 km/h，8辆编组，座车；

E——运行速度250 km/h，16辆编组，卧铺车。

实例：CRH_1－001A表示中国高速铁路动车组BSP CRH_1第1列，运行速度200 km/h，

8 辆编组，座车。动车组基础结构示意图如图 4－1 所示。

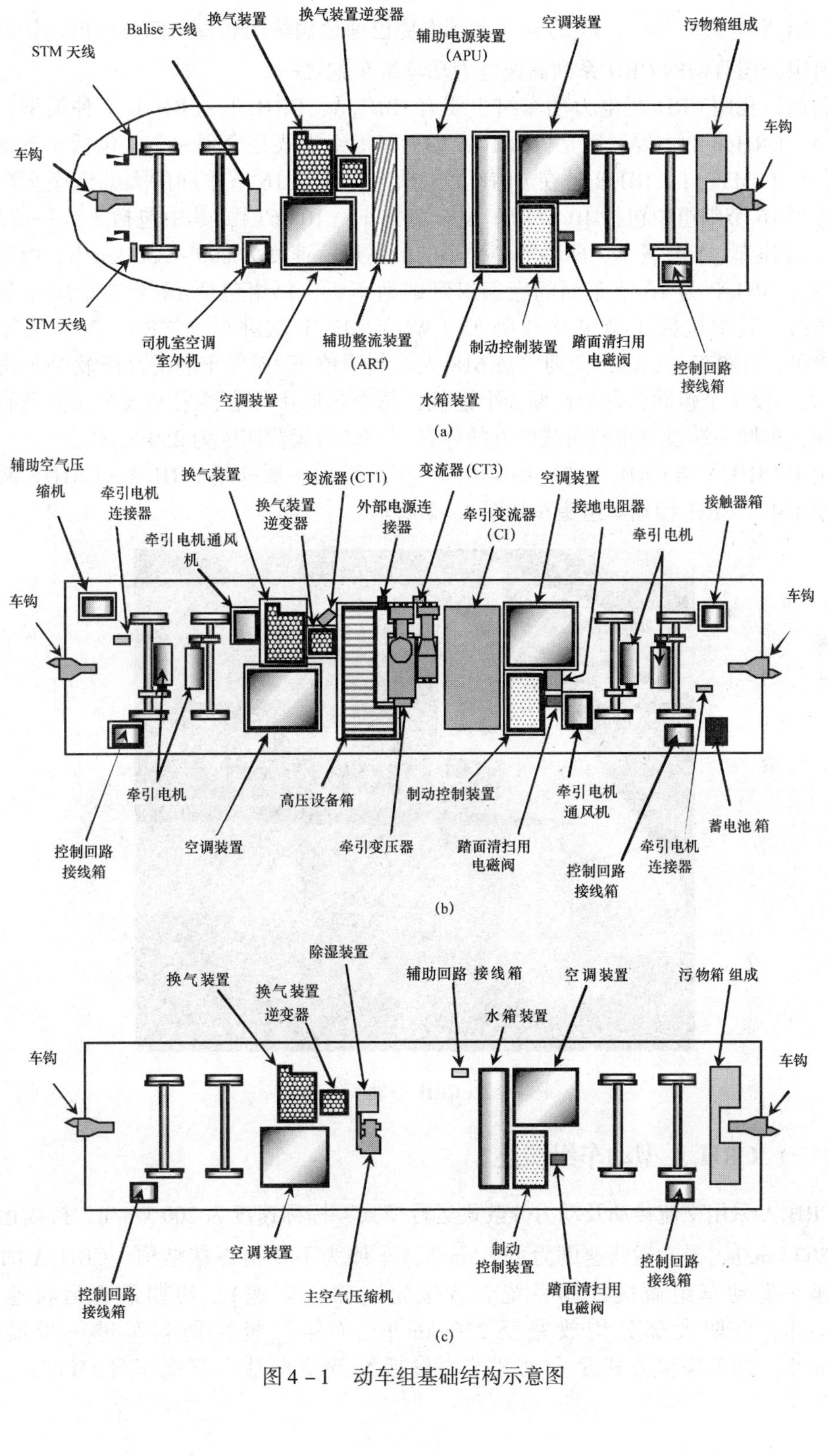

图 4－1　动车组基础结构示意图

二、CRH_1型动车组概述

CRH_1型电力动车组，是2004年我国向庞巴迪运输集团和青岛四方庞巴迪铁路运输设备有限公司订购的CRH系列高速电力动车组车款之一。

目前，我国CRH_1型电力动车组主要有CRH_1A、CRH_1B、CRH_1E三种类型，其中CRH_1A、CRH_1B的主要区别是：CRH_1A型列车编组方式是全列8节，包括5节动车及3节拖车（5M3T）；CRH_1B是在CRH_1A基础上扩编至16节车厢的大编组座车高速列车，全列16节编组中包括10节动车配6节拖车（10M6T），其中包括3节一等座车、12节二等座车、1节餐车。两种类型列车的最高运营速度为200～250 km/h，而车体外观不变。CRH_1E为16节车厢的大编组卧铺动车组，每组包括10节动车配6节拖车（10M6T），其中包括1节豪华软卧车（WG）、12节软卧车（WR）、2节二等座车（ZE）和1节餐车（CA），全列定员618人。其中位于10号车厢的高级软卧车每车定员16人，设8个包厢，每个包厢2个铺位，每个包厢中均有沙发和衣柜，但没有独立卫生间，车厢一端设有带转角式沙发的休息室，最高运营速度为250 km/h。

由于CRH_1A与CRH_1B结构基本相同，因此下面主要介绍CRH_1A、CRH_1E两种型号的动车组。CRH_1型动车组头车如图4－2所示。

图4－2 CRH_1型动车组头车

（一）CRH_1A型动车组概述

CRH_1A采用交流传动及动力分散式运行模式，标称速度为200 km/h，持续运营速度为200 km/h，最大运营速度为250 km/h，车体为不锈钢焊接结构。CRH_1A的最大运营速度受动车组微机控制系统软件锁定（软件限速），初期最高运营速度为205 km/h，后期大部分均放宽至220 km/h，而第二批次的列车进一步提高到250 km/h。列车编组方式是全列8节，包括5节动车及3节拖车（5M3T）。首批

CRH_1A 列车编组包括 2 节一等座车、5 节二等座车、1 节二等座车/餐车，而第二批次的列车改为 2 节一等座车、4 节二等座车、1 节一等/二等座车、1 节二等座车/餐车。动车组轴重不大于 16 t，牵引总功率 5 300 kW。列车在 2、7 号车厢设有受电弓及附属装置，受电弓工作高度最低 5.3 m、最高 6.5 m。动车组正常运行时，采用单弓受流，另一台备用，处于折叠状态。

牵引及供电系统方面，CRH_1 型电力动车组采用交—直—交传动，即牵引电源经过单相定频交流电压→固定直流电压→三相变压变频交流电压的转换后，供应交流牵引电动机并驱动列车运行。首先，受电弓通过接触网接入 25 000 V（50 Hz）的高压交流电，输送给牵引变压器，降压成单相 902 V（50 Hz）的交流电。降压后的交流电再输入整流器（或称变流器），其中两台并联的四象限脉冲整流器模块（LCM）将输入的交流电压整流成两路 1 650 V 直流电，其中一路直流电再经两台 IGBT 牵引逆变器模块（MCM）逆变成电压和频率均可控制的三相交流电驱动电压，输送给牵引电动机牵引列车。同时，另一路直流电输入辅助逆变器模块（ACM），同步将 1 650 V 直流电转换成三相 876 V（50 Hz）交流电，输出至滤波箱的三相变压器，变压并输出三相 400 V（50 Hz）交流电源交流电，再输出至列车上的用电设备。

（二）CRH_1A 型动车组车内设备设施

1. CRH_1A 车型基本情况

CRH_1A 型动车组采用不锈钢车体，8 辆编组可两组重联运行。车厢种类包括一等车、二等车、酒吧车，座位布置为一等车 2+2 模式、二等车 2+3 模式，定员为 670 人。轴重为 16 t，制动采用再生制动 + 空气制动方式。动车的空气制动采用轮盘形式，制动盘直接安装在车轮辐板上；拖车则采用轴盘式，制动盘安装在车轴上，每轴 3 套。在最大载荷条件下，在平直轨道上的制动距离小于 2 000 m。CRH_1A 编组表见表 4-1。

表 4-1　CRH_1A 编组表

<table>
<tr><th>车厢号</th><th>1</th><th>2</th><th>3</th><th>4</th><th>5</th><th>6</th><th>7</th><th>8</th></tr>
<tr><td>车型(1001~1040、1167、1168)</td><td>一等座车</td><td colspan="3">二等座车</td><td>二等座车/餐车</td><td colspan="2">二等座车</td><td>一等座车</td></tr>
<tr><td>车型(1081~1166)</td><td>一等座车</td><td colspan="2">二等座车</td><td>二等座车/餐车</td><td>一等/二等座车</td><td colspan="2">二等座车</td><td>一等座车</td></tr>
<tr><td>动力配置</td><td>有动力，带驾驶室(Mc)</td><td>无动力，带受电弓(Tp)</td><td colspan="2">有动力（M）</td><td>无动力（T）</td><td>有动力（M）</td><td>无动力，带受电弓(Tp)</td><td>有动力，带驾驶室(Mc)</td></tr>
<tr><td>动力单元</td><td colspan="3">单元 1</td><td colspan="2">单元 2</td><td colspan="3">单元 3</td></tr>
<tr><td>车辆编号（1001~1040、1167、1168）</td><td>CRH₁A－1×××ZY 1×××01</td><td>ZE 1×××02</td><td>ZE 1×××03</td><td>ZE 1×××04</td><td>ZEC 1×××05</td><td>ZE 1×××06</td><td>ZE 1×××07</td><td>CRH₁A－1×××ZY 1×××00</td></tr>
</table>

续表

车厢号	1	2	3	4	5	6	7	8
车辆编号（1081～1166）	CRH_1A－1×××ZY 1×××01	ZE 1×× ×02	ZE 1×× ×03	ZEC 1×× ×04	ZYE 1×× ×05	ZE 1×× ×06	ZE 1×× ×07	CRH_1A－1×××ZY 1×××00
定员（1001～1021、1167、1168）	72	101	101	101	24	101	101	72
定员（1022～1040）	64	92	92	92	24	92	92	64
定员（1081～1166）	64	92	92	24	77	92	92	64

2. 车内布局及设施

（1）席位布置。

全列编组 8 辆，定员 670/604 人。其中，一等车为 1 车、8 车，其余为二等车。一等车座席按 2＋2 形式，二等车座席按 3＋2 形式。每个座椅的扶手处设有一个调节按钮，用于调节座椅靠背的角度。一等车座椅主要包含了织物衬套、头枕片、扶手、小桌板、杂志网、脚蹬等；二等车座椅主要包含织物衬套、头枕片、小桌板、杂志网等。CRH_1A 型动车组一等车、二等车分别如图 4－3、图 4－4 所示。

图 4－3 CRH_1A 型动车组一等车

图 4－4 CRH_1A 型动车组二等车

（2）车门参数。

车厢两侧各设有一个侧门，采用电动单页滑动塞拉门，各门有两级伸出脚踏板，可以适应 800～1 250 mm 的站台，侧门宽度 1 100 mm。侧门设有开门按钮、手动开门把手、车门隔离装置等开关装置。全列侧门的开启集中控制，由司机负责开关。在司机下达允许开门指令后，通过操纵台的开关按钮进行侧门的集控开关，开门时开关门按钮灯亮，同时蜂鸣器响起。当司机按下操纵台上的车门释放按钮后，此时乘客可以通过按动“开门按钮”打开本车厢该侧车门，此外司机也可在司机室内操作同时打开全列一侧车门。CRH_1A 型动车组车内信息显示屏与车厢侧门分别如图 4－5、图 4－6 所示。

图 4-5　CRH_1A 型动车组信息显示屏

图 4-6　CRH_1A 型动车组车厢侧门

(3) 盥洗池与卫生间。

盥洗池配备有温水器、洗面台、皂液器、衣帽钩、水龙头、纸盒、干手器、垃圾箱、门帘、照面镜等，设备应安装牢固、无裂损、作用良好。

卫生间分为坐式和蹲式两种，坐式卫生间设在一等车，蹲式卫生间设在二等车。卫生间内设有整容镜、洗手盆、感应式水龙头、按压式洗手液装置、按压式冲洗装置、垃圾箱、烟火感应装置。残疾人卫生间内还有婴儿护理台和求助设备。当旅客在卫生间内发生紧急情况时，按下求助按钮，立即发出报警声，同时显示屏显示求助信息。

卫生间照面镜应无裂损，便器、洗手盆工作良好、无堵塞，滤网无缺失，皂液器功能良好，垃圾箱锁闭良好，活页门状态良好，紧急呼叫装置性能良好，婴儿护理桌及扶手状态良好，集便装置、污物箱、管路无漏泄，排污阀、冲洗口作用良好，无漏泄，防寒层无破损。CRH_1A 型动车组洗面台与坐式卫生间分别如图 4-7、图 4-8 所示。

图 4-7　CRH_1A 型动车组洗面台

图 4-8　CRH_1A 型动车组坐式卫生间

(4) 灯光照明设备。

客室和乘务员室天花板上、行李架和功能面板上设荧光灯，在过道和厕所外部区域天花板上设紧凑型荧光灯，厕所、风挡过道和乘务员室外部区域天花板上设聚光灯，过道内直接在乘客区域外门上方设聚光灯，乘客座椅上方设阅读灯。

列车照明可通过列车网络系统集中控制。其他辅助照明控制开关主要有门立柱照明开关、司机室及乘务员室电灯开关、厨房和餐厅区照明开关。门立柱照明控制开关设置在 1 号、5 号和 0 号车，司机室及乘务员室电灯开关设置在司机室及乘务员室，厨房和餐厅区照明开关设置在厨房，阅读灯开关安装在行李架上。

在电池充电失效时，由蓄电池系统进行供电的照明称为紧急照明。紧急照明系统的餐厅及客室紧急照明可被单独控制。

（5）餐车设备。

餐车位于每组动车中部。餐车一般分为厨房区、酒吧服务区、酒吧外储藏区，设有餐桌（坐式、立式）、椅子、吧台、陈列柜、咖啡机、微波炉、冷藏箱、储藏柜、电磁炉、水槽、垃圾箱、售货车。其中，售货车配有防撞条和制动装置。

电磁炉包括炉体、带盖炒勺，当锅底离开电磁炉超过50 mm时，电磁炉自动关闭电源。冰箱包括两个立式冰箱，一个安装在吧台内，另一个安装在吧台外。CRH_1A 型动车组餐车如图4－9所示。

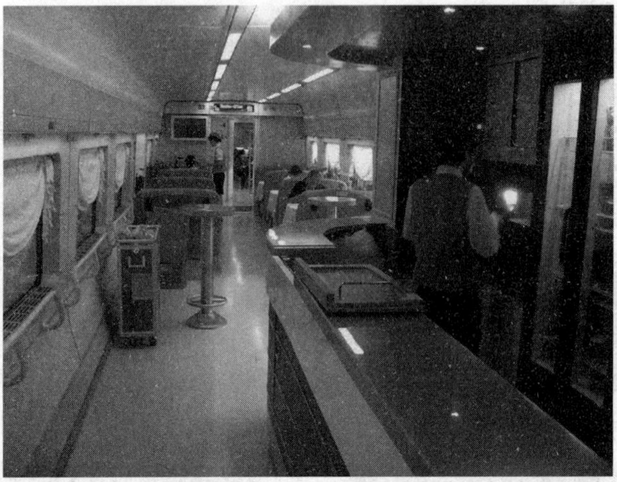

图4－9　CRH_1A 型动车组餐车

（三）CRH_1E 型动车组概述

CRH_1E 型动车组列车所使用的庞巴迪MITRAC牵引系统，由庞巴迪CPC牵引系统公司（庞巴迪在常州设立的中外合资公司）和庞巴迪在欧洲的工厂生产。CRH_1E 型动车组一共有16节车厢，其中头尾两节是普通硬座车厢，9号车是餐车，10号车是高级软卧车，其余车厢都为普通软卧车厢。每节卧铺车厢都设有洗手池、一个蹲厕和一个坐厕。在普通软卧车厢，以四个铺位为一个包间，分上下铺两层，每个铺位都有独立的电视机、LED阅读灯、衣帽钩等设施。

CRH_1E 型动车组每个包厢内、车厢走廊、洗手间都设有220 V电源插座，可以方便乘客充电。每个包间还设有单独温度调节的功能。值得一提的是，包间内还设置有SOS紧急呼叫键。包间里没有设置独立的行李架，因此乘客的行李必须放在下铺床的下方。软卧的床铺更加宽大，而且床板也更加舒适。

在高级软卧车厢，还另外设置了双人沙发、衣柜、行李柜，因此，高级软卧车厢更像一个流动的宾馆房间。在高级软卧车厢走道的尽头，还设有一个共用的小休息区，有一套转角沙发和小茶几。

(四) CRH$_1$E 型动车组车内设备设施

1. CRH$_1$E 基本情况

CRH$_1$E 车型为 16 节车厢的大编组卧铺动车组，每组包括 10 节动车配 6 节拖车（10M6T），最高运营速度为 250 km/h，成为世界上第一种能达到 250 km/h 的高速卧铺动车组。第一批生产的 12 列 CRH$_1$E 型动车组的编组中有 1 节豪华软卧车（WG）、12 节软卧车（WR）、2 节二等座车（ZE）和 1 节餐车（CA），全列定员 618 人。其中位于 10 号车厢的高级软卧车每车定员 16 人，设 8 个包厢，每个包厢两个铺位，每个包厢中均有沙发和衣柜，但没有独立卫生间，车厢一端设有带转角沙发的休息室。从第二批生产的第 13 列动车组（CRH$_1$ – 073E）开始，取消了高级软卧车，并以普通软卧车代替，全列定员增加至 642 人。CRH$_1$E 型动车组头车如图 4 – 10 所示，CRH$_1$E 列车编组表见表 4 – 2。

图 4 – 10　CRH$_1$E 型动车组头车

表 4 – 2　CRH$_1$E 列车编组表

<table>
<tr><td>车厢号</td><td>1</td><td>2</td><td>3</td><td>4</td><td>5</td><td>6</td><td>7</td><td>8</td><td>9</td><td>10</td><td>11</td><td>12</td><td>13</td><td>14</td><td>15</td><td>16</td></tr>
<tr><td>车型（1061 ~ 1072）</td><td>二等座车</td><td colspan="7">软卧车</td><td>餐车</td><td>高级软卧车</td><td colspan="5">软卧车</td><td>二等座车</td></tr>
<tr><td>车型（1073 ~ 1075）</td><td>二等座车</td><td colspan="7">软卧车</td><td>餐车</td><td colspan="6">软卧车</td><td>二等座车</td></tr>
<tr><td>动力配置</td><td>有动力，带驾驶室（Mc）</td><td>无动力，带受电弓（Tp）</td><td colspan="2">有动力（M）</td><td>无动力（T）</td><td>有动力（M）</td><td>无动力，带受电弓（Tp）</td><td colspan="2">有动力（M）</td><td>无动力，带受电弓（Tp）</td><td>有动力（M）</td><td>无动力（T）</td><td colspan="2">有动力（M）</td><td>无动力，带受电弓（Tp）</td><td>有动力，带驾驶室（Mc）</td></tr>
<tr><td>定员（1061 ~ 1072）</td><td>61</td><td>40</td><td>40</td><td>40</td><td>40</td><td>40</td><td>40</td><td>40</td><td>/</td><td>16</td><td>40</td><td>40</td><td>40</td><td>40</td><td>40</td><td>61</td></tr>
</table>

续表

车厢号	1	2	3	4	5	6	7	8	9	10	11	12	13	14	15	16
定员（1073～1075）	61	40	40	40	40	40	40	40	/	40	40	40	40	40	40	61
车辆编号（1061～1072）	CRH_1E－1×××ZE 1×××01	WR 1×××02	WR 1×××03	WR 1×××04	WR 1×××05	WR 1×××06	WR 1×××07	WR 1×××08	CA 1×××09	WG 1×××10	WR 1×××11	WR 1×××12	WR 1×××13	WR 1×××14	WR 1×××15	CRH_1E－1×××ZE 1×××00
车辆编号（1073～1075）	CRH_1E－1×××ZE 1×××01	WR 1×××02	WR 1×××03	WR 1×××04	WR 1×××05	WR 1×××06	WR 1×××07	WR 1×××08	CA 1×××09	WR 1×××10	WR 1×××11	WR 1×××12	WR 1×××13	WR 1×××14	WR 1×××15	CRH_1E－1×××ZE 1×××00

注：×××为列车编号（061～075）。

2. 车内布局及设施

CRH_1E 型动车组全长 430 m，整列共有 16 节车厢，可乘坐 618 人。其中二等软座车厢 2 节、软卧车厢 12 节、高级软卧车厢 1 节、餐车 1 节。

高级软卧车厢定员 16 人，有宽敞的会客厅，让旅客在途中有商务空间。高级软卧车厢内的每个包厢只有两套卧具，配有沙发和衣帽柜。图 4－11 所示为 CRH_1E 型动车组高级软卧车厢。

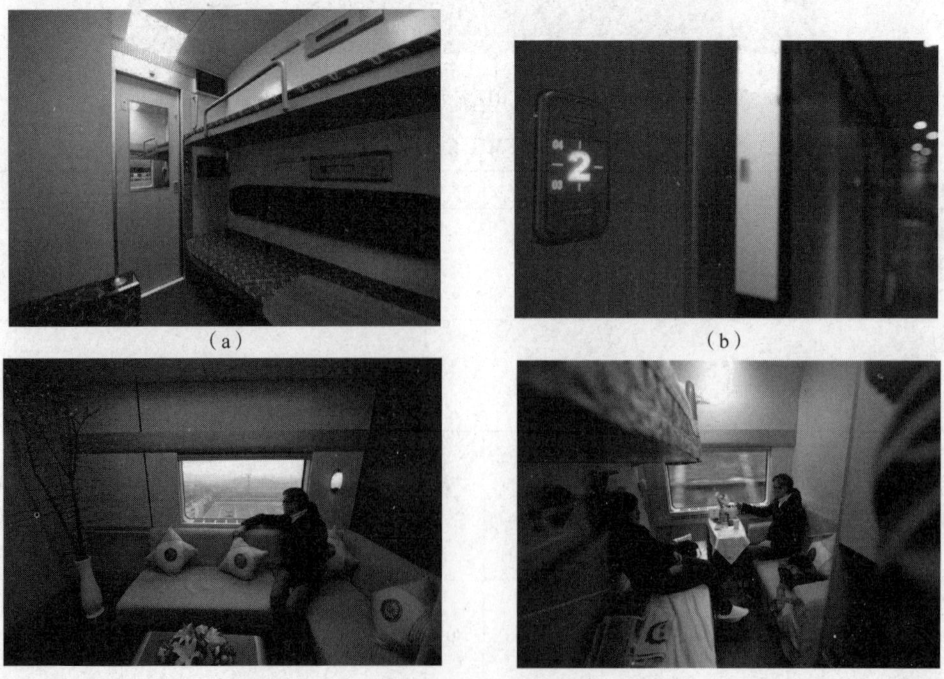

（a） （b） （c） （d）

图 4－11 CRH_1E 型动车组高级软卧车厢

软卧车内每个铺位前都装有电视机，并配备有个人耳机，频道可自由选择，旅客躺在床上看电视相互不会造成影响，而且车上的影视系统也是按照飞机上的标准制作的，有4套节目，包括循环播放的电影、音乐等。同时，车厢内的空调也是单独控制的，旅客可根据自己的需要调节室温，而包厢进出的门也是自动感应的，使用起来很方便。

软卧车每个包厢4个铺位，定员40人。每个铺位均有多媒体电视、靠近头部位置的阅读灯及墙上的控制开关和一体式搁物架。图4－12所示为CRH_1E型动车组软卧车厢。

(a)　(b)　(c)　(d)　(e)　(f)

图4－12　CRH_1E型动车组软卧车厢

9号车厢为餐车，餐车一般分为厨房区、酒吧服务区、酒吧外储藏区，主要设施有餐桌（坐式、立式）、椅子（倚靠栏）、吧台、陈列柜、咖啡机、微波炉、冷藏箱

(柜)、储藏柜、电磁茶炉、水槽、垃圾箱、售货车。同时在餐车位置还配有一个非集控制的车门。图 4 - 13 所示为餐车。

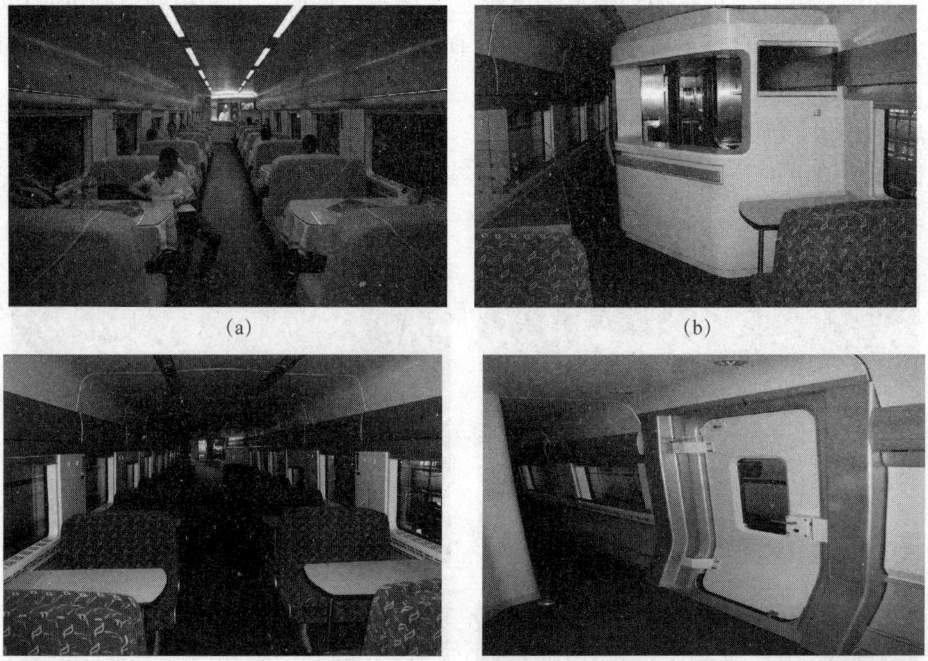

(a) (b) (c) (d)

图 4 - 13　CRH$_1$E 型动车组餐车

二等座车厢定员 61 人，座位为 3 + 2 布置，座位主要包含织物衬套、头枕片、小桌板、杂志网等。图 4 - 14 所示为 CRH$_1$E 型动车组二等座车厢。

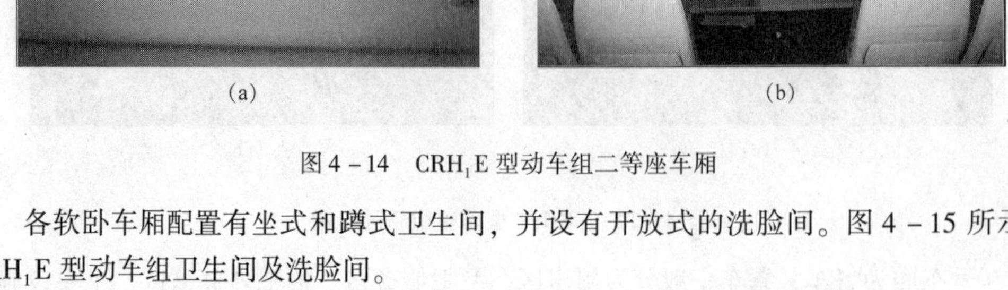

(a) (b)

图 4 - 14　CRH$_1$E 型动车组二等座车厢

各软卧车厢配置有坐式和蹲式卫生间，并设有开放式的洗脸间。图 4 - 15 所示为 CRH$_1$E 型动车组卫生间及洗脸间。

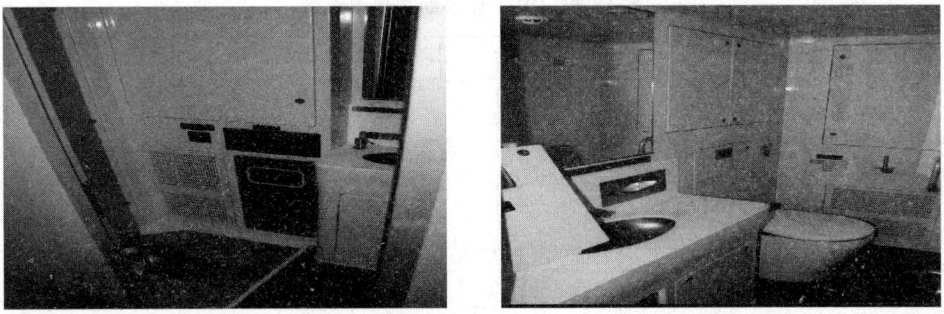

(a)　　(b)

图 4 – 15　CRH_1E 型动车组卫生间及洗脸间

三、CRH_2型动车组概述（此处配备微课视频）

CRH_2型动车组，是日本川崎重工及中国中车四方机车车辆股份有限公司生产的 CRH 系列高速动车组车款之一。

在国产化之后，CRH_2系列亦衍生了多组系列车型，如长大编组型、高速型及卧铺型等系列。

1. CRH_2A 型动车组

目前，CRH_2A 型动车组生产了 194 列（包含 1 列综合检测车，以及 70 列统型列车），首 3 列由日本原装进口，均为 8 辆编组的列车。CRH_2A 型动车组的编组方式是 4 节动车配 4 节拖车（4M4T），每 4 节为一个单元，牵引功率为 4 800 kW，最高营运时速为 250 km，标称时速 200 km，列车装有两副受电弓。列车设有一等座车、二等座车和二等座车/餐车，其中一等座及二等座座椅均可旋转。CRH_2A 型动车组可两组重联运行。

CRH_2A 型动车组一般在第 5 车厢设置二等座车/餐车，在第 7 车厢设置一等座车。后来为改善乘车环境及加强服务，部分初期制造的 CRH_2A 型动车组增加了一等座车的数量，后期制造的 CRH_2A 型动车组亦在第 3 车厢将原有的二等座车改为一等/二等座车，现在的统型 CRH_2A 型动车组亦将一等座车直接设于第 1 车厢。

后期制造的统型 CRH_2A 型车，是根据中国铁路总公司的要求采用统一的动车组设计规范生产的，除了将一等座车直接设于第 1 车厢之外，每节车厢均设厕所，部分车厢更设无障碍座位。

2. CRH_2B 型动车组

CRH_2B 在 CRH_2A 基础上扩编至 16 节，目前生产数量有 20 列。列车最大的亮点在于头车车身两侧加装了类似丹凤眼的车灯。CRH_2B 型列车设有 3 节一等座车、12 节二等座车和 1 节餐车，其中一等座及二等座座椅均可旋转，全列车定员增加至 1 230 人，并在一等座车车厢内加装了电视屏幕影视系统。CRH_2B 型动车组的编组方式是 8 节动车配 8 节拖车（8M8T），每 4 节为一个单元，牵引功率为 9 600 kW，最高营运速度为 250 km/h，标称时速 200 km。列车装有四副 DSA250 型受电弓。CRH_2B 型长大编组动车组取消了重联控制系统，无法两车重联运行。CRH_2B 型动车组编组表见表 4 – 3。

表 4-3　CRH_2B 型动车组编组表

车厢号	1	2	3	4	5	6	7	8	9	10	11	12	13	14	15	16
动力配置	无动力，带驾驶室（Tc）	有动力（M）		无动力，带受电弓（Tp）	无动力（T）	有动力（M）		无动力（T）		有动力（M）		无动力（T）	无动力，带受电弓（Tp）	有动力（M）		无动力，带驾驶室（Tc）
动力单元	单元1				单元2				单元3				单元4			
车型	一等座车			二等座车				餐车	二等座车							
定员	36	68	51	100	85	100	85		85	100	85	100	85	100	85	65
车辆编号	CRH_2B-2×××ZY 2×××01	ZY 2×××02	ZY 2×××03	ZE 2×××04	ZE 2×××05	ZE 2×××06	ZE 2×××07	CA 2×××08	ZE 2×××09	ZE 2×××10	ZE 2×××11	ZE 2×××12	ZE 2×××13	ZE 2×××14	ZE 2×××15	CRH_2B-2×××ZE 2×××00

3. CRH_2C 型动车组

CRH_2C 第一阶段共生产了 30 列，编号 CRH_2-061C ~ CRH_2-090C，是在 CRH_2A 的 200 km/h 平台基础上进行改进，并把动车数量增至 6 节（6M2T），牵引功率达到 7 200 kW，采用大型中空薄壁铝合金焊接结构，使用 DSA350 型高速受电弓，以及在受电弓两旁加装挡板等。CRH_2C 可两组重联运行。

CRH_2C 第二阶段共生产 30 列，编号 CRH_2-091C 至 CRH_2-110C、CRH_2-141C 至 CRH_2-150C，均为 8 节编组。第二阶段在第一阶段的基础上进行了重新研制，对多方面改善了设计。与第一阶段的动车组相比，CRH_2C 第二阶段改用了大功率的 YQ-365 型交流牵引电动机（365 kW），8 节短编组列车总功率提升至 8 760 kW，传动比也作出相应修改，列车持续运营时速提高至 350 km，最高运营时速为 380 km。车体铝合金结构和隔音减震降噪技术借鉴了 CRH_3 的设计，改善了车体在高速运行时的共振和气动变形问题，并且对转向架二系悬挂进行了改进，另外列车也加强了减少阻力的设计，以及减少了头车车顶的信号天线等。

4. CRH_2E 型动车组

铁路相关企业在 CRH_2B 大编组座车的基础上实行自主创新，设计了 16 节长大编组的 CRH_2E 型卧铺电力动车组，标称速度 200 km/h，最高营运速度为 250 km/h。列车设有 13 节软卧车、2 节二等座车和 1 节餐车。软卧车每辆 10 个包厢，共 40 个铺位，每个铺位均装有附耳机的液晶电视，并增加了即时联系乘务员的旅客呼唤系统。餐车内设有休闲酒吧和三台液晶电视机。另外，为方便旅客使用随身电子产品，每个车厢均安装了 AC220V 家用电源插座。其中二等座车每隔三排座椅下设 1 个插座；软卧车每个包间设 1 个插座，走廊设 2 个插座；餐车酒吧区设 2 个插座。全列车装有四副受电弓。表 4-4 所示为 CRH_2E 型动车组编组表。

表 4－4　CRH_2E 型动车组编组表

车厢号	1	2	3	4	5	6	7	8	9	10	11	12	13	14	15	16
动力配置	无动力，带驾驶室（Tc）	有动力（M）		无动力，带受电弓（Tp）	无动力（T）	有动力（M）		无动力（T）		有动力（M）		无动力（T）	无动力，带受电弓（Tp）	有动力（M）		无动力，带驾驶室（Tc）
动力单元	单元 1				单元 2				单元 3				单元 4			
车型	二等座车	软卧车						餐车	软卧车							二等座车
定员	55	40	40	40	40	40	40		40	40	40	40	40	40	40	55
车辆编号	CRH_2E －2××ZE 2××01	WR 2××02	WR 2××03	WR 2××04	WR 2××05	WR 2××06	WR 2××07	CA 2××08	WR 2××09	WR 2××10	WR 2××11	WR 2××12	WR 2××13	WR 2××14	WR 2××15	CRH_2E －2××ZE 2××00

本书主要介绍 CRH_2A 型时速 200～250 km 动车组，以及 CRH_2C 型时速 300～350 km动车组。

（一）CRH_2A 型动车组概述

CRH_2A 型动车组，首 3 列由日本原装进口，均为 8 辆编组的列车，编组方式是 4 节动车配 4 节拖车（4M4T），每 4 节为一个单元。列车设有一等座车、二等座车和二等座车/餐车，其中一等座及二等座座椅均可旋转。CRH_2A 可两组重联运行。图 4－16 所示为 CRH_2A 型动车组头车。

图 4－16　CRH_2A 型动车组头车

CRH_2A 型动车组头车长度 25.7 m，中间车长度 25 m，总长 201.4 m，车体宽度 3.38 m，车体高度 3.7 m。在 4、6 号车设受电弓及附属装置，安装高度 4 m 时，受电弓工作高度最低 4 888 mm，最高 6 800 mm，最大升弓高度 7 000 mm。动车组正常运行时，采用单弓受流，另一台受电弓备用，处于折叠状态。车端设密接式车钩装置、风挡及空气、电的连接设施等，具体包括：列车通信总线连接、制动控制线连接、供电母线连接、直流供电母线连接、列车总风管、电路电气设备连接、电缆连接、高压电线连接。

全列车有 1 节一等座车和 7 节二等座车。一等车内座椅 2 + 2 布置，二等车内座椅 2 + 3 布置。全列车定员 610 人，定员布置见表 4 - 5。

表 4 - 5　定员布置

车厢顺位	1	2	3	4	5	6	7	8
定员	55	100	85	100	55	100	51	64

车门处地板距轨面高度 1 300 mm，适合 1 100 ~ 1 200 mm 站台。

（二）CRH_2A 型动车组内部主要设备

一等座：横排 4 个座椅，座椅可以旋转，宽敞舒适，过道较二等座稍宽。旁边扶手上，设置有车载电视耳机插孔、手机充电插座。二等座：横排 5 个座椅，座椅较一等座稍窄，可旋转，有手机充电插座。

卫生间：动车车厢内的卫生间均为坐便器，设有集便箱，不会污染线路。卫生间分为两种：普通卫生间，相对较为狭窄；残疾人卫生间，面积约为 4 m^2，安装有各种扶手。

部分车厢门较为宽大，便于把轮椅推进来，宽门车厢内有专门放置轮椅的场所。CRH_2A 型动车组部分车内设施如图 4 - 17 所示，CRH_2A 型动车组主要设备布置如图 4 - 18 所示。

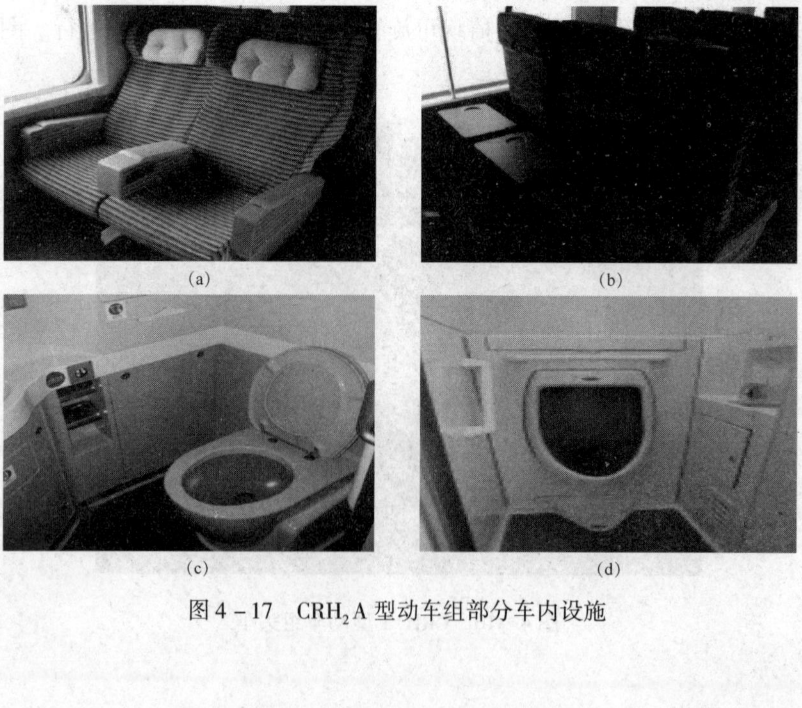

(a)　(b)　(c)　(d)

图 4 - 17　CRH_2A 型动车组部分车内设施

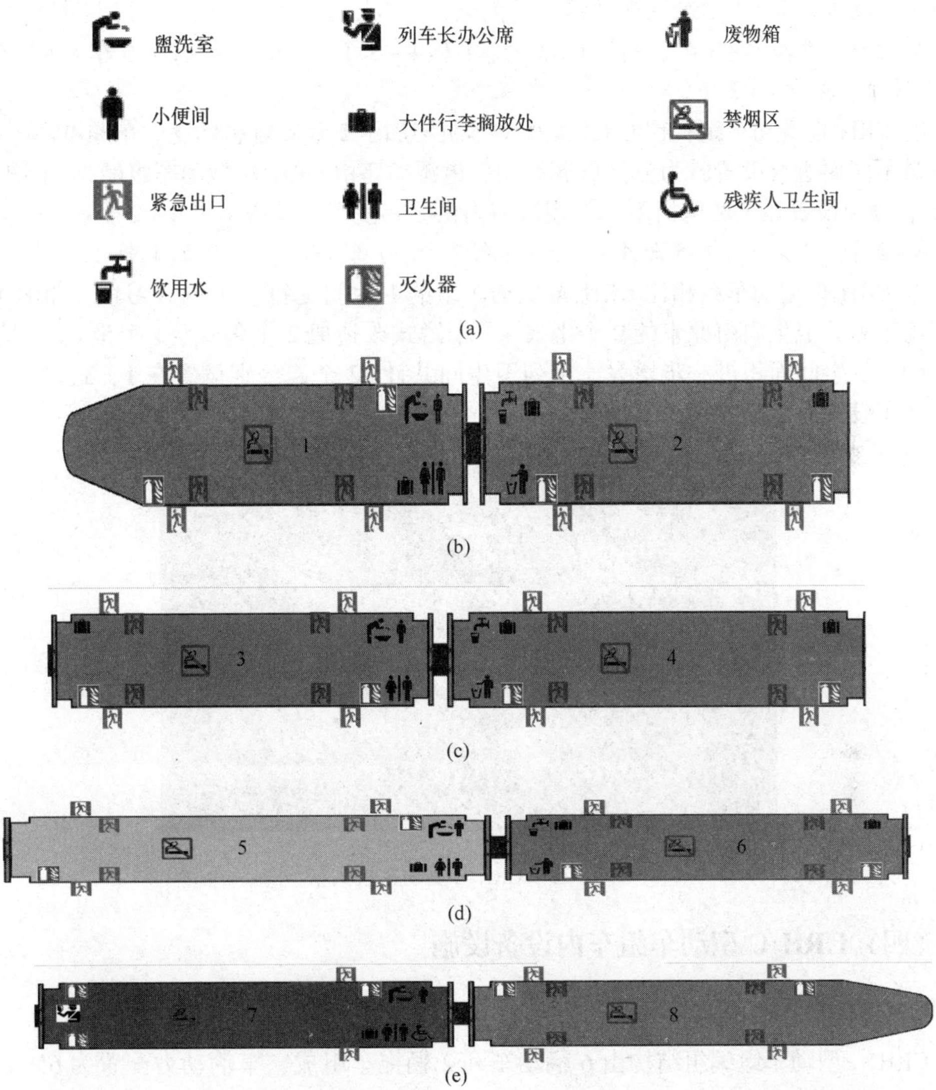

图4－18　CRH_2A 型动车组主要设备布置

（三）CRH_2C 型动车组概述

我国在引进技术、消化吸收的基础上，通过自主创新，提升关键技术，将动车组速度等级由时速 200 km 提升至 300～350 km。目前 CRH_2C 型适用于我国电气化铁路的 200～250 km/h 既有线和 300～350 km/专线，采用动力分散型交流传动方式。

CRH_2C 型动车组采用了 IGBT 大功率模块与变频变压调速等技术，代表了世界高速列车技术的发展方向。该动车组在集成化、车体、转向架、牵引传动与控制、列车网络控制和制动等方面体现了当今铁路机车车辆制造业的先进成果，是高度机电一体化的高新技术产品。图4－19 所示为 CRH_2C 型动车组头车。

① CRH_2C 相比 CRH_2A 型增加了车载影视播放器。在每节二等座车两头板壁及过道

顶棚分别增加了 4 +3 个影视播放器，目前全列共有影视播放器 46 个，其中设置模式为 1 车 4 +2 个、2 车 4 +3 个、3 车 4 +3 个、4 车 4 +3 个、5 车 7 +2 个、6 车 4 +3 个、7 车 4 +3 个、8 车 4 +2 个。

② CRH_2C 型动车组相比 CRH_2A 型动车组增加了 220 V 电源插座。车厢电源插座依据定员不同而进行设置，为方便旅客使用，电源插座由 CRH_2A 型动车组的 31 个增加到 53 个，分别设置在车厢座椅下部及盥洗室内供旅客使用，其中 1 车 4 +2 个、2 车 7 个、3 车 6 +2 个、4 车 7 个、5 车 4 +2 个、6 车 7 个、7 车 7 +1 个、8 车 4 个。

③ CRH_2C 型动车组相比 CRH_2A 型动车组的卫生间更符合中国人习惯。CRH_2C 型动车组车厢的卫生间由原来的 2 个坐式 +1 个蹲式改造成 2 个蹲式 +1 个坐式，且新改造的蹲式卫生间面积进一步增大，全列卫生间共计 12 个，分别设置在 1、3、5、7 车，其中 7 车设置有一个残疾人卫生间。

图 4 –19　CRH_2C 型动车组头车

（四）CRH_2C 型动车组车内设备设施

1. CRH_2C 车型基本情况

CRH_2C 型动车组编组结构由 6 辆动车和 2 辆拖车组成，车辆动力配置为 6M +2T。动车组首尾车辆设有司机室，可双向驾驶。动车组牵引总功率为 7 728 kW，最大轴重 14 t；总长 201.4 m，其中头车长度 25.7 m，中间车长度 25 m，车体宽度 3.38 m，车体高度 3.7 m。车体采用铝合金结构，车门地板距轨面高度 1 300 mm，适合 1 100 ~ 1 200 mm站台。表 4 –6 所示为 CRH_2C 型动车组编组表。

表 4 –6　CRH_2C 型动车组编组表

<table>
<tr><td>车厢号</td><td>1</td><td>2</td><td>3</td><td>4</td><td>5</td><td>6</td><td>7</td><td>8</td></tr>
<tr><td>动力配置</td><td>无动力，带驾驶室（Tc）</td><td colspan="2">有动力（M）</td><td>有动力，带受电弓（Mp）</td><td>有动力（M）</td><td>有动力，带受电弓（Mp）</td><td>有动力（M）</td><td>无动力，带驾驶室（Tc）</td></tr>
<tr><td>动力单元</td><td colspan="3">单元 1</td><td colspan="2">单元 2</td><td colspan="3">单元 3</td></tr>
</table>

续表

车厢号	1	2	3	4	5	6	7	8
车型	二等座车				二等座车/餐车	二等座车	一等座车	二等座车
车辆编号	CRH_2C－2×××ZE 2××01	ZE 2××02	ZE 2××03	ZE 2××04	ZEC 2××05	ZE 2××06	ZY 2××07	CRH_2C－2×××ZE 2×××00
定员	55	100	85	100	71	100	51	64

2. 车内布局及设施

（1）全列8辆编组，定员610人。其中，一等车51人，二等车559人。

（2）7号车是一等车，座席按2＋2形式设置。另外设有残疾人设施，包括1个残疾人卫生间和1个可供重点旅客使用的多功能室。CRH_2C型动车组部分车内布局及设施如图4－20～图4－24所示。

(a)　(b)

图4－20　CRH_2C一等座

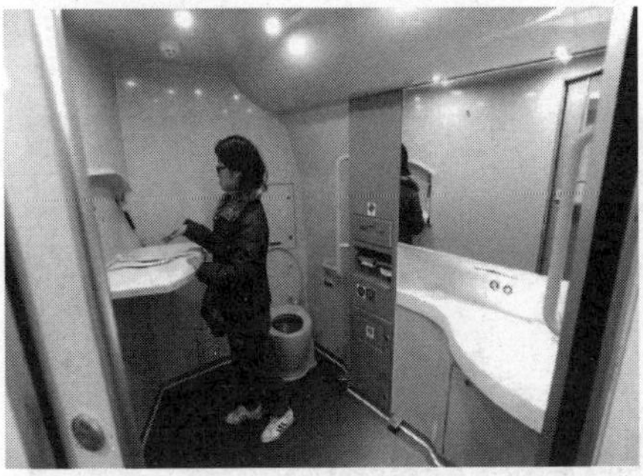

图4－21　CRH_2C型动车组残疾人卫生间

图4－22　CRH_2C型动车组多功能室

图4－23 CRH$_2$C二等座

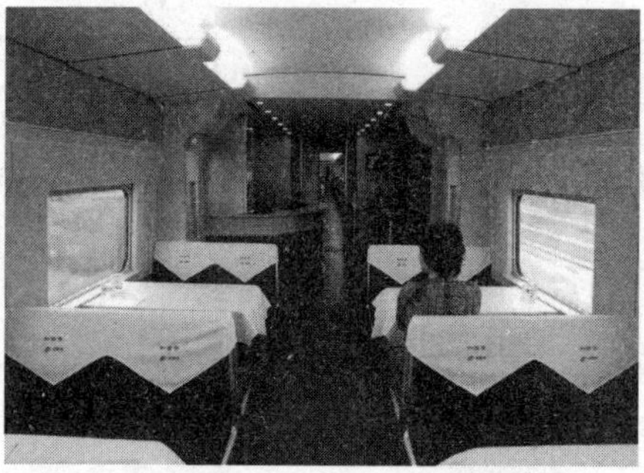

图4－24 CRH$_2$C型动车组酒吧/餐厅区

（3）1号、2号、3号、4号、6号、8号车是二等车，座席按2＋3形式设置。

（4）5号车是二等车并设有酒吧/餐厅区，酒吧/餐厅区设站席4个、餐席16个。

（5）7号车厢设置1个可供残疾人使用的座位。

（6）每个车厢两侧各设有2个侧门，全车侧门集中由司机控制。

（7）根据旅客需要，座椅朝向可通过踩下座椅下部踏板来调整，座席靠背角度可调整。CRH$_2$C型动车组一等座座椅配有车载电视耳机控制面板（见图4－25），二等座小茶桌在侧扶手翻盖内（见图4－26）。CRH$_2$C型动车组一等座小茶桌如图4－27所示。

图4－25 CRH$_2$C型动车组车载电视耳机控制面板

图4－26 CRH$_2$C型动车组二等座小茶桌

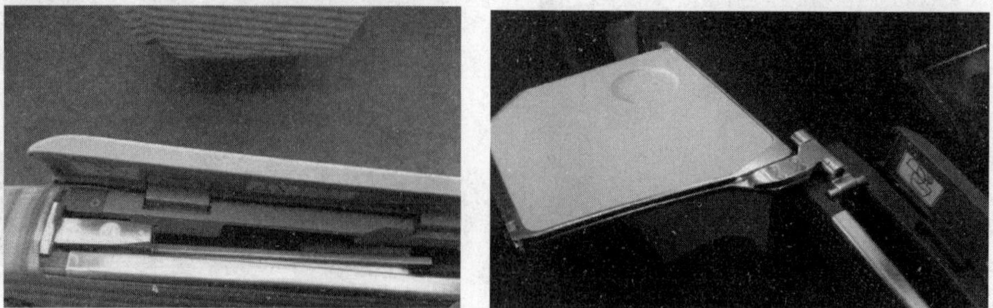

(a) (b)

图4－27 CRH$_2$C型动车组一等座小茶桌

3. 乘务员室

7 号车内一位端设有 2 个乘务室。一位端乘务室设有联络电话；二位端乘务室内设有联络电话、车载信息装置显示屏、自动广播装置显示器。CRH_2C 型动车组乘务室如图 4－28、图 4－29 所示。（注：CRH_2C 型动车组车门由司机开关；CRH_2A 型动车组车门由随车机械师负责开关，CRH_2A 型动车组的 2 个乘务室另设有侧门集中控制开关。）

图 4－28　CRH_2C 型动车组一位端乘务室

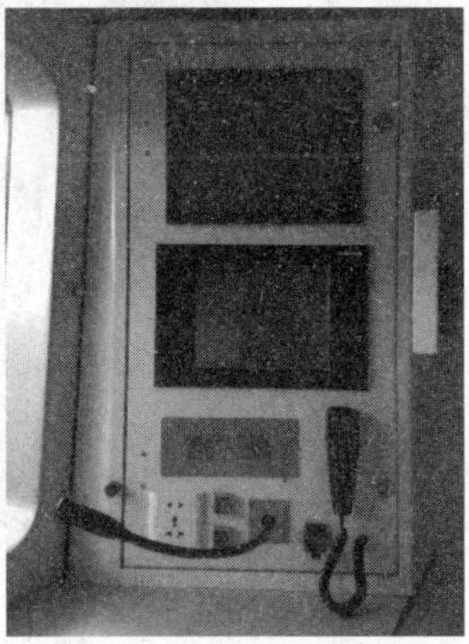

图 4－29　CRH_2C 型动车组二位端乘务室

4. 乘务服务工作设施设备

（1）备品室。

备品室设置在 1 号、3 号、7 号、0 号车。

1 号、0 号车备品室配有紧急用梯子，紧急用梯子是在运行中的列车无法运行时，乘客从车辆上部下到地面时使用的，乘客使用时，要确保地面的安全；3 号、7 号车备品室配有紧急用过渡板，过渡板是在运营中的列车无法运行时，乘客从车辆换乘至反向列车时使用，使用时须安装扶手后才能使用。CRH_2C 型动车组备品室内部分设施如图 4－30、图 4－31 所示。

图 4－30　CRH_2C 型动车组备品室内的紧急用梯子

图 4－31　CRH_2C 型动车组备品室内的过渡板

（2）大件行李处。

在2、4、6号车的一、二位端，1、3、7号车的二位端设有大件行李存放处，用于旅客大件行李的存放，CRH_2C型动车组大件行李处如图4－32所示。

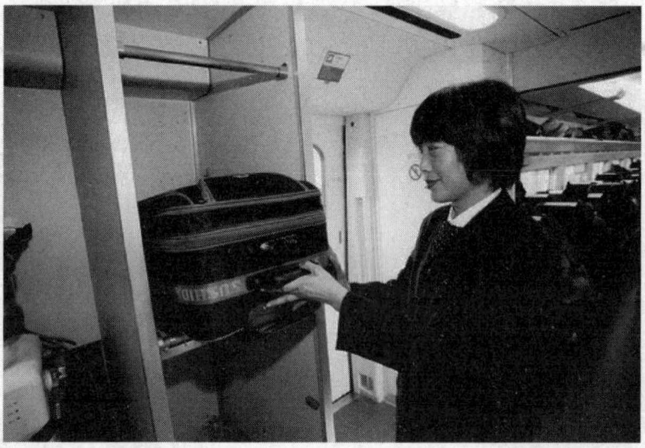

图4－32 CRH_2C型动车组大件行李处

（3）垃圾箱。

在2～4、6～8号车的一位端，1、3、5号车的二位端通过台配电盘下部和5号车小卖部处设有垃圾箱，CRH_2C型动车组垃圾箱如图4－33所示。

（4）饮水机。

2、4、6、0号车上各设有一个饮水机，供旅客饮水使用，CRH_2C型动车组饮水机如图4－34所示。

图4－33 CRH_2C型动车组垃圾箱

图4－34 CRH_2C型动车组饮水机

（5）列车服务图形标志。

CRH_2C型动车组列车服务图形标志如图4－35所示。

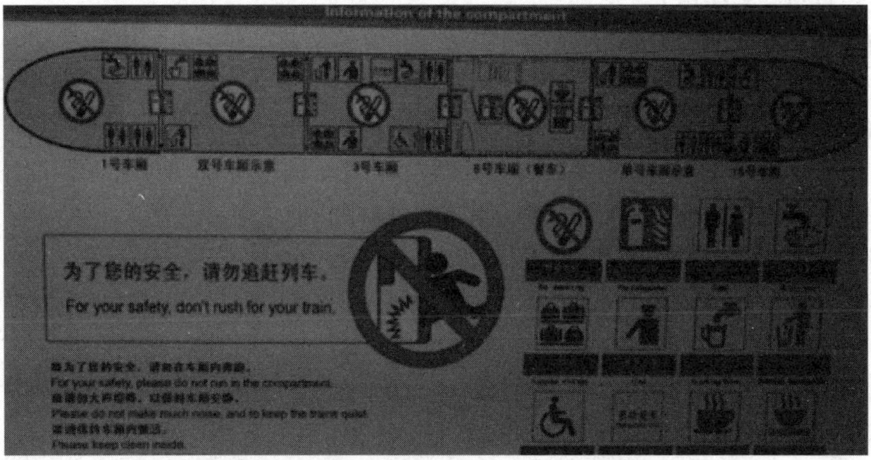

图 4-35　CRH$_2$C 型动车组列车服务图形标志

（6）照明。

车内照明设备的操作，可在 1 号、0 号司机室或 7 号乘务室的显示器上进行，可以在这些位置统一进行开、关操作。特殊情况下，可通过每辆车的配电柜内的开关单独进行控制。

（7）空调。

空调设备的操作在 1 号、0 号车的司机室或 7 号车的乘务室的显示器上进行，相关人员可统一进行开、关操作，统一设定制冷、制热状态，分别设定各车厢控制温度。特殊情况下，可通过每辆车的配电柜内开关单独进行控制。

（8）车内广播装置。

广播系统具备 AM/FM 收音播放功能，能向乘客自动播放音乐及各种服务信息，也可播放预先储存的节目及沿线广播电台的信息。

（9）信息显示器（内、外）。

① 信息显示器设置。

每节车厢内两端分别设有车号显示器和信息显示器。车体两外侧面各设有一个车号显示器、一个目的地显示器和一个车门开关显示灯，CRH$_2$C 型动车组车内信息显示器具体情况如图 4-36 所示，CRH$_2$C 型动车组车外信息显示器如图 4-37 所示。

图 4-36　CRH$_2$C 型动车组车内信息显示器

图 4-37　CRH$_2$C 型动车组车外信息显示器

② 信息显示器使用方法。

车内车号显示器可通过各车内开关设置，信息显示器显示内容需用专用 IC 卡设置。车外车号显示器按编组顺序自动显示，目的地显示器显示内容需用专用 IC 卡设置。

(10) 车内联络电话。

在 1 号、0 号车的司机室、5 号车的吧台、7 号车的乘务室均设有车内联络电话，根据需要，每部电话均具备全列广播、单独拨号对讲功能。

CRH_2全系列技术参数表见表 4－7。

表 4－7　CRH_2全系列技术参数表

车型	CRH_2A	CRH_2B	CRH_2C （第一阶段）	CRH_2C （第二阶段）	CRH_2E
动力配置	4M4T： [Tc＋M＋M＋T]＋ [T＋M＋M＋Tc]	8M8T： [TcMMT]＋2× [TMMT]＋[TMMTc]	6M2T： [Tc＋M＋M]＋[M＋M] ＋[M＋M＋Tc]	6M2T： [Tc＋M＋M]＋[M＋M] ＋[M＋M＋Tc]	8M8T：[TcMMT] ＋2×[TMMT]＋ [TMMTc]
车厢类型	一等座车 二等座车 二等座车/餐车 一等/二等座车	3 节一等座车 12 节二等座车 1 节餐车	一等座车 二等座车 二等座车/餐车	一等座车 二等座车 二等座车/餐车	13 节软卧车 2 节二等座车 1 节餐车
客室布置	一等座：2＋2（021A3 号车是包厢式一等座） 二等座：2＋3				二等座：2＋3 软卧：1 房 4 铺
最高运营速度/（km/h）	250		350	350	250
适应轨距/mm	1 435				
适应站台高度/mm	1 200				
车体材质	铝合金空心型材				
气密性	车内压力从 4 kPa 降到 1 kPa 时间大于 50 s				
传动方式	交—直—交				
头车长度/mm	25 700				
中间车长度/mm	25 000				
车辆宽度/mm	3 380				
车辆高度/mm	3 700				

续表

<table>
<tr><td>车型</td><td>CRH$_2$A</td><td>CRH$_2$B</td><td>CRH$_2$C
（第一阶段）</td><td>CRH$_2$C
（第二阶段）</td><td>CRH$_2$E</td></tr>
<tr><td>转向架</td><td colspan="2">DT206/TR7004B 型空气弹簧转向架
SWTB－250/SWMB－250 型转向架</td><td>SWTB－300/SWMB－300 型转向架</td><td>SWTB－350/SWMB－350 型转向架</td><td>SWTB－250/SWMB－250 型空气弹簧转向架</td></tr>
<tr><td>转向架
一系悬挂</td><td colspan="5">单组钢弹簧单侧拉板定位＋液压减振器</td></tr>
<tr><td>转向架
二系悬挂</td><td colspan="5">空气弹簧＋橡胶堆</td></tr>
<tr><td>轴重/t</td><td colspan="5">≤14</td></tr>
<tr><td>固定
轴距/mm</td><td colspan="5">2 500</td></tr>
<tr><td>牵引变流器</td><td colspan="5">三菱/南车时代 CI11 IPM 风冷 VVVF</td></tr>
<tr><td>牵引电动机</td><td colspan="2">MT205 型交流电动机（三菱电机技术授权，株洲南车电机生产）
YJ－92A 型交流电动机（日立技术授权，永济电机生产）
（300 kW）</td><td>YJ－92A 型交流电动机（日立技术授权，永济电机生产）
MB－5120－A 型交流电动机（三菱电机技术授权，株洲南车电机生产）
（300 kW）</td><td>YQ－365 型交流牵引电动机（365 kW）</td><td>MT205 型交流电动机（三菱电机技术授权，株洲南车电机生产）
YJ－92A 型交流电动机（日立技术授权，永济电机生产）
（300 kW）</td></tr>
<tr><td>牵引功率</td><td>4 800 kW</td><td>9 600 kW</td><td>7 200 kW</td><td>8 760 kW</td><td>9 600 kW</td></tr>
<tr><td>受流电压</td><td colspan="5">AC25 kV，50 Hz</td></tr>
<tr><td>制动方式</td><td colspan="5">再生制动＋直通式电空制动</td></tr>
<tr><td>紧急制动
距离/m</td><td colspan="2">≤1 800（制动初速度 200 km/h）</td><td colspan="2">≤3 700（制动初速度 300 km/h）</td><td>≤1 800（制动初速度 200 km/h）</td></tr>
<tr><td>辅助供
电制式</td><td colspan="5">三相 AC100 V、AC220 V、AC400 V，50 Hz；DC100 V</td></tr>
</table>

四、CRH$_3$型动车组概述（此处配备微课视频）

CRH$_3$型动车组，主要有 CRH$_3$A 型（200～250 km/h）动车组列车、CRH$_3$C 型（300～350 km/h）动车组列车和 CRH$_3$G 型（200～250 km/h）动车组列车。

1. CRH$_3$A 型动车组

CRH$_3$A 型动车组由原中国北车主导，中国北车所属长客股份公司和唐车公司联合设计生产，并于 2013 年 6 月 8 日在长客亮相。CRH$_3$A 型动车组是在借鉴了多种型号动车组优点的基础上，由我国研制开发的具有自主知识产权的动车组。这一新型动车组可根据不同运营线路的需求，分别以时速 160 km、时速 200 km、时速 250 km 三个速度等级运行，是目前国内唯一既适合时速 200～250 km 之间客运专线、又适合时速 160～250 km 之间城际铁路运行的动车组。CRH_3A 型动车组能充分考虑中国复杂的地理气候条件和运营环境，根据各地的区域特点量身打造。相对于此前国内运行的这一速度等级的动车组，该型动车组还有较强的成本优势和售后维护优势。图 4－38 所示为 CRH_3A 型动车组头车。

图 4－38　CRH_3A 型动车组头车

CRH_3A 型动车组采用 4 动 4 拖 8 辆编组，牵引总功率 5 120 kW。为了给乘客带来更加舒适的乘车感受，设计人员对 CRH_3A 型动车组进行了全方位人性化设计。车头采用漂亮的流线型设计，在满足空气动力学要求的基础上显得动感十足；车门车窗均采用拓宽设计，满足乘客快速上下车，并能为乘客提供更好的观光视野；密闭的车厢结构将行车噪声降至最低；而更加先进的空调系统能让车内温度更加舒适；全新设计的座椅和大空间过道给乘客带来了全新的乘车体验。

2. CRH_3C 型动车组

CRH_3C 型动车组采用动力分散式设计，每列 8 辆编组，分 4 辆动车和 4 辆拖车（4M4T），最高运营速度达 350 km/h。列车设有一等座车（ZY）1 辆、二等座车（ZE）6 辆和带酒吧的二等座车（ZEC）1 辆。其中一等座采用 2＋2 方式布置，二等座为 2＋3 布置。除了带酒吧的二等座车外，其他车厢所有座位均能旋转。图 4－39 所示为 CRH_3C 型动车组头车。

图 4－39　CRH_3C 型动车组头车

由唐客股份制造的第一列国产化 CRH_3C 于 2008 年 6 月 24 日上午 9 时 13 分在京津城际铁路的试验中创下了 394.3 km 的最高时速。在当天的试验中，CRH_3C 仅用了5 min左右，速度就提升至 300 km/h。CRH_3C 于 2009 年 12 月 9 日在武广客运专线进行试验，最高时速达到了 394.2 km，创下了两车重联情况下世界已运营高速铁路的最高速度纪录。

3. CRH_3G 型动车组

CRH_3G 型动车组是我国在充分消化吸收时速 350 km 动车组研发制造技术的基础上，自主集成及创新的新产品项目。CRH_3G 型动车组采用 4 动 4 拖 8 辆编组形式，最高运营时速 250 km，填补了我国在时速 200～250 km 动车组列车公里速度等级中城际动车组产品的空白。CRH_3G 型动车组具有极高的安全性设计水平，符合欧洲 EN12663 等标准，具有良好的耐撞、防火、制动性能，采用创新设计的新型气动外部造型，降低了运行阻力和车外噪声，相对于时速 350 km 动车组，人均能耗更低，实现了平稳舒适、节能环保。图 4－40 所示为 CRH_3G 型动车组头车。

图 4－40　CRH_3G 型动车组头车

本书主要介绍 CRH_3C 型动车组列车。

（一）CRH_3C 型动车组列车概述

CRH_3C 型动车组为 4 动 4 拖 8 辆编组，采用电力牵引交流传动方式。该动车组具有良好的气动外形，两端为司机室，列车正常运行时由前端司机室操纵。两列动车组可以连挂运行，自动解编。动车组总功率为 8 800 kW，动力单元牵引功率为 4 400 kW，单轴功率为 550 kW，目前为同类动车组世界之最，这为高速度运行提供了动力保障。

为满足动车组高速运行的需要，根据空气动力学原理，列车外形的设计呈流线型，降低了动车组的空气阻力和噪声。

采用世界上最先进的电空制动，保障列车在规定的距离内停车，制动方式分常用制动、司机紧急制动、乘客紧急制动。在电空制动失效后，还有备用的自动空气制动，确保制动万无一失。

动车组 8 辆车分为 5 种不同的车厢类型，即端车（头车和尾车）、变压器车、中间变流器车、餐车和一等车。从车种上可分为一等车、二等车以及餐车和二等车的合造车；从动力配置上可分为动力车和非动力车。端车上设司机室、观光一等客室和二等客室，还设有电热饮水机，配有一个动力单元；变压器车设两个标准卫生间、电热饮水机和二等客室，并安装牵引变压器；中间变流器车设有两个标准卫生间、电热饮水机和二等客室，并安装牵引变流器和压缩空气单元；一等车设有一个标准卫生间和一个残疾人卫生间、电热饮水机和一等客室，在车端靠近车门处设有残疾人轮椅存放区，车下安装有辅助变流器；餐车和二等车的合造车设有厨房、吧台、就餐区、多功能乘务员室和二等客室，车下设有辅助变流器。动车组外形一致，车顶空调和电气设备设有导流罩，车下设有封闭的设备舱。两端设有车钩导流罩，采用流线型设计，降低了空气动力学阻力和噪声。列车是按照“一切导向安全”的理念设计制造，它的车上车下所有设备，都有严格的安全卡控保障措施。即使列车的单个设备出现故障，列车也将会自动检测，并处于安全保护状态，必须由技术人员完全排除后才能开行，确保绝对安全。CRH$_3$C 型动车组列车为全封闭式车厢，全列车禁止吸烟。即使在车厢连接处或洗手间吸烟，列车监控系统都会报警甚至引发设备故障，导致列车停运。

（二）CRH$_3$C 型动车组车内设备设施

1. 车型编组、车种和定员

CRH$_3$C 型动车组为 8 辆编组的交流传动电动车组，分为两个牵引单元，每个牵引单元又包括两个动力单元，两端为带司机室控制车。CRH$_3$C 型电力动车组采用动力分散式动力模式，每列 8 辆编组，分 4 辆动车和 4 辆拖车（4M4T），列车设有一等座车（ZY）1 节、二等座车（ZE）6 节和带酒吧的二等座车（ZEC）1 节。其中一等座采用 2+2 方式布置，二等座为 2+3 方式布置。除了带酒吧的二等座车外，其他车厢所有座位均能旋转。如表 4-8 所示为 CRH$_3$C 型动车组编组表。

表 4-8 CRH$_3$C 型动车组编组表

车厢号	1	2	3	4	5	6	7	8
车型	二等座车			二等座车/餐车	一等座车	二等座车		
动力配置	有动力，带驾驶室(Mc)	无动力，带受电弓(Tp)	有动力(M)	无动力(T)		有动力(M)	无动力，带受电弓(Tp)	有动力，带驾驶室(Mc)
动力单元	单元1				单元2			
车辆编号	CRH$_3$C-3×××ZE 3×××01	ZE 3×××02	ZE 3×××03	ZEC 3×××04	ZY 3×××05	ZE 3×××06	ZE 3×××07	CRH$_3$C-3×××ZE 3×××00
定员	60(二等座)+8(特等座)	80	80	50	50	80	80	60(二等座)+8(特等座)
车底设备	牵引电动机、牵引转换器和冷却装置、车载供电电气柜	辅助转换器箱、变压器和冷却装置、车载供电电气柜	牵引电动机、牵引转换器和冷却装置、车载供电电气柜、空气压缩机	双辅助转换器装置、蓄电池和充电器、车载供电电气柜	紧急车钩、双辅助转换器装置、蓄电池及充电器、车载供电电气柜	牵引电动机、牵引转换器和冷却装置、车载供电电气柜、空气压缩机	辅助转换器箱、变压器和冷却装置、车载供电电气柜	牵引电动机、牵引转换器和冷却装置、车载供电电气柜

2. CRH_3C 型动车组布局及设备

（1）车门。

CRH_3 型动车组车门共 22 扇，其中端车和一等车两侧各配置一扇门，餐车没有门，其余车厢为方便乘客上下车，在两侧各设置两扇门。所有门控器从列车控制单元接收信号和指令，主门控器将有关的所有车门的各种状态和诊断信号的信息传送给列车控制单元。图 4－41 所示为 CRH_3C 型动车组车门控制部分。

图 4－41　CRH_3C 型动车组车门控制部分

（2）座席。

全列编组 8 辆，为 1 辆一等车和 7 辆二等车（含 1 节酒吧车），全列车定员 557 人。5 号车是一等车，座席按 2＋2 形式设置；1 号、2 号、6 号、7 号、8 号车是二等车，座席按 2＋3 形式设置；4 号车是二等座车与餐车的合造车。客室设有旋转可调靠背座椅，车厢两侧各设有两个侧门，全车侧门由司机集中控制。车窗均采用光学折射原理的减速玻璃，减小因动车组列车高速运行产生的视觉冲击，给旅客带来的身体不适感，车窗内部设有半透明内嵌下拉式窗帘。

乘务室数量为 1 个，位于 4 号车二位端。室内设有列车广播通信设备 2 台、紧急制动阀 1 个、列车乘务控制系统 1 台。图 4－42 所示为 CRH_3C 型动车组车内座席设置形式。

(a)　　(b)

图 4－42　CRH_3C 型动车组车内座席设置形式

3. 服务设备

卫生间数量为10个，2号、3号、5号、6号、7号车每车设置坐式卫生间（其中5号车设1个残疾人卫生间），卫生间内配有触摸式冲水阀、洗手盆、烟火报警装置等。墙板距地板600 mm高度上设有SOS呼叫按钮，当乘客发生意外时可以发出求救信号便于及时救护。残疾人卫生间内部空间较大，采用自动门，便于残疾人出入。卫生间内的许多细节设置充分体现了人性化服务的原则。图4－43所示为CRH$_3$C型动车组卫生间部分设施。

(a) (b)

图4－43　CRH$_3$C型动车组卫生间部分设施

4. 消防安全设备

1号、8号车厢配备有两台灭火器，此外，还在司机室左手边配备了一个灭火器。在2号、7号车厢的车厢末端2位的右侧配备有两台灭火器，在3号、6号车厢的车厢末端1位的左侧配备有两台灭火器，在4号车厢的车厢末端2位的右侧和厨房中各配备有一台灭火器。图4－44所示为CRH$_3$C型动车组车内灭火器设施。

(a) (b)

图4－44　CRH$_3$C型动车组车内灭火器设施

车厢之间通过门被设计为防火门，也就是说它们有相应的边框、耐火面，且它们都进行了适当密封。所有舷梯门的设计都确保其具备15分钟的耐火性，但其本身并不满足绝缘标准，也就是说，每个门都构成一个挡火墙。这样，关上两扇门就能实现更高的安全性。万一发生火灾，在受影响车厢被清空后，手动开启的车门能被铁路工作人员关闭。

所有紧急出口窗都在里面和外面进行了明确标识。如果遇到紧急情况，可以用悬挂在列车内的安全锤（每节车内配备6个）敲碎安全出口窗，然后将车内作为一条逃生路线。司机室的活动侧窗也必须配合救生梯作为安全出口窗。图4－45所示为CRH_3C型动车组车内部分安全设施。

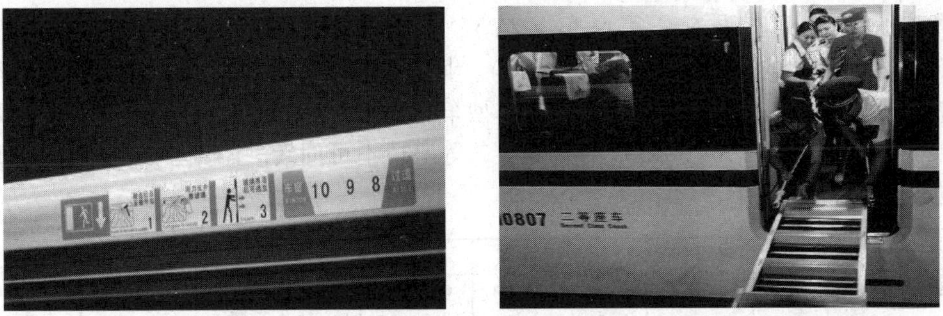

(a)　　(b)

图4－45　CRH_3C型动车组车内部分安全设施

在司机室的司机座椅下面的箱子中放有卷式救生梯，它可以挂在司机室的左侧和右侧窗户的框架上。救生梯使得司机可以在外门被阻塞的情况下，从司机室上通过救生梯进行逃生。

所有外车门都被设计为紧急出口门，万一门机驱动发生故障，在列车静止时可将外门解锁并打开。

五、CRH_5型动车组概述（此处配备微课视频）

CRH_5型动车组目前在线路上运营的有CRH_5A型、CRH_5G型和CRH_5H型动车组。CRH_5G型动车组列车主要是为适应部分地区的高寒情况而设计生产的；CRH_5H型动车组列车主要是为适应部分地区风沙大的情况而设计生产的。图4－46所示为CRH_5型动车组头车。

图4－46　CRH_5型动车组头车

1. CRH_5A 型动车组概述

CRH_5A 由中车长春轨道客车股份有限公司负责在国内生产，为 8 辆车厢编组座车动车组，250 km 级别（最高营运速度 250 km/h，具备时速 300 km 的提速能力）。CRH_5A 型动车组采用动力分散式设计，共 5 节动车和 3 节拖车（5M3T）。列车可通过两组联挂方式增至 16 节。列车设有一等座车（ZY）、二等座车（ZE）、一等包座/二等座车（ZYE）和带酒吧的二等座车/餐车（ZEC）。其中一等座采用 2 +2 方式布置，二等座为 2 +3 布置。该系列动车组有 23 列 CRH_5A 型车（编号为 CRH_5A – 5001 ~ CRH_5A – 5012、CRH_5A – 5043 ~ CRH_5A – 5053）的一等、二等座椅不可回转。图 4 – 47 所示为 CRH_5A 型动车组座椅分布。

车号	1	2	3	4	5	6	7	8	全列定员
固定座椅	74	93	93	93	93	42	74	60（一等）	622
旋转座椅	56（一等）	90	90	90	90	40	74	56（一等）	586

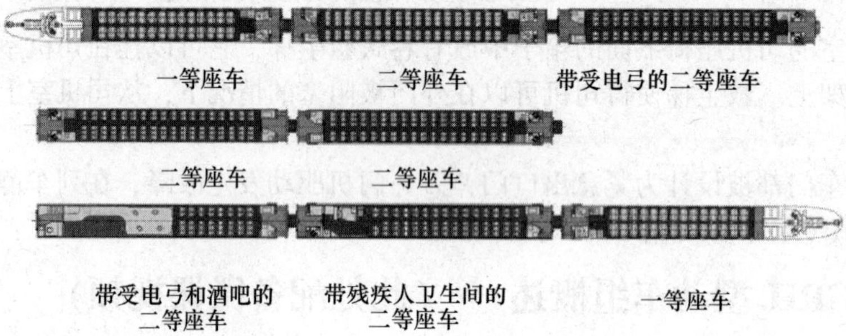

图 4 – 47 CRH_5A 型动车组座椅分布

2. CRH_5G 型动车组概述

CRH_5G 型动车组以 CRH_5A 型动车组为基础，在抗高寒方面有了多方面的优化和适应性设计。列车采用 8 辆编组，5 动 3 拖，为降低阻力，车头采用仿生学的流线型设计。CRH_5G 型动车组特别针对材料的低温适应性、防雪密封技术、保温防冻技术等方面进行研究，通过使用耐严寒的材料，优化转向架、给水卫生系统、空调系统、电气结构等多种措施，解决积雪和结冰等情况对车辆的不利影响。在雨雪天气时，轨道与车轮之间的摩擦系数减小，车轮可能出现空转和滑行现象。CRH_5G 型动车组设有撒砂装置，通过激活撒砂装置，向轨道上喷洒砂粒以增加轨道与车轮间的摩擦系数，提高轮轨黏着，保证雪天车轮不打滑，有利于行车安全。图 4 – 48 所示为 CRH_5G 型动车组头车。

CRH_5G 型动车组在人性化设施方面进行了优化布置和设计，整列车的座椅都可 180°旋转，还可以调整倾斜度，乘客只需用脚轻踩座椅下的脚踏板，就可以将座椅 180°调整，这样可以和对面乘客打牌休闲。每排座椅设有安全插座，可以随时为手机充电。窗户下面设有小窗台，便于旅客放置水杯、手机等小件物品。

图 4－48　CRH_5G 型动车组头车

由于运行沿线温度较低，CRH_5G 型车采用车顶单元式空调，遵循国际先进标准，不管是严寒还是酷暑，车内始终保持 20～24 ℃黄金舒适乘坐温度，确保乘客有良好的乘坐体验。

CRH_5G 型动车组采用了先进的航空隔音材料和结构，有效控制了车外辐射噪声和司机室、客室内噪声，以 250 km 的时速运行时，客室内噪声指标可低至 61 dB，远低于飞机和小汽车的内部噪声。

在安全性方面，CRH_5G 型动车组列车控制与监控系统标准高，全车设有 2 000 多个传感器，对 32 个设备进行监控，监控点达 1 000 多个。该套系统对动车组的主要系统或零部件的工作状态进行实时监控，如电机、齿轮箱、走行部轴承温度等。另外，动车组还设有远程专家故障诊断系统，保证行车安全。

CRH_5G 型车检修周期长，是动车组里的"经济适用型车"，运行达 120 万 km 后进行三级修，240 万 km 进行四级修，480 万 km 进行五级修，极大地降低了后期维修成本。

本书主要介绍 CRH_5A 型动车组列车。

（一）CRH_5A 型动车组列车概述

车体采用轻质铝合金型材和板材制成，各车能在 5 km/h 速度的调车冲击下保持正常状态。为最大限度地减少辅助构件的焊接，底架型材的下部设有"形槽"，便于固定底架设备并能增加底架的刚度。CRH_5A 型动车组头车如图 4－49 所示。

转向架源于 TAVS104 转向架。全列车设动力转向架 10 台，非动力转向架 6 台，其中动轴 10 根，拖轴 22 根。动力转向架为单动力轴形式，采用空心车轴、整体车轮、磨耗型踏面、SKF－TBU 锥形滚珠轴承，构架采用焊接结构。

电动机向车轴的传动是通过齿轮箱和万向轴实现的。牵引系统采用交流传动方式，动力配置为 5 动 3 拖的动力分散式形式，分成两个牵引单元，第一动力单元为（M＋M＋T＋M），第二动力单元为（T＋T＋M＋M）。在 3、6 号车上设有受电弓，动车组运行时采用单弓受流方式，一个受电弓备用。在车顶设置贯通的高压母线，分别向两个牵引单元供电。牵引单元由主变压器、牵引变流器、异步牵引电动机组成。主变压器使用油冷方式，牵引变流器使用成熟的IGBT技术。

图4-49 CRH_5A 型动车组头车

牵引总功率为5 500 kW，轮周牵引力为302 kN，最高运营速度为200 km/h，最高试验速度为250 km/h。客室空调系统采用车顶单元式空调机组，由两套独立的冷却电路构成（除冷却扇以外）。

空调系统配有一个压力保护系统，可保护乘客在列车进入隧道或两列车交会时免于压力波动的影响。系统通过关闭空调系统的新风口和排风口，保证动车组外部压力波不在车内传播。采暖系统由空调机组中安装的热阻器和分隔间、通过台及卫生间内的电热器构成。电热器的布置可以保证在车内形成空气对流状态，以充分利用加热功率。司机室设独立的空调系统，受客车空调系统控制器的控制。司机可以通过安装在驾驶台上的开关设定司机室的温度，设定值在18~24 ℃之间。当整个列车设置成停止加热模式时，即使列车不运行，且室外气温在-36 ℃时，司机室内的温度仍可通过散热器保持在18 ℃。

司机室外部门采用铝制带隔热层的折页门，带有微动开关可检测此门的开关状态。前窗玻璃采用多层结构，安装带有恒温装置的电加热器，前窗最内层为塑料防碎层。司机室照明采用车顶安装的日光灯，另外还安装了小的卤素灯供司机和助手作时刻表的照明用。

播音系统由扬声器网络、电话和车用放大器等部分组成，既可选择向自己所在的单元车组广播，也可选择向全部的多单元车组广播。车外显示系统可显示列车到达方向、中间站、列车编号和车厢编号等内容。到达方向显示器设置在车厢外部靠近旅客进出的车门处。每个客室还配备2个车内LED显示屏，LED显示屏为单排、滚动式设计、可视面积约为480 mm×80 mm，将显示下一到站、时刻表、运行速度、车内外温度和可编辑的其他信息。

（二）CRH_5A 型动车组列车设施设备

1. CRH_5A 型动车组车门

每节车厢两侧各设有一个集控车门，车门外侧主要控制装置包括：触摸式开门按钮、车门紧急解锁拉手、手动车门锁。在车门外开门时，将车门紧急解锁拉手扳至90°位置，同时拉动车门即可开启；司机释放后可以使用触摸式开门按钮开门，上部按钮供成人使用，下部按钮供儿童及残疾人使用。图 4－50 所示为 CRH_5A 型动车组车门按钮。

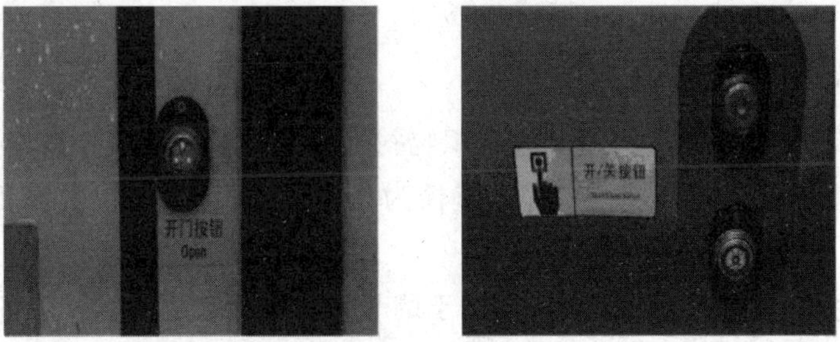

(a)　　(b)

图 4－50　CRH_5A 型动车组车门按钮

每节车厢的入口处均设有一个车门踏板，其基本结构为由两个铰链支撑的踏板。这两个铰链将根据站台高低升降车门踏板，低站台情况下将其提升，高站台降下。

车门踏板装有一个电驱动可伸缩站台补偿器，用于搭接在高站台和门口之间。站台补偿器位于车门踏板边缘，列车停稳并开门后，站台补偿器自动伸出。图 4－51 所示为 CRH_5A 型动车组车门踏板。

(a)　　(b)　　(c)

图 4－51　CRH_5A 型动车组车门踏板

当列车加速至 5 km/h 及以上时，由乘务员操作车门开启授权，车门开启控制可自动取消；当列车减速至 5 km/h 或该速度以下时，必须重新进行操作授权。

速度为 5 km/h 或超过该速度时，车门自动关闭。如果关闭过程中，站台补偿器未返回至其原始位置，则会阻止车门关闭。

车开启过程中，如站台补偿器未处于正确位置，则会阻止车门开启。

车门上设有若干敏感边条，如关闭过程中在车门和门框之间碰到任何人或物体，则敏感边条会使车门重新完全开启，约 5 s 后，车门将自动重新关闭。该循环会重复操作，直至障碍物品处理完毕。站台补偿器设有收回装置，当作用于其上的力超过 300 N 时，用于阻止站台补偿器关闭。如果关闭过程中检测到站台补偿器上有障碍物，则踏板会打开至完全开启位置并尝试重新关闭。

车门指示灯是客室门车门关闭和开启的信号显示装置，设在车门内侧拉手上方，有红色、绿色、白色三种显示灯。绿灯表示车门正常，车门完全关闭、锁定且补偿器收回；红灯表示车门故障，车门未完全关闭或站台补偿器未收回；白灯表示车门隔离、停用。

2. CRH_5A 型动车组座席

一等车座椅为 2 +2 布置，主要包含织物衬套、头枕、扶手、小方桌、杂志网、脚踏板等，座椅上方设有阅读灯。二等车座椅为 3 +2 布置，主要包含设备有织物衬套、扶手、小方桌、杂志网等。

座椅的扶手处设有一个调节按钮，用于调节座椅靠背的角度。扳动座席拉手，同时身体向前滑动即可进行座席的调整。图 4 -52 所示为 CRH_5A 型动车组座椅设施。

(a) (b) (c)

图 4 -52 CRH_5A 型动车组座椅设施

背靠折叠桌展开即可使用，位于扶手内的折叠小桌需打开扶手活动盖板，向上取出后打开使用。7 号车二位端设有残疾人专用区域及残疾人弯道，以供残障人使用。残疾人座椅位于 74 号座位，座椅靠墙壁一侧有紧急求助按钮。残疾人轮椅可存放在 1 号车厢残疾人专用区域（设有防护带），使用时需将防护带轻轻拉出然后扣紧将轮椅固定。

动车组由于速度高，所以车窗采用减速玻璃。车窗处设有半透明内嵌下拉式遮阳幕。车厢座席上方设有行李架、空调口，在部分车厢二位端设有大件行李存放处，其为三层结构，大件行李可存放于此，高铁快件也可存放。

3. 客运服务设施设备

（1）卫生间。

卫生间分蹲式便器和坐式便器两类，均为真空集便器。卫生间设有洗手盆、感应器、干手器、烟雾感应装置、电源插座、扶手、垃圾箱、触摸式冲水按键、卷纸、坐便垫储放箱等设施，卫生间门设有“有/无人”显示装置。图 4 -53 所示为 CRH_5A 型动车组卫生间设施。

（2）餐车。

餐车设餐桌、依靠栏、吧台、陈列柜、微波炉、冷藏柜、储藏柜、电茶炉、水槽、售货车、垃圾箱等，CRH_5A 型动车组餐车设施如图 4－54 所示。

图 4－53　CRH_5A 型动车组卫生间设施

图 4－54　CRH_5A 型动车组餐车设施

（3）列车长室。

列车长室安装有乘客信息系统（PIS）管理单元，执行多层菜单人机界面。其主要功能如下。

① 插入行程/进路信息（由车组编码和进路编码识别）。如需要，可针对运营车站/非运营车站修改信息（未规定的临时停站或无法在一个或多个应到站停车）。

② 开始任务指令。接收到该指令后，系统以全自动模式生成并显示下列信息：

所有“下一站”音频/视频信息（在距下一站预定距离处）；

系统允许开启车门前，内部 LED 显示屏单元显示的当前站信息；

内部 LED 显示屏单元上显示的速度、车内外温度、终到站、日期和时间；

外部 LED 显示屏单元上显示的车号、车次号、始发站、终到站；车速超过 45 km/h 时，外部 LED 显示屏单元关闭。图 4－55 所示为 CRH_5A 型动车组列车长控制室。

图 4－55　CRH_5A 型动车组列车长控制室

CRH_5A 型动车组编组表见表 4－9。

表4-9 CRH$_5$A型动车组编组表

车厢号	1	2	3	4	5	6	7	8
车型（CRH$_5$A-5001~5012、5043~5053）	二等座车					二等座车/餐车	二等座车	一等座车
车型（CRH$_5$A-5013~5042、5054~5140）	一等座车	二等座车				二等座车/餐车	二等座车	一等座车
动力配置	有动力，带驾驶室（Mc）	有动力（M）	无动力，带受电弓（Tp）	有动力（M）	无动力（T）	无动力，带受电弓（Tp）	有动力（M）	有动力，带驾驶室（Mc）
动力单元	单元1（3M+1T）				单元2（2M+2T）			
车辆编号（CRH$_5$A-5001~5012、5043~5053）	CRH$_5$A-50×× ZE 50××01	ZE 50××02	ZE 50××03	ZE 50××04	ZE 50××05	ZEC 50××06	ZE 50××07	CRH$_5$A-0××ZY 50××00
定员	74	93	93	93	93	42	74	60
车辆编号（CRH$_5$A-5013~5042、5054~5140）	CRH$_5$A-5××× ZY 5××01	ZE 5××02	ZE 5××03	ZE 5××04	ZE 5××05	ZEC 5××06	ZE 5××07	CRH$_5$A-5×××ZY 5××00
定员	56	90	90	90	90	40	74	

六、CRH$_6$型动车组概述

CRH$_6$型电力动车组是由中车青岛四方机车车辆股份有限公司和南车南京浦镇车辆有限公司共同研制开发的CRH系列电力动车组。列车由四方任技术总负责，浦镇四方联合设计，并分别在两公司及广东（新会）基地生产。CRH$_6$型动车组适用于城市间及市区和郊区间的短途通勤客运，满足载客量大、快速乘降、快启快停的运营要求。

CRH$_6$型动车组采用8辆标准编组，编组长度201.4 m。根据运输距离、站点和乘客群的不同，CRH$_6$型动车组分为两大类型，运营速度分别为时速200 km和160 km两个等级。时速200 km的CRH$_6$型动车组最高运营速度200 km/h，试验速度220 km/h，以“大站停”的模式运营；而时速160 km的CRH$_6$型动车组最高运营速度160 km/h，试验速度180 km/h，以“站站停”模式运营。图4-56所示为CRH$_6$型动车组头车。

CRH$_6$型动车组装备有轻量化大功率牵引设备，采用交流传动技术。由于通勤铁路站间距较小、客流量较大，因此CRH$_6$型动车组具有快速停车启动、大载客容量的特点。时速200 km的车型由静止加速到200 km/h需时183 s，加速距离6 697 m；时速160 km的车型由静止加速到160 km/h需时102 s，加速距离2 843 m。列车采用计算机控制的电空复合制动、高热容量的盘式制动装置，并按高减速度设计，确保动车组在最短的时间和最小的距离内实现快速停车；同时设有再生制动，最大常用制动时产生的可再生电能可以100%回馈接触网。CRH$_6$型动车组采用轻量化设计，降低运行能耗，轻量化转向架重量比同类车型轻25%，牵引设备重量平均比同类车型轻43%。CRH$_6$型动车组均根据站台屏蔽门设置需要，采用等距侧门设计。

图 4-56　CRH_6型动车组头车

1. CRH_6A（200 km/h）

CRH_6A 型动车组定员载客量 557 人（座席），超员载客量 1 488 人（按每平方米站立 4 人计算）。座位采用 2+2 布置，座椅可调节，局部设茶桌，端部设可翻转座椅，非端部的车厢座椅编排与欧洲铁路车辆及大部分国铁车厢的软座相类似，全部座椅面向车厢中心的编排。另外 1、3、5、7 号车厢设置卫生间，列车采用真空集便器。值得一提的是，CRH_6A-4002 和 CRH_6A-4502 中间车厢为 3 门车厢，而其他的 CRH_6A 车型均为 2 门车厢。

2. CRH_6F（160 km/h）

CRH_6F 型动车组定员载客量达 1 502 人（包括座席及站席，按每平方米站立 4 人计算），超员载客量达 1 998 人（包括座席及站席，按每平方米站立 6 人计算）。列车座位同样采用 2+2 布置，但座椅不可调节或翻转。列车在 3、6 号车设卫生间。与 CRH_6A 不同，车门采用宽阔的对开塞拉门，每节车两侧设有 3 个塞拉门（头尾车辆有 2 个，其中 1 个为驾驶室门）。该车牵引制动性能比 CRH_6A 更优。载客量更大，更适合较短站间距的城际线路和站站停模式使用。

3. CRH_6S（140 km/h）

CRH_6S 车型定员载客量达 765 人（包括座席及站席，按每平方米站立 4 人计算），超员载客量达 1 322 人，为地铁式座椅。列车在 5 号车厢设残疾人乘坐空间，列车不设洗手间。

本书主要介绍 CRH_6A 型动车组列车。

（一）CRH_6A 型动车组概况

CRH_6A 型动车组为 8 辆编组，其中 2、3、6、7 节为动车，1、4、5、8 节为拖车。CRH_6A 型动车组每节车厢为 3 对车门，车厢内部十分宽敞，每节车厢只设置 11～13 排座位，局部设有茶桌。与其他动车组不一样的是，CRH_6A 型车过道左右两侧分别为两个座椅，其他动车组则是一侧两个、一侧三个。如此一来，车厢内部空间就被节约起来。每个车门对应处设有扶手，类似地铁，在车厢两头还有可以折叠的座椅，可乘坐也可收起来释放空间。CRH_6A 车长 201.4 m，整列列车共有 8 节车厢，每节车厢的固定座位从 45 个到 66 个不等。在车厢两头，每边有一个大的行李架，用来存放大件行李。CRH_6A 型动车组每节车厢前后两端都设有 2 个厕所，一节车厢就有 4 个厕所。由于 CRH_6A 载客量大，多设立厕所可以为乘客提供更多的方便之处。图 4－57 所示为 CRH_6A 型动车组车内卫生间与行李架设施。

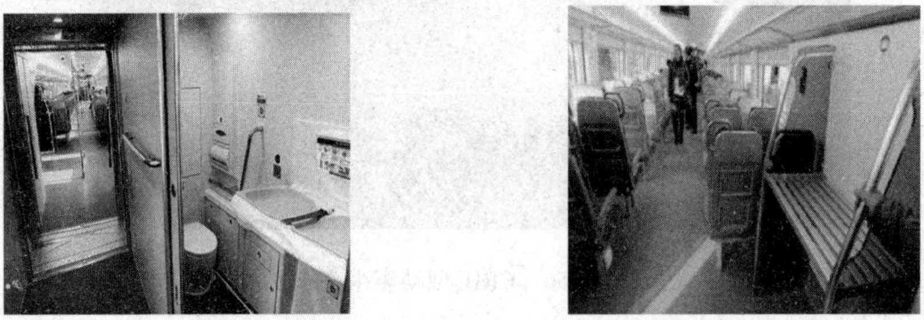

(a) (b)

图 4－57 CRH_6A 型动车组卫生间与行李架设施

由于 CRH_6A 动车组是中、短途的城际列车，所以每节车厢里没有设置开水间，旅客无法在列车上打开水。同时，CRH_6A 也没有餐吧，无法提供饮料、水果等特色餐饮服务。车站和列车要同时提醒有需求的旅客上车前准备好饮料和食品。

（二）CRH_6A 型动车组车内主要设备

CRH_6A 型动车组每节车厢分为 3 个部分。车厢两头的站票乘客区域大概各有 3 米长的空间，这两个区域没有固定座椅，只有两排折叠椅子。

车厢中间是固定座席区域。CRH_6A 型动车组中部的 6 节车厢各有 13 排座位。与原来的动车车座朝一个方向不同，CRH_6A 型动车组的车座是两种围绕“小桌子”的“相对座席”设计：一种 4 排座位向后，3 排座位向前，中间“夹”1 个小桌子（即“4 排向后 +3 排向前”）；另一种则是“3 排向后 + 小桌子 +3 排向前”。

在每排座位的数量上，CRH_6A 型动车组区别于以往动车组一排 5 个座位（“3 +2”型）为一排 4 个座位（“2 +2”型）。一排只安排 4 个座位，每个座位的空间更大。图 4－58所示为 CRH_6A 型动车组车内载客区域。

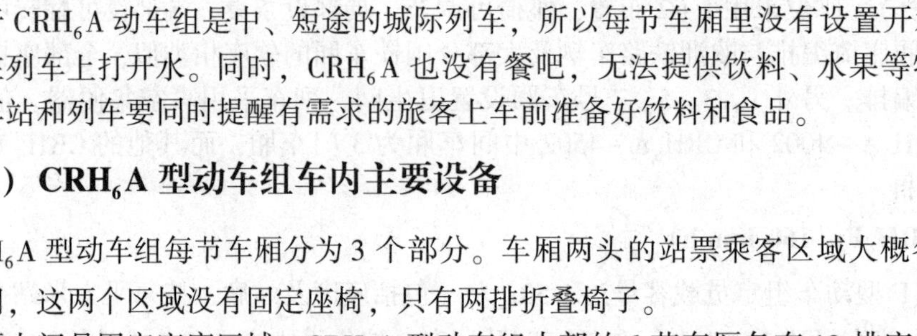

(a) (b)

图 4－58 CRH_6A 型动车组车内载客区域

CRH_6A 型动车组座席定员为 557 人，加上站着的乘客可以搭乘 1 488 人。

为了保证乘客上下车的自由便捷，列车的每节车厢都安装有 3 对共 6 个车门。一般动车组每节车厢只有两个门，中间的乘客需要走到车厢两边才能下车，而 CRH_6A 动车组车厢前、中、后都有车门，旅客上下车更加方便。

七、CRH380 系列动车组概述（此处配备微课视频）

（一）动车组的型号和车号的编制规则

为体现新一代高速动车组的自主创新和速度特征，在原有动车组编号规则的基础上，对新一代高速动车组 CRH380 系列的型号、车号及座席号的编制重新进行了规定。

1. 动车组的型号构成

CRH380A－6001L 的型号构成如下：

CRH——中国高速铁路；

380——时速特征代码，体现最高运营时速 380 km；

A——型号代码，以大写英文字母 A、B、C 表示不同型号动车组；

6001——制造序列代码，以四位阿拉伯数字表示，新一代动车组统一编号，以 6 字开头；

L——编组数量代码，以一位大写英文字母表示，L 表示 16 辆编组，8 辆编组时不带标号。

2. 动车组中车辆的车种和编号的构成

ZY600102 的代表含义如下：

ZY——车辆车种代码，以大写拉丁字母表示；

6001——动车组制造序列代码；

02——车辆编组顺位代码，以两位阿拉伯数字表示，由 1 位头车至 2 位头车的代码分别为 01、02、03 …… 10。

动车组中车辆车种代码是车种名称的汉语拼音缩写，车辆车种代码见表 4－10。

表 4－10　车辆车种代码

车种代码	车种名称	备注
SW	商务车	设置可躺式 VIP 座椅车
ZY	一等座车	设置一等座椅车（包括设置一等座椅、VIP 座椅包间车）
ZE	二等座车	设置二等座椅车
CA	餐车	16 编组餐车
ZEC	座车、餐车	8 编组餐座合造车
ZYG	一等座车/观光车	16 编组带观光区和座卧包间头车
ZEG	二等座车/观光车	16 编组带观光区头车

（二）各型新一代高速动车组型号和车号的类型

1. 型号代码

380A——四方新一代高速动车组；

380B——长客/唐客新一代高速动车组；

380C——青岛庞巴迪新一代高速动车组。

2. 制造序列代码

不同技术平台车组号统一编号，以6字打头。各制造厂制造序列号按已签订合同数量以百位间隔分配不同的号段，并按出厂时间顺序编排。具体分配如下：

① 中车四方股份公司（140列CRH380A）：6001～6140；

② 中车长客股份公司（110列CRH380B）：6201～6310；

③ 中车唐车公司（70列CRH380B）：6401～6470；

④ 青岛庞巴迪股份公司（80列CRH380C）：6601～6680。

（三）座位编号规则

为体现人性化的服务，直观显示座椅的具体位置（靠窗、中间、走廊），采用数字和字母组合的方式表示座椅号，数字表示排号，字母表示位置。

座椅排号从车辆一位端开始按顺序编排，用阿拉伯数字表示。每排座椅位置用5个字母A、B、C、D、F表示，其中3+2座椅排列中，3人座椅用A、B、C表示，分别代表靠窗、中间和走廊位置，2人座椅用D、F表示，分别代表走廊、靠窗位置；2+2座椅排列分别用A、C和D、F表示；2+1座椅排列分别用A、C和F表示。这样，无论是何种座椅排列，A、F代表靠窗座椅，C、D代表走廊座椅，具体说明如下。

1. 客室座席编号

座席编号构成如下。

如16A：

16——排数代码，表示第16排；

A——位置代码，表示靠窗座椅。

2. 包间座席编号

一等座包间的座椅排号从一位端按1、2排列。位置代码采用A、B、C表示；商务包间的座椅排号从一位端按1、2排列，位置代码用A、C表示。对观光区、贵宾包间内座椅不编号，一位头车观光区包间为“观光区1”，二位头车观光区包间为“观光区2”。

（四）CRH380系列动车组基本类型和功能特点

CRH380系列动车组是原中车南车和原中车北车公司在CRH_1至CRH_5系列型电力动

车组基础上自主研发的CRH系列高速动车组，也是“中国高速列车自主创新联合行动计划”的重点项目，最高营运速度380 km/h。

1. CRH380A系列动车组列车

CRH380A系列主要由原中车南车四方股份研发生产，其中8辆编组的动车组被命名为CRH380A，而16辆编组的动车组被命名为CRH380AL。图4－59所示为CRH380A型动车组头车。

图4－59　CRH380A型动车组头车

CRH380A列车总数为40列（CRH380A－6001～CRH380A－6040），采用6动2拖的编组方式，牵引功率为9 600 kW，使用DSA350型高速受电弓，在受电弓的两侧设有挡板。列车设有带一等包厢座位的一等座车（ZY）2辆、二等座车（ZE）3辆、带观光座的二等座车（ZEG）2辆和带酒吧的二等座车（ZEC）1辆。其中一等座采用2＋2方式布置，二等座为2＋3布置。除了带酒吧的二等座车、一等包厢座位外，其他车厢所有座位均能旋转。列车设有观光座定员12人，一等包座定员6人，一等座定员89人，二等座定员373人，全列定员480人。

在CRH380A型列车的基础上，原中车南车四方股份又开发了CRH380AL型动车组列车。CRH380AL列车总数为100列（CRH380AL－2541～CRH380AL－2640），采用了14动2拖的编组方式，牵引功率为20 440 kW，共7个动力单元，56台牵引电动机，使用DSA350型高速受电弓，在受电弓的两侧设有挡板。列车设有带VIP座席的商务车（SW）1辆、一等座车（ZY）2辆、二等座车（ZE）10辆、带观光座的一等座车（ZYG）2辆和餐车（CA）1辆。其中一等座采用2＋2方式布置，二等座为2＋3布置，商务车和观光座为1＋2布置。除了带酒吧的二等座车外，其他车厢所有座位均能旋转。前期列车商务座定员28人，一等座定员162人，二等座定员838人，全列定员1 028人。后期列车商务座定员26人，一等座定员112人，二等座定员923人，全列定员1 061人。如表4－11所示为CRH380A型动车组编组表，表4－12为CRH380AL型动车组编组表。

表 4-11 CRH380A 型动车组编组表

车厢号	1	2	3	4	5	6	7	8
车型（CRH380A-2501~2540）	二等座车/特等座	二等座车	一等座车/特等座	一等座车	二等座车/餐车	二等座车		二等座车/特等座
车型（CRH380A-2641~2800）	一等座车/观光车	二等座车			二等座车/餐车	二等座车		二等座车/观光车
车辆编号（CRH380A-2501~2540）	CRH380A-2×××ZET 2×××01	ZE 2×××02	ZYT 2×××03	ZY 2×××04	ZEC 2×××05	ZE 2×××06	ZE 2×××07	CRH380A-2×××ZET 2×××08
车辆编号（CRH380A-2641~2800）	CRH380A-2×××ZYG 2×××01	ZE 2×××02	ZE 2×××03	ZE 2×××04	ZEC 2×××05	ZE 2×××06	ZE 2×××07	CRH380A-2×××ZEG 2×××00
动力配置	拖车，带驾驶室（Tc）	动车（M）		动车，带受电弓（Mp）	动车（M）	动车，带受电弓（Mp）	动车（M）	拖车，带驾驶室（Tc）
定员（CRH380A-2501~2540）	6+40	85	38+6	51	38+14	85	85	6+40
定员（CRH380A-2641~2800）	5+28	85	85	75	63	85	85	5+40
动力单元	单元1				单元2			

注：2×××为列车编号（501~540、641~800）。

表 4-12 CRH380AL 型动车组编组表

车厢号	1	2	3	4	5	6	7	8	9	10	11	12	13	14	15	16
车型（CRH380AL-2541~2570）	一等座车/观光车	一等座车	商务车	一等座车	二等座车				餐车	二等座车						一等座车/观光车
车型（CRH380AL-2571~2640）	观光车/商务车	一等座车		二等座车					餐车	二等座车						观光车/商务车
车辆编号（CRH380AL-2541~2570）	CRH380AL-2×××ZYS 2×××01	ZY 2×××02	SW 2×××03	ZY 2×××04	ZE 2×××05	ZE 2×××06	ZE 2×××07	ZE 2×××08	ZEC 2×××09	ZE 2×××10	ZE 2×××11	ZE 2×××12	ZE 2×××13	ZE 2×××14	ZE 2×××15	CRH380AL-2×××ZYS 2×××00
车辆编号（CRH380AL-2571~2640）	CRH380AL-2×××SW×××01	ZY 2×××02	ZY 2×××03	ZE 2×××04	ZE 2×××05	ZE 2×××06	ZE 2×××07	ZE 2×××08	ZEC 2×××09	ZE 2×××10	ZE 2×××11	ZE 2×××12	ZE 2×××13	ZE 2×××14	ZE 2×××15	CRH380AL-2×××SW 2×××00

续表

车厢号	1	2	3	4	5	6	7	8	9	10	11	12	13	14	15	16
定员（CRH380AL－2541～2570）	25＋2	56	24	56	73	85	85	85	38	85	85	85	85	85	85	25＋2
定员（CRH380AL－2571～2640）	10＋3	56	56	85	73	85	85	85	38	85	85	85	85	85	85	10＋3
动力配置	拖车，带驾驶室（Tc）	动车（M）			动车，带受电弓，车厢两端均有（Mp）	动车（M）							动车，带受电弓，车厢两端均有（Mp）	动车（M）		拖车，带驾驶室（Tc）
动力单元	单元1			单元2		单元3		单元4		单元5		单元6		单元7		

注：×××为列车编号（541～640）。车辆分为两种，CRH380AL－2541～CRH380AL－2570为一种，3号车厢为商务座车SW；CRH380AL－2571～CRH380AL－2640为另一种，原4号车一等座改为3号车，增加一节二等座车为新4号车，原1号车和16号车的后部一等座改为了商务车厢。

2. CRH380B系列动车组列车

CRH380B型动车组是在CRH_3C基础上研发的新一代高速动车组，与CRH_3C相比，持续运营时速为由300 km提高至350 km，最高运营时速由350 km提高到380 km，最高试验时速为400 km以上。性能优化以提高牵引功率，降低传动比及动车组气动外形减阻为主；而列车舒适度优化方面主要采取提高列车减震性能、车厢降噪、加强车内气压控制等方式。

CRH380B系列动车组列车由唐客股份（CRH380B－3571）和长客股份（CRH380B－5637～CRH380B－5681）生产，采用4动4拖的编组方式。该型号为CRH380B的非高寒型动车组，主要为京沪高铁、京广高铁等大部分除东北以外的地方使用。图4－60所示为CRH380B型动车组头车。

图4－60　CRH380B型动车组头车

CRH380B 型动车组设有一等座、二等座、观光座、VIP 座等座席等级。二等座车座席采用 2+3 方式布置；一等座车座席采用 2+2 方式布置，每组列车其中一辆一等座车设有一个 4 人包间及两个 6 人包间；VIP 座位于商务车车厢（又称 VIP 车），采用 1+2方式布置，设置类似民航客机头等舱的高级可躺座椅。与 CRH_3 型动车组一样，CRH380B 型动车组两端头车后方也设有包间，称为观光区，但旅客不可以通过透明的玻璃幕墙看到驾驶室的操作。

CRH380BL 型动车组列车总数为 115 列，其中 45 列由长客股份生产（CRH380BL－5501～CRH380BL－5545），另外 70 列由唐客股份生产（CRH380BL－3501～CRH380BL－3570）。采用了 8 动 8 拖的编组方式，牵引功率为 18 400 kW，列车由 1 辆商务车（又称 VIP 座车）、4 辆一等座车、10 辆二等座车和 1 辆餐车组成，其中商务车定员 28 人，一等座车定员 186 人，二等座车定员 791 人，总定员为 1 005 人。

CRH380BG 型动车组列车总数为 26 列（CRH380BG－5586～CRH380BG－5600、CRH380BG－5626～CRH380BG－5636、CRH380BG－5682）全部由长客股份生产，根据中国铁路总公司的要求采用根据目前运营经验和乘客乘坐需求，在各型动车组技术平台上，对列车的车型、定员、旅客服务设施、司机操作设施、列车的主要性能进行统一而设计出来的动车组车型。该型车同样为高寒型，主要为津秦客运专线提供。表 4－13～表 4－15 所示为 CRH380B、CRH380BL、CRH380BG 型动车组编组表。

表 4－13 CRH380B 型动车组编组表

车厢号	1	2	3	4	5	6	7	8
车型	一等座车/观光车	二等座车			二等座车/餐车	二等座车		二等座车/观光车
车辆编号	CRH380B－××××ZYS ××××01	ZE××××02	ZE××××03	ZE××××04	ZEC××××05	ZE××××06	ZE××××07	CRH380B－××××ZES××××00
动力配置	动车，带驾驶室（Mc）	拖车，带受电弓（Tp）	动车（M）	拖车（T）		动车（M）	拖车，带受电弓（Tp）	动车，带驾驶室（Mc）
定员	28+5	85	85	75	63	85	85	40+5
动力单元	单元 1				单元 2			

表 4－14 CRH380BL 型动车组编组表

车厢号	1	2	3	4	5	6	7	8	9	10	11	12	13	14	15	16
车型（CRH380BL－3501～3543、5501～5545）	一等座车/观光车	一等座车	商务车	一等座车	二等座车				餐车	二等座车						一等座车/观光车
车型（CRH380BL－3544～3570）	观光车/商务车	一等座车		二等座车					餐车	二等座车						观光车/商务车

续表

车厢号	1	2	3	4	5	6	7	8	9	10	11	12	13	14	15	16
车辆编号（CRH380BL－3501～3543、5501～5545）	CRH380BL－××××ZYG××××01	ZY××××02	SW××××03	ZY××××04	ZE××××05	ZE××××06	ZE××××07	ZE××××08	CA××××09	ZE××××10	ZE××××11	ZE××××12	ZE××××13	ZE××××14	ZE××××15	CRH380BL－××××ZYG××××00
车辆编号（CRH380BL－3544～3570）	CRH380BL－××××SW××××01	ZY××××02	ZY××××03	ZE××××04	ZE××××05	ZE××××06	ZE××××07	ZE××××08	CA××××09	ZE××××10	ZE××××11	ZE××××12	ZE××××13	ZE××××14	ZE××××15	CRH380BL－××××SW××××00
动力配置	动车，带驾驶室（Mc）	拖车，带受电弓（Tp）	动车（M）	拖车（T）		动车（M）	拖车，带受电弓（Tp）	动车（M）		拖车，带受电弓（Tp）	动车（M）	拖车（T）		动车（M）	拖车，带受电弓（Tp）	动车，带驾驶室（Mc）
定员（CRH380BL－3501～3543、5501～5545）	2＋37	56	24	56	71	80	80	80	0	80	80	80	80	80	80	2＋37
定员（CRH380BL－3544～3570）	3＋13	56	56	80	71	80	80	80	0	80	80	80	80	80	80	3＋13
动力单元	单元1				单元2				单元3				单元4			

表4－15　CRH380BG型动车组编组表

车厢号	1	2	3	4	5	6	7	8
车型	一等座车/特等座车	二等座车		二等座车/餐车		二等座车		二等座车/特等座车
车辆编号	CRH380BG－5×××ZYT5×××01	ZE5×××02	ZE5×××03	ZE5×××04	ZEC5×××05	ZE5×××06	ZE5×××07	CRH380BG－5×××ZET5×××00
动力配置	动车，带驾驶室（Mc）	拖车，带受电弓（Tp）	动车（M）	拖车（T）		动车（M）	拖车，带受电弓（Tp）	动车，带驾驶室（Mc）
定员（CRH380B－5546～5585）	44＋8	80	80	71	40	80	80	60＋8
定员（CRH380B－5586～5600、CRH380B－5626～5636、CRH380B－5682～5800）	28＋5	85	85	75	63	85	85	40＋5
动力单元	单元1				单元2			

3. CRH380C 系列动车组列车

CRH380C 型动车组，是中国铁路总公司为营运新建的高速城际铁路及客运专线，由原中国北车长客股份在 CRH_3C、CRH380BL 型电力动车组基础上自主研发的 CRH 系列高速电力动车组，持续运营时速为由 300 km 提高至 350 km，最高运营时速由 350 km 提高到 380 km，最高试验时速为 400 km 以上。性能优化以提高牵引功率，降低传动比及动车组气动外形减阻为主；而列车舒适度优化方面主要采取提高列车减震性能、车厢降噪、加强车内气压控制等方式。图 4 - 61 所示为 CRH380C 型动车组头车。

图 4 - 61　CRH380C 型动车组头车

CRH380CL 型动车组列车总数为 25 列（CRH380CL - 5601 ~ 5625），全部由长客股份生产，采用了 8 动 8 拖的编组方式，牵引功率为 19 200 kW，采用了新头型及基于日立技术的永济牵引系统。列车由 2 辆商务车（又称 VIP 座车）、2 辆一等座车、11 辆二等座车和 1 辆餐车组成，定员为 1 015 人。其中 CRH380CL - 5601 的头型与其余 24 列的头型有区别：除 CRH380CL - 5601 之外其余车型车头增加了银色装饰板，且车两侧车窗范围的黑色涂装并非一体式而是分体式。表 4 - 16 所示为 CRH380CL 型动车组编组表。

表 4 - 16　CRH380CL 型动车组编组表

车厢号	1	2	3	4	5	6	7	8	9	10	11	12	13	14	15	16
车型（CRH380CL - 5601）	一等座车/商务车	一等座车	商务车			二等座车			餐车			二等座车				一等座车/商务车
车型（CRH380CL - 5602 ~ 5625）	一等座车/商务车	一等座车				二等座车			餐车			二等座车				一等座车/商务车
车辆编号（CRH380CL - 5601）	CRH380 CL - 5601 ZYG 560101	ZY 56 0102	SW 56 0103	ZE 56 0104	ZE 56 0105	ZE 56 0106	ZE 56 0107	ZE 56 0108	CA 56 0109	ZE 56 0110	ZE 56 0111	ZE 56 0112	ZE 56 0113	ZE 56 0114	ZE 56 0115	CRH380 CL - 5601 ZYG 560100
车辆编号（CRH380CL - 5602 ~ 5625）	CRH380 CL - 56 × × ZYS 56 × × 01	ZY 56 × × 02	ZY 56 × × 03	ZE 56 × × 04	ZE 56 × × 05	ZE 56 × × 06	ZE 56 × × 07	ZE 56 × × 08	CA 56 × × 09	ZE 56 × × 10	ZE 56 × × 11	ZE 56 × × 12	ZE 56 × × 13	ZE 56 × × 14	ZE 56 × × 15	CRH380 CL - 56 × × ZYS 56 × × 00

续表

车厢号	1	2	3	4	5	6	7	8	9	10	11	12	13	14	15	16
动力配置	动车，带驾驶室（Mc）	拖车，带受电弓（Tp）	动车（M）	拖车（T）		动车（M）	拖车，带受电弓（Tp）	动车		拖车，带受电弓（Tp）	动车（M）	拖车（T）		动车（M）	拖车，带受电弓（Tp）	动车，带驾驶室（Mc）
动力单元	单元1				单元2				单元3				单元4			
定员（CRH380CL－5601）	2＋37	56	24	80	71	80	80	80	0	80	80	80	80	80	80	2＋37
定员（CRH380CL－5602～5625）	3＋13	56	56	80	71	80	80	80	0	80	80	80	80	80	80	3＋13

注：××为列车编号（01～25）。车辆分为两种，CRH380CL－5601 为一种，3 号车厢为商务车；其他为另一种，原 4 号车一等座改为 3 号车，增加一节二等座车为新 4 号车，原 1 号车和 16 号车的后部一等座改为了商务车厢。

本书主要对 CRH380A 系列动车组列车进行详细介绍。

（五）CRH380A 型动车组列车设施设备

1. 车外标志

车体外部设置有动车组型号、车组号、“和谐号”英文标志和图形标志、列车长度、顶车、检修、自重、定员、制造厂铭牌等标记。制造厂铭牌为铸铝结构，采用螺钉安装在车体端部。CRH380AL 型动车组型号和车组号标志示意图如图 4－62 所示。

图 4－62　CRH380AL 型动车组型号和车组号标志示意图

2. 车厢内的主要设备

（1）客室内设备。

客室内设有座椅、行李架等设施。行李架采用铸铝托架、前后型材、夹层圆弧钢化玻璃、双拉杆结构，更换玻璃时需拆卸行李架后型材压条。车上物品存放处在通过台处设置放置手持行李的空间，中间设置隔板。

（2）侧墙设备。

侧墙设有衣帽钩、广播系统用扬声器等设施。

（3）端部设备。

在内端墙上，设有车内信息显示器、车号显示器、禁烟标志、洗手间使用显示灯、紧急按钮、脚踏、桌板等设施。

(4) 顶部设备。

车顶设 LED 照明顶灯带等设施。

图 4-63 所示为 CRH380A 型动车组部分车内设施。

(a)

(b)

图 4-63 CRH380A 型动车组部分车内设施

(5) 通过台及走廊。

在通过台及走廊处设有电茶炉、卫生间、盥洗室、备餐区、配电盘、垃圾箱、灭火器等。

① 电茶炉。

电茶炉数量为 7 个，分别在 1、2、3、4、6、7、8 号车厢。

② 垃圾箱。

垃圾箱数量为 8 个。

③ 给水系统与盥洗室。

CRH380A 型动车组每车均设置给水系统，分为车上水箱供水系统及车下水箱供水系统两种方式。其中 2 号、4 号、6 号车配置 400 L 车上水箱，5 号餐车配置 700 L 车下水箱，其他车设置 400 L 车下水箱，均采用电动水泵供水为盥洗室水阀、卫生间水阀、电开水炉供水。图 4-64 所示为 CRH380A 型动车组给水系统。

(a)

(b)

图 4-64 CRH380A 型动车组给水系统

④ 卫生间。

动车组在 1 号、8 号车均设有一个坐式卫生间，2 号、3 号、4 号、6 号、7 号车均设有 1 个坐式卫生间和 1 个蹲式卫生间。除 5 号车外，每车均设有 1 个盥洗室，供乘客盥洗、清洁使用。卫生系统采用真空集便系统收集来自便器的污物，盥洗等废水通过水封排至车外。

● 坐式卫生间。

二位侧坐式卫生间门为拉门，门是从内侧能够锁上的结构（外侧为暗锁，能从外面打开实施救援）。坐式卫生间为男女共用，采用真空保持式便器。

坐式卫生间安装了大理石台面、按压延时洗手装置、便器冲洗按钮、紧急呼叫按钮、坐垫盒、扶手、镜子、便纸支架等设施。为消减臭味，便器为真空保持式。按压便器冲洗按钮时，便器排污管内抽真空，将污物吸入车下中转箱内并在便器部分设置了瓣阀防止污物箱内的臭气回流。在卫生间顶部增加了开孔，为卫生间提供新风；卫生间内通过排气格栅持续排气时，卫生间内的气压与风道内的气压相比为负压。

残疾人卫生间的拉门设置了按钮式的自动门，卫生间内安装了坐便器、婴儿尿布床、可折叠扶手等设施。

坐式便器使用清水高压冲洗，分为两次冲洗，首次冲洗耗水不超过0.4 L/次，二次冲洗耗水不超过0.2 L/次。在便器的排污口设置有密封用蝶阀，通常为“关闭”状态。为减少污物的附着，便器内表面采用特殊涂层。

● 蹲式卫生间。

蹲式卫生间门为内侧能够锁上的结构（外侧为暗锁，能从外面打开实施救援）。蹲式卫生间内安装了真空保持式蹲便器，便盆为不锈钢制品，外表面抛光处理。

作为除臭对策，便器为真空保持式，设置了瓣阀防止污物箱内的臭气回流，卫生间内设置了废排隔栅。

蹲式便器便斗采用不锈钢材质，使用清水高压冲洗，分为两次冲洗，首次冲洗耗水不超过0.4 L/次，二次冲洗耗水不超过0.2 L/次。在便器排污口设置有密封用蝶阀，通常为“关闭”状态。为减少污物的附着，便器内表面也采用了特殊涂层。

● 排污系统。

卫生系统采用独立控制式真空集便系统收集来自便器的污物，车上盥洗废水通过排水管路经车底水封装置排至车外。

真空集便系统主要由污物箱（含中转箱及真空发生器）、便器、水增压器、气动控制单元、电气控制单元、管路等组成。各便器独立工作，便器与中转箱之间一一对应各自独立。

按动便器冲洗按钮，真空发生装置开始工作，中转箱内真空度达到设定值后，水增压单元提供压力水冲洗便器，便器蝶阀打开，污物在负压作用下进入中转箱，蝶阀关闭，水增压单元提供压力水对便器进行二次冲洗，水增压单元补水，1 次冲洗循环结束。当便器连续使用设定次数（6 次）或中转箱内污物达到设定液位时（约 7 L），系统会向中转箱注入压力。

（6）座席。

动车组设 VIP 观光区、一等座车及二等座车，以满足运送中短途旅客的需要，其中

1 号车（T1）和 8 号车（T8）为带观光区的二等座车，3 号车为带 VIP 包间的一等座车，4 号车为带残疾人使用设施的一等座车，其余为二等座车。

车内设施及配置主要包括车内设备件、车内供水供热及配电盘设备。设备件主要包括客室座椅、行李架、内部门等设施；车内供水供热主要包括了开水炉、车内卫生间、盥洗室和小卖部等设施；配电盘设备布置有车辆控制用的开关、继电器、接触器等电气元件及控制装置。

① 观光座席。

1 号车及 8 号车端部靠近司机室部位各设置一个观光区。观光区主要设置了观光区边柜、VIP 座椅、观光区沙发，每个区内设 6 个座椅，乘客可通过透明的玻璃幕墙看到驾驶室的操作。如果按下座椅上的玻璃色控制按钮，透明玻璃幕墙会立即变成磨砂玻璃。观光区的座椅亦有声音按钮，可通过这个按钮控制车内广播音量。图 4－65 所示为 CRH380A 型动车组观光座席。

(a)

(b)

图 4－65　CRH380A 型动车组观光座席

② 一等座席。

3 号、4 号车是一等座车，座席按 2＋2 形式设置。其中 3 号车厢定员 44 人，包括 1 个包厢，每个厢内设 6 个座位和 1 张大办公桌，装设有自动门，形成一个封闭的会议室，可用于进行商务洽谈。图 4－66 所示为 CRH380A 型动车组一等座包厢，图 4－67 所示为 CRH380A 型动车组一等座车厢。

(a)

(b)

图 4－66　CRH380A 型动车组一等座包厢

(a)

(b)

图 4－67　CRH380A 型动车组一等座车厢

③ 二等座席。

2 号、6 号、7 号是二等车，座席按 2＋3 形式设置。图 4－68 所示为 CRH380A 型动车组二等座车厢。

图 4－68　CRH380A 型动车组二等座车厢

（7）餐饮服务设施设备。

5 号车设有餐厅。餐厅配备 4 张固定桌子、两个二人座椅、两个四人座椅、两个单人座椅，供旅客入座就餐。与餐厅相邻的走廊设走廊扶手、吧台、吧桌、靠吧等设施，供乘客休息使用。图 4－69 所示为 CRH380A 型动车组餐厅设施。

(a)

(b)

图 4－69　CRH380A 型动车组餐厅设施

① 配餐室、厨房设备。

动车组的 5 号车二位端设有配餐室。配餐室内设有提供冷、热链配餐的厨房设备。

厨房设备主要包括洗池模块、操作台模块、加热区橱柜及微波炉模块、冷藏模块及保温模块。图 4－70 所示为 CRH380A 型动车组配餐室。

(a)　　　　(b)

图 4－70　CRH380A 型动车组配餐室

② 供热水设备。

开水炉控制电路主要由 8 位单片微处理器及外围数字电路、脉冲驱动电路、水位传感器、逆变器、温度传感器、稳压电源、指示灯、继电器及控制进水的电磁阀等部分组成。在微处理器的程序作用下，能根据水箱水位的变化，控制电磁阀的开/关，逆变器的启/停，进行断水保护、缺水自动进水、水位显示等功能，并且当逆变器发生过流、过热等异常情况时自动保护停机，等恢复正常且延时一段时间后再启动逆变器。另外，微处理器能根据逆变器输出的电流、电压相位信号调整工作频率，使逆变器工作在最佳谐振状态。电开水炉具有自动保温、水位控制、二次保护（防干烧）、漏电保护等控制功能。

冬季寒冷季节，在列车长期停放或停运期间，须对电开水炉内存水排空，操作方法如下：打开电开水炉中部检查门，打开 3 个排水阀，进行排水，水排尽以后，将阀门恢复关闭状态。

（8）安全及应急救援设备。

① 报警按钮。

报警按钮位于每节车厢两端的顶上，其中左边是烟火报警钮，右边是遇到其他紧急情况时的报警按钮。如果乘客发现危险，认为需要停车时，可以按这两个按钮。此时司机会得到信息，并判断目前运行区段是否适合停车。如果司机在几秒内没有做出反应，列车将会自动停车。图 4－71 所示为 CRH380A 型动车组报警按钮。

② 防火隔断门。

在发生意外火灾时，车厢防火系统自动启动，列车员会迅速拉下防火墙，保证在 15 min 内火势不会蔓延到相邻车厢，以方便疏散乘客，同时保证列车在发生火灾的 10 min内仍可以每小时 80 km 的速度驶离难以救援的桥、隧区段，最大限度地保障旅客的生命财产安全。2 号、3 号、5 号、6 号、7 号、8 号车各设置 1 个隔断门，4 号车设置 2 个。图 4－72 所示为 CRH380A 型动车组防火隔断门。

③ 紧急破窗锤、紧急敲击点。

全列设置 32 把紧急破窗锤，每车配备 4 把。紧急敲击点 32 处，每车 4 处。图 4－73所示为 CRH380A 型动车组紧急装置。

图 4－71　CRH380A 型动车组报警按钮

图 4－72　CRH380A 型动车组防火隔断门

图 4－73　CRH380A 型动车组紧急装置

④ 紧急用梯。

全列共 2 个紧急用梯，各放置在头车和尾车。

⑤ 安全渡板。

全列共 4 个安全渡板，放置在 3、7 号车。

⑥ 安全防护网。

全列共 8 个安全防护网，放置在 5 号车。

(9) 辅助设备。

车厢每一个座椅底部都设一个插座（220 V），方便旅客乘车时使用。盥洗室内设置电动剃须刀用插座。乘务员室内设置业务用插座，5 号车（M4 车）一位端的餐饮区设置 4 个设备用插座。

通过台及走廊车顶设 LED 筒灯（应急灯在 2、4 位侧）及扬声器。洗手间使用 3 W 的筒灯和 4 W 的 LED 筒灯（残疾人用）。侧出入口部作为行动不便者使用的无障碍区域，装有开关门预告声音装置。

(10) 服务室设备。

① 乘务员室。

乘务员室设置了办公桌、转椅和电器柜。办公桌设置了抽屉，方便文件等物品的放置。办公桌和电器柜均采用康贝特板外贴防火板制作。此外，乘务员室还安装了扬声器架和备用灯架，在配电柜门上还设置了衣帽钩。

② 机械师室。

在 5 号车设置了机械师室，在室内设置了办公桌、转椅和电器柜。

八、CR 系列动车组概述（此处配备微课视频）

（一）CR 系列动车组的研制背景

为了能够适应中国的高速铁路运营环境和条件，满足复杂多样、长距离、长时间、连续高速运行等需求，打造适合中国国情、路情的高速动车组的设计、制造平台，实现高速动车组技术全面的自主化，在中国铁路总公司的召集下，国内有关企业、高校、科研单位等优势力量开展了中国标准动车组的研制工作。研制 CR 系列动车组是统一标准，降低成本的需要。针对不同型号的动车组，建立统一的技术标准体系，实现动车组在服务功能、运用维护上的统一，以提高效率，降低成本。

（二）CR 系列动车组的研制过程

（1）2013 年 6 月，中国标准动车组项目正式启动，中国铁路总公司要求：中国标准动车组要综合国内各型动车组的优点，建立统一的技术标准体系，实现动车组在服务功能、运用维护上的统一。

（2）2013 年 12 月，中国标准动车组总体技术条件、标准制定完成。

（3）2014 年 9 月，中国标准动车组方案设计完成。

（4）2015 年 6 月 30 日，中国标准动车组正式下线。2015 年 9 月至 2016 年 5 月，中国标准动车组在大同至西安高铁原平至太原高速综合试验段，开展了相关型式试验和运用考核。

（5）2017 年 6 月 26 日，中国标准动车组在京沪高铁首发。

（三）CR 系列动车组的特点

中国标准动车组指中国标准体系占主导地位的动车组（在 254 项重要标准中，各种中国标准占 84%），其功能标准和配套轨道的施工标准都高于欧洲标准和日本标准，具有鲜明而全面的中国特征。

2017 年 1 月 3 日，国家铁路局正式向四方和长客颁发了中国标准动车组“型号合格证”和“制造许可证”。中国标准动车组也正式获得型号命名。中国标准动车组采用 CR400/300/200 命名，分别对应最高时速 400、300 和 200 km/h，数字代表最高时速，例如，400 代表最高速度可达 400 km/h 及以上，持续运行速度为 350 km/h。

如图 4 - 74 所示，四方生产的“蓝海豚”命名为 CR400AF，长客生产的“金凤凰”被命名为 CR400BF。

图 4 - 74 中国标准动车组 CR400AF、CR400BF

CR 是 China Railway 的缩写，即中国铁路；“A”和“B”为企业标识代码，代表生产厂家；F 为技术类型代码，表示动力分散式动车组，区别于“J”所代表的动力集中式电力动车组和“N”所代表的动力集中式内燃动车组。如图 4－75 所示，“蓝海豚”CR400AF 头部玻璃平，侧面有一条凸尖线，最前部尖出如“►”，如图 4－76 所示，“金凤凰”CR400BF 头部玻璃凸，侧面比较平缓，最前部如“◣”。

图 4－75　“蓝海豚”CR400AF

图 4－76　“金凤凰”CR400BF

中国标准动车组有一个响亮的名号——复兴号动车组。中国标准动车组的特点如下。

（1）首次实现了动车组牵引、制动、网络控制系统的全面自主化，标志着我国已全面掌握高速铁路核心技术，高速动车组技术实现全面自主化。

（2）中国标准动车组采用的标准涵盖了动车组基础通用、车体、走行装置、司机室布置及设备、牵引电气、制动及供风、列车网络标准、运用维修等 10 多个方面。大量采用中国国家标准、行业标准、中国铁路总公司企业标准等技术标准，同时采用了一批国际标准和国外先进标准，使中国标准动车组具有良好的兼容性能。中国标准动车组在运用安全、节能环保、降低全寿命周期成本、特别是进一步提高安全冗余等方面加大了科技创新力度。

（3）为了确保运行安全，中国标准动车组进一步增加了主动安全与被动安全措施：一是列车设计严格遵循安全标准，包括防火、防碰撞、动力学等方面，提高列车可靠性，具备失稳检测、烟火报警、轴温监控、受电弓视频监视等安全防护功能，安全防护设计更为完善。二是按照“故障导向安全”的原则，优化了智能化感知系统，能全面监测列车运行状况，实时感知列车状态，列车出现异常时，可自动报警或预警，并能根据安全需求自动采取限速或停车措施。

（4）为改善旅客乘车体验，中国标准动车组的设计充分贯彻了人性化设计理念，进一步优化了旅客界面与司乘界面，在乘车空间、空调系统、行李架设置、车厢照明、无障碍设施等方面进行了完善。

① 中国标准动车组车厢内二等座椅间距统一加大到 1 020 mm、一等座椅间距统一加大到 1 160 mm，座椅色彩搭配更有特色，时尚活泼，每个座椅都配有 220 V 电源插座。中国标准动车组商务座如图 4－77 所示，中国标准动车组二等座如图 4－78 所示，中国标准动车组车厢连接处如图 4－79 所示。

图 4－77　中国标准动车组商务座

图 4－78　中国标准动车组二等座

图 4 - 79　中国标准动车组车厢连接处

② 中国标准动车组设置了十几种车内照明模式，每个旅客都能使用阅读灯，亮度和色温都可以手动或自动调节。

③ 中国标准动车组全列车实现了 Wi-Fi 网络覆盖，旅客可随时上网，旅途不再寂寞。

(5) 为适应节能环保要求，中国标准动车组整车采用全新低阻力流线型头型设计和车体平顺化设计，降低气动阻力，减少持续运行能量消耗，并统一零部件技术标准，实现各型号动车组相同零部件的互换使用，有效降低运用、检修等方面的成本。

任务二　高速铁路动车组列车服务

【技能目标】

了解动车组列车乘务组及人员要求；
模拟动车组列车长乘务作业；
模拟动车组列车员乘务作业；
掌握动车组列车乘务工作的具体内容；
掌握动车组餐饮供应工作的具体内容；
掌握动车组保洁工作的内容与标准。

【知识点】

动车组列车乘务组及人员要求；

动车组列车长乘务作业程序；

动车组列车员乘务作业程序；

动车组列车乘务工作的具体内容；

动车组餐饮供应工作的具体内容；

动车组保洁工作标准。

【任务的提出】

高速铁路动车组乘务工作的内容复杂多样。由于高速铁路动车组的运行速度快，每个环节的作业质量都有很高的要求，因此要认真研究动车组列车的乘务作业流程及要求，以便高质量地完成每一个环节。

【相关知识】

一、动车组列车乘务组及人员要求

1. 乘务组

动车组列车乘务组由列车长、列车员、乘警和随车机械师组成。动车组列车上的保洁、餐饮由社会专业公司承担时，其员工视同为列车乘务组成员。列车乘务组人员应当各司其职，在为旅客服务上，接受列车长的统一领导。动车组列车上实行列车长领导下的各工种分工负责制。

2. 人员配置

动车组乘务组根据交路实际需要采用轮乘制或包乘制。动车组乘务组由 1 名列车长、2 名列车员、2 名配餐员组成，根据需要有些动车组还在车上配备有售货员和保洁人员，动车组重联时，按两个乘务组配备，但只设一名列车长，例如编组 16 辆的动车组按 1 名列车长和 4 名列车员配备。对运行时间较长的动车组可适当增加客运乘务人员。动车组司机实行单司机值乘制，客车检车员（随车机械师）按每组 1 人配备，不设运转车长。乘务人员预备率：7%。

3. 乘务组职责

动车组乘务组承担服务旅客，处理票务，检查列车保洁、餐饮工作质量等工作。发生危害旅客安全的问题时，客运乘务组应当立即采取有效措施，保护旅客安全。

4. 列车广播

运行时间在3 h以内的列车，一般只播迎送词、服务设备介绍、安全提示、站名和背景音乐。运行时间超过3 h的列车，可在不干扰旅客休息的前提下，适当增加播放内容。列车旅客信息服务及影音播放系统播放的内容应由客运部门提供，由车辆部门录入。

动车组列车采用中英文广播，动车组列车在始发前5 min播放安全提示，始发后5 min内播放欢迎词、安全提示及背景音乐，终到站前5 min播放终到告别词。广播内容由客运段提供，铁路局宣传部、客运处审定，车辆部门录入，始发前由随车机械师按规定操作自动广播装置。自动广播发生故障时，由客运乘务人员进行人工广播。

二、动车组列车长乘务作业

1. 岗位资格要求

（1）教育背景：大专及以上文化程度。

（2）知识技能：具有满足动车组列车长工作性质要求的相关业务知识和技能。

（3）工作经验：从事列车乘务工作2年以上（从事动车组列车乘务工作1年以上）。

（4）职业道德：敬业爱岗、遵章守纪、服从指挥、团结协作。

2. 上岗资格

取得列车长岗位培训合格证书和中级及以上职业资格证书，具备妥善处理突发情况的能力。

3. 职责和权限

（1）贯彻执行有关安全生产及旅客运输的规章、制度、命令、指示，落实上级布置的各项工作。

（2）负责对列车上的乘务员、乘警、餐服长、餐服员、保洁员、机械师等岗位进行协调和管理。

（3）组织召开客运乘务组出、退乘会。

（4）负责对列车安全服务设备设施进行检查、记录及报修。

（5）负责检查和验收列车保洁、整备质量，监督和检查列车餐饮工作质量。

（6）负责办理列车上的各项客运业务。

（7）负责班组管理和建设，督促乘务组人员按照标准作业，落实各项考核制度。

（8）负责受理旅客投诉，帮助旅客解决旅行过程中遇到的困难，收集旅客对列车服务工作的意见及建议。

(9) 负责列车非正常情况和突发事件的应急处理。

(10) 及时、准确地填写与本岗位相关的各类表格。

(11) 对列车客运工作人员的违章、违纪行为有权纠正，对其他工作人员的违章、违纪行为有权制止和劝阻。

4. 工作内容与要求

动车组列车长作业标准如表4－17所示。

表4－17 动车组列车长作业标准

程序	项目	作业内容	质量要求
一、始发站准备作业	出乘准备	(1) 按时到指定地点报到，接受命令指示，确认准备担当列车的乘务情况，填写《乘务日志》，领取有关设备及票据。 (2) 准时到指定地点进行点名，召开出乘会，检查乘务员仪容仪表，传达命令、指示，布置乘务任务。 (3) 携带客运业务资料、GSM－R手持终端（或PDA）、移动补票机、无线对讲机等设备，列车进站前20分钟组织乘务组在站台接车	(1) 出乘准时，命令、指示记录准确，设备携带齐全。 (2) 按规定着装，做到仪容仪表规范，列队整齐；布置工作重点突出，要求具体。 (3) 资料携带齐全，确保设备状态良好，接车准时
二、始发站作业	始发站整备	(1) 列车进站停稳后，调试GSM－R手持终端和无线对讲机，与动车组司机核对时间及车次。 (2) 组织列车员检查列车设施设备及上水情况、验收车厢卫生。 (3) 办理交接、做好记录	时间核对准确，列车检查细致，记录翔实，交接清楚
	始发站放客时作业	(1) 在站台指定位置立岗，做好重点旅客引导。 (2) 与车站客运值班员办理业务交接，掌握乘车人数。 (3) 确认旅客乘降完毕后，通知司机（或随车机械师）关闭车门。	(1) 立岗及时，引导有序，安排妥善。 (2) 交接清楚，通知及时。 (3) 认真、及时确认旅客乘降完毕

续表

程序	项目	作业内容	质量要求
三、途中作业	开车后作业	（1）开车后播放欢迎词及乘车须知。 （2）巡视车厢，检查行李摆放情况。 （3）根据剩余席位信息，核对空余席位，组织查验车票。 （4）组织列车员检查途中保洁作业质量。 （5）检查列车餐饮工作情况，制止违规经营行为。 （6）掌握重点旅客动态，落实“首问首诉”负责制。 （7）发现设备故障，通知随车机械师及时处理。若不能及时修复，随车机械师与列车长共同确认，如实记录，双方签字。 （8）遇有列车晚点超过15分钟，及时向司机了解原因，通过广播向旅客致歉并说明情况	（1）按时播报，音量适中；行李物品摆放平稳，通道保持畅通；减少对旅客的干扰。 （2）仔细检查保洁和餐饮工作情况，确保质量达标。 （3）妥善照顾重点旅客。 （4）及时督促随车机械师修复设备故障，确保设备作用良好。 （5）耐心解答旅客问询，广播致歉及时
	中途停站作业	（1）到站前5分钟广播通报站名、到开时刻，开车后5分钟内广播预告前方停车站、到开时刻。 （2）在站台指定位置立岗，做好重点旅客引导。 （3）与车站客运值班员办理业务交接，确认旅客乘降完毕后通知司机（或随车机械师）关闭车门。	（1）按时广播，内容准确，音量适中。 （2）到站立岗及时、引导有序，安排妥善。 （3）及时确认旅客乘降完毕，通知司机（或随车机械师）关门
四、终到及折返站作业	组织旅客下车	（1）列车终到前5分钟，播放欢送词。 （2）列车到站后，在站台指定位置立岗，与旅客道别，协助重点旅客下车。 （3）旅客下车完毕，巡视检查全列车厢	（1）按时广播，音量适中。 （2）立岗标准，举止规范。 （3）及时巡视车厢，检查仔细
	交接作业	（1）与车站客运值班员办理业务交接。 （2）遇交接班时，交接班列车长在站台指定位置交接。 （3）交接完毕后，交班乘务组列队在站台指定位置面向列车立岗，目送列车出站	交接迅速，内容清楚、手续完备
五、退乘作业	退乘作业	（1）召开退乘会，总结工作完成情况，填写《乘务日志》。 （2）带领客运乘务人员列队退乘。 （3）到规定地点交款。 （4）到客运段值班室报到，汇报工作完成情况，递交《乘务日志》等报表，上交有关设备，接受命令指示	工作总结重点突出；《乘务日志》记录翔实；队列整齐；交款及时，有专人护送，账款相符；设备交接清楚，手续完备

动车组列车长要严格遵守列车安全和设备设施使用的有关规定，爱护列车设备设施，不得擅自动用列车电气化设备。

三、动车组列车员作业标准

1. 岗位资格要求

（1）教育背景：高中及以上文化程度。

（2）知识技能：具有满足动车组列车员工作性质要求的相关业务知识和技能。

（3）工作经验：从事列车乘务工作 1 年以上。

（4）职业道德：敬业爱岗、遵章守纪、服从指挥、团结协作。

2. 上岗资格

取得列车员岗位培训合格证书和中级及以上职业资格证书。

3. 职责和权限

（1）贯彻执行有关安全生产及旅客运输的规章、制度、命令、指示。

（2）负责列车车厢内的旅客安全、服务工作。

（3）负责检查车厢内安全设备的状态和列车服务备品配置情况。

（4）负责监督和检查列车保洁、整备情况。

（5）配合列车长处置车内非正常情况。

（6）及时、准确地填写与本岗位相关的各类表格。

（7）对列车其他工作人员的违章、违纪行为有权制止和劝阻。

4. 工作内容与要求

动车组列车员作业标准如表 4 – 18 所示。

表 4 – 18 动车组列车员作业标准 （此处配备微课视频）

程序	项目	作业内容	质量要求
一、始发站准备作业	出乘准备	（1）准时到指定地点列队，接受点名，参加出乘会，整理仪容仪表，接受列车长命令，确认准备担当列车的乘务情况，检查设备性能。 （2）列车进站前 20 分钟统一在站台列队准备接车	（1）出乘准时，按规定着装，做到仪容仪表规范，列队整齐。 （2）资料携带齐全，确保设备状态良好，接车准时
二、始发站作业	始发站整备	对列车保洁、整备质量进行检查验收并向列车长汇报检查情况	检查认真，记录翔实，交接清楚
	始发站放客时作业	（1）锁闭卧车与座车间的通过门。 （2）在指定车厢边门处（站台）立岗，引导重点旅客就座，指引旅客放置行李。 （3）确认旅客乘降完毕后，向列车长汇报	（1）立岗及时，引导有序，安排妥善。 （2）认真确认旅客乘降完毕并及时汇报

续表

程序	项目	作业内容	质量要求
三、途中作业	开车后作业	（1）巡视车厢，检查行李摆放情况。 （2）根据剩余席位信息，协助列车长核对空余席位，查验车票并办理相关业务。做好卧铺旅客的乘车登记工作，掌握旅客去向。 （3）检查途中保洁作业质量，如实填写验收记录。 （4）掌握重点旅客动态，落实“首问首诉”负责制。 （5）发现设备故障，及时向列车长汇报。 （6）遇有列车晚点，做好旅客安抚和解释工作	（1）行李物品摆放平稳，通道保持畅通；仔细核对旅客席位，态度和蔼；登记旅客信息及时，记录准确；减少对旅客的干扰。 （2）仔细进行保洁作业的检查与验收工作，确保质量达标；妥善照顾重点旅客。 （3）设备故障汇报及时，确保设备作用良好。 （4）耐心解答旅客问询，解释安抚及时
	中途停站作业	（1）到站前提前通报，提醒旅客做好下车准备。 （2）在指定车厢边门处（站台）立岗，引导重点旅客就座，指引旅客放置行李。 （3）确认旅客乘降完毕后，向列车长汇报。 （4）更换中途下车旅客的卧具（卧车）。 （5）做好中途上车卧铺旅客的乘车登记工作，掌握旅客去向	（1）到站立岗及时、引导有序，安排妥善。 （2）认真确认旅客乘降情况，及时汇报。 （3）卧车的卧具一客一换，及时、准备地登记卧铺旅客的乘车信息
四、终到及折返站作业	组织旅客下车	（1）到站前，提前通报，提醒旅客做好下车准备。 （2）到站后，在指定车厢边门处（站台）立岗，与旅客道别，协助重点旅客下车。 （3）旅客下车完毕后，巡视、检查车厢，发现旅客遗失物品，及时报告	（1）立岗标准，举止规范。 （2）动作迅速，检查仔细，旅客遗失物品及时上交列车长
	交接作业	（1）交接班时，清点备品（卧具），办理交接。 （2）交接完毕后，交班乘务组列队在站台指定位置面向列车立岗，目送列车出站	清点准确，交接清楚，手续完备
五、退乘作业	退乘作业	（1）参加退乘会，听取列车长当趟乘务工作总结。 （2）在列车长的带领下列队退乘	认真听取列车长的工作总结，队列整齐

动车组列车员要严格遵守列车安全和设备设施使用的有关规定，爱护列车设备设施，不得擅自动用列车电气化设备。

四、动车组列车乘务工作具体内容

（一）出乘前准备

1. 列车长的准备

（1）到派班室报到或通过电话联系派班室值班员，接受命令、指示，确认当日担当乘务情况，填写乘务报告，按时出乘。出乘前准确记录命令、指示，无遗漏，乘务任务明确。

（2）检查通信设备、乘务资料等物品的携带情况。乘务资料包括电报、客运记录、票务处理的必要资料。确保资料携带齐全，设备状态良好。

（3）列车开车前 40 min 在站台接车，召开出乘会，检查乘务员仪容仪表、着装，布置乘务任务，做到准时接收列车，仪容达标、备品齐全，命令传达准确，任务布置清楚。

（4）全面巡视车厢，检查车内保洁情况，检查备品和饮用水的配置情况，督促保洁人员完善车内卫生并做好记录，做到按照保洁质量标准验收检查，确保保洁质量达标，饮用水充足。

（5）与司机、随车机械师核对时间，沟通有关事宜，做到设备状况清楚。

2. 列车员的准备

（1）整理仪容仪表，检查对讲机等设备、资料的携带情况，确保仪容着装达标，资料携带齐全，设备状态良好。

（2）列车开车前 40 min 在站台接车，参加出乘会，接受列车长的命令、指示，做到准时接收列车，明确乘务任务。

（3）全面巡视车厢，检查车内保洁和备品配置情况，督促保洁人员完善车内卫生，按照保洁质量标准检查验收，检查结果报告列车长。

（二）乘务工作

1. 开车前

（1）列车长在指定位置立岗，以在随车机械师值乘位置（CRH_5 型动车组随车机械师监控室在 6 号车，CRH_2 型动车组随车机械师监控室在 7 号车，CRH_1 型动车组和 CRH_3 型动车组随车机械师监控室在 5 号车）附近为宜，与车站客运值班员办理交接，掌握售票情况，做到交接清楚，掌握重点。

（2）列车长检查餐饮供应准备情况。做到餐饮服务人员仪容仪表整齐，商品、餐料充足并按规定位置摆放，明码标价，卫生达标。

（3）列车长引导重点旅客；做好开车前 5 min 广播通告，做到引导有序，妥善安排，通告及时；与乘务员联系，确认旅客乘降完毕，通知司机关闭车门（部分动车组由随车机械师关闭），做到准确无误，通知及时。

（4）列车员在与列车长所在位置相对应的列车另一端引导旅客，做到引导有序，妥善安排重点旅客；旅客乘降完毕后向列车长汇报，做到准确、及时汇报。

2. 途中运行

（1）列车长在开车后 10 min 内播放完欢迎词及相关内容（通报站名、服务设施介绍、安全提示等），随后可播放背景音乐，做到按时播报，音量适宜。

（2）列车长巡视车厢，查验车票，检查行李摆放情况，提醒旅客将大件行李及铁器、锐器等不适宜放在行李架上的物品放在指定位置并自行看管，做到行李物品摆放平稳，通道保持畅通。

（3）列车长巡视车厢时要掌握车内动态，处理列车运行过程中的各类问题，做到耐心解答旅客问询，做好解释工作；重点旅客心中有数，主动提供帮助；特殊情况妥善处理，汇报准确及时。

（4）列车长检查途中保洁作业质量，检查结果有记录。

（5）列车长做好开车后和到站前的广播通告工作，遇有列车晚点超过 15 min，通过广播向旅客致歉；组织中途停站旅客乘降，做到通告准确，乘降有序。

（6）途中停站，列车长与车站客运值班员办理交接，做到交接清楚，手续完备。

（7）列车员巡视车厢，掌握车内动态，处理服务过程中的各类问题，做到耐心解答旅客问询，做好解释工作；对重点旅客心中有数，主动提供帮助；特殊情况妥善处理，做到处理违章态度和蔼，执行规章熟练准确，减少对旅客的干扰。

（8）列车员与保洁人员做好车厢内的卫生清洁工作，保证车厢内干净整洁，卫生达标。

（9）列车员协助列车长做好到站前 5 min 广播工作，通报站名、到开时刻，提醒旅客做好在列车运行前方车门下车的准备。开车后 5 min 内广播预告前方停车站及相关内容（通报站名、服务设施介绍、安全提示等）。

（10）终到前后，列车长征求旅客意见、建议，做到态度诚恳，记录详细；到站广播通报站名，致道别词，提醒旅客做好下车准备，请旅客配合尽快下车；列车到站后，向旅客道别，协助重点旅客下车，做到用语统一，微笑致意，主动热情，帮助重点。

（11）列车长待旅客下车完毕，开始巡视车厢，检查有无旅客遗失物品。做到动作迅速，检查仔细，发现问题，按章处理。在规定位置与车站客运值班员办理重点旅客、遗失物品等业务交接，做到交接清楚，手续完备。

（12）终到前后列车员协助列车长提醒旅客做好下车准备，请旅客配合尽快下车。列车到站后，向旅客道别，协助重点旅客下车，做到用语统一，微笑致意。旅客下车完毕，检查有无旅客遗失物品，发现问题报告列车长，做到动作迅速，检查仔细，报告及时。

（三）退乘阶段

（1）列车长召开退乘会，讲评当日工作，填写乘务报告，做到讲评全面，记录翔实。

（2）列车长对随车保洁情况做出鉴定，鉴定结果准确。

（3）列车长带领乘务组退乘，做到着装整齐，列队退乘。需要解款时到规定地点缴款，由乘警护送（无乘警时，列车员协助），账款相符解缴。

（4）列车员参加退乘会，汇报当日乘务工作情况，做到汇报简明扼要，准确无误；必要时协助列车长到指定地点缴款。

五、动车组餐饮供应工作

1. 动车组餐饮工作的有关规定

（1）动车组列车餐饮服务由与铁路局签订餐饮服务合同的专业餐饮公司承担。为列车提供餐饮服务的企业必须通过 ISO9000 或 HACCP 质量认证。列车上销售的食品、饮品应当为全国名优产品并应当有“QS”标志。

(2) 铁路局应当监督餐饮企业严格遵守国家卫生法律法规的规定，建立健全加工食品的场地、加工程序、设备、保管、运输、列车供餐服务质量、商品价格等各环节的管理和考核制度。

(3) 列车上销售的食品和商品，必须由餐饮公司统一采购。餐饮公司销售人员应将上车食品、商品的出库单交列车长以备检查。列车上销售的食品和商品应当明码标价、一货一签，并有“CRH”图形标志。

(4) 加热后未售出的食品严格实行定时报废制度。在列车上，报废的食品在未处理前应醒目标明“报废”字样。

(5) 餐饮企业的乘务服务人员负责列车运行中餐车的清洁卫生。餐车展示柜布置应当美观整齐，存放商品、备品时，不得侵占通道和影响安全。列车到站、开车时，餐饮企业的乘务服务人员应当在餐车门内立岗迎送旅客。

(6) 动车组供应的食品、饮品应当品种丰富，价格合理。餐饮企业应当经常征求旅客对饮食服务的意见，并根据旅客的意见调整商品的品质、品种，改善服务质量。

(7) 站、车要利用各种渠道大力宣传铁路企业品牌。为动车组旅客服务的用品、列车上销售的商品应有“CRH”图形标志。

2. 餐饮供应

(1) 制订科学合理、营养健康、绿色环保的餐饮品种体系，针对不同区域、不同季节、不同时段、不同层次旅客的需求，提供规范、优质的餐饮产品。

(2) 餐饮品种应品类丰富、口味多样、方便快捷，能够根据旅客的要求及时调整。

(3) 餐食成品的各项主辅料搭配要定量化，设置科学合理的上下限标准，并在外包装中标明。

(4) 餐饮营养搭配合理，各种营养素含量符合国家有关标准。

(5) 餐饮应质价相符、物有所值，满足旅客旅行中的餐饮需求。要充分考虑不同类型乘客的消费水平，提供高、中、低不同档次的餐饮供应方案。对于旅客必需的餐食品种，要坚持保本微利原则。对于非必需的餐饮品种，可根据市场情况提供差异化服务。乘务餐不得高于成本价。

(6) 餐食原料绿色化，不提供以野生保护动、植物为原料的食品。餐（饮）具环保化，一次性餐盒必须可降解或可回收。餐食应符合列车环境要求，禁止销售存在安全隐患、影响列车环境卫生的食品。

3. 动车组销售的食品应符合的要求

(1) 烹调加工的配送食品，冷藏温度持续不高于 10 ℃，供餐前应充分加热，加热后，食品中心温度应不低于 60 ℃；无适当存放条件的，烹调加工的配送食品的存放时间不得超过 2 h。

(2) 预包装食品应标明生产厂名、厂址、生产时间、保质期和食用方法，并符合国家卫生标准。

（3）一次性餐（饮）具必须符合国家相关规定的要求；餐（饮）具必须洗净消毒并符合国家规定的消毒卫生标准。

（4）为旅客提供餐饮服务的动车组应配备必要的食品储存、加热、冷藏设备，还要配备必要的餐（饮）具消毒、保洁设备，确保食品安全无害、清洁卫生。餐饮具、食品应定位存放，避免生熟混放、混用。

4. 餐饮包装

（1）餐饮外包装必须标明成分、食用方法、保质期、生产日期、质量安全图示等内容。

（2）包装材料必须选择可重复使用、可回收利用或可降解的材料，确保印制或粘贴的标识标签无毒，且不直接接触食品。

（3）CRH 图形标志的使用要严格按相关的商标使用许可协议施行，CRH 图形标志应印制在产品外包装的显著位置。未经许可，餐饮服务运营商不得标注自有商标标识。

5. 食品配送

（1）配送过程应坚持全程冷链原则。准冷链配送时，必须严格控制时间，确保食品安全。

（2）配送的商品包装完好，交接流程规范。配送的器具、车辆清洁卫生。配送人员服装整洁、卫生。

（3）商品要及时送至站台，确保开车前 5 min 所有商品上车完毕。

6. 销售服务

（1）销售服务的总体要求：销售服务规范，销售方式新颖，销售工具先进，销售价格透明，服务态度温馨，就餐环境宜人。

（2）车上销售人员不少于 3 人，最多不得超过 5 人。

（3）销售人员聘用条件符合《动车组列车旅客运输管理办法》的要求。餐饮配送和销售人员应经过铁路知识和专业技能培训，持证上岗。销售人员要树立健康、热情、文明、自信的专业形象，服装得体大方，语言文明，服务过程中遵循《动车组站车客运人员服务规范》的要求。

（4）能够提供车上餐饮经营发票。

（5）移动售货在列车始发 5 min 后方可开始，终到前 10 min 停止。不得叫卖、兜售，不得干扰旅客，服务过程中主动避让旅客。售货小推车应印有 CRH 图形标志，具有良好的防撞、刹车性能，不得影响旅客通行。

（6）餐车经营要确保环境整洁，秩序良好。餐饮宣传品摆放位置合适，不得随意粘贴。列车终到前，服务人员要及时整理餐车。餐车备品符合国家环保要求，印有 CRH 图形标志。

（7）未经同意，不得在动车组列车上发布任何广告。

（8）运行途中的饮用桶装水由餐饮企业的销售人员负责更换，折返站饮用桶装水由餐饮服务运营商负责配送。

（9）餐食垃圾必须采用专用工具和容器回收，及时分类处理，做到全密封，不渗漏，杜绝交叉污染。列车终到后将回收物放置在指定地点，进行集中处理。

7. 餐饮安全

（1）餐饮服务运营商在采购、加工、储存、配送、销售餐食和商品的过程中，必须确保餐食和商品质量达标；在配送、销售、回收餐食和商品的过程中，应避免造成旅客人身伤害。

（2）餐饮服务运营商在站内作业时，必须遵守车站相关管理规定，服从车站工作人员指挥，确保铁路行车安全。

（3）餐饮服务运营商在站内和列车上进行食品加热、加工作业时，应规范操作，确保不发生火灾事故。

（4）发生上述安全事故时，按照《动车组餐饮服务授权经营合同》的规定，明确责任，及时处理。

8. 对餐饮工作的监督、检查

（1）要对餐饮工作的整体质量进行监督、检查，包括《动车组餐饮服务授权经营合同》和《动车组餐饮服务合作合同》的履行情况，餐饮服务运营商质量管控制度的制定及执行情况，应急预案的制定与执行情况，动车组餐饮相关设备的使用情况、安全管理情况等。

（2）车上监督、检查原则上由列车长负责，地面监督、检查由铁路局指定的部门负责。

（3）监督、检查的形式包括旅客问卷调查、日常检查和年度综合评估等。检查中发现的问题，由铁路局开具整改通知书。

（4）铁路局根据日常检查和年度评估结果，按照《动车组餐饮服务授权经营合同》和《动车组餐饮服务合作合同》的规定对餐饮服务运营商进行奖励或处罚。

六、动车组保洁工作

列车保洁工作由与铁路局签订保洁合同的专业保洁公司承担。为动车组列车提供保洁服务的企业应当通过 ISO 9000 质量认证。

保洁人员作业时应当爱护车辆设备，使用的清洁剂类用品应当是经过认证机构认证的产品。铁路运输有关部门应当对保洁工作中涉及的环境卫生质量和爱护车辆设备等方面进行检查指导。

列车要通过广播、图形标志、电子显示屏、文字提示等形式向旅客广泛宣传环境保护和禁止吸烟规定，提示旅客不得随意丢弃杂物。

（一）列车保洁要求

1. 车体外墙、风挡外侧

车体外墙、风挡外侧可由安装在动车运用所内线路上的外皮清洗机进行清洗。如需人工清洗，清洗工具不得采用硬质毛刷，更不得采用金属工具。

2. 转向架

转向架不得直接用水冲洗，不得使用金属工具清洁，可用毛刷、棉布蘸水（洗涤剂）清洁。

3. 卫生间

卫生间地板、便器可用毛刷蘸水（洗涤剂）清洗，不得使用金属工具刷扫。

4. 厨房设备

厨房设备只能采用棉布蘸水（洗涤剂）清洁，不得使用金属工具刷扫。

5. 车内其他设施

（1）在对车内墙壁、顶棚、灯罩、行李架、车门及各种玻璃、风挡内侧进行清洁时，只能采用棉布蘸水（洗涤剂）清洁。

（2）地板不能直接用水冲洗，只能用棉布拖把进行清洁。

（3）座椅绒布部分只能用洗尘机清洁；扶手可用棉布蘸水（洗涤剂）清洁。

（二）动车组保洁作业规定

动车组保洁作业应纳入动车运用所检修作业计划统一管理，服从动车运用所调度员指挥并在规定的时段内完成。保洁人员作业前应接受动车运用所调度员下达的作业计划，作业完毕及时报告并办理相关签认手续。

人工清洗车体外部时必须确认车顶接触网断电。应严格执行接触网断电作业制度，作业时由保洁人员提出断电申请，由动车运用所接触网供断电工负责断电操作。

人工清洗车体外部时不得使用高压冲洗设备，并避免直接用水冲洗电气部件、转向架及车体裙板散热隔栅。冲洗动车组外墙时，应确认动车组侧门关闭，避免车门滑道进水。

采用自动清洗机作业时，应严格执行设备操作规程和安全规定。

在轨道桥及高架地沟线作业时，须经二层作业平台或移动作业平台上、下动车组。使用梯子登高清洁动车组外墙时，梯子端部必须包扎软质材料，避免碰伤动车组外墙。

严禁操作动车组配电柜、司机室驾驶设备等与保洁作业无关的设备。

使用吸尘器等电器工具，应保证设备自身良好。使用客室外置电源插座，禁止擅自接电。保洁电器的技术规格须由动车运用所审核、备案，电器功率应控制在插座许用功率以内。

清洗剂应使用中性偏碱性的清洗剂，不得含磷、硅、亚硝酸盐物质，具有良好的乳化、润湿和去污性能，对油漆无损伤。严禁使用强酸、强碱和不明化学性质的清洗剂。

保洁人员擦拭时应使用棉布等柔软材料，禁止使用钢丝球、刀片等锋利尖锐的工具刮污垢。厕所便器、洗面盆等处的污垢，可蘸少许清洁剂擦拭；客室内墙板、顶板、玻璃、门窗、小桌等，应使用半干半湿的软毛巾擦拭，污垢处可蘸少许清洁剂擦拭，清洁后及时消除残迹；洗面盆、冲便器、门等处的感应器外表面必须使用干燥的软布擦拭。

清洁车内地面时，原则上应采用吸尘器、墩布等清洁工具，地面垃圾较多时，方可使用扫帚清扫。使用墩布前应将水拧干，严禁用水直接冲刷地板、通过台、厕所墙板、密接风挡。

座椅套和地毯等纺织品上污垢的清洁，须在专业厂家的指导下，执行专门的清洁工艺，使用专用的清洗剂进行。

禁止敲击动车组车门、内外墙板等各类设备、设施。登高作业不得踩踏座椅、小桌板、洗手盆等设备。

禁止向洗手盆及便器内投放杂物、排放污水。车上清扫出的垃圾，必须装袋，在作业完毕后由保洁部门统一运出处理，不得随意抛洒，不得遗留在动车运用所内。

保洁作业结束后必须将打开的各处盖板、小门复位，检查、确认保洁工具和设备已撤出车辆限界之外，确保动车组移动安全。

因保洁作业造成的外墙划伤、设备损坏等应由保洁部门承担相应的修复费用，动车运用所负责组织修复。

项目五

高速铁路车站客运组织

任务一　铁路旅客车站的总体要求

【技能目标】

掌握铁路旅客车站的基本要求与基本概念；
掌握铁路旅客车站的总体布置与车站广场的要求；
掌握铁路旅客车站站房与站台的标准。

【知识点】

铁路旅客车站的基本要求与基本概念；
铁路旅客车站的总体布置与站前广场的要求；
铁路旅客车站站房与站台的标准。

【任务的提出】

铁路旅客车站是铁路重要的客运基础设施，掌握铁路旅客车站的相关要求，才能更好地进行高速铁路车站的客运组织工作。

【相关知识】

一、基本要求

铁路旅客车站布局应符合城镇发展和铁路运输要求，并根据当地经济、交通发展条件，合理确定建筑形式。铁路旅客车站建筑设计应积极采用安全、节能和符合环境保护要求的先进技术。客货共线铁路旅客车站建筑规模应根据最高聚集人数按表 5－1 确定。客运专线铁路旅客车站建筑规模应根据高峰小时发送量按表 5－2 确定。

表 5－1　客货共线铁路旅客车站建筑规模

建筑规模	最高聚集人数 H/人	建筑规模	最高聚集人数 H/人
特大型	$H \geq 10\ 000$	中型	$600 < H < 3\ 000$
大型	$3\ 000 \leq H < 10\ 000$	小型	$H \leq 600$

表 5－2　客运专线铁路旅客车站建筑规模

建筑规模	高峰小时发送量 pH/人	建筑规模	高峰小时发送量 pH/人
特大型	pH≥10 000	中型	1 000≤pH＜5 000
大型	5 000≤pH＜10 000	小型	pH＜1 000

铁路旅客车站无障碍设计应符合国家现行标准《铁路旅客车站无障碍设计规范》TB 10083 和《无障碍设计规范》GB 50763 的有关规定。铁路旅客车站建筑节能设计应符合现行国家标准《公共建筑节能设计标准》GB 50189 的有关规定。

二、基本概念

（1）铁路旅客车站：为旅客办理客运业务，设有旅客乘降设施，并由车站广场、站房、站场客运建筑三部分组成的整体建筑群。

（2）客货共线铁路旅客车站：设在客货共线运行的铁路沿线，主要办理客运业务的车站。

（3）客运专线铁路旅客车站：设在客运专线铁路沿线，专门办理客运业务的车站。

（4）旅客最高聚集人数：铁路旅客车站全年上车旅客最多月份中，一昼夜在候车室内瞬时（8～10 min）出现的最大候车（含送客）人数的平均值。

（5）高峰小时发送量：铁路旅客车站全年上车旅客量多月份中，日均高峰小时旅客发送量。

（6）站房平台：由站房外墙向城市方向延伸一定宽度，连接站房各个部位及进出口的平台。

（7）铁路旅客车站专用场地：自站房平台外缘至相邻城市道路内缘和相邻建筑基地边缘范围内的区域，包括旅客活动地带、人行通道、车行道和停车场。

（8）集散厅：用于铁路旅客车站站房内疏导旅客，并设有安检、问询等服务设施的大厅。

（9）线下式站房：铁路旅客车站站场线路的高程高于车站广场地面高程，站房首层地面低于站台面，且高差较大的站房。

（10）高架候车室：位于车站站台与线路上方，且与站房相连，主要为候车旅客使用的建筑物。

（11）设计包裹库存件数：设计年度内最高月的日平均包裹库存件数。

（12）站场客运建筑：在站场范围内，为客运服务的站台、雨篷、地道、天桥等建筑物，以及检票口、站台售货亭、站名牌等设施的统称。

（13）旅客信息系统：向旅客通告事项、提供各类视听信息、组织客运作业、疏导客流、保证站车及旅客安全、有效地进行客运管理与服务的设施。

（14）揭示牌：向旅客通告事项，提供运营、管理、安全、服务等视觉信息的告示牌。

三、铁路旅客车站选址和总平面布置

1. 选 址

铁路旅客车站的选址应符合下列规定：

（1）铁路旅客车站应设于方便旅客集散、换乘并符合城镇发展的区域；

（2）有利于铁路和城镇多种交通形式的发展；

（3）少占或不占耕地，减少拆迁及填挖方工程量；

（4）符合国家安全、环境保护、节约能源等有关规定；

（5）铁路旅客车站不应设置在地形低洼、易发生灾害的地段。

2. 总平面布置

（1）铁路旅客车站的总平面布置应包括车站广场、站房和站场客运设施，并应统一规划，整体设计。

（2）铁路旅客车站的总平面布置应符合下列规定：

① 符合城镇发展规划要求，结合城市轨道交通、公共交通枢纽、机场、码头等道路的发展，合理布局；

② 建筑功能多元化、用地集约化，并留有发展余地；

③ 使用功能分区明确，各种流线简捷、顺畅；

④ 车站广场交通组织方案遵循公共交通优先的原则，交通站点布局合理；

⑤ 特大型、大型站的站房应设置经广场与城市交通直接相连的环形车道；

⑥ 当站区有地下铁道（城市轨道交通）车站或地下商业设施时，宜设置与旅客车站相连接的通道。

（3）铁路旅客车站的流线设计应符合下列规定：

① 旅客、车辆、行李、包裹和邮件的流线应短捷，避免交叉；

② 进、出站旅客流线应在平面或空间上分开；

③ 减少旅客进出站和换乘的步行距离。

（4）特大型站站房宜采用多方向进、出站的布局。

（5）特大型、大型站应设置垃圾收集设施和转运站。站内废水、废气的处理，应符合国家有关标准的规定。

（6）铁路旅客车站的各种室外地下管线应进行总体综合布置，并应符合现行国家标准《城市工程管线综合规划规范》GB 50289 的有关规定。

四、车站广场

（1）车站广场宜由站房平台、旅客车站专用场地、公交站点及绿化与景观用地四部分组成。

（2）车站广场设计应符合下列规定：

① 车站广场应与站房、站场布置密切结合，并符合城镇规划要求；

② 车站广场内的旅客、车辆、行李和包裹流线应短捷，避免交叉；

③ 人行通道、车行通道应与城市道路相衔接；

④ 除绿化用地外，车站广场应采用刚性地面，并符合排水要求；

⑤ 特大型和大型旅客车站宜采用立体车站广场；

⑥ 受季节性或节假日客流影响大的车站，其车站广场应有设置临时候车设施的条件。

（3）客货共线铁路旅客车站专用场地最小面积应按最高聚集人数确定，客运专线铁路旅客车站专用场地最小面积应按高峰小时发送量确定，其最小面积指标均不宜小于 4.8 m^2/人。

（4）站房平台设计应符合下列规定：

① 平台长度不应小于站房主体建筑的总长度；

② 平台宽度，特大型站不宜小于 30 m，大型站不宜小于 20 m，中型站不宜小于 10 m，小型站不宜小于 6 m；

③ 立体车站广场的平台应分层设置，每层平台的宽度不宜小于 8 m。

（5）旅客活动地带与人行通道的设计应符合下列规定：

① 人行通道应与公交（含城市轨道交通）站点相通；

② 旅客活动地带与人行通道的地面应高出车行道，并且不应小于 0.12 m。

（6）客货共线铁路的特大型、大型和中型旅客车站的行李和包裹托取厅附近应设停放车辆的场地。

（7）车站广场绿化率不宜小于 10%；绿化与景观设计应按功能和环境要求布置。

（8）办理出境入境手续的铁路旅客车站应设置升挂国旗的旗杆。

（9）当城市轨道交通与铁路旅客车站衔接时，人员进出站流线应顺畅衔接。

（10）城市公交、轨道交通站点设计应符合下列规定：

① 城市公交、轨道交通站点应设于安全部位，并应方便旅客乘降及换乘；

② 公交站点应设停车场地，停车场面积应符合当地公共交通规划的要求，当无规划要求时，公交停车场最小面积宜根据最高聚集人数或高峰小时发送量确定，且不宜小于1 m^2/人；

③ 当铁路旅客车站站房的进站和出站集散厅与城市轨道交通站厅连接，且不在同

一平面时，应设垂直交通设施。

（11）广场内的各种揭示牌和引导系统应醒目，应确保其结构安全，安装稳固。

（12）车站广场应设置厕所，最小使用面积可根据最高聚集人数或高峰小时发送量按每千人不宜小于 25 m^2或 4 个厕位确定。当车站广场面积较大时宜分散布置。

五、站房设计

1. 一般规定

（1）站房内应按功能划分为公共区、设备区和办公区，各区应划分合理，功能明确，便于管理，并应符合下列规定：

① 公共区应设置为开敞、明亮的大空间，旅客服务设施齐备，旅客流线清晰、组织有序；

② 设备区应远离公共区设置，并充分利用地下空间；

③ 办公区宜集中设置于站房次要部位，并与公共区有良好的联系条件，与运营有关的用房应靠近站台。

（2）站房设计应符合国家有关安全、节约能源、环境保护和防火等规定的要求。

（3）当站房与城市轨道交通站点合建时，应整体规划，统一设计。

（4）线侧式站房设置多层候车室时，应设置与站台相连的跨线设施。

（5）站房的进出站通道、换乘通道、楼梯、天桥和检票口应满足旅客进出站高峰通过能力的需要，其净宽度不应小于 0. 65 m/100 人；地道净宽度不应小于 1 m/100 人。

（6）特大型、大型和中型站应有设置防爆及安全检测设备的位置。

（7）站房宜独立设置。当站房与其他建筑合建时，应保证铁路旅客车站功能的完整和安全。

（8）站房内综合管线宜集中布置，并满足防火要求。

（9）客运专线铁路旅客车站可不设行李、包裹用房。

2. 集散厅

（1）中型及以上的铁路旅客车站宜设进站、出站集散厅。客货共线铁路车站应按最高聚集人数确定其使用面积，客运专线铁路车站应按高峰小时发送量确定其使用面积，且均不宜小于 0. 2 m^2/人。

（2）集散厅应有快速疏导客流的功能。

（3）特大型、大型站的站房内应设置自动扶梯和电梯，中型站的站房宜设置自动扶梯和电梯。

（4）进站集散厅内应设置问询、邮政、电信等服务设施。

（5）大型及以上的铁路旅客车站的出站集散厅内应设置电信、厕所等服务设施。

3. 候车区（室）

（1）客货共线铁路旅客车站站房可根据车站规模设普通、软席、军人（团体）、无障碍候车区（室）及贵宾候车区（室）。各类候车区（室）候乘人数占最高聚集人数的比例可按表 5 – 3 确定。

表5-3 各类候车区（室）候乘人数占最高聚集人数的比例/%

建筑规模	候车区（室）				
	普通	软席	贵宾	军人（团体）	无障碍
特大型站	87.5	2.5	2.5	3.5	4.0
大型站	88.0	2.5	2.0	3.5	4.0
中型站	92.5	2.5	2.0	—	3.0
小型站	100.0	—	—	—	—

注：① 有始发列车的车站，其各类候车区（室）的比例可根据具体情况确定；

② 无障碍候车区（室）包含母婴候车区位，母婴候车区（室）内宜设置母婴服务设施；

③ 小型车站应在候车区（室）内设置无障碍轮椅候车位。

（2）客运专线铁路车站候车区（室）总使用面积应根据高峰小时发送量，按不应小于1.2 m^2/人确定。各类候车区（室）的设置可按具体情况确定。

（3）客货共线铁路旅客车站候车区（室）总使用面积应根据最高聚集人数，按不应小于1.2 m^2/人确定。小型站候车区（室）的使用面积宜增加15%。

（4）候车区（室）设计应符合下列规定：

① 普通、软席、军人（团体）和无障碍候车区（室）宜布置在大空间下，并可采用低矮轻质隔断划分各类候车区；

② 利用自然采光和自然通风的候车区（室），其室内净高宜根据高跨比确定，并不宜小于3.6 m；

③ 窗地比不应小于1:6，上下窗宜设开启扇，并应有开闭设施；

④ 候车区（室）座椅的排列方向应有利于旅客通向进站检票口。普通候车区（室）的座椅间走道净宽度不得小于1.3 m；

⑤ 候车区（室）应设进站检票口；

⑥ 候车区（室）应设饮水处，饮水处应与盥洗间和厕所分开设置。

（5）无障碍候车区（室）的设计应符合下列规定：

① 无障碍候车区（室）可按本任务第五条第3小条第（1）项确定其使用面积，并不宜小于2 m^2/人；

② 无障碍候车区（室）的位置宜邻近站台，并宜单独设置检票口；

③ 在有多层候车区（室）的站房，无障碍候车区（室）宜设在首层或站台层，靠近检票口附近。

（6）软席候车区（室）可按本任务第五条第3小条第（1）项确定其使用面积，并不宜小于2 m^2/人。

（7）军人（团体）候车区（室）应与普通候车区（室）合设，其使用面积可按本任务第五条第3小条第（1）项确定，并不宜小于1.2 m^2/人。

（8）贵宾候车区（室）设计应符合下列规定：

① 中型及以上站宜设贵宾候车区（室）；

② 特大型站宜设两个贵宾候车区（室），每个贵宾候车区（室）的使用面积不宜小于150 m^2；

③ 大型站宜设一个贵宾候车区（室），使用面积不宜小于 120 m^2；

④ 中型站可设一个贵宾候车区（室），使用面积不宜小于 60 m^2；

⑤ 贵宾候车区（室）应设置单独出入口和直通车站广场的车行道；

⑥ 贵宾候车区（室）内应设厕所、盥洗间、服务员室和备品间。

4. 售票用房

（1）售票用房的主要组成应符合表 5－4 的规定。

表 5－4　售票用房的主要组成

房间名称	旅客车站建筑规模			
	特大型	大型	中型	小型
售票厅	应设	应设	应设	不设
售票室	应设	应设	应设	应设
票据室	应设	应设	应设	宜设
办公室	应设	应设	宜设	不设
进款室	应设	应设	应设	宜设
总账室	应设	应设	不设	不设
订、送票室	应设	宜设	不设	不设
计算机室	应设	应设	应设	应设
自动售票机	宜设	宜设	宜设	不设

注：① 有始发车的车站应设订、送票室；

② 自动售票机宜设置在进站流线上。

（2）售票处应按下列要求设置：

① 特大型、大型站的售票处除应设置在站房进站口附近外，还应在进站通道上设置售票点或自动售票机；

② 中型、小型站的售票处宜设置在站房内候车区（室）附近；

③ 当车站为多层站房时，售票处宜分层设置。

（3）站房售票窗口的设置数量应符合下列规定。

① 客货共线铁路旅客车站售票窗口的设置数量应根据最高聚集人数经计算确定，并符合下列要求：

- 特大型站售票窗口的设置数量不宜少于 55 个；
- 大型站售票窗口的设置数量可为 25～50 个；
- 中型站售票窗口的设置数量可为 5～20 个；
- 小型站售票窗口的设置数量可为 2～4 个。

② 客运专线铁路旅客车站售票窗口的设置数量应根据高峰小时发送量经计算确定，并符合下列要求：

- 特大型站售票窗口的设置数量不宜少于 100 个；
- 大型站售票窗口的设置数量可为 50～100 个，
- 中型站售票窗口的设置数量可为 15～50 个；

• 小型站售票窗口的设置数量可为2～4个。

(4) 售票厅每个售票窗口的设置面积，特大型站不宜小于24 m^2/窗口、大型站不宜小于20 m^2/窗口，中型站和小型站均不宜小于16 m^2/窗口。

(5) 售票厅应有良好的自然采光和自然通风条件。

(6) 售票室设计应符合下列规定：

① 每个售票窗口的使用面积不应小于6 m^2；

② 售票室的最小使用面积不应小于14 m^2；

③ 售票室与售票厅之间不应设门；

④ 售票室内工作区地面宜高出售票厅地面0.3 m。严寒和寒冷地区宜采用保暖材质地面；

⑤ 售票室内采光和通风应良好，并应设置防盗设施。

(7) 售票窗口的设计应符合下列规定：

① 相邻售票窗口中心之间的距离宜为1.8 m，靠墙售票窗口中心距墙边不宜小于1.2 m；

② 售票窗台面至售票厅地面的高度宜为1.1 m；

③ 特大型、大型站应设置无障碍售票窗口，其设计应符合国家现行标准《铁路旅客车站无障碍设计规范》TB 10083的有关规定。

(8) 自动售票机的最小使用面积可按4 m^2/个确定。

(9) 票据室设计应符合下列规定：

① 票据室使用面积，中型和小型站不宜小于15 m^2，特大型和大型站不应小于30 m^2；

② 票据室应有防潮、防鼠、防盗和报警措施。

5. 行李、包裹用房

(1) 客货共线铁路旅客车站宜设置行李托运处和提取处。特大型、大型站的行李托运处和提取处应分开设置，行李托运处的位置应靠近售票处，行李提取处宜设置在站房出站口附近。中型和小型站的行李托运处、提取处可合并设置。

(2) 特大型、大型站的行李和包裹库房，宜与跨越股道的行李、包裹地道相连。

(3) 包裹用房的主要组成应符合表5－5的规定。

表5－5　包裹用房的主要组成

房间名称	设计包裹库存件数 N/件			
	$N \geq 2\,000$	$1\,000 \leq N < 2\,000$	$400 \leq N < 1\,000$	$N < 400$
包裹库	应设	应设	应设	应设
包裹托取厅	应设	应设	应设	不设
办公室	应设	应设	应设	宜设
票据室	应设	应设	宜设	不设
总检室	应设	不设	不设	不设

续表

房间名称	设计包裹库存件数 N/件			
	$N \geqslant 2\,000$	$1\,000 \leqslant N < 2\,000$	$400 \leqslant N < 1\,000$	$N < 400$
装卸工休息室	应设	应设	宜设	不设
牵引车库	应设	应设	宜设	宜设
计算机室	应设	应设	应设	应设
拖车存放处	应设	宜设	宜设	不设

注：1 000 件以下包裹库的计算机室宜与办公室合并设置。

（4）包裹库、行李库的设计应符合下列规定：

① 各旅客车站的包裹库和行李库的位置应统一设置；

② 多层的特大型、大型站的站房和线下式站房的包裹库应设置垂直升降设施，升降机应能容纳一辆包裹拖车；

③ 特大型站的包裹库各层之间应有供包裹车通行的坡道，其净宽度不应小于 3 m，当坡道无栏杆时，其净宽度不应小于 4 m，坡度不应大于 1∶12；

④ 特大型站的行李提取厅宜设置行李传送带。

（5）设计包裹库存件数 2 000 件及以上的站房宜预留室外堆放场地。

（6）特大型、大型站宜设无主包裹存放间，其使用面积可按设计包裹库存件数的 1% 设置，并不宜小于 20 m^2。

（7）办理运输鲜活货业务的站房，包裹库内宜设置专用存放间，并应设清洗、排水设施。

（8）包裹库内净高度不应小于 3 m。

（9）有机械作业的包裹库应满足机械作业的要求，其门的宽度和高度均不应小于 3 m。

（10）包裹库宜设高窗，并应加设防护设施。

（11）包裹托取厅使用面积及托取窗口数不应小于表 5－6 的规定。

表 5－6　包裹托取厅使用面积及托取窗口数

名称	设计包裹库存件数 N/件					
	$N < 600$	$600 \leqslant N < 1\,000$	$1\,000 \leqslant N < 2\,000$	$2\,000 \leqslant N < 4\,000$	$4\,000 \leqslant N < 10\,000$	$N \geqslant 10\,000$
托取窗口/个	1	1	2	4	7	10
托取厅/m^2	—	25	30	60	150	300

注：表中所列数值为设计包裹库存件数下限的最小数值，当采用上限时，其数值应适当提高。

（12）包裹托取柜台面高度不宜大于 0.6 m，柜台面宽度不宜小于 0.6 m。当包裹库与包裹托取厅之间采用柜台分隔时，应留有不小于 1.5 m 宽的通道。

6. 旅客服务设施

（1）站房内宜设置问询处，小件寄存处，邮政、电信、商业服务设施，医务室，自助存包柜，自动取款机，时钟等，并应设置饮水设施和导向标志。

（2）特大型、大型和中型站应设有人值守问询处。

（3）特大型、大型和中型站应设置小件寄存处，并宜设自助存包柜。小件寄存处使用面积可根据最高聚集人数或高峰小时发送量按 0.05 m^2/人确定。

小型站的小件寄存处可与问询处合并设置。

（4）特大型、大型站应设置吸烟处。

（5）特大型、大型和中型站宜设旅客医务室。

（6）铁路旅客车站的车站广场、站房出入口、集散厅、候车区（室）、旅客通道、站台等处均应设置导向标志。

（7）铁路旅客车站宜设置为旅客服务的小型商业设施。

7. 旅客用厕所、盥洗间

（1）铁路旅客车站站房应设厕所和盥洗间。

（2）铁路旅客车站站房厕所和盥洗间的设计应符合下列规定：

① 设置位置明显，标志易于识别；

② 厕位数宜按最高聚集人数或高峰小时发送量 2 个/100 人确定，男女人数比例应按 1:1、厕位按 1:1.5 确定，且男、女厕所大便器数量均不应少于 2 个，男厕应布置与大便器数量相同的小便器；

③ 厕位间应设隔板和挂钩；

④ 男女厕所宜分设盥洗间，盥洗间应设面镜，应采用卫生、节水型水龙头，水龙头数量宜按最高聚集人数或高峰小时发送量 1 个/150 人设置，并不得少于 2 个；

⑤ 候车室内最远地点距厕所距离不宜大于 50 m；

⑥ 厕所应有采光和良好通风；

⑦ 厕所或盥洗间应设污水池。

（3）特大型、大型站的厕所应分散布置。

8. 客运管理、生活和设备用房

（1）客运管理用房应根据铁路旅客车站建筑规模及使用需要集中设置，其用房宜包括客运值班室、交接班室、服务员室、补票室、公安值班室、广播室、上水工室、开水间、清扫工具间，以及生产用车停车场地等。

（2）服务员室应设在候车区（室）或旅客站台附近，其使用面积应根据最大班人数，按不宜小于 2 m^2/人确定，并不得小于 8 m^2。

（3）检票员室应设在检票口附近，其使用面积应根据最大班人数，按不宜小于 2 m^2/人确定，并不得小于 8 m^2。

（4）特大型、大型和中型站在站房出口处宜设补票室，其使用面积不宜小于 10 m^2，并应有防盗设施。

（5）特大型、大型和中型站应设交接班室，其使用面积应根据最大班人数，按 1 m^2/人确定，并不宜小于 30 m^2。

（6）铁路旅客车站应设广播室，其使用面积不宜小于 10 m^2。广播室应有符合运输组织工作要求的设施。

（7）有客车给水设施的铁路旅客车站应设上水工室，其位置宜设在旅客站台上，使用面积应根据最大班人数，按不宜小于 3 m^2/人确定，且不得小于 8 m^2。

（8）铁路旅客车站均应有饮用水供应设施。

（9）特大型、大型和中型站的集散厅、候车区（室）、售票厅附近宜设清扫工具间。采用机械清扫时，应设置清扫机械存放间。

（10）站房内的旅客相对集中处，应设置公安值班室，其使用面积不宜小于 25 m^2。

（11）铁路旅客车站可根据需要设置通信、供电、供水、供气和暖通等设备的技术作业用房。各类技术作业房屋应集中设置。

（12）客运办公用房应根据车站规模确定，使用面积不宜小于 3 m^2/人。办公用房宜采用大开间、集中办公的模式。

（13）铁路旅客车站宜设间休室、更衣室和职工厕所等职工生活用房，并应符合下列规定：

① 客运服务人员，售票与行李、包裹工作人员间休室的使用面积应按最大班人数的 2/3 且不宜小于 2 m^2/人确定，并不得小于 8 m^2。

② 客运服务人员，售票与行李、包裹工作人员更衣室的使用面积应根据最大班人数，按不宜小于 1 m^2/人确定。

③ 特大型、大型和中型站应在售票、行李、包裹及职工工作场地附近设置厕所和盥洗间。

④ 特大型、大型和中型站宜设置职工活动室、浴室、就餐间等生活用房。

9. 国境（口岸）站房

（1）国境（口岸）站房应设客运和联检设施。

（2）国境（口岸）站房应设置标志牌、揭示牌、导向牌，其标志内容及有关文字的使用应符合国家有关规定。

（3）国境（口岸）站房的客运设施应符合下列规定：

① 客运设施应设出入境和境内两套设施；

② 出入境候车室宜按中型和小型分室设置；

③ 出入境候车室及行李、包裹托运处应布置于联检后的监护区内；

④ 站房、站台和旅客通道等处应设置将出入境旅客与境内旅客分开或隔离的设施。

（4）国境（口岸）站房的联检设施应符合下列规定：

① 联检设施应包括车站边防检查站、海关办事处、出入境检验检疫机构、国家安全检查站和口岸联检办公业务用房及查验设施；

② 出入境旅客的联检可按卫生检疫、边防检查、海关检查、动植物检疫的流程布置；

③ 联检设施宜分为相互分离、完全封闭的出境和入境两套设施。

（5）出入境旅客服务设施可设免税商店、货币兑换处、邮政、电信及世界时钟等，并宜设旅游咨询、接待服务和小型餐饮等设施。

六、站场客运建筑

1. 站台、雨篷

(1) 客货共线铁路旅客车站站台的长度、宽度、高度应符合现行国家标准《铁路车站及枢纽设计规范》GB 50091 的有关规定。客运专线铁路车站站台的设置应符合国家及铁路主管部门的有关规定。

(2) 铁路站房或建筑物最外凸出部分外缘至基本站台边缘的距离，特大型站宜为 20～25 m；大型站宜为 15～20 m；中型站宜为 8～12 m；小型站宜为 8 m，困难条件下不应小于 6 m。

(3) 当旅客站台上设有天桥或地道出入口、房屋等建筑物时，其边缘至站台边缘的距离应符合下列规定：

① 特大型和大型站不应小于 3 m；

② 中型和小型站不应小于 2.5 m；

③ 改建车站受条件限制时，天桥或地道出入口其中一侧的距离不得小于 2 m；

④ 当路段设计速度在 120 km/h 及以上时，靠近有正线一侧的站台应按上面①～③的数值加宽 0.5 m。

(4) 旅客站台设计应符合下列规定：

① 站台应采用刚性防滑地面，并满足行李、包裹车荷载的要求，通行消防车的站台还应满足消防车荷载的要求；

② 站台地面应有排水措施；

③ 旅客列车停靠的站台应在全长范围内，距站台边缘 1 m 处的站台面上设置宽度为 0.06 m 的黄色安全警戒线，安全警戒线可与提示盲道结合设计，当有速度超过 120 km/h 的列车临近站台通过时，安全警戒线和防护设施应符合铁路主管部门的有关规定。

(5) 当中间站台上需要设置房屋时，宜集中设置。

(6) 客运专线铁路旅客车站应设置与站台同等长度的站台雨篷。客货共线铁路的特大型、大型旅客车站应设置与站台同等长度的站台雨篷。根据所在地的气候特点，中型及以下车站宜设置与站台同等长度的站台雨篷或在站台局部设置雨篷，其长度可为 200～300 m。

(7) 旅客站台雨篷设置应符合下列规定：

① 雨篷各部分构件与轨道的间距应符合现行国家标准《标准轨距铁路建筑限界》GB 146.2 的有关规定；

② 中间站台雨篷的宽度不应小于站台宽度；

③ 通行消防车的站台，雨篷悬挂物下缘至站台面的高度不应小于 4 m；

④ 基本站台上的旅客进站口、出站口应设置雨篷并应与基本站台雨篷相连；

⑤ 地道出入口处无站台雨篷时应单独设置雨篷，并宜为封闭式雨篷，其覆盖范围应大于地道出入口，且不应小于 4 m；

⑥ 特大型旅客车站基本站台，根据需要可设置无站台柱雨棚；

⑦ 采用无站台柱雨篷时，铁路正线两侧不得设置雨篷立柱，在两条客车到发线之间的雨篷柱，其柱边最突出部分距线路中心的间距，应符合铁路主管部门的有关规定；

⑧ 无站台柱雨篷除应满足采光、排气和排水等要求外，还应考虑吸音和隔音效果。

（8）设无站台柱雨篷的车站，站台上不宜设置厕所。

2. 站场跨线设施

（1）旅客车站的地道、天桥设置数量应符合下列规定：

① 旅客用地道或天桥，特大型站不应少于3处，大型站不应少于2处，中型和小型站不应少于1处，当设有高架候车室时，出站地道或天桥不应少于1处；

② 特大型站可设2处行李或包裹地道，1处地上或地下联络通道；

③ 大型站可设1处行李或包裹地道。

（2）旅客用地道、天桥的宽度和高度应通过计算确定，旅客用地道、天桥的最小净宽度和最小净高度应符合表5－7的规定。

表5－7　旅客用地道、天桥的最小净宽度和最小净高度/m

项目	旅客用地道、天桥		行李、包裹地道
	特大型、大型站	中型、小型站	
最小净宽度	8.0	6.0	5.2
最小净高度	2.5（3.0）		3.0

注：表中括号内的数值为封闭式天桥的尺寸。

（3）设置在站台上通向地道、天桥的出入口应符合下列规定：

① 旅客用地道、天桥宜设双向出入口，其宽度特大型站不应小于4 m，大型站不应小于3.5 m，中型、小型站不应小于2.5 m，当为单向出入口时，其宽度不应小于3 m；

② 特大型、大型站应设自动扶梯，中型站宜设自动扶梯；

③ 旅客用地道设双向出入口时，宜设阶梯和坡道各1处；

④ 客货共线铁路旅客车站行李、包裹地道通向各站台时，应设单向出入口，其宽度不宜小于4.5 m，当受条件限制且出入口处有交通指示时，其宽度不应小于3.5 m。

（4）地道、天桥的阶梯或坡道设计应符合下列规定：

① 旅客用地道、天桥的阶梯踏步高度不宜大于0.14 m，踏步宽度不宜小于0.32 m，每个梯段的踏步不应大于18级，直跑阶梯平台宽度不宜小于1.5 m，踏步应采取防滑措施；

② 旅客用地道、天桥采用坡道时应有防滑措施，坡度不宜大于1:8；

③ 行李、包裹地道出入口坡道的坡度不宜大于1:12，起坡点距主通道的水平距离不宜小于10 m。

（5）地道设计应符合下列规定：

① 地道出入口的地面应高出站台面0.1 m，并采用缓坡与站台面相接；

② 地道应设置防水及排水设施；

③ 出站地道的出口宜直对站房的出站口。

（6）旅客用天桥设计应符合下列规定：

① 天桥应设有顶棚，严寒及寒冷地区应采用封闭式，非寒冷地区天桥两侧宜设置

安全、通透的金属栏杆或玻璃隔断；

② 天桥栏杆或隔断的净高度不应小于 1.4 m。

3. 站台客运设施

(1) 特大型、大型站可设站台售货亭，其位置宜设在站台中心两侧各 90 ~ 100 m 处。客运专线的站台宜设旅客候车座椅。

(2) 站名牌、导向牌的设置应符合下列规定：

① 有雨篷的站台每侧应设置不少于 2 个悬挂式站名牌，并可垂直于线路方向布置；

② 无雨篷的站台应设置不少于 2 块立柱式站名牌，并应平行于线路方向布置；

③ 采用悬挂式站名牌的车站可根据需要，结合站台建筑设施，在站台上合理设置平行于线路的低位站名牌；

④ 站名牌、站台号牌应醒目、坚固；

⑤ 旅客站台上均应设车次、走向等导向牌，导向牌应设于地道、天桥出入口和旅客进出站主要通道处。

4. 检票口

(1) 进站检票口的设置数量应符合下列规定：

① 客货共线铁路旅客车站进站检票口的设置数量不宜少于表 5 - 8 的规定；

表 5 - 8 客货共线铁路旅客车站进站检票口的设置数量

最高聚集人数/人	进站检票口/个
≥8 000	28
4 000 ~ 7 000	15 ~ 24
2 000 ~ 3 000	9 ~ 12
1 000 ~ 1 800	5 ~ 8
600 ~ 800	6
300 ~ 500	4
100 ~ 200	2

注：① 当普通旅客进站检票口分散设置时，其数量可根据候车室设置情况适当增加；

② 有始发终到业务的车站，其检票口应满足始发终到作业要求，并应通过计算确定其数量。

② 客运专线铁路旅客车站的检票口数量应根据高峰小时发送量，按每个检票口 1 500 人/h 的通过能力和 15 min 的检票时间计算确定。

(2) 检票口应采用柔性或可移动栏杆，其通道应顺直，净宽度不应小于 0.75 m。

(3) 出站行李车辆通道净 宽度不宜小于 1.5 m。

(4) 在楼层候车室设进站检票口时，检票口距进站楼梯踏步的净距离不得小于 4 m。

(5) 旅客进站检票口和出站口必须具备安全疏散功能，并应符合现行国家标准

《建筑设计防火规范》GB 50016 的有关规定。

七、消防与疏散

1. 建筑防火

（1）铁路旅客车站的站房及地道、天桥的耐火等级均不应低于二级。站台雨篷的防火等级应符合国家现行标准《铁路工程设计防火规范》TB 10063 的有关规定。

（2）其他建筑与旅客车站合建时必须划分防火分区。

（3）铁路旅客车站集散厅、候车区（室）防火分区的划分应符合国家现行标准《铁路工程设计防火规范》TB 10063 的有关规定。

（4）特大型、大型和中型站内的集散厅、候车区（室）、售票厅和办公区、设备区、行李与包裹库，应分别设置防火分区。集散厅、候车区（室）、售票厅不应与行李及包裹库上下组合布置。

（5）疏散安全出口、走道和楼梯的净宽度除应符合现行国家标准《建筑设计防火规范》GB 50016 的有关规定外，还应符合下列要求：

① 站房楼梯净宽度不得小于 1.6 m；

② 安全出口和走道净宽度不得小于 3 m。

（6）铁路旅客车站消防安全标志和站房内采用的装修材料应分别符合现行国家标准《消防安全标志设置要求》GB 15630 和《建筑内部装修设计防火规范》GB 50222 的有关规定。

2. 消防设施

（1）铁路旅客车站站台消火栓的设置应符合国家现行标准《铁路工程设计防火规范》TB 10063 的有关规定。

（2）旅客车站站房的室内消防管网应设消防水泵接合器，其数量应根据室内消防用水量计算确定。

（3）特大型、大型、国境（口岸）站的贵宾候车区（室）和综合机房、票据库、配电室，国境（口岸）站的联检和易发生火灾危险的房屋，应设置火灾自动报警系统。设有火灾自动报警系统的车站应设置消防控制室。

（4）建筑面积大于 500 m^2 的地下包裹库，应设置自动喷水灭火系统；建筑面积大于 300 m^2 且独立设置的行李或包裹库，应设室内消火栓。

八、建筑设备

1. 给水、排水

（1）旅客车站应设室内给水、排水系统。严寒地区的特大型、大型站内的盥洗间宜设热水供应设备。

（2）旅客生活用水定额及小时变化系数应符合表 5－9 的规定。

表 5-9 旅客生活用水定额及小时变化系数

建筑性质	生活用水定额（最高日）/［L/（d·人）］	小时变化系数
客货共线	15~20	3.0~2.0
客运专线	3~4	3.0~2.5

注：旅客计算人数和用水量计算应符合国家现行标准《铁路给水排水设计规范》TB 10010 的有关规定。

（3）客货共线铁路旅客车站内宜按 1~2 L/(d·人）设置饮水供应设备，客运专线铁路旅客车站内宜按 0.2~0.4 L/(d·人）设置饮水供应设备。饮水供应时间内的小时变化系数宜取为 1。

（4）站房内公共场所的生活污水排水管径应比计算管径加大一级。

2. 采暖、通风和空气调节

（1）站房各主要房间的采暖计算温度应符合表 5-10 的规定。

表 5-10 站房各主要房间的采暖计算温度

房间名称	室内采暖计算温度/℃
进站集散厅	12~14
售票厅、行李和包裹托取处、小件寄存处	14~16
候车区（室）、售票室、车站办公室、旅客信息系统设备机房	18
票据室	10
行李、包裹库（有消防管道）	5
行李和包裹库（无消防管道）、旅客地道	不采暖

注：① 采用低温地板辐射采暖时，室内采暖计算温度应比表中规定温度低 2 ℃；

② 当出站集散厅设于室内时，其采暖温度与进站集散厅相同，当设于室外时不设采暖。

（2）严寒地区的特大型、大型站站房的主要出入口应设热风幕；中型站当候车室热负荷较大时，其站房的主要出入口宜设热风幕，寒冷地区的特大型、大型站站房的主要出入口宜设热风幕。

（3）夏热冬冷地区及夏热冬暖地区的特大型、大型、中型站和国境（口岸）站的候车室和售票厅宜设空气调节系统。

（4）空气调节的室内计算温度，冬季宜为 18~20 ℃，相对湿度不小于 40%；夏季宜为 26~28 ℃，相对湿度宜为 40%~65%。

（5）站房内各主要房间空气调节系统的新风量和计算冷负荷应符合表 5-11 的规定。

表 5－11　站房内各主要房间空气调节系统的新风量和计算冷负荷

房间名称	最大人员密度/(人/m²)		最小新风量/[m³/(h·人)]	
	客货共线	客运专线	客货共线	客运专线
普通候车区（室）	0.91	0.67	8	10
军人（团体）候车区（室）	0.91	0.67	8	10
软席候车区（室）	0.50	0.67	20	10
无障碍候车区（室）	0.50	0.67	20	10
贵宾候车区（室）	0.25	0.25	20	20
售票厅	0.91	0.91	10	10
售票室	每个窗口 1 人		25	25
乘务员公寓、候乘人员待班室	—		30	30

(6) 空调系统应采用节能型设备和置换通风、热泵、蓄冷（热）等技术，并应满足使用功能要求；对有共享空间的多层候车区，应考虑温度梯度对多层候车区的影响。

(7) 候车室、售票厅等房间应以自然通风为主，辅以机械通风；厕所、吸烟室应设机械通风。候车区（室）、售票厅、厕所和吸烟室的换气要求宜符合表 5－12 的规定。

表 5－12　候车区（室）、售票厅、厕所和吸烟室的换气要求

房间名称	换气次数
候车区（室）、售票厅	2～3 次/h
旅客厕所大便器	40 m³/(h·厕位)
旅客厕所小便器	20 m³/(h·厕位)
吸烟室	10 次/h

3. 电气、照明

(1) 铁路旅客车站的用电负荷等级应符合国家现行标准《铁路电力设计规范》TB 10008 的有关规定。

(2) 铁路旅客车站主要场所的照明除应符合现行国家标准《建筑照明设计标准》GB 50034 的有关规定外，还应符合下列要求：

① 照明灯具的选择应与建筑物的形式、室内装修的色彩及风格相协调；

② 车站广场、站台、天桥等室外场所及较高的室内场所的照明，宜采用高压钠灯、金属卤化物灯等高光强气体放电光源或由上述光源组成的混光灯，安装高度较低的室内场所的照明，宜采用节能型荧光灯、紧凑型荧光灯；

③ 检票口、售票工作台、结账交班台、海关验证处等场所宜增设局部照明；

④ 候车室、售票厅、集散厅、旅客地道、天桥、行李和包裹托取厅及行李和包裹库等场所的照明，应设置不少于两种均匀照度的控制模式，特大型、大型站的照明宜采用智能化控制装置；

⑤ 铁路旅客站台所采用的光源不应与站内的黄色信号灯的颜色相混；

⑥ 特大型、大型和中型站的广场宜采用升降式高杆灯照明。

（3）除正常照明外，站房应设有疏散照明和安全照明系统。

（4）铁路旅客车站疏散和安全照明应有自动投入使用的功能，并应符合下列规定：

① 各候车区（室）、售票厅（室）、集散厅应设疏散和安全照明，重要的设备房间应设安全照明；

② 各出入口、楼梯、走道、天桥、地道应设疏散照明。

（5）设有火灾自动报警系统及消防控制室的车站，当正常照明出现故障时，其设有疏散照明和安全照明的场所，应有自动开启和由消防控制室集中强行开启的功能。

（6）特大型、大型站的站房应为第二类防雷建筑物；中型和小型站的站房应为第三类防雷建筑物。建筑物的防雷措施应符合现行国家标准《建筑物防雷设计规范》GB 50057 的有关规定。

（7）站房应按自然分区采取可靠的总等电位联接；金属物体或金属构件集中的场所应增设局部或辅助等电位联接。

4. 旅客信息系统

（1）铁路旅客车站的信息设备应根据车站的建筑规模、总体布局和客运作业综合管理现代化的需要配置，并应符合国家现行标准《铁路客运服务信息系统设计规范》TB 10074 的有关规定。

（2）客运及行李、包裹无线通信系统的设置应符合国家现行标准《铁路通信设计规范》TB 10006 的有关规定。

（3）旅客车站安全防范系统的设计应符合现行国家标准《安全防范工程技术规范》GB 50348 的有关规定。

（4）特大型、大型旅客车站应设置通告显示网。列车到发通告系统主机可作为网络服务器；客运广播系统主机、旅客引导显示系统主机、旅客查询系统主机及综合显示屏系统主机可作为网络工作站与网络服务器进行行车信息交换。

（5）旅客车站客运广播系统应作分区设计。

（6）车站旅客信息系统的配线应采用综合布线，并宜采取暗敷方式。

（7）车站旅客信息系统的电源应采用交流直供方式。

（8）车站旅客信息系统机房宜按综合机房设计。

（9）车站旅客信息系统应设接地装置。

任务二 高速铁路车站流线组织

【技能目标】

掌握高速铁路车站流线组织的基本要求；
掌握典型的高速铁路车站流线组织模式；
掌握高速铁路车站客运组织流程。

【知识点】

高速铁路车站流线组织的规定；
典型的高速铁路车站流线组织模式；
高速铁路车站客运组织流程。

【任务的提出】

高速铁路车站流线是高速铁路从业人员根据规定合理组织旅客进出站的顺序线路，掌握高速铁路车站流线的相关规定对于组织旅客乘降及处理突发事件至关重要。

【相关知识】

一、流线组织的基本要求

高速铁路车站要充分体现“以人为本、方便旅客”的宗旨，提倡旅客乘车流程立体化、进出站自由化和多样化的设计。高速铁路车站需考虑总体布局，方便旅客流转于城市—进出站—上下车的整个流程；应该设置进出站口至站台全程醒目、清晰的旅客引导电子设备和显示一定时间段内车次情况的电子信息牌；要让旅客方便地“对门上车、对号入座”；要根据客运量配备自动售票、检票系统。

高速铁路车站要注重流线组织，缩小换乘距离，流线组织简洁顺畅、快捷合理，站内导向直观、明确，为旅客提供适宜的站内空间、良好的站内服务、舒适的候车服务、便捷的乘降服务、方便的信息服务、周到的商业服务。

高速铁路车站要采用前瞻性的规模、布局与标准，运用完善的公共安全技术

(包括结构安全、消防安全、交通疏解安全),以及先进的节能环保技术,减振降噪技术。

高速铁路车站必须贯彻强本简末的原则,必须要有可持续发展的节俭理念,最大限度地降低建设成本,合理把握车站规模及标准,在充分考虑近、远期规划的同时,兼顾建设投入与维护成本。

二、高速铁路车站流线组织 (此处配备微课视频)

(一) 高速铁路车站典型的流线组织模式

1. 常规的高速铁路车站平、立总体布置方案

常规的高速铁路车站平、立总体布置如图 5-1 所示。

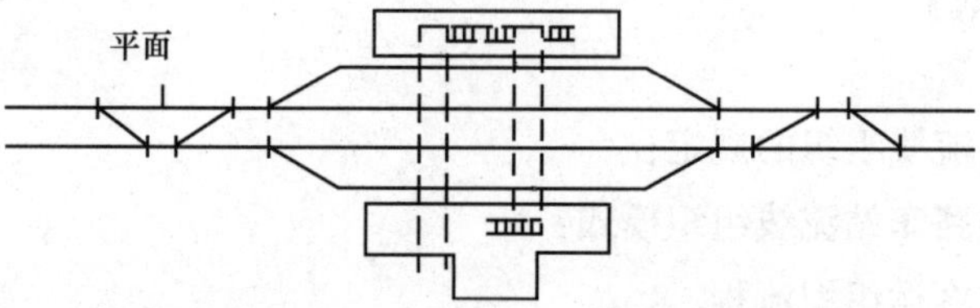

图 5-1 常规的高速铁路车站平、立总体布置

(1) 平面:车站,站房在一侧,具有基本站台和中间站台。

(2) 立面分为以下几种情况:以地道进站、地道出站的“两地”方式;以高架通廊进站、地下通道出站的“一天一地”方式;以高架通廊进站、高架通廊出站的“两高”方式。

2. 候车室高架于高速铁路股道之上的平、立面总布置方案

因旅客到发量较大,停站列车较多,而采用岛式站台,车站横向用地宽度不足时,为避免采用基本站台与中间站台只夹 1 股道的平面布置,可采用候车室或站房全部建于高速铁路股道之上的方式。

候车室高架于高速铁路股道之上的平面示意图如图 5-2 所示。

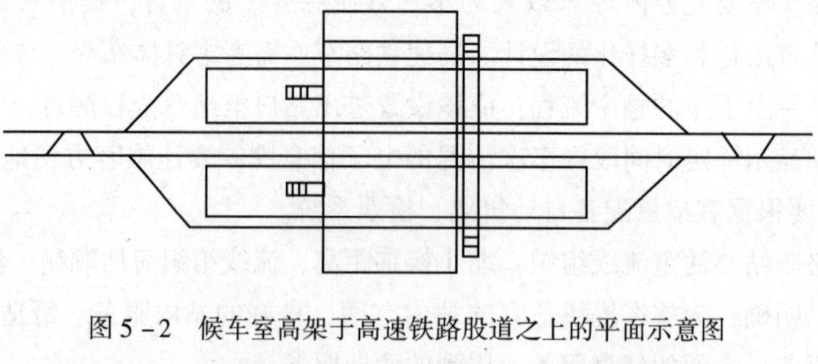

图 5-2 候车室高架于高速铁路股道之上的平面示意图

站房、候车室高架于高速铁路股道之上的布置方案断面图如图 5-3 所示。

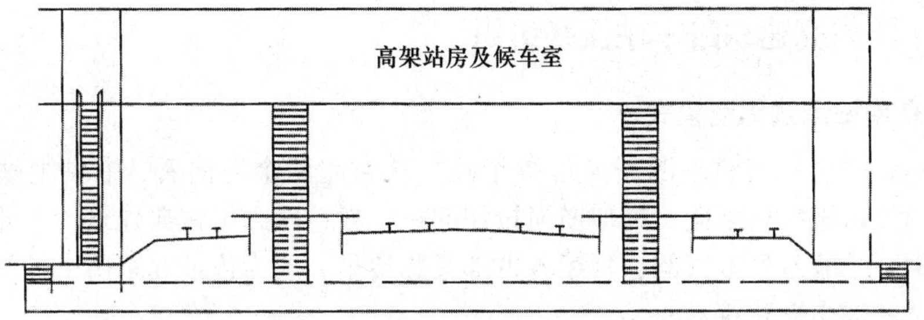

图 5－3　站房、候车室高架于高速铁路股道之上的布置方案断面图

3. 高架站布置方案

新建车站两端线路因与多处道路交叉而设计为高架线路，这种线路经过的车站称为高架站。高架站的平面布置力求简单，其功能仅为列车发到和旅客上下车，其余设施均不应设在高架站上，以减少桥梁的工程量。

高架站断面图如图 5－4 所示。

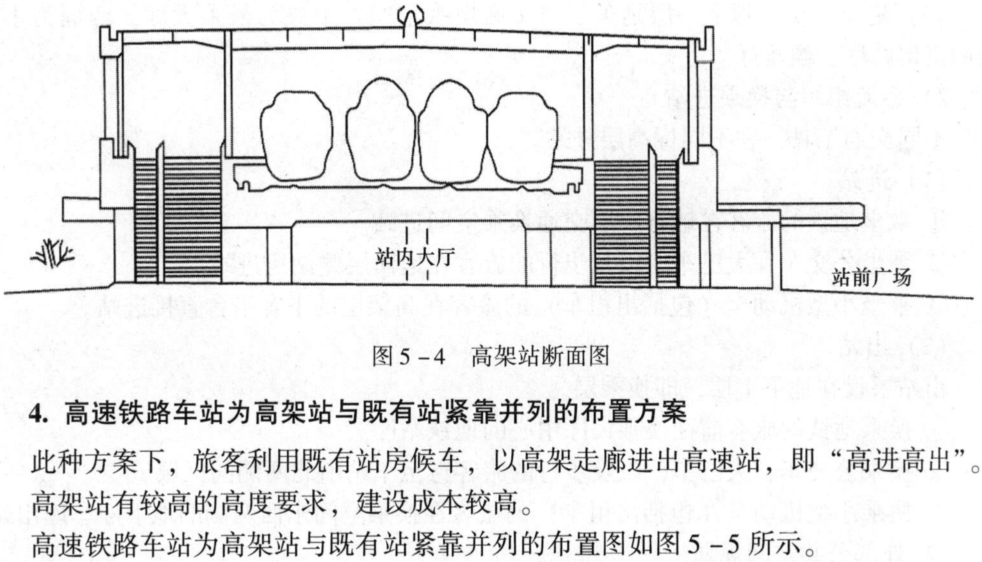

图 5－4　高架站断面图

4. 高速铁路车站为高架站与既有站紧靠并列的布置方案

此种方案下，旅客利用既有站房候车，以高架走廊进出高速站，即“高进高出”。高架站有较高的高度要求，建设成本较高。

高速铁路车站为高架站与既有站紧靠并列的布置图如图 5－5 所示。

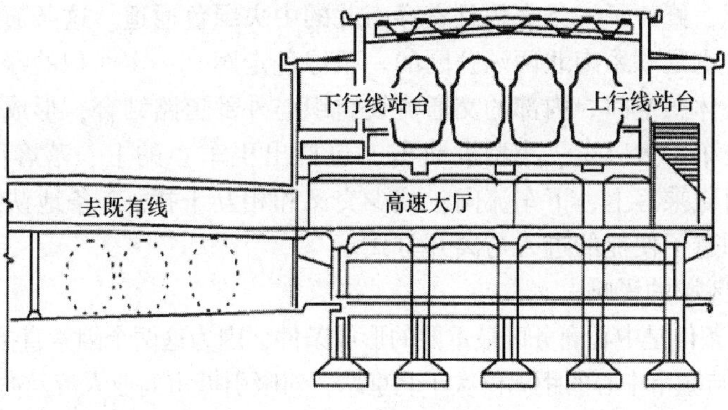

图 5－5　高速站为高架站与既有站紧靠并列的布置图

（二）国内高速铁路车站流线组织

1. 北京南站流线组织模式

北京南站的设计灵感来源于天坛祈年殿。从南北两个方向看，中央主站房微微隆起，东西两侧跨钢结构雨棚，酷似横向拉伸的祈年殿，融入了古典建筑“三重檐”的传统文化元素，承载着皇家气韵，延续着古都文脉传承，成为佐证北京历史神韵与现代气息完美结合的标志性建筑。

1）站内空间布置

（1）高架层（高 9 m）。高架层为旅客进站层，是高大的椭圆形建筑，中央为独立的候车室，东西两侧是进站大厅。乘坐小型机动车（包括出租车）的旅客从下客平台直接进入进站大厅（可从任何方向的匝道上到环形车道，也可以由任何方向离开高架层），南北方向中轴线设置中央玻璃采光带，能够充分地利用自然光，使整个空间通透宽敞。

（2）地面层。地面层为搭乘公交车、大巴车，以及步行的旅客的进站入口，北广场设置了进站厅、贵宾候车厅、办公区域等 。南广场用地局促，仅设旅客进站厅及后勤用房。

（3）地下一层。地下一层是车站的交通换乘空间。中央为换乘大厅，四周为不同功能进出站厅、候车厅。

2）客流组织与换乘进站

不同交通工具，在不同标高层进站。

（1）进站。

① 乘坐地铁的旅客在地下一层交通换乘空间进站。

② 乘坐公交车、大巴车，以及步行的旅客在地面层侧站房进站。

③ 乘坐小型机动车（包括出租车）的旅客在高架层的下客平台直接进站。

（2）出站。

出站层设在地下 1 层，即换乘层。

① 换乘地铁的旅客前往换乘大厅中心的地铁站厅。

② 换乘公交车、大巴车，以及步行的旅客行至车站南北两侧的区域。

③ 换乘小型机动车（包括出租车）的旅客在换乘空间东西两侧的地下停车库出站。

3）外部公共空间规划

在车站中部，修建了一条宽阔且贯穿南北的中央绿色通道。这条通道还担负着旅客进出站的功能；也是联系南北两端公园的一条绿色走廊。一定面积的绿化公园，为旅客提供了一个室外休憩空间。内部的交通流线组织与外部道路结合，形成了高效、快捷的交通体系。公交车、大巴车、小型机动车（包括出租车）的上、落客区域的分离和隔绝式运行可以简化乘客上、下车流向，减少交叉和相互干扰。2 条地铁线路，便于客流从地下分流，创造了便捷的进入与离开方式。

4）对周边区域的影响

区位与交通条件是中心商务区最重要的形成条件，因为这两个因素直接决定了区位的可达性。北京南站与城市中心的距离仅次于北京站，对吸引城市商业人流及商务入驻有利。

北京南站结构图如图 5－6 所示。

图 5－6　北京南站结构图

2. 广州南站流线组织模式

广州南站采用线上式站房，站房位于站台及线路上方。这种站房形式的最大特点是可以以旅客的出行需要和列车的行驶线路来对候车空间进行相应的平面划分。线上式站房充分利用垂直空间，有效缩短旅客乘降的步行距离，减少人流的交叉，方便车站工作人员的管理和后勤服务的展开。线上式站房往往横跨站场两侧布局，可以将站场两侧的城市空间紧密联系起来，有效节约了建筑用地，使整个车站真正成为城市"肌理"的一部分，为城市空间的发展留下了余地。此外，线上式站房形式比较完整，站房的整体性更强，能够较好地实现功能划分与建筑形式的统一。在拥有以上诸多优点的同时，线上式站房在实际运营中也存在一些问题，例如造价较高、结构跨度大等。广州南站采用上进下出的模式，所有旅客两端进站、高架候车、站台上车、轨下出站。

广州南站结构图如图 5－7 所示。

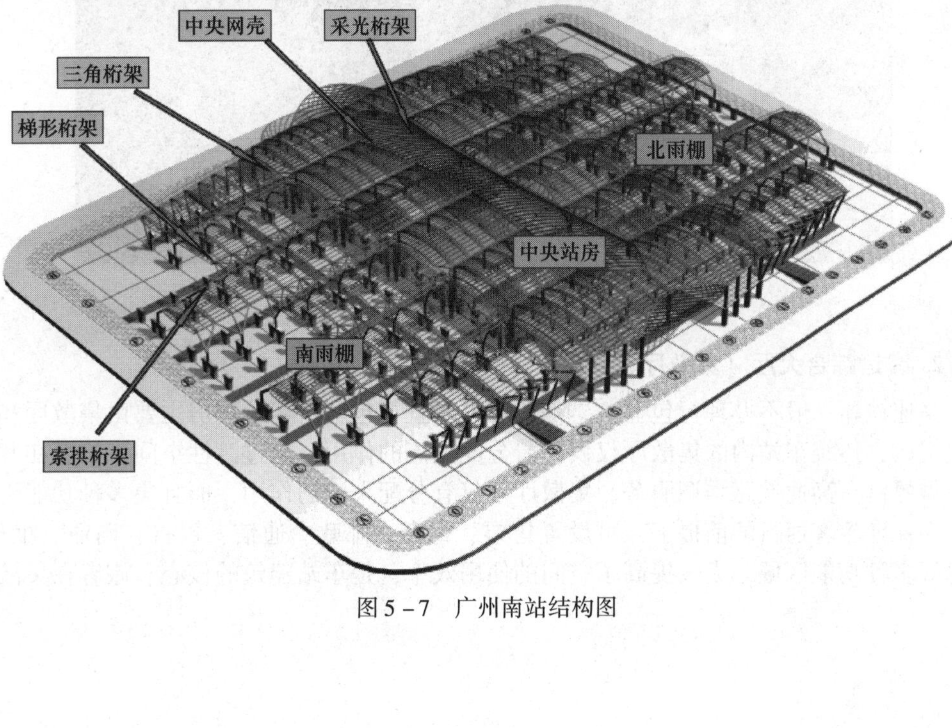

图 5－7　广州南站结构图

三、高速铁路车站客运组织流程

高速铁路车站在很大程度上影响了传统的客运组织模式，促进了售票、候车、检票、上下车、进出站，以及在途服务等全过程的客运组织新模式的形成，最大限度地提升了旅客出行的便捷性和舒适性。在实际工作中，我国高速铁路车站充分借鉴地铁和国外铁路客运站的先进经验，在现有铁路计算机客票发售及预订系统广泛应用的基础上，通过应用自动售检票系统（AFC）、旅客自助查询系统、车站自动引导揭示系统等先进的信息管理系统，改变了过去以候车厅为中心的组织格局，建立了以综合大厅为中心的新格局；改“等候式”为“通过式”；改革现有“售票—候车室候车—人工检票进站—上车—在途服务—下车—人工检票出站”的客运组织模式，实行“自动售票—自动检票进站—站台或候车室候车—上车—在途服务—下车—自动检票出站”的新客运组织模式，引导旅客快捷进出车站，简化了进站流程，缩短了在站停留时间。

1. 售票厅

随着售票系统的完善，在车站售票厅购票已不再是获取车票的主要途径，原来作为站房主要组成部分的售票大厅功能弱化，售票窗口主要服务于直接购票者和部分换乘的旅客，以售当天票和提供自动售取票设备为主要功能。售票厅如图 5－8 所示。

图5－8　售票厅

2. 客运综合大厅（集散厅）

高速铁路一般不办理行包业务，一般不再设置行包房。客运用房主要由集散厅和候车室组成，传统车站内的集散厅仅仅起着分配人流的作用，是过渡性空间，旅客在此基本不做停留。高速铁路强调服务，集散厅不仅有分配人流的作用，而且集多种功能于一体，在保证旅客通行的前提下，可设置售票、寄存、邮政、通信、银行、商业、报刊、休息等多种功能区域，大大提高了空间的使用效率，是车站建筑的核心。旅客在集散厅可以选择快速通过，也可以办理相关乘车手续和进行商务活动或休闲购物，甚至，车站不仅面对旅客，也可以向城市开放以增加车站的商业活力，成为城市空间与旅行空间的结合体。在这种功能设置的要求下，集散厅的规模由两方面因素决定，第一个方面是保证客流的顺利通过，第二个方面是根据预估的最高聚集人数，按一定比例控制规模。图 5 - 9 所示为亚洲最大铁路综合客运枢纽之一——杭州东站。

图 5 - 9　杭州东站

3. 候车室

传统车站候车室强调等候功能，一般按最高聚集人数确定面积大小。高速铁路车站强调通过功能，等候空间成为辅助功能，候车室要尽量不影响旅客进站流线；休息区域尽可能宽松，有较好的室内环境，其标准可参照普通铁路的软席候车室；休息区不仅能提供旅客坐着休息的功能，还应该具有丰富的商务活动和服务功能。南京南站候车室如图 5 - 10 所示。

图 5 - 10　南京南站候车室

北京南站候车室如图 5 - 11 所示。

4. 高速铁路站台

按站台与线路钢轨顶面的高差值，高速铁路站台可分为三种。

图5－11　北京南站候车室

① 低站台。站台与线路钢轨顶面的高差为300 mm。

② 一般站台。站台与线路钢轨顶面的高差为500 mm，站台平面大致与列车最低阶梯的踏板等高。

③ 高站台。站台与线路钢轨顶面的高差为1 100 mm，站台与列车车厢底平面同高。

旅客站台的宽度，特、一等车站应不少于20 m，二等车站应不少于12 m，其他车站应不少于6 m。一般情况下，安全标线（白线）距站台边1 000 mm，宽1 00 mm。列车通过速度不超过120 km/h时，安全标线距站台边1 000 mm；列车通过速度在120 ~ 160 km/h时，安全标线距站台边1 500 mm；列车通过速度在160 ~ 200 km/h时，安全标线距站台边2 000 mm，也可在站台边缘1 m处设栅栏。

昆明南站建筑总面积为33.47万平方米，按16个站台30条轨道规模建设，设计年发送旅客4 693万人。昆明南站站台如图5－12所示。

图5－12　昆明南站站台

任务三　高速铁路安检工作

【技能目标】

能运用《铁路旅客运输安全检查管理办法》完成安全检查工作；
能按安检工作基本规范完成安检作业；
能确认旅客携带的物品是否为违禁品。

【知识点】

《铁路旅客运输安全检查管理办法》；
安检工作基本规范；
旅客禁止携带品目录。

【任务的提出】

高速铁路安检工作是保证高速铁路运输安全的重要手段，依法安检、执法必严、违法必究是高速铁路从业人员的重要职责！

【相关知识】

一、《铁路旅客运输安全检查管理办法》的内容

为了保障铁路运输安全和旅客生命财产安全，加强和规范铁路旅客运输安全检查工作，根据《中华人民共和国铁路法》《铁路安全管理条例》等法律、行政法规和国家有关规定，制定《铁路旅客运输安全检查管理办法》。

《铁路旅客运输安全检查管理办法》所称铁路旅客运输安全检查是指铁路运输企业在车站、列车对旅客及其随身携带、托运的行李物品进行危险物品检查的活动。

上面所称的危险物品是指易燃易爆物品、危险化学品、放射性物品和传染病病原体及枪支弹药、管制器具等可能危及生命财产安全的器械、物品。禁止或者限制携带物品的种类及其数量由国家铁路局会同公安部规定并发布。

铁路运输企业应当在车站和列车等服务场所内，通过多种方式公告禁止或者限制携带物品的种类及其数量。

铁路运输企业是铁路旅客运输安全检查的责任主体，应当按照法律、行政法规、规章和国家铁路局有关规定，组织实施铁路旅客运输安全检查工作，制定安全检查管理制

度，完善作业程序，落实作业标准，保障旅客运输安全。

铁路运输企业应当在铁路旅客车站和列车配备满足铁路运输安全检查需要的设备，并根据车站和列车的不同情况，制定并落实安全检查设备的配备标准，使用符合国家标准、行业标准和安全、环保等要求的安全检查设备，并加强设备的维护检修，保障其性能稳定，运行安全。

铁路运输企业应当在铁路旅客车站和列车配备满足铁路运输安全检查需要的人员，并加强识别和处置危险物品等相关专业知识培训。从事安全检查的人员应当统一着装，佩戴安全检查标志，依法履行安全检查职责，爱惜被检查的物品。

旅客应当接受并配合铁路运输企业的安全检查工作。拒绝配合的，铁路运输企业应当拒绝其进站乘车和托运行李物品。

铁路运输企业可以采取多种方式检查旅客及其随身携带或者托运的物品。

对旅客进行人身检查时，应当依法保障旅客人身权利不受侵害；对女性旅客进行人身检查，应当由女性安全检查人员进行。

安全检查人员发现可疑物品时可以当场开包检查。开包检查时，旅客应当在场。

安全检查人员认为不适合当场开包检查或者旅客申明不宜公开检查的，可以根据实际情况，移至适当场合检查。

铁路运输企业应当采取有效措施，加强旅客车站安全管理，为安全检查提供必要的场地和作业条件，提供专门处置危险物品的场所。

铁路运输企业应当制定并实施应对客流高峰、恶劣气象及设备故障等突发情况下的安全检查应急措施，保证安全检查通道畅通。

铁路运输企业在旅客进站或托运人托运前查出的危险物品，或旅客携带禁止携带物品、超过规定数量的限制携带物品的，可由旅客或托运人选择交送行人员带回或自弃交车站处理。

对怀疑为危险物品，但受客观条件限制又无法认定其性质的，旅客或托运人又不能提供该物品性质和可以经旅客列车运输的证明时，铁路运输企业有权拒绝其进站乘车或托运。

安全检查中发现携带枪支弹药、管制器具、爆炸物品等危险物品，或者旅客声称本人随身携带枪支弹药、管制器具、爆炸物品等危险物品的，铁路运输企业应当交由公安机关处理，并采取必要的先期处置措施。

列车上发现的危险物品应当妥善处置，并移交前方停车站。鞭炮、发令纸、摔炮、拉炮等易爆物品应当立即浸湿处理。

铁路运输企业在安全检查过程中，对扰乱安全检查工作秩序、妨碍安全检查人员正常工作的，应当予以制止；不听劝阻的，交由公安机关处理。

公安机关应当按照职责分工，维护车站、列车等铁路场所和铁路沿线的治安秩序。

旅客违法携带、夹带管制器具或者违法携带、托运烟花爆竹、枪支弹药等危险物品或者其他违禁物品的，由公安机关依法给予治安管理处罚；构成犯罪的，依法追究刑事责任。

铁路监管部门应当对铁路运输企业落实旅客运输安全检查管理制度情况加强监督检查，依法查处违法违规行为。

铁路运输企业及其工作人员违反有关安全检查管理规定的，铁路监管部门应当责令改正。

铁路监管部门的工作人员对旅客运输安全检查情况实施监督检查、处理投诉举报时，应当恪尽职守，廉洁自律，秉公执法。对失职、渎职、滥用职权、玩忽职守的，依法给予行政处分；构成犯罪的，依法追究刑事责任。

随旅客列车运输的包裹的安全检查，参照以上办法执行。

二、安检工作基本规范

（一）安检员职责

（1）遵守各项法律法规和各项安检规章制度，服从各级领导管理，对违反法律法规或安检规章制度的现象应制止并及时向上级报告。

（2）认真履行岗位职责，严格遵守工作纪律，不擅离职守，不做与工作无关的事情。

（3）按规定着装上岗，佩戴标识规范，自觉维护安检人员岗位形象。

（4）熟练掌握各种安检设备的操作及识别方法。

（5）按照"逢包必检"的安检要求，负责宣传引导旅客进入安检区域。

（6）对可疑物品进行针对性探测，初步确定可疑物品性质，必要时，及时将可疑物品移交现场公安人员处理并做好记录。

（7）文明值岗，态度和蔼，遇事讲究方式、方法，做到以理服人。

（二）指挥员职责

（1）负责安检区域的安检设备及人员的管理。

（2）认真组织安检区域的安检人员按照作业流程积极主动地进行安检，确保安检质量和效果。

（3）明令禁止携带的物品且不构成公安机关处理的，做好处置工作。指挥员无法处理的要及时移交现场公安人员。

（4）监督、督促执机员按要求填写《违禁品登记簿》并做好统计上报工作。

（5）在确保安检工作正常的前提下，合理安排安检人员的休息及用餐时间。

（6）在上岗过程中，严格执行"温馨提示"的要求。

（7）负责安排安检区域的卫生清扫工作，坚持随脏随扫。加强对安检区域安检人员的严格管理，认真落实各项安检工作规章制度。

（三）引导员职责

（1）在指挥员的领导下开展安检工作。

（2）对乘客携带的超长、超高、超大物品（体积大于X光机检测通道），易碎物品（例如：玻璃器皿、工艺品），易损物品（食品、药品、电脑）等不宜机检的物品，要及时提醒手检员进行手检。

（3）引导乘客配合安检。

（4）遇特殊群体（包括残障人士、孕妇等），提醒手检员进行手检。

（5）及时、准确地发现可疑人、可疑物。

（四）手检员职责

（1）在指挥员的领导下开展工作。

（2）及时对乘客携带的超长、超高、超大物品（体积大于X光机检测通道），易碎物品（例如：玻璃器皿、工艺品），易损物品（食品、药品、电脑）等不宜机检的物品进行手检。

（3）检查中发现可疑物品应及时向指挥员报告。

（4）负责各类安检设备的摆放及保管（将手检设备整齐摆放在安检桌的空白位置，将防爆毯摆放在安检机周围不阻碍乘客的地方，将防尘罩叠好放入安检亭或放入安检机底部的适当位置）。

（五）执机员职责

（1）在指挥员的领导下开展安检工作。

（2）负责填写《违禁品登记簿》。

（3）熟练掌握图像识别技能，熟悉危险物品的外部特征，及时准确观察、识别可疑物。

（4）发现可疑物品，及时向指挥员报告并进行妥善处理。

（5）负责X光机、显示器、键盘的保管。

三、安检工作流程（此处配备微课视频）

（一）岗前准备

（1）集合点名：指挥员根据工作要求，集合安检员，开展点名工作，保障执勤人员全部到位。

（2）着装检查：安检员、引导员、手检员列队，指挥员开展着装检查工作，各岗位人员相互整理帽子、上衣、标识、裤子、鞋子等，发现问题进行调整。

（3）到达现场：指挥员掌控时间，要求提前20分钟到达任务现场。

（4）分配岗位：按照任务要求，按小组分配岗位，确定小组组长。

（5）传达要求：指挥员，现场叙述各岗岗位职责、细则、注意事项等。

（6）分配装备：以小组为单位，配发对讲机、对讲耳机、取证仪器、手持探测仪等装备。

（7）检查装备：测试、检查装备的性能，确定装备的使用分工（装备如有问题须及时上报指挥员，以便进行调整）。

（二）开展执勤

（1）文明执勤：安检各岗位人员要做到语言文明、动作文明、微笑执勤。

（2）检查安检设备：执机员提前10分钟开启安检设备，其他岗位人员配合进行安检设备性能检测。

（3）事件处置：发现不配合检查者，安检人员须立即上报组长，组长与其沟通，如无效果，上报指挥员及现场公安人员，请求指示。经检查发现对方携有疑似违禁物品，安检人员立即请对方配合，进行复查。对于查出的违禁物品，安检人员须按规定妥善处理。

（4）违禁物品的保管：安检人员明确告知对方，对于违禁物品铁路部门无保管和丢失赔偿义务。收缴的物品须集中存放，并做好书面记录，禁止据为己有。

（三）任务结束

（1）关闭设备：待指挥员下达停止工作命令后，各小组关闭安检设备。根据需要，做好设备断电、防雨、防盗、防破坏等保管工作。

（2）上交违禁物品：安检人员上交违禁物品，组长负责盘点，核对记录本。以小组为单位，配合指挥员，向执法部门或铁路相关部门上交违禁物品。

（3）上交装备：组长负责检查对讲机、对讲耳机、取证仪器、手持探测仪等装备的使用情况，检查无问题，上交指挥员。

（4）收队撤回：各小组进入集合地点，指挥员整队清点人数，讲评执勤工作，收队撤回。

四、旅客禁止携带品要求

（一）国家铁路局、公安部禁止携带物品目录

（1）枪支、子弹类（含主要零部件）。

① 军用枪：手枪、步枪、冲锋枪、机枪、防暴枪等，以及各类配用子弹。

② 民用枪：气枪、猎枪、运动枪、麻醉注射枪等，以及各类配用子弹。

③ 其他枪支：道具枪、发令枪、钢珠枪等。

④ 上述物品的样品、仿制品。

（2）爆炸物品类。

① 弹药：炸弹、照明弹、燃烧弹、烟幕弹、信号弹、催泪弹、毒气弹、手雷、手榴弹等。

② 爆破器材：炸药、雷管、导火索、导爆索等。

③ 烟火制品：礼花弹、烟花、鞭炮、摔炮、拉炮、砸炮、发令纸等各类烟花爆竹，以及黑火药、烟火药、引火线等。

④ 上述物品的仿制品。

（3）管制器具。

① 管制刀具：匕首、三棱刀（包括机械加工用的三棱刮刀）、带有自锁装置的弹簧刀，以及其他类似的单刃、双刃刀等。

② 其他器具：警棍、催泪器、催泪枪、电击器、电击枪、防卫器、弓、弩等。

（4）易燃易爆物品。

① 压缩气体和液化气体：氢气、甲烷、乙烷、丁烷、天然气、乙烯、丙烯、乙炔（溶于介质的）、一氧化碳、液化石油气、氟利昂、氧气（供病人吸氧的袋装医用氧气

除外)、水煤气等。

② 易燃液体：汽油、煤油、柴油、苯、乙醇（酒精)、丙酮、乙醚、油漆、稀料、松香油及含易燃溶剂的制品等。

③ 易燃固体：红磷、闪光粉、固体酒精、赛璐珞、发泡剂 H 等。

④ 自燃物品：黄磷、白磷、硝化纤维（含胶片)、油纸及其制品等。

⑤ 遇湿易燃物品：金属钾、钠、锂、碳化钙（电石)、镁铝粉等。

⑥ 氧化剂和有机过氧化物：高锰酸钾、氯酸钾、过氧化钠、过氧化钾、过氧化铅、过醋酸（过氧乙酸)、双氧水（过氧化氢）等。

(5) 毒害品：氰化物、砒霜、剧毒农药等剧毒化学品，以及硒粉、苯酚等。

(6) 腐蚀性物品：硫酸、盐酸、硝酸、氢氧化钠、氢氧化钾、蓄电池（含氢氧化钾固体、注有酸液或碱液的)、汞（水银）等。

(7) 放射性物品：放射性同位素等。

(8) 传染病病原体：乙肝病毒、炭疽杆菌、结核杆菌、艾滋病病毒等。

(9) 其他危害列车运行安全的物品，如可能干扰列车信号的强磁化物、有强烈刺激性气味的物品、不能判明性质可能具有危险性的物品等。

(10) 国家法律、行政法规、规章规定的其他禁止携带、运输的物品。

（二）中国铁路总公司铁路进站乘车禁止和限制携带物品

根据国务院颁布的《铁路安全管理条例》等国家法律、行政法规、规章等规定，为维护铁路公共安全，确保广大旅客安全旅行，中国铁路总公司规定的铁路进站乘车禁止和限制携带物品如下。

(1) 请勿携带以下枪支、子弹类（含主要零部件)：

手枪、步枪、冲锋枪、机枪、防暴枪等军用枪，以及各类配用子弹（含空包弹、战斗弹、检验弹、教练弹)；气枪、猎枪、运动枪、麻醉注射枪等民用枪，以及各类配用子弹；道具枪、仿真枪、发令枪、钢珠枪、消防灭火枪等其他枪支；上述物品的样品、仿制品。

军人、武警、公安人员、民兵、射击运动员等人员携带枪支子弹的，按照国家法律法规的有关规定办理并严格执行枪弹分离等有关枪支管理规定。

(2) 请勿携带以下爆炸物品类：

炸弹、照明弹、燃烧弹、烟幕弹、信号弹、催泪弹、毒气弹、手雷、手榴弹等弹药；炸药、雷管、导火索、导爆索、爆破剂、发爆器等爆破器材；礼花弹、烟花、鞭炮、摔炮、拉炮、砸炮、发令纸等各类烟花爆竹，以及黑火药、烟火药、引火线等烟火制品；上述物品的仿制品。

(3) 请勿携带以下器具：

匕首、三棱刀（包括机械加工用的三棱刮刀)、带有自锁装置的弹簧刀，以及其他类似的单刃、双刃刀等管制刀具；管制刀具以外的，可能危及旅客人身安全的菜刀、餐刀、屠宰刀、斧子等利器、钝器；警棍、催泪器、催泪枪、电击器、电击枪、射钉枪、防卫器、弓、弩等其他器具。

（4）请勿携带以下易燃易爆物品：

氢气、甲烷、乙烷、丁烷、天然气、乙烯、丙烯、乙炔（溶于介质的）、一氧化碳、液化石油气、氟利昂、氧气（供病人吸氧的袋装医用氧气除外）、水煤气等压缩气体和液化气体；汽油、煤油、柴油、苯、乙醇（酒精）、丙酮、乙醚、油漆、稀料、松香油及含易燃溶剂的制品等易燃液体；红磷、闪光粉、固体酒精、赛璐珞、发泡剂 H 等易燃固体；黄磷、白磷、硝化纤维（含胶片）、油纸及其制品等自燃物品；金属钾、钠、锂、碳化钙（电石）、镁铝粉等遇湿易燃物品；高锰酸钾、氯酸钾、过氧化钠、过氧化钾、过氧化铅、过醋酸（过氧乙酸）、双氧水（过氧化氢）等氧化剂和有机过氧化物。

（5）请勿携带以下剧毒性、腐蚀性、放射性、传染性、危险性物品：

氰化物、砒霜、硒粉、苯酚等剧毒化学品，以及毒鼠强等剧毒农药（含灭鼠药、杀虫药）；硫酸、盐酸、硝酸、氢氧化钠、氢氧化钾、蓄电池（含氢氧化钾固体、注有酸液或碱液的）、汞（水银）等腐蚀性物品；放射性同位素等放射性物品；乙肝病毒、炭疽杆菌、结核杆菌、艾滋病病毒等传染病病原体；《铁路危险货物品名表》所列除上述物品以外的其他危险物品及不能判明性质可能具有危险性的物品。

（6）请勿携带以下危害列车运行安全或公共卫生的物品：

可能干扰列车信号的强磁化物，有强烈刺激性气味的物品，有恶臭等异味的物品，活动物（导盲犬除外），可能妨碍公共卫生的物品，能够损坏或者污染车站、列车服务设施、设备、备品的物品。

（7）限量携带以下物品：不超过 20 毫升的指甲油、去光剂、染发剂；不超过 120 毫升的冷烫精、摩丝、发胶、杀虫剂、空气清新剂等自喷压力容器；安全火柴 2 小盒；普通打火机 2 个。

（8）其他禁止和限制旅客携带物品按照国家法律、行政法规、规章规定办理。

（9）违规携带上述物品，依照国家法律法规的规定处理。

任务四　铁路客票系统

【技能目标】

能登录计算机售票系统；
能按售票规章的相关规定进行窗口售票作业；
能根据相关规定完成退票作业。

【知识点】

计算机售票系统登录；
窗口售票作业；
退票作业。

【任务的提出】

在理解、掌握售、退票规章的基础上，学习具体售、退票业务的操作。在进行售、退票作业时，一定要注意按照相关售、退票规章进行售、退票作业。

【相关知识】

一、计算机售票系统登录

(1) 打开UPS电源，打开制票计算机，进入制票机初始化界面（见图5－13）。

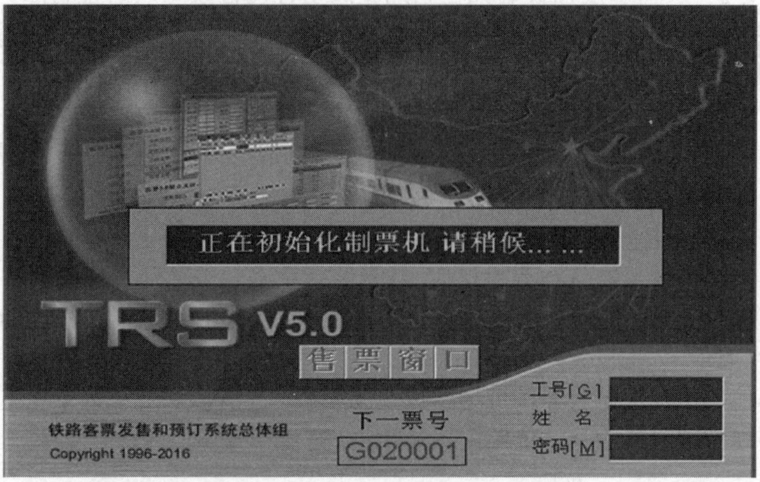

图5－13 制票机初始化界面

(2) 如图5－14所示，在制票机初始化完成后，输入工号、姓名和密码。

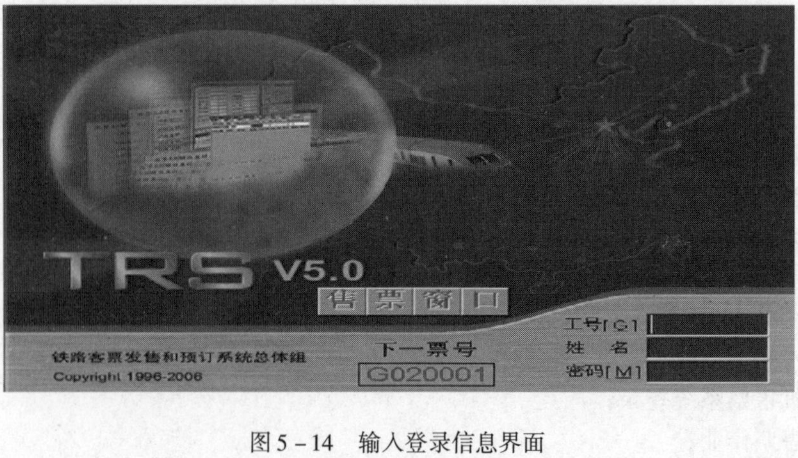

图5－14 输入登录信息界面

(3) 如图 5－15 所示，选择售票班次（白班或者夜班）。

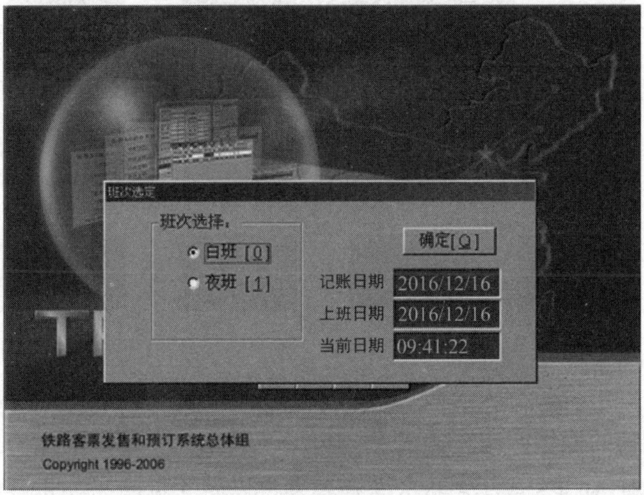

图 5－15　选择售票班次界面

二、窗口售票作业（此处配备微课视频）

（一）普通票发售

1. 普通票发售的要素

普通票发售的要素如图 5－16 所示。

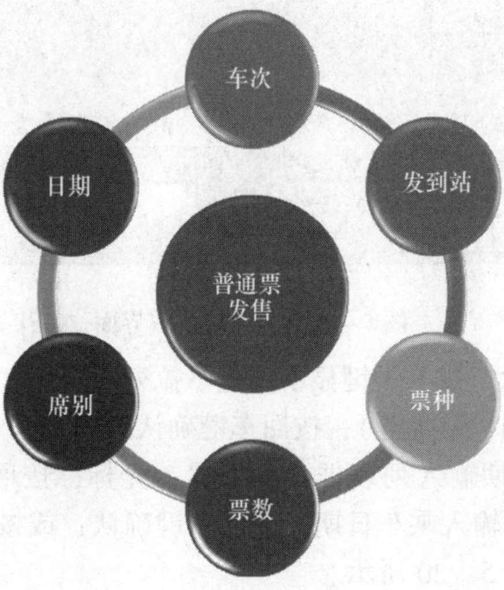

图 5－16　普通票发售的要素

2. 普通票发售的基本流程

普通票发售的基本流程如图 5－17 所示。

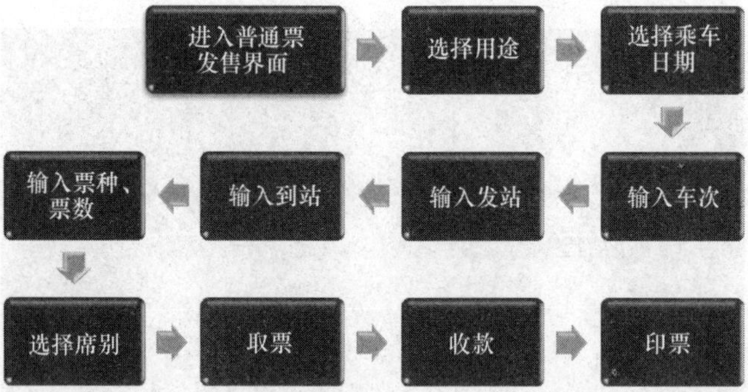

图5－17　普通票发售的基本流程

3. 普通票发售的操作方法

（1）通过热键 Alt＋S 或菜单进入普通票发售界面（见图5－18）。

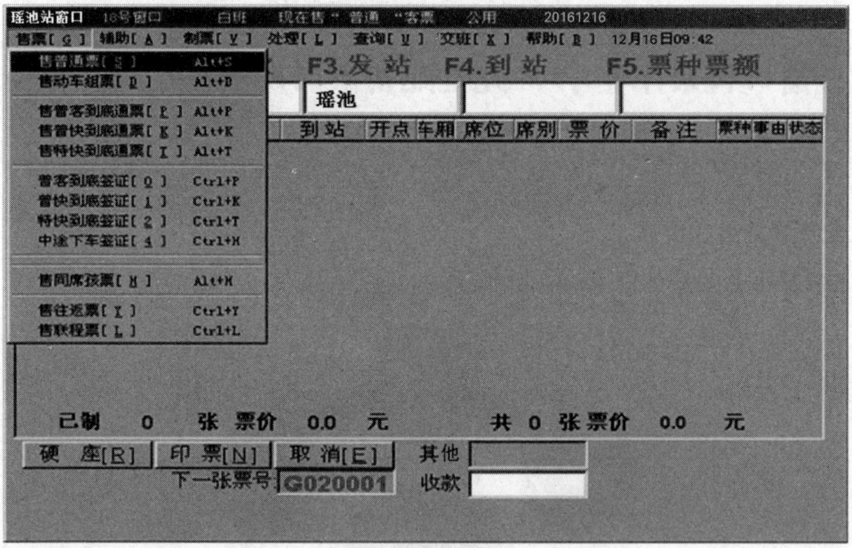

图5－18　普通票发售界面

（2）如图5－19所示，按 F11 键显示用途下拉列表，用"→""←"或空格键移动光标至相应用途（有公用、学生等），按回车键确认。

（3）按 F1 键打开日期输入列表框，上下移动光标，按回车键确认；或按 Alt＋Q 将光标切入日期输入框，输入乘车日期，按回车键确认；或按 F1 键加数字键设置乘车日期。日期选择界面如图5－20所示。

（4）如图5－21所示，按 F2 键可以转换到车次栏，输入车次，按回车键确认。

（5）若不另外按 F3 键选择发站，系统默认发站为售票地车站，光标自动跳至到站栏，显示本列车终点站并打开到站下拉菜单。到站选择界面如图5－22所示。

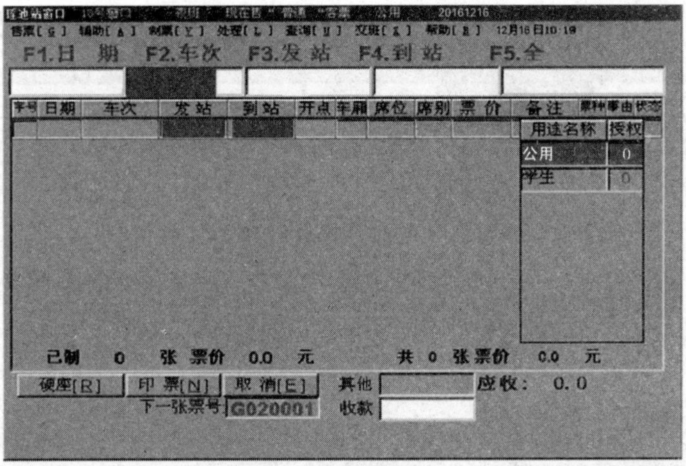

图 5-19　用途确认界面

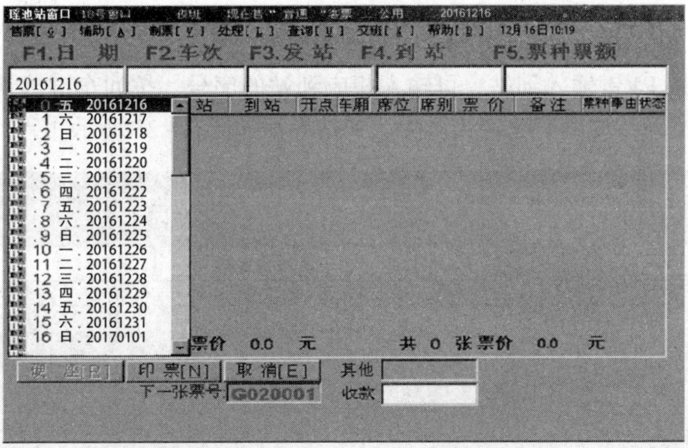

图 5-20　日期选择界面

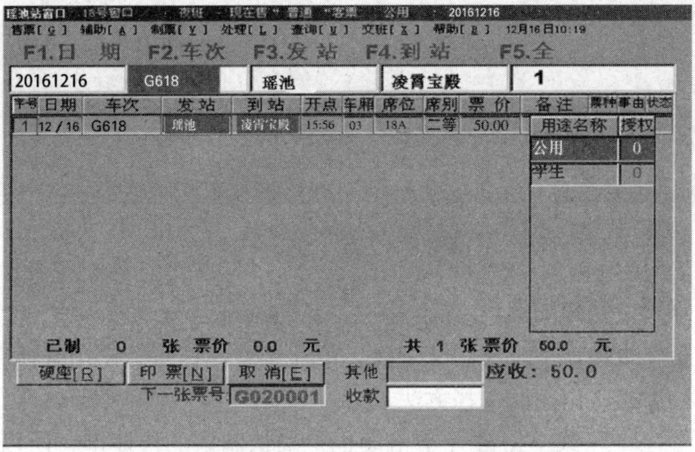

图 5-21　按车次发售车票界面

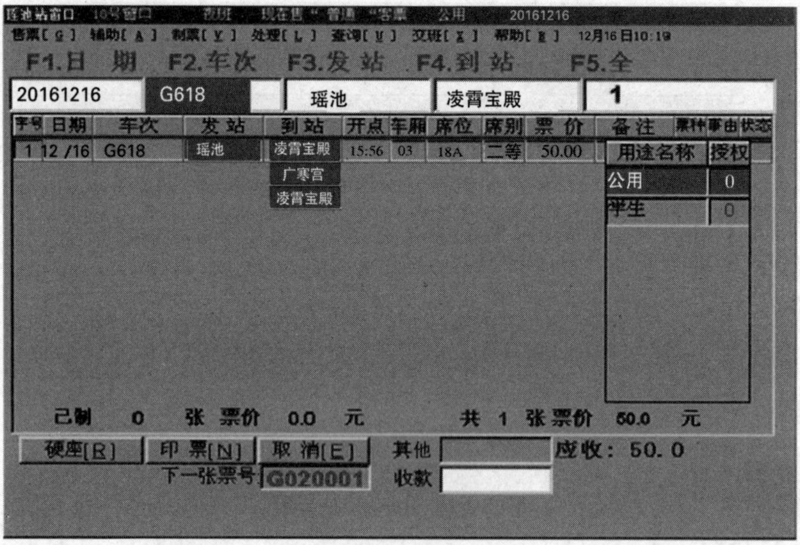

图 5 – 22　到站选择界面

（6）还可按 F4 键输入到站，可输入相应到站的序号，按回车键确认；也可输入到站拼音码或电报码，按回车键确认。确认到站界面如图 5 – 23 所示。

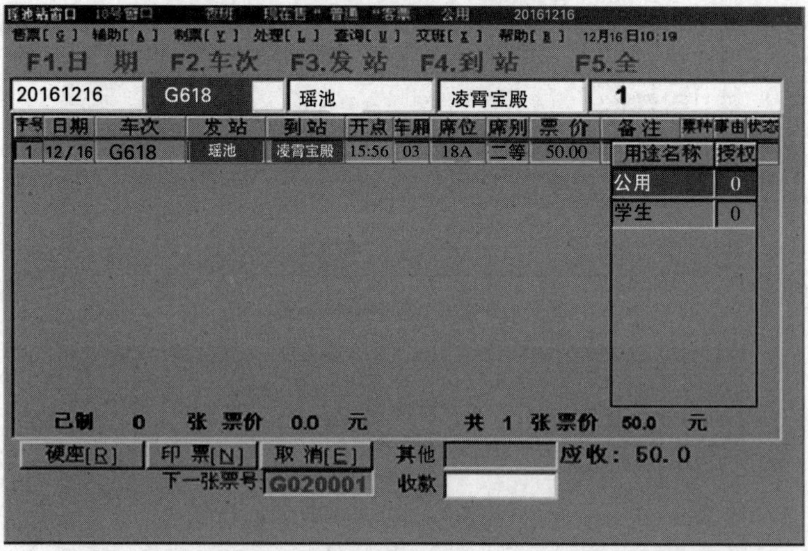

图 5 – 23　确认到站界面

4. 票种、席别、票数的选择

（1）票种包括 7 种：全、孩、学、残、单（免费小孩单独使用卧铺）、免、探。

（2）票种、席别、票数的选择方法：

① 用“→”“←”或空格键（空格键也是确认制票的快捷键，所以一定要确认光标在票种栏中时才能用空格键切换票种）移动光标至相应票种；

② 如图 5－24 所示，按 F7 键显示席别下拉列表，选择席别或输入席别代码。

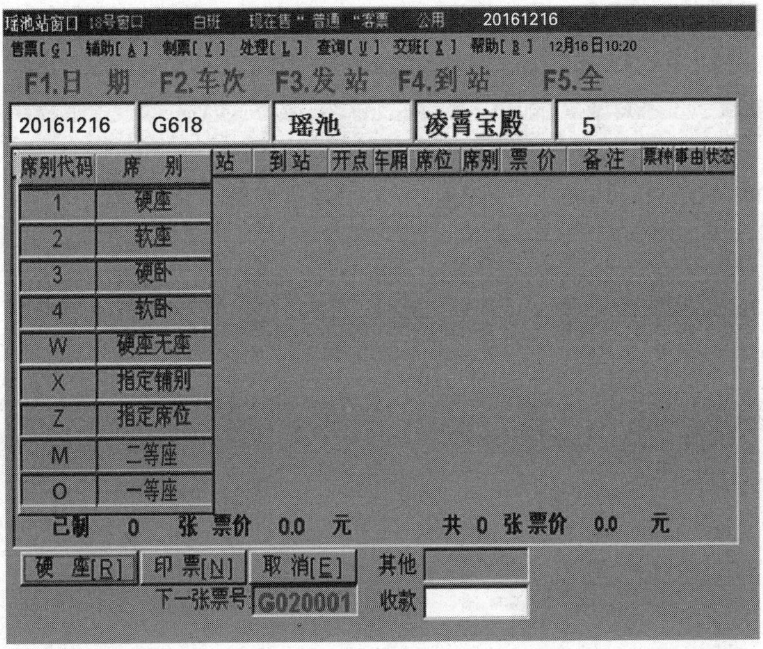

图 5－24　选择席别界面

③ 如果选择了座席，直接输入票数，如 5 张票就直接输入 5。

④ 如果选择了卧席，则出现铺别数输入界面（见图 5－25）。

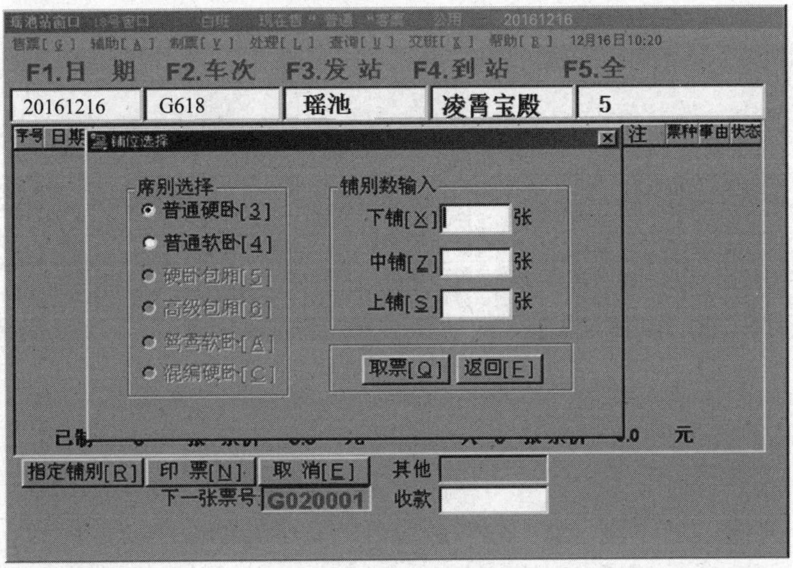

图 5－25　铺别数输入界面

⑤ 按回车键确认。

5. 确认制票

（1）如图 5－26 所示，系统将席（铺）位取出后，屏幕上显示全部席（铺）位信息。

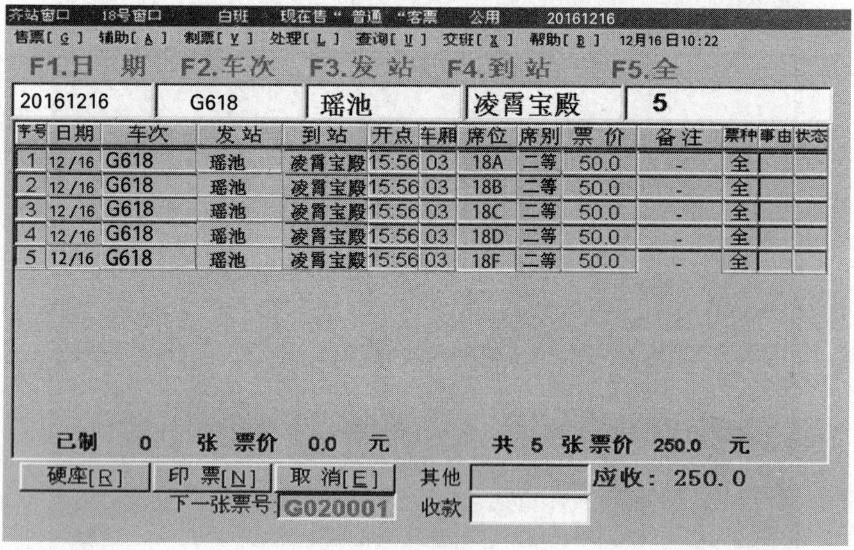

图 5－26 车票信息界面

（2）如图 5－27 所示，如果要取消个别席（铺）位，按 F9 键让光标切换至选取的票上，再移动光标至要取消的票上，按 Alt＋E 键取消，选定的席（铺）位返回席（铺）位库。

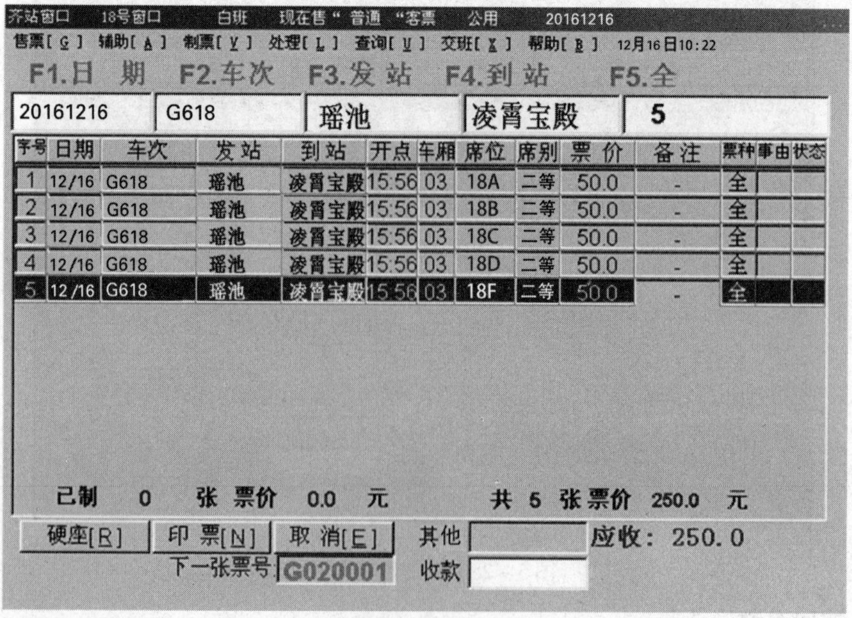

图 5－27 席位取消界面

（3）制票。

按空格键确认制票后，可在制票机出票口（见图5－28）取出车票。

图5－28　制票机出票口

（二）办理始发签证

1. 始发签证

始发签证是指旅客在始发站变更乘车日期、车次、席（铺）位时需要办理的签证手续。

2. 作业流程

办理始发签证作业流程如图5－29所示。

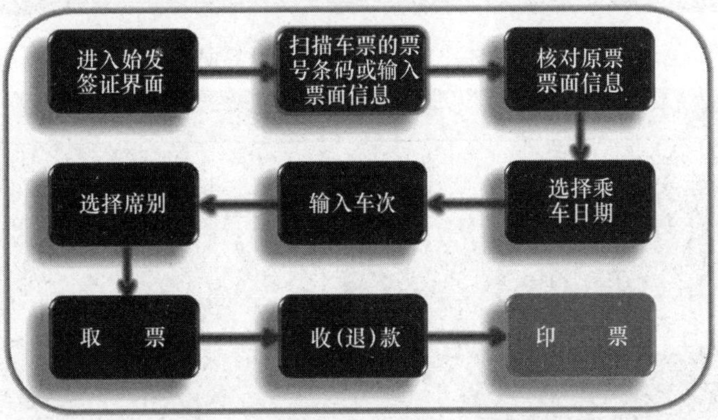

图5－29　办理始发签证作业流程

3. 操作步骤

（1）如图5－30所示，扫描车票的票号条码，也可手工输入票面信息。

（2）如图5－31所示，核对计算机系统页面的信息是否与原票相符。

（3）如图5－32所示，核对重新输入的新票信息是否与旅客要求的日期、车次相符，产生差额时，实行多退少补。

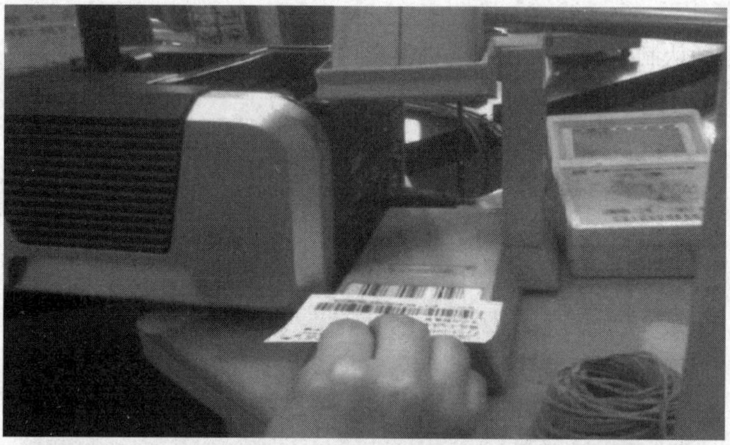

图 5-30　扫描车票的票号条码

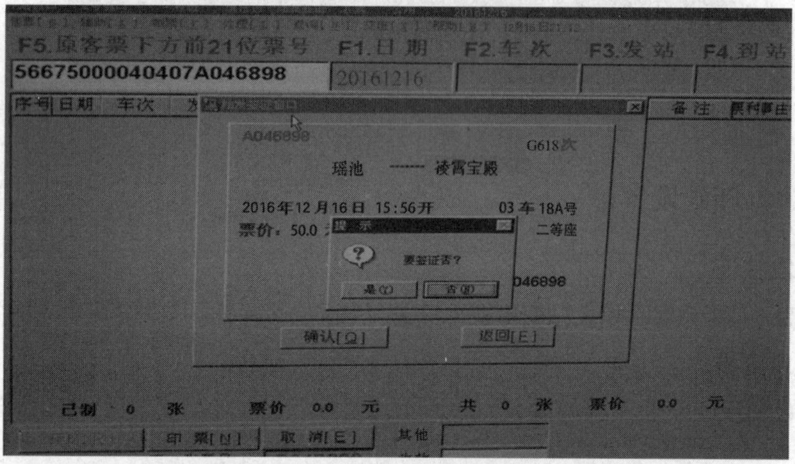

图 5-31　核对原票信息界面

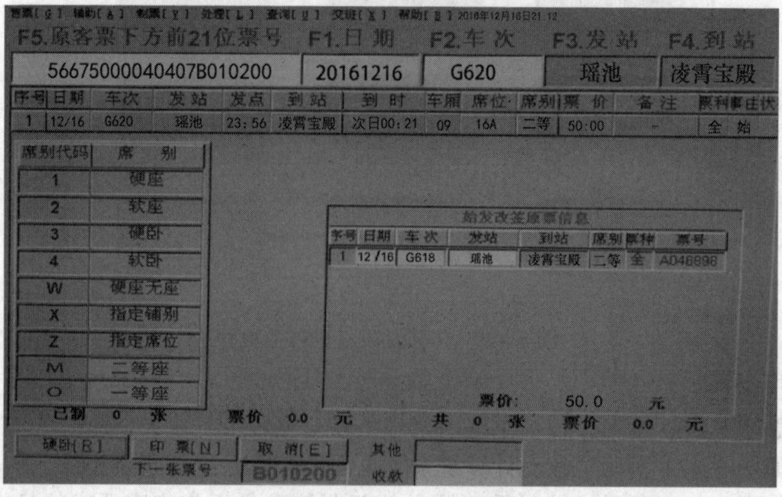

图 5-32　改签办理界面

（4）如图 5－33 所示，新票信息核对正确后按确认键，打印始发改签车票。

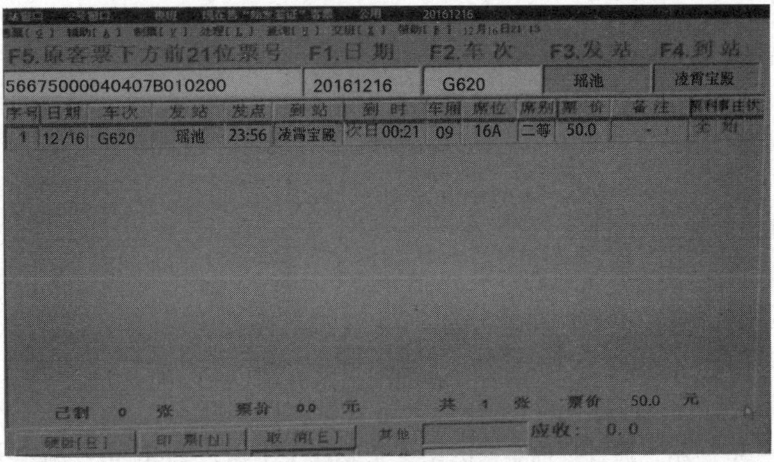

图 5－33　打印始发改签车票

（5）如图 5－34 所示，在原车票正面加盖“改签”戳，将原车票用纸绳穿订，妥善保管，切勿丢失。

图 5－34　原车票处理

（6）如图 5－35 所示，打印出新车票。

图 5－35　打印新车票

（三）办理中转签证

1. 中转签证

（1）中途临时下车，须办理中转签证，否则不能继续旅行。

（2）因起点站到目的站没有直达列车而购买通票时，必须持通票在中转车站办理中转签证。

2. 办理中转签证的条件

（1）窗口有办理中转签证的权限。

（2）购票旅客持有有效的车票。

（3）窗口有发售相应票种、用途、日期车票的权限。

3. 中转签证改签方式

如图 5－36 所示，通过扫描车票的票号条码或手工输入 21 位票号进入中转签证办理界面，然后按规定的程序操作。

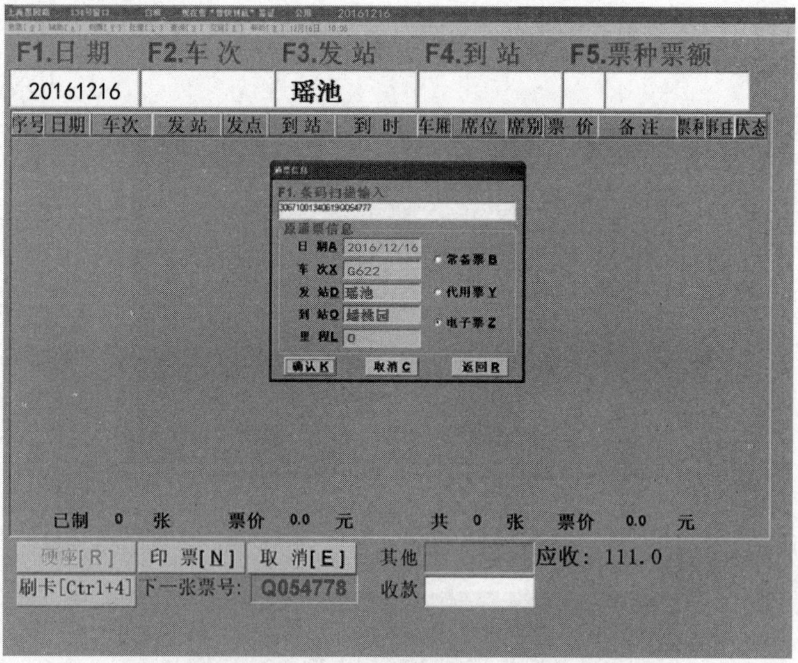

图 5－36 中转签证办理界面

（四）联程票

1. 联程票的特点

（1）发售联程票可方便旅客，提高列车上座率。

（2）联程票可以异地发售。

2. 联程票发售操作步骤

（1）如图 5－37 所示，在普通票发售界面发售联程票的第一张车票。

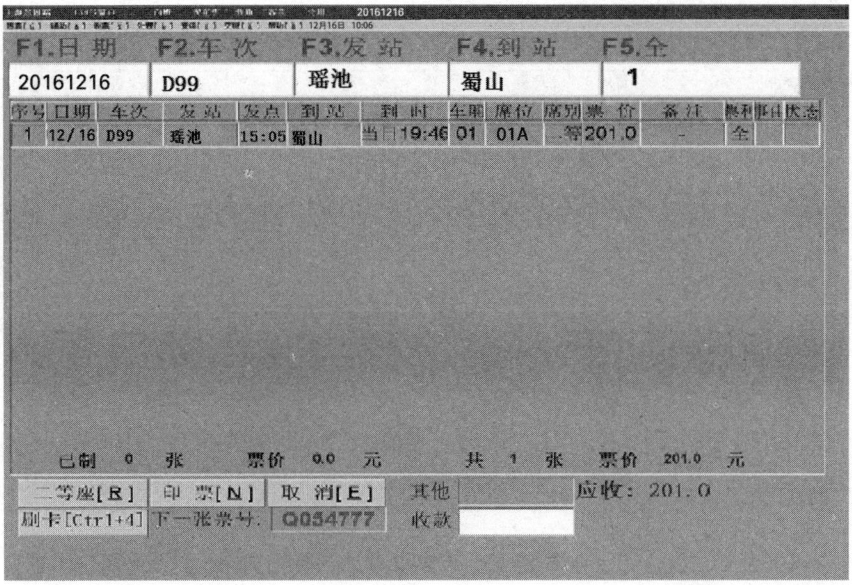

图 5－37　发售联程票的第一张车票界面

（2）如图 5－38 所示，按 Ctrl＋L 键切换到联程票发售界面发售联程票。

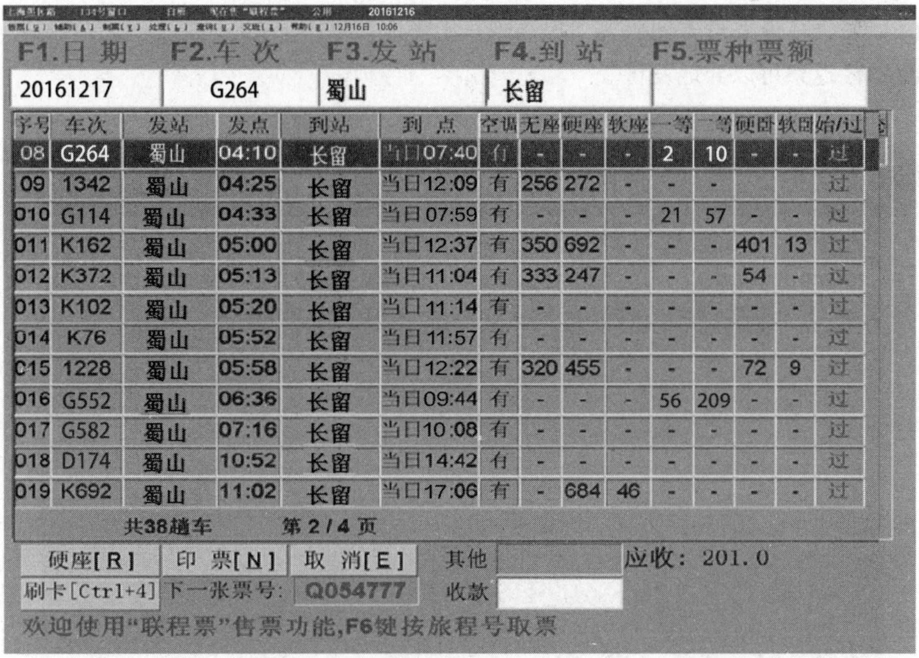

图 5－38　联程票发售界面

（3）继续发售下一段联程票或打印车票。打印联程票界面如图 5－39 所示。

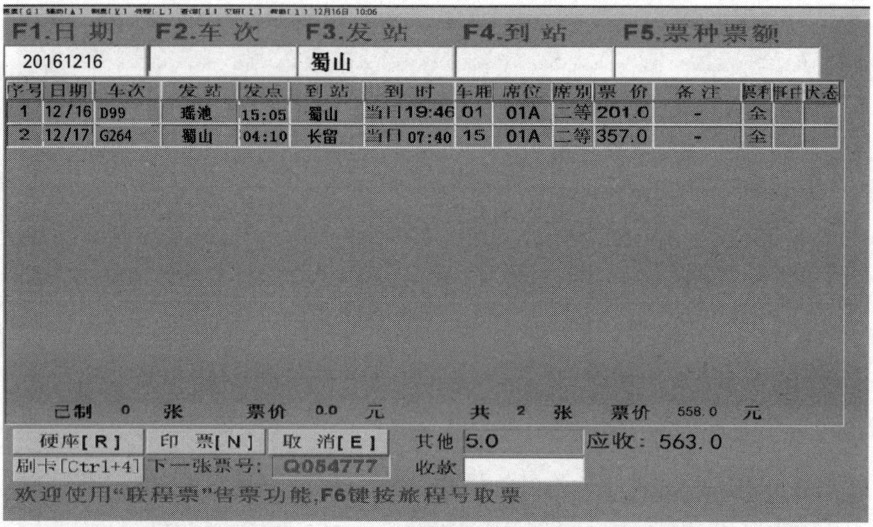

图 5－39　打印联程票界面

(五) 往返票

1. 往返票的特点

(1) 发售往返票可方便旅客，提高列车上座率。

(2) 往返票可以异地发售。

2. 往返票发售操作步骤

(1) 如图 5－40 所示，在普通票操作界面发售去程票。

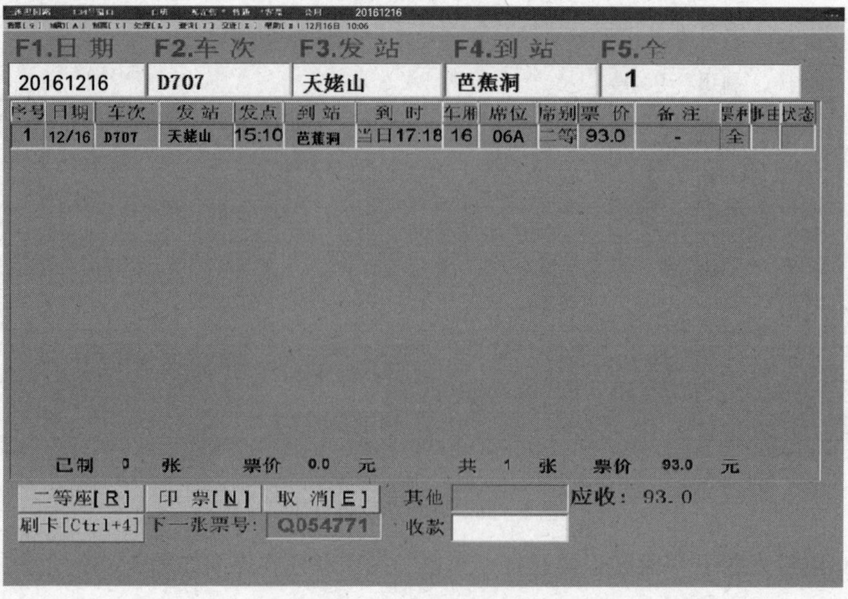

图 5－40　发售去程票界面

（2）如图 5－41 所示，按 Ctrl + Y 键切换到返程票发售界面，发售返程票。

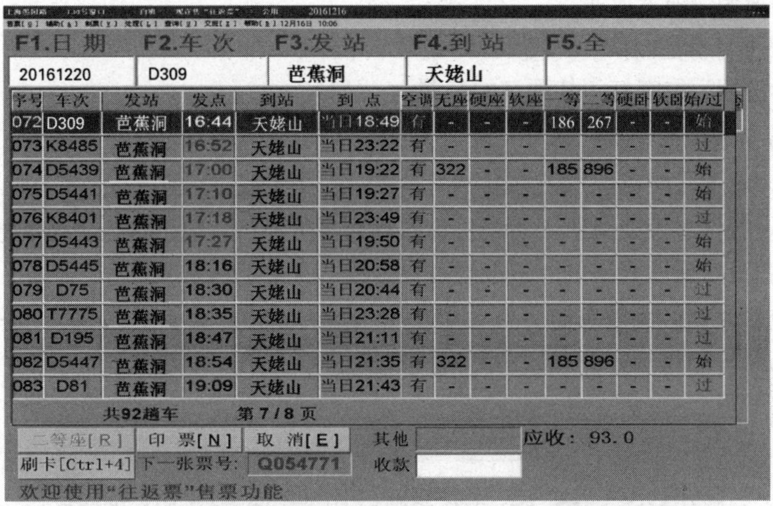

图 5－41　发售返程票界面

（3）如图 5－42 所示，打印往返车票。

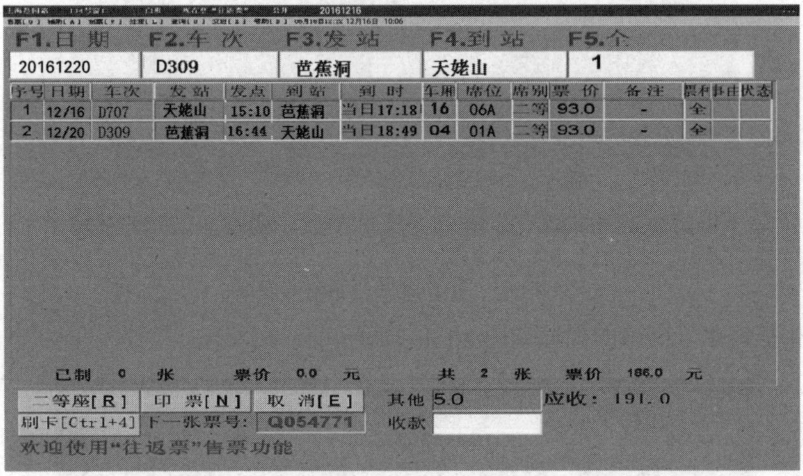

图 5－42　打印往返票界面

（六）已预订车票的制票

1. 已预订车票制票的分类

（1）根据合同号制票。

个人使用互联网和电话订票时，系统会生成合同号，可根据合同号确认购票信息，进行制票。

（2）根据流水号制票。

团体订票时，企业经办人根据《企业确认订票计划通知书》上的流水号，严格按照取票时间安排（不按时间安排到取票点无法取票），携带本单位公章或财务专用章，凭加盖单位公章的《企业确认订票计划通知书》（请企业于取票前复印留存）、经办人身份证原件到指定地点取票。

（3）根据身份证制票。

根据身份证为旅客打印其预订的车票。

2. 制票系统中的制票代码

（1）0：根据合同号、流水号制票。

（2）1：根据身份证制票（可通过设备读取身份证信息也可输入身份证号码）。

（3）2：身份证读取制票（只能通过设备读取身份证信息）。

3. 已预订车票的制票界面

（1）根据合同号制票的界面如图5－43所示。

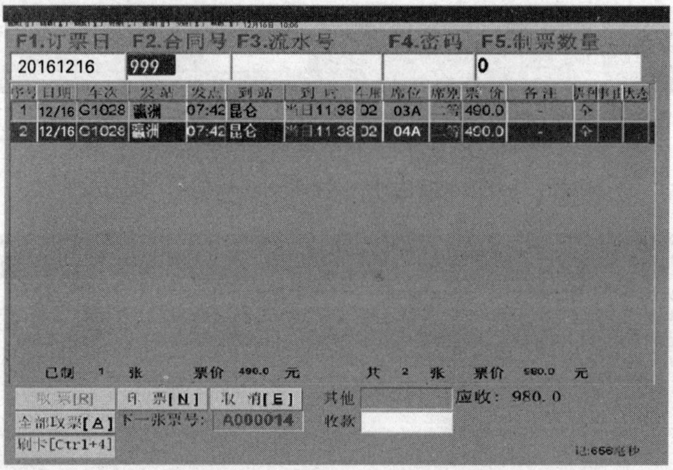

图5－43 根据合同号制票的界面

（2）根据流水号制票的界面如图5－44所示。

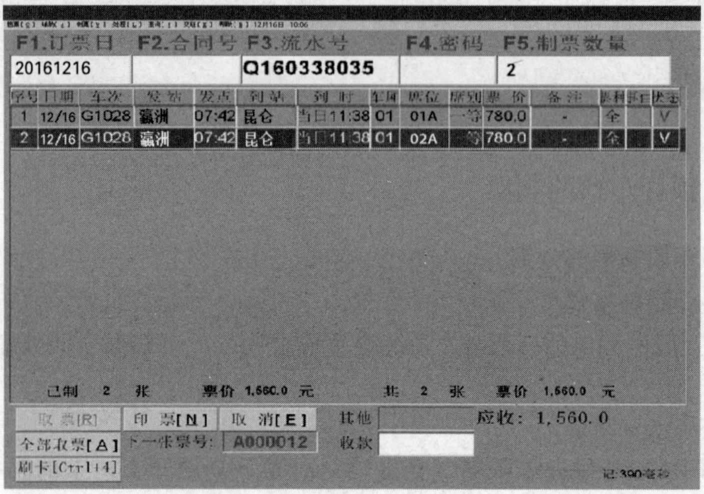

图5－44 根据流水号制票的界面

（3）根据身份证制票的界面如图5－45所示。

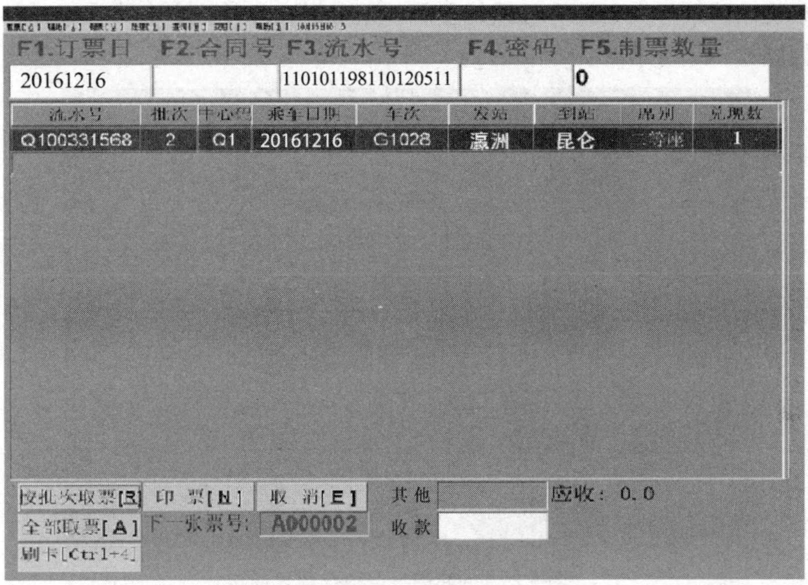

图5－45　根据身份证制票的界面

（七）故障处理

1. 补制空白票

当制票机内的票号小于计算机系统显示的票号时，应印制空白作废票。空白作废票制票界面如图5－46所示。

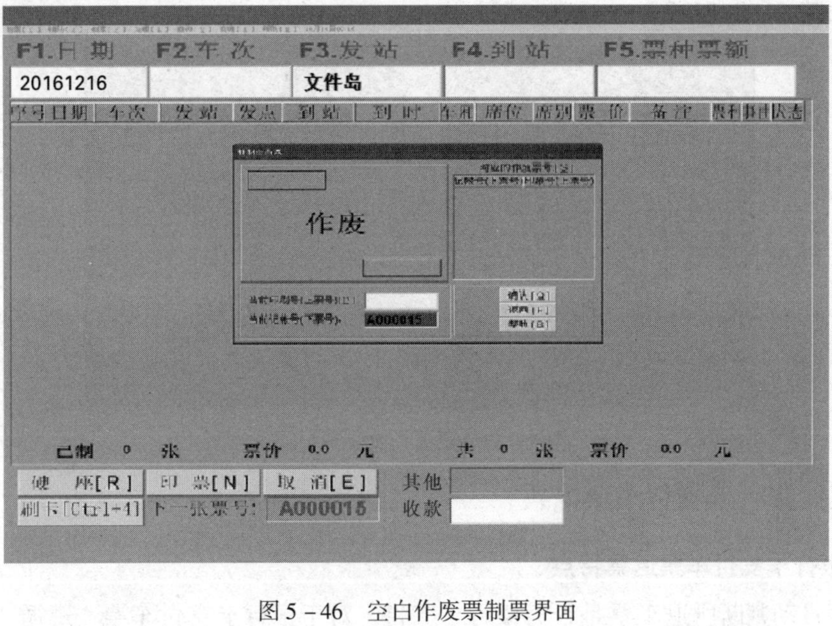

图5－46　空白作废票制票界面

2. 空白票处理

当制票机内的票号大于计算机系统显示的票号时，应补记空白票存根。补记空白票存根界面如图 5-47 所示。

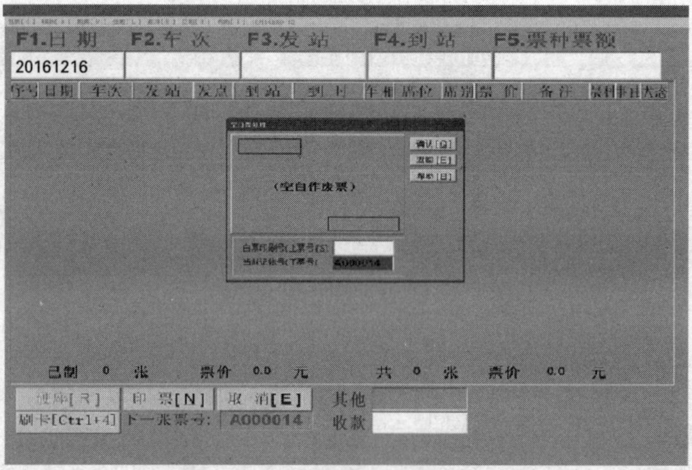

图 5-47 补记空白票存根界面

三、退票

(一) 现金购票的退票操作

旅客可持车票或有效身份证件在窗口办理退票业务。扫描车票条码（也可手工输入车票号）或输入、读取身份证件号码后，程序自动查找售票信息，将票面信息还原供操作员核对车票，根据选定的退票理由计算手续费和净退款，退回席位。票面信息还原界面如图 5-48 所示。

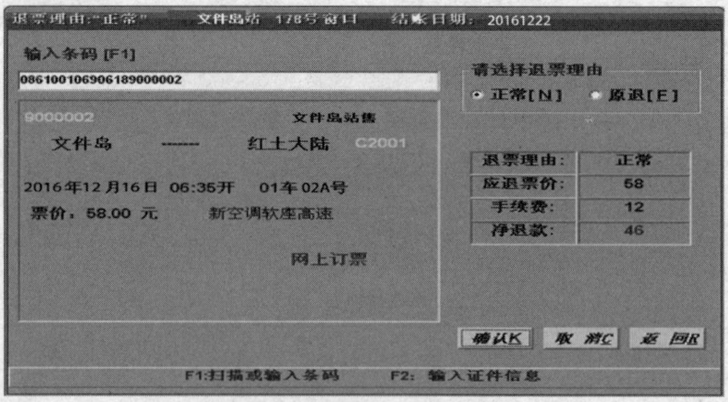

图 5-48 票面信息还原界面

(二) 银行卡支付车票退票

1. 银行卡支付车票退票特点

程序自动判断所退车票是否为银行卡支付，对于银行卡支付车票，遵循“卡售卡退”原则，确认退票后，售票系统自动将净退款返回购票时使用的银行卡中。

2. 银行卡支付车票退票操作步骤

（1）如图5－49所示，银行卡支付车票退票时，在退票界面会显示购票所使用银行卡的卡号。

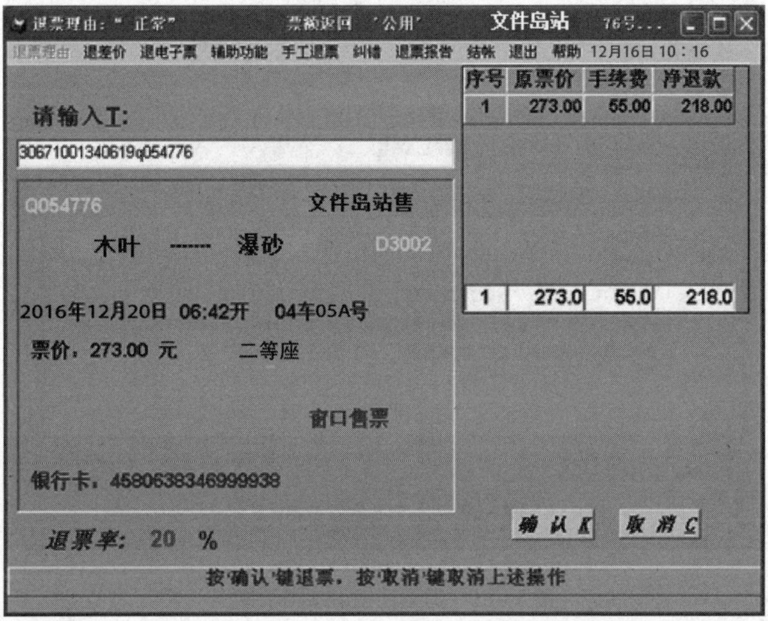

图5－49　银行卡支付车票的退票界面

（2）如图5－50所示，单击“确认”按钮后，界面会出现“此票为非现金支付，正在返款”提示。

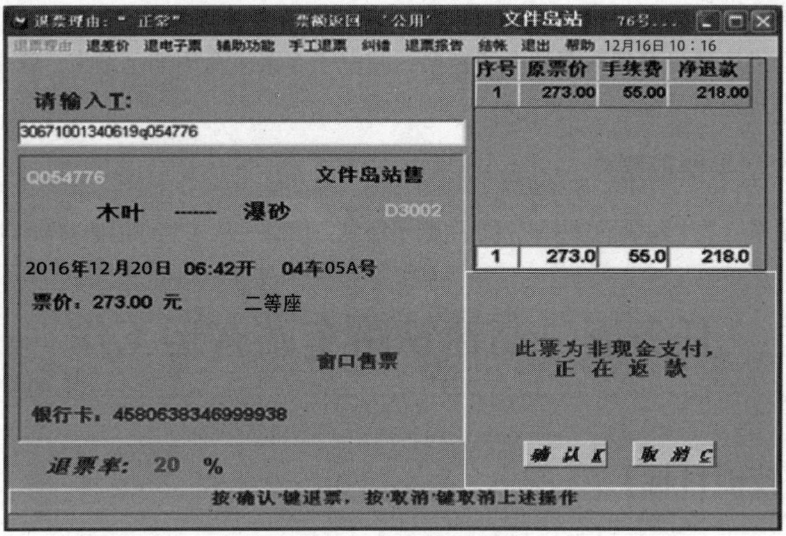

图5－50　返款处理界面

（3）如图5－51所示，退款成功后，系统会提示注意事项。

售票员要让旅客在POS机凭条下方指定位置处签名。将POS机凭条的持卡人联交由旅客保管，并提示旅客退票款会在15～20个工作日内退回购票时使用的银行卡内。

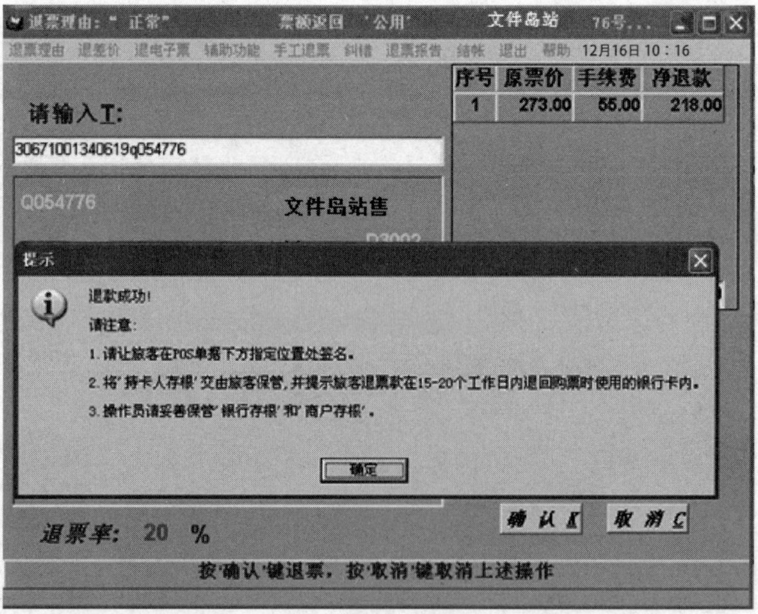

图5－51　退票注意事项提示界面

（三）电子车票退票

旅客在网上购买的车票，未在售票窗口、代售点或自助取票机取票时，可在网上自助办理退票手续。电子车票均在互联网上支付票款，退票遵循“卡售卡退”原则，“确认”退票时，售票系统自动将净退款返回购票时使用的银行卡中。对于已在售票窗口、代售点或自助取票机办理取票的电子客票，其电子客票生命周期已结束，需要持取出的普通客票办理退票手续。

（四）学生票退票

在售票系统学生购票记录中查找学生购票信息，信息一致才允许退票并恢复购票次数。

任务五　高速铁路车站客运工作

【技能目标】

能掌握售票工作的基本要求；

能按规定组织旅客进站、候车、检票；
能按规定进行站台的客运组织与应急处理。

【知识点】

售票作业基本要求；
进站、候车、检票作业程序；
站台的客运组织与应急处理标准。

【任务的提出】

高速铁路客运工作的目标是完成旅客的购票、进站、乘车、出站流程，熟悉这些流程的相关规章要求并按规章完成客运工作是服务好旅客的基础。

【相关知识】

由于采用了进站检票，候车室和候车站台间没有障碍等原因，高速铁路客运工作相对既有线简单。高速铁路客运组织的主要内容包括售票、检票、正确引导旅客上下车和站台候车管理等。

一、售票作业流程

售票作业要严格执行相关作业标准（“六字售票法”），即：问、输、收、做、核、交。

（1）问。问清旅客购票方式、乘车日期、车次、发到站、席别、票种、张数、支付方式。

（2）输。输入旅客乘车日期、车次、选择发到站、票种、票数及席别。

（3）收。收取旅客购票票款后认真清点，并与旅客认真核对票面信息（采用24小时制核对乘车日期）。

（4）做。打印车票，如果旅客选择刷卡购票，则按 Ctrl +4 键进行刷卡，打印 POS 机凭条，将经旅客签字的 POS 机凭条的商户联粘贴到 POS 机凭条粘贴单上。

（5）核。核对票面上的上、下票号是否一致，以及价格是否正确，发现票号不一致或证件号码错误应及时改正。

（6）交。将车票、购票时使用的证件、余款、银行卡、POS 机凭条的持卡人联一起交给旅客。

1. 办理旅客现金购票作业流程

（1）做好售票准备，使用文明用语向旅客问好。

（2）问清旅客购票信息，如日期、车次、发到站、票数等，向旅客宣传可以购买往返票、联程票。按旅客要求，认真查找条件相符车次的余票。将所查到的票数情况告知旅客，征求旅客意见。在票数不足的情况下，向旅客推荐其他适合的车次。

（3）按顺序在计算机内录入旅客购票信息，包括乘车日期、车次，发到站、票种、席别、票数等，与旅客核对票面的详细信息，确认信息正确，选择现金支付。

（4）按机器显示金额，收取票款。使用验钞机验证大面额票款的真伪，向旅客唱报所收票款数额。

（5）将收到的票款数额输入计算机。再次与旅客核对车票信息、所交款额后，打印车票。

（6）确认票面上、下票号一致，票面不完整的车票禁止出售。

（7）将找零款和票面数额告知旅客，旅客无异议后，将车票及余款交予旅客。

（8）将所收票款按币种分类，放入抽屉。百元票款达到一万元时，将百元票款锁入保险柜。

2. 办理旅客银行卡购票作业流程

（1）做好售票准备，在 POS 机上进行签到，工号、密码与售票员登录售票系统的工号、密码相同。使用文明用语向旅客问好。

（2）问清旅客购票信息，如日期、车次、发到站、票数等，向旅客宣传可以购买往返票、联程票。按旅客要求，认真查找条件相符车次的余票。将所查到的票数情况告知旅客，征求旅客意见。在票数不足的情况下，向旅客推荐其他适合的车次。发售异地票时，提示旅客需用现金支付每张车票 5 元的异地手续费。

（3）按顺序在计算机内录入旅客购票信息，包括乘车日期、车次，发到站、票种、席别、票数等，与旅客核对票面的详细信息，确认信息正确，选择银行卡支付。

（4）在 POS 机上进行刷卡操作，提示旅客输入密码，并将打印的 POS 机凭条交给旅客签字后收回。

（5）再次与旅客核对车票信息、所刷卡金额后，打印车票。

（6）确认票面上、下票号一致。票面不完整的车票禁止出售。

（7）将消费金额告知旅客。将车票、银行卡、有效证件、POS 机凭条的持卡人联交予旅客。

（8）将经旅客签字的 POS 机凭条的商户联粘贴到 POS 机凭条粘贴单上。本班次结束后将 POS 机凭条粘贴单上交。

3. 办理旅客互联网购票的取票作业流程

（1）做好售票准备，使用文明用语向旅客问好。

（2）问清旅客订票时使用了哪种订票方式，确认旅客采用的是互联网购票方式。查看旅客递交的换票证件是否是有效证件。

（3）按 Alt + Y 键进入合同制票界面，并通过 Ctrl + W 键切换至取网上订票界面。将旅客身份证放在识别器上，按 F7 键读取信息，如旅客提供二代身份证原件以外的其他证件，请旅客出示订单号，将订单号与证件号一起输入系统。

（4）获取所订车票信息后，按回车键确认，界面出现旅客所订车票。根据旅客需要选择当次要取的车票或选择全部车票。与旅客核对票面的详细信息，确认信息正确。

换取异地票时，需收取每张票5元的异地手续费。再次与旅客核对车票信息，确认无误后制票。

(5) 与旅客核对张数、到站、车次等信息，将取票证件和车票交予旅客。

4. 办理旅客电话订票的取票作业流程

(1) 做好售票准备。使用文明用语向旅客问好。

(2) 问清旅客订票时使用了哪种订票方式，确认旅客所办业务为电话订票取票。查看旅客递交的有效身份证件原件或复印件。

(3) 按 Alt + Y 键进入合同制票界面，并通过 Ctrl + W 键切换至取普通票界面。将旅客身份证放在识别器上，按 F7 键读取信息。如旅客提供二代身份证原件以外的其他证件，请旅客出示订单号，将订单号与证件号一起输入系统。

(4) 获取所订车票信息后，按回车键确认，界面出现旅客所订车票。根据旅客需要选择当次要取的车票或选择全部车票。与旅客核对票面的详细信息，确认信息正确。根据计算机显示金额向旅客收取票款，旅客可使用现金或银行卡支付。将收到的票款数额输入计算机或进行刷卡操作。再次与旅客核对车票信息、所交款额，确认无误后制票。

(5) 将找零款和票面数额告知旅客。将车票及找零款或银行卡和 POS 机凭条的持卡人联交予旅客。

(6) 将所收票款按币种分类，放入抽屉，百元票款达到一万元时将百元票款锁入保险柜。如为刷卡方式取票，则将 POS 机凭条的商户联粘贴到 POS 机凭条粘贴单上。本班结束后将 POS 机凭条粘贴单上交。

二、检票作业流程

(1) 客运员（检票）在列车开车前20分钟列队到达检票口，每组闸机2人，检查检票闸机、自动感应门、扶梯、检票显示屏等设备的状态。

(2) 客运员（检票）利用区域广播向旅客介绍检票闸机、自动扶梯的使用方法和安全注意事项，引导持软纸车票和磁介质车票的旅客分别排队，引导重点旅客到队列前方优先检票进站。

(3) 旅服系统在列车开车前18分钟，广播播放检票准备信息，检票显示屏、引导显示屏显示准备检票信息，站台显示屏显示车次、开车时间、编组引导信息。

(4) 列车开车前15分钟旅服系统播放开始检票广播，每5分钟循环播报一次，检票显示屏、引导显示屏显示开始检票信息，客运值班员（综控）核对检票闸机操作终端是否处于检票状态。

(5) 客运员（检票）利用对讲机通知客运员（站台）检票开始，用语：“×站台××次列车开始检票”，客运员（站台）回答：“××次列车开始检票，×站台明白。”

(6) 客运员（检票）进行检票作业，引导旅客正确使用检票闸机，携带大件行李旅客经大件行李闸机检票进站；引导持软纸车票旅客经人工检票口检票进站，核对票面信息后加剪。

(7) 列车开车前3分钟，旅服系统播放停止检票广播，闸机关闭，检票显示屏显示停检状态，客运员（检票）核实检票闸机处于关闭状态、检票显示屏显示停检，停止该次列车检票作业，对人工检票口进行加锁。

（8）停检后，客运员（检票）在检票口值守，对当日当次未上车旅客，劝阻进站，并引导其到售票窗口办理改签或退票。

（9）检票口客运员接到站台列车开车通知后，检查设备设施状态，通知保洁人员对相关区域的环境卫生进行清理，列队退岗。

三、站台组织作业流程

1. 始发列车站台组织作业流程

（1）列车开车前20分钟客运员（站台）出场，客运员（站台）不少于2人（具体出场位置由各站自定），佩带对讲机、扩音器或口笛。

（2）客运员（站台）出场后，检查线路、站台有无异状，站台显示屏、时钟显示是否正确，扶梯、直梯作用是否良好，及时消除安全隐患，对无法消除的，报告综控室处置。

（3）列车发车前15分钟，客运员（检票）通知客运员（站台）开始检票，客运员（站台）站在指定地点立岗引导旅客。

（4）客运员（站台）对乘坐扶梯旅客进行安全宣传，引导旅客前往其车票所示车厢的上车位置。

（5）就重点旅客和重点工作与列车长办理交接。

（6）接到客运员（检票）停止检票通知后，客运员（站台）提醒还未上车的旅客及时上车，通知列车长本次列车停止检票。

（7）有上水作业和高铁快件作业的列车，客运员（站台）必须在确认上水作业和高铁快件作业完毕后，及时通知列车长。

（8）列车关闭车门后，客运员（站台）足踏安全白线，面向列车，发现异状，及时处置。

（9）列车开车后，客运员（站台）身体随列车转动，目送列车。通知客运值班员（综控）、客运员（检票）该次列车已经开车。

（10）列车驶出站台端部后，客运员（站台）对站台进行巡视，清理站内滞留人员，列队退岗。

2. 终到列车站台组织流程

（1）客运员（站台）于列车终到前10分钟出场，准备接车。

（2）客运员（站台）出场后，检查线路、站台有无异状，站台显示屏、时钟显示是否正确，扶梯、直梯作用是否良好，及时消除安全隐患，对无法消除的，报告综控室处置。

（3）列车进站后，利用对讲机通知综控室到达时间，通知客运员（出站）做好出站检票准备。

（4）与到达列车列车长办理站车交接。

（5）引导旅客经由出站流线出站，对重点旅客重点照顾。

（6）确认旅客全部离开站台后，利用对讲机通知客运员（出站）。

（7）清理站台。

四、出站口验票作业流程

（1）列车到站前5分钟，客运员（出站）检查检票闸机、自动感应门、扶梯、直梯等设备设施作用是否良好，打开卷帘门，核对出站显示屏的显示内容是否正确，及时消除安全隐患，对无法消除的，报告综控室。

（2）接到客运员（站台）通知列车进站后，客运员（出站）在指定位置立岗迎接旅客出站。

（3）旅客出站时，客运员（出站）向持磁介质车票的旅客宣传检票闸机使用方法，引导其通过检票闸机验票出站，对持软纸车票的旅客引导其经由人工验票口出站，并仔细查验车票。

（4）对无票人员和旅客违章携带物品办理补票、补费手续。办理补票、补费手续时，通知客运值班员（外勤）安排人员替岗。

（5）客运员（出站）在验票的同时要关注检票闸机的使用状态，发现问题及时处理，并对旅客做好解释工作。

（6）客运员（出站）接到客运员（站台）下车旅客已全部离开站台的通知，组织全部旅客验票出站后，对出站口进行锁闭，检查出站楼梯上有无滞留人员，对存在的卫生问题及时通知保洁人员进行清扫。

五、服务台接待重点旅客作业流程

（1）接到重点旅客接待任务后，及时掌握重点旅客所乘列车车次、需要帮助情况等信息并向客运值班主任报告。

（2）重点旅客需要使用轮椅时，客运员（服务台）要及时登记、提供轮椅（有送站人员时按规定办理相关手续，收取身份证或抵押金）并按客运值班主任指示将重点旅客安排到指定地点候车，重点监控，做好服务。

（3）客运员（服务台）掌握重点旅客所乘列车的运行情况，提前协助家属将重点旅客引导到检票口。

（4）客运员（检票）与客运员（站台）做好互控，经客运员（站台）同意后提前组织重点旅客检票进站，同时进行防护，保证旅客乘降安全。

（5）客运员（站台）就重点旅客与列车长进行重点交接。站车交接认真仔细，不漏项，手续齐全，互有签字。

（6）办理站车交接后，客运员（站台）将轮椅收回，无接发列车作业时送回服务台。

六、贵宾室接待服务作业流程

（1）客运值班主任接到相关任务通知后，通知客运员（贵宾室）提前2小时完成准备工作。客运员（贵宾室）须着装整齐规范，举止大方，表情自然，女性客运员

（贵宾室）化淡妆上岗。

（2）客运员（贵宾室）提前立岗。室内外卫生彻底清扫，消除死角，做到窗明地净，四壁无尘，室内灯光明亮（如灯具损坏，迅速报修），卫生间可喷洒少量空气清新剂，贵宾毛巾要进行消毒，提前将灯、空调、电视打开。备足开水、茶叶，准备白瓷杯（按接待任务人数准备）。

（3）客运员（贵宾室）携带备品齐全，熟练掌握列车运行情况。迎接、引导贵宾进入贵宾室后进行供水服务，并按规定程序上报。

（4）客运员（贵宾室）注意检查有无危险隐患，做好普通旅客引导，防止普通旅客与贵宾产生对流，警惕一切可疑问题。

（5）客运员（贵宾室）掌握列车运行情况，按贵宾指示，不需要工作人员在室内时，可关门后到门口立岗。

（6）接待任务结束后，客运员（贵宾室）立岗恭送贵宾，客运值班主任将贵宾送到站台乘车。

（7）客运员（贵宾室）检查有无贵宾遗失物品，通知保洁人员清理环境卫生。

七、高铁快件作业

设置高铁快件承运、交付办理窗口，提供托运单、高铁快件快递面单和必要的填写用具。承运高铁快件及时准确，实名验证，逐件安检，正确检斤、制票，唱收唱付。“站到站”和“站到门”高铁快件按到站和服务产品正确分拣、装箱。装卸、搬运高铁快件时轻搬轻放，堆码整齐。装车时，按计划方案装载，站、车认真核对、准确交接，装车完毕及时确认信息，做到不逾期、不破损、不丢失。运输过程中发生高铁快件包装松散、破损时，有记录、有交接。

高铁快件到站卸车时，相关人员提前到位，立岗接车，准确交接。集装件外包装、施封破损或集装件短少的，凭客运记录核实现状，办理交接。到达的高铁快件要核对票据，妥善保管，及时通知，正确交付。“站到站”和“站到门”集装件双人拆箱，一箱一清。对无法交付的高铁快件按规定处理。认真处理高铁快件站间运输差错，发生高铁快件损失比照行李包裹损失处理的有关规定执行，先赔付、后定责。作业区无闲杂人员出入，禁止非高铁快件工作人员查找、搬运高铁快件。发现非工作人员持集装件出站时，当场制止。高铁快件装卸人员须经装卸作业知识、技能和铁路安全知识培训合格，持证上岗。

八、列车给水、吸污作业

给水站根据给水方案配备给水人员并确保相关防护用具齐全。给水人员按指定线路提前到指定位置接送车，有人防护，同去同回。按规定程序及时上水，始发列车辆辆满水，中途站按给水方案补水，给水作业完成后，锁闭注水口的挡板，水管回卷到位（管头插入上水井内）。吸污站按规定进行吸污作业，保持作业清洁。相关作业完毕后，须及时向客运员（站台）报告。

九、应急处置

遇恶劣天气、列车停运、大面积晚点、启动热备车底、突发大客流、设备故障、客票（服）系统故障、火灾爆炸、重大疫情、食物中毒、作业车辆（设备）坠入站台、旅客人身伤害等非正常情况时，及时启动应急预案，掌握售票、候车、旅客滞留等情况，维持站内秩序，准确通报信息，做好咨询、解释、安抚等善后工作。

列车晚点15分钟以上时，根据调度通报，公告列车晚点信息，说明晚点原因、晚点时间，广播每次间隔不超过30分钟。电子显示屏实时显示晚点信息。按规定办理退票、改签或提供免费饮、食品，协调市政交通。遇列车在车站空调失效时，站车共同组织处理，必要时，组织旅客下车、换乘其他列车或疏散到车站安全处所，到站按规定退还票价差额。遇车底变更时，车站按车底变更计划调整席位，组织旅客换乘，并按规定办理改签、退票。遇售票、检票系统故障时，组织设备维护部门进行故障排查，按规定启用应急售票、换票程序，组织人工办理检票。

遇列车故障途中需更换车底时，在车站换乘的，由客运调度员通知换乘站、高铁快件到站，由换乘站组织集装件换车。在区间换乘的，集装件不换至救援车，由故障车所在地铁路局根据救援方案一并安排随车运送至动车运用所所在地高铁车站，动车运用所所在地高铁车站编制客运记录并安排最近车次运送至到站。

春、暑运等客流高峰时期，换票、验证、安检、进站等处所应设有快速（绿色）通道。

任务六　高速铁路车站综合控制室工作

【技能目标】

掌握综合控制室的工作内容；
掌握综合控制室的作用。

【知识点】

综合控制室的工作内容；
综合控制室的作用。

【任务的提出】

综合控制室在高速铁路车站客运组织工作中居于中心地位，是高速铁路车站客运组织工作的核心环节，对其进行充分的了解才能胜任相关岗位的工作。

【相关知识】

一、车站综合控制室的主要工作内容

车站综合控制室（以下简称综制室），是车站的客运指挥中心，相当于车站的心脏。车站综合控制室主要运用旅客服务系统，对行车调度、客运计划、广播系统、引导系统、监控系统等进行高度集成，实现信息充分共享。综控室接入 CTC 终端，车站行车人员可实时了解列车运行情况。

综控室如图 5 - 52 所示。

综控室一般设客运人员、售票计划员，有些车站还有运转行车人员。客运人员包括广播员、信息监控员，综控室客运人员由广播主管总负责，负责修改当日广播计划，将广播计划下发给广播员和信息监控员，确保旅客服务系统的各子系统信息高度统一，运转行车人员负责实时监控 CTC 运行图，发现运行非正常时及时与广播主管联系，售票计划员根据列车运行情况对票额进行管理，三部门密切配合，及时沟通，确保旅客乘降组织安全。

在综控室内，正前方是几十块液晶显示屏，可以实时切换，监控车站每一个角落；操作台上，同样是一排电脑屏幕，主控台客运员需要查看显示不同信息的屏幕；对讲机可以切换不同的频道，与车站不同岗位上的工作人员进行联络。

综控室工作场景如图 5 - 53 所示。

图 5 - 52　综控室

图 5 - 53　综控室工作场景

综控室，是联接列车、车站及乘客的桥梁，是保障庞大客流有序出行的“中枢神经”。综控室班组成员相互分工配合，通过监控视频、行车系统等实现了以下功能。

（1）不断广播提醒、引导旅客上车。

（2）与工作人员对接车次、旅客的即时信息。

（3）及时预判晚点、车流高峰等应急情况，保证客流运行有序，确保乘客出行安全。

（4）监控验证口、安检口、候车室、检票口、站台、乘车、出站口等处所情况。

可以说，综控室的工作涵盖了旅客从进站到出站的每一个环节，环环相扣。

作为车站“大脑”，综控室的一个重要任务就是核对列车运行图。只要列车运行进行了新的调整，在接到调图资料之后，综控室客运员并非简单地输入系统，而是需要对停靠在站的车次信息全部筛选出来，逐条核对车次、区间、本站到开时刻、停靠时间、停靠站台、检票口，等等，每一个环节都必须核对无误。

大量服务旅客的临时广播，让综控室工作更繁重。为旅客排扰解难，是综控室工作的一部分。比如，在相邻的站台有列车同时进站停靠，综控室就会加强广播，提醒旅客进站后不要上错车，这样的提醒一直要持续到列车开出站。

二、旅客服务系统的组成及作用

旅客服务系统（以下简称客服系统）由旅服系统和客票系统等组成。旅服系统通过与列车调度指挥系统、客票系统的网络连接，为旅客进出站、候车、乘降等提供实时、准确的信息和服务。客票系统为旅客提供票务、自动检票等服务。

旅服系统由动态导向、广播、监控、时钟、查询、求助、站台票发售、寄存等子系统组成，通过集成管理平台对各子系统进行操作控制。客票系统由窗口售票、自动售票、自动检票等子系统组成。

1. 系统应用管理

客服系统实行统一的设备技术标准、配置要求和软件版本。客服系统集成软件由中国铁路总公司统一组织开发和更新，任何单位和个人不得擅自更换和修改。其设备的选型、购置、安装、使用必须满足铁道部颁布的相关技术标准和管理规定。

客服系统开发商应向使用单位提供必要的人员培训和售后服务。办理客服系统移交时，软件开发商应将工程设计文件、设备说明书、操作手册等资料一并向使用单位移交。

客服系统的一般更新、扩容、升级由中国铁路××局集团有限公司（铁路局）客运处和信息技术所共同组织实施。如需对客服系统关键设备、通信网络进行较大更新、扩容、升级时，由铁路局客运处会同信息技术所制定更新方案，报中国铁路总公司批准后方可实施。

使用单位如需对客服系统进行更新、修改时，应向铁路局客运处提交书面申请和初步方案，具体包括：变更项目、实施时间、实施单位、实施方案和步骤、参与单位及负责人等。经铁路局客运处会同信息技术所对方案进行审定后组织实施。

2. 系统维护管理

车站应建立客服系统用户管理制度，根据岗位职责，确定相关人员的使用管理权限。遇人员调整时，应立即变更用户名、权限和密码等。车站系统管理员负责集成管理平台操作人员的增加、删除、修改及其权限设置。集成管理平台操作人员应有个人专用的用户名，并设置密码，密码长度不低于6位数，至少每三个月更换一次。不得设置共用用户名和密码。

车站要建立客服系统值班制度，明确值班电话，确保信息畅通。无关人员不得进入综控室。

车站应明确相关日常操作、系统管理和设备维护人员的岗位职责，制定日常工作制度和作业流程，建立和完善系统设备管理、维护、巡查和日常操作台帐。

遇节假日等旅客运输高峰期，客服系统技术维护部门应组织对客服系统主机、存储设备、数据库、操作设备的软硬件进行全面检查，及时排除故障隐患。检查情况报铁路局客运处和信息技术所。

如需对客服系统进行停机巡检时，技术维护部门应会同车站确定停机时间、制定实施方案和应急措施，经铁路局客运处和信息技术所同意后方可实施。

技术维护部门对客服系统的日常调试、测试等工作，应安排在夜间无作业时段进行。施工单位（如房建、水电、通信等部门）因施工检修设备等原因，将影响机房电源或网络通道时，施工单位必须提前48小时向车站提报详细方案，车站应将施工方案上报铁路局客运处，经同意后方可实施。

车站应加强计算机病毒防范工作，配置客服系统规定的杀毒软件，及时升级，定期查杀病毒，并做好相关记录。

车站应确保客服系统封闭运行，相关的计算机设备必须与办公网、互联网等其他网络进行物理隔断，不得与其他无关系统共用硬件或者网络设备。严禁私自在客服系统设备上使用U盘、移动硬盘等外接存储设备。

车站应当指定专人负责系统设备的管理工作，并与开发商或者专业维护单位建立联系机制，确保系统设备发生故障时，能及时实施抢修。

车站负责对因设备数量、种类和位置的变更所造成的基础数据变化进行维护，并做好列车运行图、广播内容、导向揭示等信息的创建和修改工作，保证对外信息公布准确。

3. 集成管理平台

集成管理平台对导向揭示、广播、监控、求助、寄存等业务进行集成，与列车调度系统连接，实现旅客服务信息共享和功能联动。在正常工作情况下，车站所有的广播、导向揭示、视频监控、求助、信息查询、信息发布、业务维护、设备监控等业务均在集成管理平台上完成。

集成管理平台可对若干车站的旅服系统进行集中操作控制，为车站客运组织工作提供综合信息。简易集成管理平台只对本站旅服系统进行操作控制，满足本站旅服务各子系统与集成管理平台中断联系时应急控制。

4. 列车到发管理

客票系统每次在修改列车基础数据信息后，即向集成管理平台发送车次目录和列车停靠站信息；列车调度系统每天实时向集成管理平台发送列车运行阶段计划和列车实时到发信息。

车站操作人员确认列车到发信息后，由集成管理平台根据客票系统和列车调度系统提供的信息自动生成客运组织计划，并由操作人员根据列车运行实际和车站客流情况进行计划调整。

车站操作人员确认客运组织计划后，由集成管理平台自动生成检票计划、广播计划、导向计划，并将各计划分别发送给自动检票系统和到发通告终端。

5. 广播管理

车站广播系统自动从集成管理平台获取广播计划和信息，按时向旅客和工作人员进行发布。

车站操作人员负责对自动生成的广播计划和执行情况进行监控，必要时可采取人工广播。

操作人员可以对广播区域进行分组，可以选择人工话筒与其他形式的广播音源进行混音广播。

7. 动态导向管理

车站动态导向系统自动从集成管理平台获取各类旅客服务信息，并通过售票厅、进站口、候车室、天桥、地道、站台、出站口等处设置的显示终端，为旅客提供及时准确的动、静态信息服务。

车站操作人员对每日生成的导向计划和自动执行情况进行监控，必要时进行人工干预，确保导向信息准确。

8. 检票管理

车站自动检票系统自动从集成管理平台获取列车检票信息和检票计划，通过闸机为旅客提供自助检票进出站服务。闸机检票车次要与广播、引导系统显示的作业内容一致。

进出站检票区域应有客运人员值守，负责本区域的闸机管理和为旅客服务，引导旅客按闸机提示正确检票。遇系统故障或旅客无法通过闸机时，引导旅客通过人工口检票进出站。

9. 监控管理

车站监控系统实现对站区内的服务现场和服务设备设施的监控。

车站操作人员、设备维护人员及相关管理人员可以在监控权限范围内浏览监控系统的实时图像信息和录像回放。

按照优先级的高低，具有权限的相关人员可以锁定（解锁）、屏蔽（解除屏蔽）相关摄像机的内容。

车站要制定监控系统录像资料管理制度，加强对监控录像的日常管理，操作人员不得擅自复制录像资料，未经批准监控录像资料不得外传。

10. 求助管理

车站求助系统通过集成管理平台响应旅客的求助需要，使旅客及时获得车站工作人员的帮助。

车站求助系统安装位置应充分考虑服务旅客的要求，并设置醒目的导向标志。求助系统应与监控系统相结合，求助点附近应有监控设备，并做到对求助点的覆盖。

当旅客按下求助按钮后，综控室操作人员应立即接听，并通过集成管理平台查清求助点位置；求助点附近指定的监控设备将自动调整预制位，并将求助点图像自动显示在综控室显示屏上。

遇有综控室操作人员无法处理的旅客求助问题时，综控室操作人员应立即通知附近岗位作业人员，帮助旅客处理相关求助事宜。

11. 寄存管理

车站寄存系统通过集成管理平台实现对寄存柜的自动管理，满足旅客自助寄存小件物品的要求。

当集成管理平台收到寄存设备发生故障或外力破坏的信号时，寄存机柜附近指定的监控设备将自动调整预制位，并将寄存柜图像自动显示在集成管理平台，综控室操作人员应立即通知相关工作人员到现场进行处理。

车站应指定专人负责寄存机柜的日常管理，负责钱箱的清点及找零箱、凭条的补充和更换。

12. 时钟管理

车站时钟系统从统一的时钟源获得标准时间，实现整个站区内各个子钟及相关系统与时钟源同步。

时钟系统具有自动校时、自动追时功能。

13. 查询管理

车站查询系统通过集成管理平台获取列车时刻表和实时到发信息及各类公告内容，为旅客提供自助查询服务。

遇有列车信息、公告信息变动时，车站工作人员应及时做好信息资料的更新维护，保证各类信息的准确、一致。

三、设备维护保养

铁路局集团公司客运处负责客服系统建设规划、组织管理和监督检查，协调和监督客服系统设备的维护保养工作；信息技术所负责客服系统设备、网络和软件的日常管理工作；车站负责客服系统的日常使用、管理和报修。

客服系统软硬件设备保养、维护在保修期内由系统建设单位负责；保修期满，铁路局采用市场化运作的模式公开招标，由中标单位负责。

客服系统设备维护单位应定期对设备进行巡检、技术支持，发生故障及时修复。车站应按照有关规定与维护单位签订设备维护合同和安全质量协议，对双方职责和维修质量进行明确。根据协议检查、监督维护单位的日常维护工作质量，并对维护单位的工作予以配合。

客服系统设备维修费用纳入铁路局年初预算安排统一下达。

车站应建立日常设备故障报修制度，明确报修流程，完善设备故障处理登记台帐，做好登记。

铁路局信息技术所、维修单位要加强客服系统的日常维护和检修，保证使用质量。在接到车站故障报修通知后，必须按规定及时赶赴现场，迅速排除故障，恢复设备正常使用。

四、人员培训

客服系统的相关管理、操作人员要经过严格的培训和考试，相关培训内容要记入培训考试档案。

客服系统相关管理、操作人员培训内容如下。

（1）客服系统应用软件使用。

（2）客服系统管理办法及作业流程。

（3）客服系统的使用操作及日常维护。

（4）常见故障分析和应急处理。

五、应急管理

车站应针对客服系统特点和客运专线实际，建立和完善相关应急预案，各子系统的应急预案应以方便现场旅客运输组织、确保旅客运输安全为原则，做到作业岗位人员职责明确，应急措施具有可操作性，并定期组织演练。

客服系统发生故障时，车站相关操作人员应当迅速处理。一时不能恢复的，应及时启动应急预案，并立即向上级主管部门报告。

“集管站”集成管理平台与各“代管站”旅服子系统发生联系中断时，综控室操作人员应立即通知相关“代管站”站长，并向车站报告故障情况，通知技术维护人员进行抢修。“代管站”接到“集管站”综控室通知后，应立即启用本站简易集成管理平台对各旅服子系统进行控制。

发生检票计划无法下达或自动检票闸机发生故障时，综控室操作人员或检票员应立即向站长报告，站长（客运值班员）要马上组织人员启动人工检票程序，并通知技术维护人员进行处理。检票人员要根据客流开放足够的检票通道，自动检票闸机定位于长开状态，确保旅客顺利进站上车。

车站要建立故障处理、分析、追踪制度，建立详细的故障处理档案。对多发性、重复性故障要组织技术维护单位和开发商进行专题攻关，有效减少系统故障的发生。

六、北京南站旅客服务信息系统简介

作为“十一五”期间铁路部门建设的548座新型客站的典型代表，北京南站是目前国内铁路客站中规模最大、先进技术运用最多、现代化程度最高的车站之一。北京南站客运服务系统广泛应用数字技术，包含现代高速铁路管理思想、服务理念和当今最新的信息技术，现简单介绍如下。

1）集成管理平台

北京南站集成管理平台按照统一的接口标准，集成和互联综合显示系统、广播系统、监控系统等多个系统，实现车站内多个系统的信息共享和联动功能。各子系统的业务操作集成在集成管理平台上完成，各子系统执行集成管理平台监控指令，完成本系统的维护管理。通过集成管理平台，北京南站同时实现对亦庄站的业务监管。

2）综合显示系统

综合显示系统通过前端多种显示设备，在站内为旅客出行提供完整的引导服务及公告、新闻、天气、财经等各类资讯信息，并向车站工作人员提供列车到发信息服务。

（1）为旅客提供进站候车信息的进站大屏幕采用全彩 LED 显示屏，分别预设置于高架层南进站大厅、北进站大厅、东西落客平台、地下一层换乘大厅。

（2）窗口屏、检票屏、进出站通道屏等采用双基色 LED 显示屏。

（3）各候车区、进出站厅门口为满足旅客近距离观看，设置液晶显示屏。

（4）在贵宾室、软席室、各候车区设置等离子显示屏。

3）客运广播系统

北京南站广播系统采用数字音频控制和传输技术，将多路信号源同时传输到不同的分区，保障旅客能够在整个站区内清晰、明确地获取音频信息；在特定情况下，能够实现紧急情况广播。

4）监控系统

综控室设置大屏幕监控系统，为工作人员提供视频信息，并可通过对摄像机的控制，实现现场实时视频监视。摄像机的设置按售票窗口、售票大厅公共区域、自动售票区域、候车室、车站进款室、票据室、小件寄存区域、进出站厅通道口、安检通道、电梯、站台等处设置。

5）自动查询系统

自动查询系统采用计算机、触摸屏、多媒体、网络技术等，为旅客提供查询客运专线、车站及周边环境等信息，其由自助查询终端、人工查询终端组成。

6）时钟系统

时钟系统为旅客服务信息系统各子系统提供统一时间信号，并通过子钟为站房内的旅客和工作人员提供统一标准时间的各个子钟提供统一标准时间。

7）小件寄存系统

小件寄存系统允许旅客以自助的方式存放小件物品，为旅客提供便捷服务。

8）绿色系统

绿色系统在车站设置投诉终端，各类投诉信息均通过车站集成管理平台上传至中心服务器，为旅客的投诉和建议提供一个快速响应的客户服务平台。

9）紧急求助系统

紧急求助系统以计算机电话集成技术为基础，采用摘机即时通话（无需拨号）的求助分机或按钮，通过监控系统的配合，响应旅客的紧急求助需要，使旅客及时获得车站值班人员的帮助。

10）站台票发售系统

站台票发售系统完成车站的站台票发售工作。旅客可以通过自助、窗口售票两种方式购站台票。

11）安检仪系统

为确保旅客列车运行安全，在车站进站厅处设置行包安检仪系统并与综控室进行信息交换。

12）门禁及防盗入侵报警

售票厅进款、票据室等重点设防场所设置防盗报警子系统及门禁子系统，防范等级为一级。

项目六

高速铁路客运服务岗位工作

任务一　安检员岗位工作

【技能目标】

能掌握安检员岗位作业的基本要求；
能绘制安检员岗位作业程序图；
能模拟安检员岗位作业流程并能对作业完成质量进行评价。

【知识点】

安检员岗位作业基本要求；
安检员岗位作业程序；
安检员岗位作业流程与质量标准。

【任务的提出】

安检员担负着高速铁路运输工作中重要的安全保障任务，如果发生漏检导致事故的发生将对人民生命和财产造成重大损失，因此，了解高速铁路安检员的作业要求、程序、流程与质量标准至关重要。

【相关知识】

一、安检员岗位作业基本要求

安检员要认真做好日常安检的现场作业工作，落实各项作业标准，重点做好旅客实名制车票查验和危险物品查验工作，完成岗位任务指标。

二、安检员岗位作业程序

安检员岗位作业程序如图 6－1 所示。

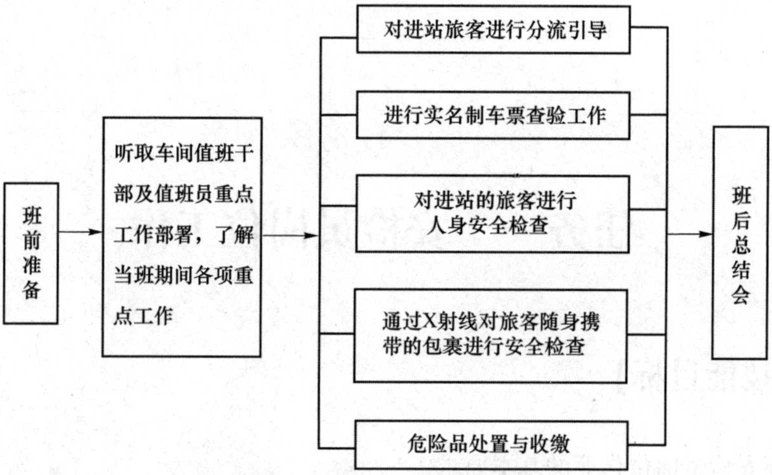

图 6－1　安检员岗位作业程序

三、安检员岗位作业流程与质量标准

安检员岗位作业流程与质量标准如表 6－1 所示。

表 6－1　安检员岗位作业流程与质量标准

作业程序	作业项目	作业流程	质量标准
班前准备	参加点名会	1. 参加点名会。 （1）检查着装和仪容仪表。 （2）接受班前业务试问。 （3）摘抄文电、命令	1. 穿着规定的制式服装，不混搭混穿，仪容仪表整洁，职务标志齐全完整。 2. 接受业务试问，按要求回答。 3. 熟记命令、重点事项
		2. 对岗交接	列队上岗，行举手礼，检查设备状态，不信用交接，交接不清，接者负责

续表

作业程序	作业项目	作业流程	质量标准
班中工作	实名制验票（验票岗）	实名制查验车票，核对进入站内作业人员证件	提示进站旅客出示车票和有效证件，做到“四不放行”即：车票、有效证件、本人不符不予放行，公免票区间不符及无签证不予放行，不是当日有效车票不予放行，未持规定有效站内作业证件或证件与本人不符不予放行
	引导安检（引导岗）	引导旅客接受安全检查	1. 提示进站人员接受安全检查，引导其将携带的包裹、物品放置在安全检查仪上。 2. 合理组织进站人员有序通过安检通道，安检通道内同时接受安全检查的人数不超过两人
	身检作业（身检岗）	在指定区域对进站人员进行身检	1. 执行“男不检女”的原则。 2. 仪器与手工相结合进行检查。 3. 顺应身体的形状，自上而下、从左至右，通过触摸、按压，以及使用金属探测器进行检查，用手探的方法检查藏匿的物品。 4. 遇有安检门、金属探测器报警时，必须取出或判明金属物品后复检。 5. 重点检查的部位有肩胛、胸部、腋下、腰部、臀部、裆部、大小腿内侧、脚踝。 6. 对旅客随身携带的危险物品立即收缴，通知处置岗及公安人员处置，没有携带危险物品和违禁品的旅客给予放行
	值机作业（值机岗）	操作台式安检仪，通过成像特征辨别危险物品	1. 熟练掌握各种危险物品的颜色、形状等成像特征。 2. 甄别所有过机物品的图像，做到不遗漏、不误判。 3. 对辨别不清的物品及包裹进行复查
		对发现的疑似危险物品通知相关人员处置	1. 发现疑似爆炸品或起爆装置，立即按下停止按钮，将可疑包裹停留在安检仪内，并通知引导岗、身检岗、安检值班员、公安人员组织疏散。 2. 对其他疑似危险物品，通知处置岗进行处置
		熟练掌握危险物品的识别技巧，检查设备运行情况，发现问题及时向安检值班员报告	严格执行作业标准，掌握危险物品的识别技巧，做好“卡控”，及时将安检设备发生的故障或异常情况向安检值班员汇报
	处置作业（处置岗）	按作业规范进行开包检查	1. 开包前应有公安人员在场，告知旅客不得携带易燃、易爆危险物品进站上车。 2. 查包时态度和蔼、使用文明用语。 3. 对旅客的包裹要轻拿轻放。 4. 开包检查时，尽量请旅客自行打开包裹。 5. 需要让包裹重新通过安检仪时，引导旅客自行将包裹放在安检仪上。 6. 查包时应从外到内、从上到下、逐一检查。 7. 旅客自行打开包裹后，确认公安人员在被检查人旁边后，开始进行包内物品检查。 8. 对查获的危险物品做好登记，并交公安人员处置。 9. 对查验的物品不试、不尝、不触动、不损坏。 10. 确认无危险物品后，按包内物品原来的摆放位置进行复位，恢复包装，交被检查人
		登记查扣的危险物品	在《危险物品检查登记簿》《暂存危险物品登记簿》上详细登记危险物品的发现时间、查获人的姓名、发现地点，旅客姓名、性别、联系电话、物品品名等相关信息，由旅客签字确认放弃后，在物品上粘贴便笺（便笺上记载查获人姓名、发现日期、旅客姓名等信息）
	解答问事	解答旅客问事，受理旅客投诉	1. 实行“首问首诉”负责制，与旅客交谈时，面对对方站立并保持一定距离（45～100 厘米），有问必答，回答准确，使用文明用语，及时向安检值班员汇报有关情况。 2. 积极妥当处理、解决旅客投诉，满足旅客合理诉求
	应急处置	实施非正常情况下的应急处置预案并按规定的时间和程序报告	1. 熟知非正常情况下本岗位职责、应急处置程序及作业内容。 2. 在五分钟之内，将非正常情况发生的时间、处所、影响范围等基本情况，向安检值班员报告。 3. 按规定程序处置非正常情况
班后总结	班后总结会	自我讲评，听取安检值班员的本班工作总结	实事求是，成绩讲清，有问题不隐瞒，吸取经验教训，不断改进工作

四、工作注意事项

① 密切关注进站人员动向，合理地进行分流引导。

② 认真做好实名制验票组织工作，杜绝无票旅客及票证不符人员进站。

③ 认真落实安检制度，熟练掌握安检设备的使用及危险物品的识别知识，杜绝旅客携带危险物品进站上车。

④ 坚持文明服务，服务中树立大局意识，杜绝旅客投诉和路风、路纪问题的发生。

⑤ 认真落实关键部位安全风险提示的相关规定，防止作业中出现安全隐患。

⑥ 遇有突发问题时，及时报告安检值班员及上级领导，妥善处理。

任务二　安检值班员岗位工作

【技能目标】

能掌握安检值班员岗位作业的基本要求；
能绘制安检值班员岗位作业程序图；
能模拟安检值班员岗位作业流程并能对作业完成质量进行评价。

【知识点】

安检值班员岗位作业基本要求；
安检值班员岗位作业程序；
安检值班员岗位作业流程与质量标准。

【任务的提出】

和安检员一样，安检值班员担负着高速铁路运输工作中重要的安全保障任务，如果发生漏检导致事故的发生将对人民生命和财产造成重大损失，了解安检值班员的作业要求、程序、流程与质量标准至关重要。

【相关知识】

一、安检值班员岗位作业基本要求

安检值班员要做好日常安检的现场组织工作，指导、督促安检员按标准作业，组织安检员完成实名制车票查验和危险物品查验工作，杜绝危险物品进站上车。

二、安检值班员岗位作业程序

安检值班员岗位作业程序如图 6－2 所示。

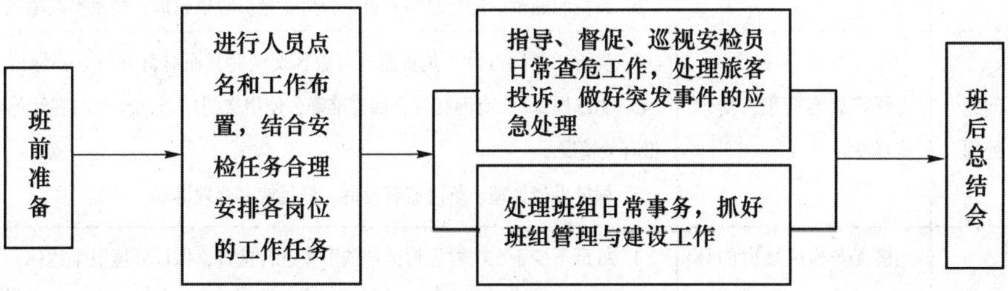

图 6－2　安检值班员岗位作业程序

三、安检值班员岗位作业流程与质量标准

安检值班员岗位作业流程与质量标准如表 6－2 所示。

表 6－2　安检值班员岗位作业流程与质量标准

作业程序	作业项目	作业流程	质量标准
班前准备	组织点名会	1. 对安检员进行点名。 2. 检查安检员的着装和仪容仪表。 3. 对安检员进行班前业务试问。 4. 传达文电、命令。 5. 总结上个班次存在的问题。 6. 根据客流、天气、设备、任务等情况，部署本班重点工作。 7. 组织对岗交接	1. 执行考勤制度，据实填记缺勤原因。 2. 确保安检员穿着规定的制式服装，不混搭混穿，仪容仪表整洁，职务标志齐全完整。 3. 对 20% 以上的出勤人员进行业务试问，试问情况登记在交接班簿内。 4. 准确掌握和正确理解相关文电、命令，传达相关文电命令不错、不漏。 5. 问题总结全面，整改措施具体。 6. 工作部署准确，责任到岗、到人。 7. 列队上岗，行举手礼，对岗交接，不信用交接，交接不清，接者负责

续表

作业程序	作业项目	作业流程	质量标准
班中工作	人员调配	根据出勤情况、客流情况、设备状态等因素调整各岗位人员的配备	1. 准确掌握客流变化和设备设施状态，请示车间主任、副主任同意后及时调整相应岗位人员。 2. 确保各岗位人员数量满足作业需要，保证进站客流不拥堵、无滞留。 3. 闭站期间设置施工人员专用安检通道，组织值岗人员登记进出站场人员、设备设施和作业时间
	作业检查	对本班组各岗位作业质量进行检查、考核，纠正违章违纪行为	1. 每班不少于5次对各岗位人员作业质量进行巡视检查（具体频次、时间由车站自定）。 2. 纠正各岗位人员违章、违纪行为，并将其纳入考核。 3. 典型问题班后进行总结和重点分析，全员吸取教训，制定整改措施
	问题处理	解答旅客问事，受理旅客投诉	1. 实行"首问首诉"负责制，与旅客交谈时，面对对方站立并保持一定距离(45~100厘米)，有问必答，回答准确，使用文明用语，及时向客运值班主任汇报有关情况。 2. 积极妥当处理、解决旅客投诉，满足旅客合理诉求
	卫生检查	检查安检区域内的环境卫生，督促保洁人员落实卫生保洁标准，落实禁烟制度	1. 每班不少于5次对安检区域的卫生进行检查，保证环境卫生达标。 2. 督促保洁人员随脏随扫，做到窗明地净，汇总发现的问题，交班前向客运值班主任汇报。 3. 制止吸烟行为
	设备检查	检查安检仪、安检门、防爆罐、防爆毯等设备的状态	1. 密切关注设备运行状况，发生设备故障后响应时间不超过5分钟。 2. 设备故障发生后，10分钟内向设备管理部门反馈，登记故障设备名称、故障原因、故障时间、影响范围、反馈部门和时间。 3. 跟踪修复情况并按规定销记，向客运值班主任报告有关情况。 4. 及时停用发生故障的设备设施，设立明显的提示标识，做好相关解释工作
	重点运输	落实重点运输及专运任务的服务要求	1. 执行保密制度。 2. 按照命令和任务书要求执行
	应急处理	实施非正常情况下的应急处置预案并按规定的时间和程序报告	1. 确保班组全体人员清楚非正常情况应急处置预案的程序和本岗位的作业内容。 2. 准确了解非正常情况的发生时间、发生处所、影响范围等基本情况，按规定时间和程序向客运值班主任报告。 3. 在客运值班主任的组织下严格执行应急处置预案
	旅客遗留物品处理	处理旅客安检时遗留的物品，落实交接制度	1. 发现旅客安检时遗留的物品须及时登记并报告客运值班主任。 2. 联系公安执勤人员，共同与服务台值岗人员办理交接
	危险物品处理	对收缴的危险物品进行管理，落实交接制度	1. 分类整理收缴的危险物品，做到与《危险物品检查登记簿》记载内容一致。 2. 填写《旅客危险物品收缴单》，与公安派出所办理交接，做到日交日清
班后总结	班后总结会	对本班的工作进行点评与总结	总结本班工作中存在的问题，对班组工作进行点评

四、工作注意事项

① 日常作业中要密切关注客流变化，根据客流变化及时增开安检口（候检人员原则上不超过 20 人）。

② 组织本班人员认真做好实名制车票查验工作，杜绝无票旅客及票证不符人员进站。

③ 认真落实安检制度，杜绝旅客携带危险物品进站上车。

④ 及时处理旅客投诉，确保无路风、路纪问题的发生。

⑤ 做好每日重点时间段（客流高峰）和春、暑运及各法定假期的安检组织工作。

⑥ 做好安检设备的故障应急处理工作。

⑦ 与客运、售票岗位做好沟通工作，做好日常旅客服务工作。

任务三　售票员岗位工作

【技能目标】

能掌握售票员岗位作业的基本要求；
能绘制售票员岗位作业程序图；
能模拟售票员岗位作业流程并能对作业完成质量进行评价。

【知识点】

售票员岗位作业基本要求；
售票员岗位作业程序；
售票员岗位作业流程与质量标准。

【任务的提出】

售票员岗位是铁路运输的窗口岗位，如何服务好旅客，保证售票的质量与速度是本任务重点介绍的内容。

【相关知识】

一、售票员岗位作业基本要求

售票员要规范售票作业的程序、项目、内容和质量要求，不断提高售票质量，杜绝业务差错。

二、售票员岗位作业程序

售票员岗位作业程序如图6－3所示。

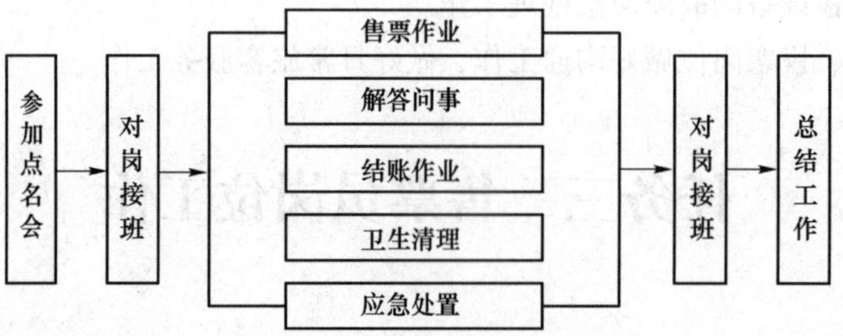

图6－3　售票员岗位作业程序

三、售票员岗位作业流程与质量标准

售票员岗位作业流程与质量标准如表6－3所示。

表6－3　售票员岗位作业流程与质量标准

作业程序	作业项目	作业流程	质量标准
班前准备	参加点名会	1. 按照规定时间，在指定地点参加点名会。 2. 整理着装和仪容仪表。 3. 听取售票值班员传达的电报、命令、指示和重点事项。 4. 接受业务试问	1. 准时参加点名会，不迟到、不早退。女性售票员化淡妆上岗。 2. 着装整齐、标志齐全、仪容整洁、精神饱满。 3. 正确理解文电、命令、指示和重点事项。 4. 准确回答业务试问
班中工作	对岗接班	1. 列队上岗，对岗交接。 2. 就票据、票款、备用金、设备设施、场地卫生、安全风险、生产指标、工具备品、规章资料、列车运行情况、电报、命令及重点事项进行交接。 3. 填写交接班簿，签字盖章	1. 排列有序，两人成排，三人成列，走姿端正，行进中步伐一致。 2. 接班时间短、速度快。做到“六不接”：票据现金不正确不接，列车运行情况不清不接，电报、命令不掌握不接，场地卫生不达标准不接，设备、备品丢损责任不清不接，重点事项不明不接。 3. 正确填写交接班簿，字迹清楚，印鉴齐全，如需修改须按规定盖章

续表

作业程序	作业项目	作业流程	质量标准
班中工作	售票作业	1. 开窗售票。进入计算机售票程序，输入工号、密码，选择班次，核对票号，打开POS机。 2. 业务办理。按窗口功能及业务要求办理实名制售票、退改签、取票、挂失补、中转签证、身份核验、订单查询、公免签证等业务。 （1）售票。按照“问、输、收、做、核、交”六字售票法发售车票。发售挂失补车票时，问清旅客乘车日期、车次、购票城市，提示旅客凭列车开具的客运记录、挂失补车票及有效身份证件在规定时间内到到达站退还挂失补车票票款，挂失补车票不予改签、退票。 （2）退票。按照“看、输、核、盖、交”五字退票法办理退票。退挂失补车票票款时核对客运记录并收回，将客运记录与退票一并上交。 （3）改签。按照“问、看、输、核、做、盖、交”七字改签法改签车票，告知旅客开车后改签的车票不予退票。 3. 请领票据。按预计使用量请领票据。 4. 票据填写。填写票据报表、表簿资料，加盖印章。 5. 暂停作业。关闭窗口须提前请示上报，经售票值班员同意后方可离岗，落实票据现金安全管理制度。 6. 遵守纪律。遵守售票纪律，执行规章制度和作业标准	1. 售票作业要做到“六无”：无票款遗失、漏交，无误进班次，无误售、退、改客票，无票据填写差错，无票据丢失、越号，无溢赔款。 2. 票款安全“两做到”：窗口离人做到售票系统进入暂停界面、抽屉加锁、钥匙随身携带、超过15分钟退出系统；现金票据做到入柜及时、不超储不短缺、金柜使用密码。 3. 售票作业执行“六字”售票法，即：“问、输、收、做、核、交。”问：问清旅客购票方式、乘车日期、车次、发到站、席别、票种、票数、证件类型、支付方式、订单号（互联网购票使用二代身份证原件取票不需提供订单号）。输：向旅客收取有效身份证件后使用自动识读设备或手工输入证件号码、姓名、订单号，窗口购票时还应输入乘车日期、车次、选择发到站、票种、票数及席别。收：收取旅客购票款后，认真清点，并输入计算机内；电子支付时刷卡并打印凭条，互联网购票取票时不收票款。做：打印车票。核：核对票面上的上、下票号是否一致，票面上的旅客证件号码、姓名是否与旅客身份证一致，以及价格是否正确，发现票号不一致或证件号码错误应及时改正，有错误的车票禁止出售。交：将车票、购票使用的证件、找零款交给旅客，旅客使用银行卡支付时须要求旅客在POS机凭条上签字，再将银行卡和POS机凭条的持卡人联交给旅客。 4. 退票作业执行“五字”退票法，即：“看、输、核、盖、交”。看：看票面日期、车次、发到站、票价、有效期间、改签日期与身份信息、售票系统内的信息是否一致，是否为开车后改签的车票；是否为银行卡支付的车票，银行卡支付的车票应提示旅客出示原购票时所用的银行卡；是否为网银支付的车票，网银支付的车票应提示旅客退款将退入网银卡内。输：确认无误后，输入计算机，使用窗口电子支付时需刷卡。核：核对票面内容和屏幕显示信息一致后，按确认键，并注意核对退票理由，按计算机显示净退款额，核清退款。盖：在票面上盖“退”字章或注明此票“已退”。交：将证件、票款（POS机凭条的持卡人联）和退票凭证一起交给旅客。 5. 改签作业执行“七字”改签法，即：“问、看、输、核、做、盖、交。”问：问清旅客改乘日期、车次、席别。看：看票面日期、车次、发到站及预售期内票额是否可以满足旅客需求，是否为银行卡或网银支付的车票，并告知旅客是否需要补收或退还票款。提示旅客原票为银行卡或网银支付的车票需退款时将退至购票时所用的银行卡或网银卡内；需加收票款时，必须先用银行卡支付新票票款，再退还原票票款。经旅客同意后进行改签。输：把原票信息输入计算机。核：核对输入的信息是否正确，新票信息是否与旅客要求的日期、车次相符。做：产生差额时，现金支付的实行多退少补，银行卡或网银支付的，退款时直接退至银行卡或网银卡内，需加收票款时，先刷卡再退款，用POS机打印“消费凭条”和“退款凭条”。打印始发改签车票。盖：在原票正面加盖“改签”戳，将原票用纸绳穿订，妥善保管，不丢失。交：核清票款，将新票及找零款或应退票款（POS机凭条的持卡人联），一并递交旅客。 6. 执行“八不准”的售票纪律，即不准私自携带现金、提包、手机等进入工作岗位；不准利用当班之机提前制票、抢票；不准违反规定囤积、私留车票；不准代买代卖车票；不准一次售票超过规定数量；不准违反规定办理电话订票及互联网取票手续；不准违规办理退票、改签；不准应急处置窗口人员使用应急处置功能随意查询有关电话订票信息或利用该功能泄露有关电话订票的资料

续表

作业程序	作业项目	作业流程	质量标准
班中工作	解答问事	接待旅客来访，解答旅客问事，处理旅客问题	实行“首问首诉”负责制，解答耐心，态度和蔼，仔细查询、有问必答，答必准确
	结账作业	1. 听从值班员安排，错时关闭窗口。 2. 改签票、退票捆扎、加封、盖章，注明日期并按要求上交	1. 现金清点准确，POS机凭条累计准确，做到先交款后结账，交接时当面清点，确保账款相符 2. 收回票据不串号、不短少，客运记录齐全
	卫生清理	1. 清理场地卫生。 2. 设备备品按规定位置摆放	1. 卫生达标。 2. 备品定位放置，用时在手、不用在位
	应急处置	遇有非正常情况，启动相关应急处置预案，按照职责分工，做好应急处置工作	1. 信息通报及时准确。 2. 应急处置预案启动及时
	对岗交班	1. 列队离岗，对岗交接。 2. 交清设备设施、环境卫生、票据现金、列车运行情况及重点事项。 3. 填写交接班簿，签字盖章	1. 排列有序，两人成排，三人成列，走姿端正，行进中步伐一致。 2. 交班时间短、速度快。做到“六不交”：票据现金不正确不交、列车运行情况不清不交、电报、命令不掌握不交、场地卫生不达标准不交、设备备品丢损责任不清不交、重点事项不明不交。 3. 正确填写交接班簿，确保票号准确，字迹清楚，书写错误按规定加盖名章
班后总结	总结工作	自我讲评，听取售票值班员本班工作总结，吸取经验教训	成绩讲清，问题明确，不断改进工作

四、工作注意事项

① 执行相应的管理制度、办法、规章，资料、台账等认真填写。

② 执行售票作业程序，严格按照“六字售票法”“五字退票法”“七字改签法”售、退、改车票；遇特殊情况需暂离窗口时，应将售票系统设置为暂停状态，并在确保票据、票款安全的情况下，方可离开。执行废、退票管理制度，在规定时间内将废票、退票信息输入计算机，及时加盖“退”字章。

③ 上岗着装统一，干净平整。按季节换装，着裙装时，丝袜统一，无破损。系领带时，衬衣束在裙子或裤子内。外露的皮带为黑色。佩戴的外露饰物款式简洁，限手表一只、戒指一枚，女性还可佩戴发夹、发箍或头花及一副直径不超过3毫米的耳钉。

④ 头发干净整齐、颜色自然，不理奇异发型，不剃光头。男性两侧鬓角不得超过

耳垂底部，后部不长于衬衣领，不遮盖眉毛、耳朵，不烫发，不留胡须；女性发不过肩，刘海长不遮眉。面部、双手保持清洁，指甲修剪整齐，长度不超过指尖2毫米，身体外露部位无文身。女性售票员化淡妆上岗，保持妆容美观，不浓妆艳抹，不用彩色指甲油染指甲。上岗时，佩戴职务标志，胸章佩戴在上衣左胸口袋上方正中，下边沿距口袋1厘米（无口袋时，佩戴在相应位置）；臂章佩戴在上衣左袖肩下四指处。不赤足穿鞋，不穿尖头鞋、拖鞋、露趾鞋，鞋跟高度不超过3.5厘米。

⑤不高声喧哗、嬉笑打闹、勾肩搭背，不在旅客面前做吃食物、吸烟、剔牙齿等不文明、不礼貌的动作，不刁难旅客，不边走边答，不聚堆闲谈，不对旅客评头论足，接班前和工作中不食用异味食品。

任务四　售票员（自动售票）岗位工作

【技能目标】

能掌握售票员（自动售票）岗位作业的基本要求；
能绘制售票员（自动售票）岗位作业程序图；
能模拟售票员（自动售票）岗位作业流程并能对作业完成质量进行评价。

【知识点】

售票员（自动售票）岗位作业基本要求；
售票员（自动售票）岗位作业程序；
售票员（自动售票）岗位作业流程与质量标准。

【任务的提出】

售票员（自动售票）主要完成自动售票机的存取款操作，按要求进行票卷添加作业等，目前高速铁路车站大量使用自动售系统完成售票工作，因此售票员（自动售票）岗位非常重要。

【相关知识】

一、售票员（自动售票）岗位作业基本要求

售票员（自动售票）每日对自动售票机进行维护、结账、加钞工作。

二、售票员（自动售票）岗位作业程序

售票员（自动售票）岗位作业程序如图 6－4 所示。

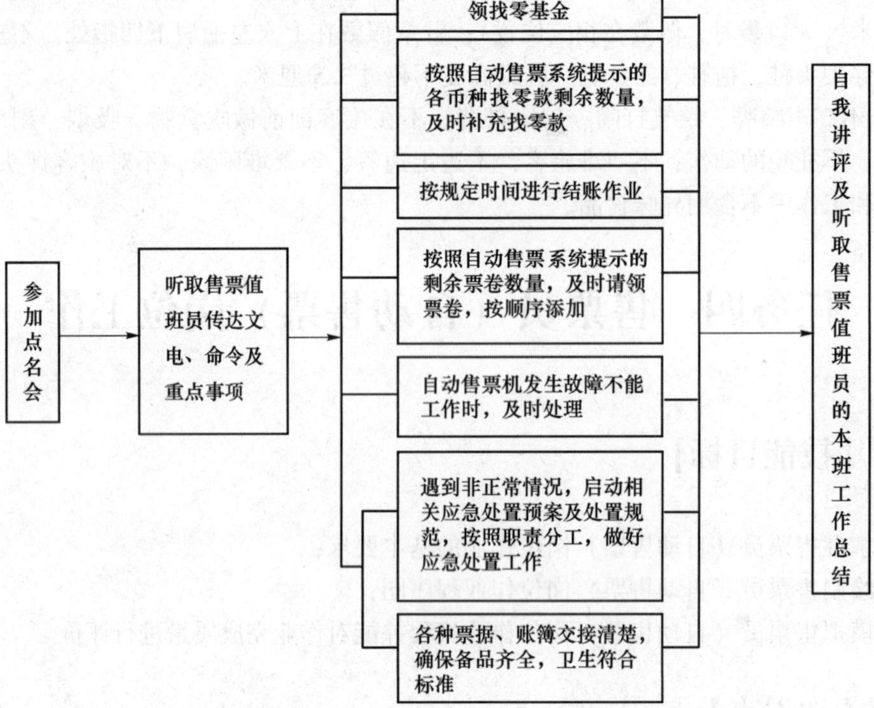

图 6－4　售票员（自动售票）岗位作业程序

三、售票员（自动售票）岗位作业流程与质量标准

售票员（自动售票）岗位作业流程与质量标准如表 6－4 所示。

表 6－4　售票员（自动售票）岗位作业流程与质量标准

作业程序	作业项目	作业流程	质量标准
班前准备	参加点名会	1. 按照规定时间、在指定地点参加点名会。 2. 整理着装和仪容仪表。 3. 听取售票值班员传达的电报、命令、指示和重点事项。 4. 接受业务试问	1. 准时参加点名会，不迟到、不早退。 2. 着装整齐、标志齐全、仪容整洁，精神饱满。 3. 正确理解文电、命令、指示和重点事项。 4. 准确回答业务试问
	请领基金	请领找零款	当面清点，签字确认

续表

作业程序	作业项目	作业流程	质量标准
班中工作	补充找零款	按照自动售票系统提示的各币种找零款剩余数量，及时补充找零款	认真清点，确保数量准确、正确输入、无差错
	结账统计	按规定时间进行结账作业	按时结账，认真盘点，妥善保管进账款
	补充票卷	按照自动售票系统提示的剩余票卷数量，及时请领票卷，按顺序添加	认真核对请领的票卷，确保票号相符
	处理故障	遇有自动售票机发生故障不能工作时，及时处理	及时处理故障，自动售票机修复后，确保票号一致，账款相符
	应急处置	遇有非正常情况，启动相关应急处置预案并按照职责分工，做好应急处置工作	1. 信息通报及时准确。 2. 应急处置预案启动及时
	交班作业	各种票据、账簿交接清楚，确保备品齐全，卫生符合标准	票据、账表交接要做到有记录、有签字
班后总结	班后总结会	自我讲评，听取售票值班员的班工作总结，吸取经验教训	实事求是，成绩讲清，问题不隐瞒，吸取经验教训，不断改进工作

四、工作注意事项

① 保证每日自动售票机票据、找零款添加及时。

② 携带票款、票据往返自动售票机与售票室时必须有公安人员陪同。

③ 及时落实上级有关文电和要求。

④ 及时处理自动售票机故障。

⑤ 处理自动售票机卡票故障时，确认票据是否有效，复核正确后再交给旅客。

⑥ 在自动售票机工作区作业时，铁栅栏门应加锁。

⑦ 自动售票机结账后或因其他原因关闭维护门前，必须确认票据柜、各币种款箱已加锁，然后才能关闭维护门及铁栅栏门，所有环节确认无误后，方可离开自动售票机工作区。

⑧ 自动售票机不允许接入外接移动设备。

任务五 售票员（进款、票库）岗位工作

【技能目标】

能掌握售票员（进款、票库）岗位作业的基本要求；
能绘制售票员（进款、票库）岗位作业程序图；
能模拟售票员（进款、票库）岗位作业流程并能对作业完成质量进行评价。

【知识点】

售票员（进款、票库）岗位作业基本要求；
售票员（进款、票库）岗位作业程序；
售票员（进款、票库）岗位作业流程与质量标准。

【任务的提出】

售票员（进款、票库）主要完成车站票款的收入与核对，对各种票据、票卷进行管理，是车站售票工作的重要岗位。

【相关知识】

一、售票员（进款、票库）岗位作业基本要求

售票员（进款、票库）要根据售票进款、票库作业的程序、项目、内容和质量要求完成相关工作，要消除业务差错，杜绝票据、钱款收入事故。

二、售票员（进款、票库）岗位作业程序

售票员（进款、票库）岗位作业程序如图6－5所示。

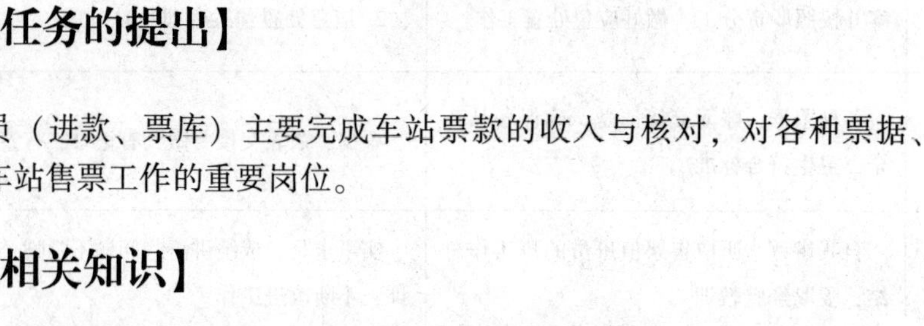

图6－5 售票员（进款、票库）岗位作业程序

三、售票员（进款、票库）作业流程与质量标准

售票员（进款、票库）作业流程与质量标准如表6－5所示。

表6－5　售票员（进款、票库）作业流程与质量标准

作业程序	作业项目	作业流程	质量标准
班前点名	参加点名会	1. 按照规定时间、在指定地点参加点名会。 2. 整理着装和仪容仪表。 3. 听取售票值班员传达的电报、命令、指示和重点事项。 4. 接受业务试问	1. 准时参加点名会，不迟到、不早退。 2. 着装整齐、标志齐全、仪容整洁，精神饱满。 3. 正确理解文电、命令、指示和重点事项。 4. 准确回答业务试问
	清点基金	清点库存找零款，按窗口发放找零款	当面清点，签字确认
	对岗接班	1. 列队上岗，对岗交接。 2. 接清现金、支票、票据、账簿资料、设备备品及重点事项	1. 排列有序，两人成排，三人成列，走姿端正，行进中步伐一致。 2. 接班时间短、速度快，账款、账票相符。做到“四不接”：现金、支票、账目不清不接、账款不符不接、账票不符不接、设备备品不良不接
班中工作	收款作业	1. 清点进款。清点上交款额，核对当日账款，及时处理多、少缴款情况。 2. 汇总加封。汇总当日进款，填写“现金存款凭条”确认无误后，盖章，封包，锁入金柜	1. 收款准确，补款及时，总账、进款、交款单“三相符”。 2. 款袋加封，金柜加锁，使用密码
	集中解款	按规定时间上缴进款，登账，盖章，转交银行，取回对账单	集中解款站每日接收进款站款袋，检查款袋施封状况，办理款袋交接手续，相互盖章，清点现金，查看钞面，检查支票，核对进款、交款单，发现问题按规定程序处理。现金支票解缴及时，款袋交接手续清楚，账单编号正确，消灭各种差错。专人押运，确保安全
	票库管理	1. 票据管理。按储备量和客流量的实际需要，请领、储备票据，根据窗口需求及时发放票据，并做好清点、保管、登账、销账等工作。负责对每天的进出库票据、账目在计算机中进行调整审核。 2. 账表管理。按规定填写相关总账、明细账，整理、保存需要留存的报表、票据、账簿、凭条	做到“四及时”“三做到”“两防止”：请领要及时，清点入库及时，登账、销账及时，票据缴销及时；做到票据储备适量，登账清晰准确，票据账目相符；防止脱售、超储，防止错号、串号
	卫生清理	1. 清理场地卫生。 2. 设备备品按规定位置摆放	1. 卫生达标。 2. 备品定位摆放，用时在手、不用在位

续表

作业程序	作业项目	作业流程	质量标准
班中工作	应急处置	遇有非正常情况，启动相关应急处置预案并按照职责分工，做好应急处置工作	1. 信息通报及时准确。 2. 应急处置预案启动及时
	对岗交班	1. 列队离岗，对岗交接。 2. 现金支票、票据账簿资料、设备备品及重点事项交接清楚	1. 排列有序，两人成排，三人成列，走姿端正，行进中步伐一致。 2. 交班时间短、速度快，账款、账票相符。做到“四不交”：现金、支票、账目不清不交、账款不符不交、账票不符不交、设备备品不良不交
班后总结	总结工作	自我讲评，听取售票值班员本班工作总结，吸取经验教训	成绩讲清，问题明确，不断改进工作

四、工作注意事项

① 做好进款的存款、保管及送存等工作。

② 接班后检查进款室的门、窗、金柜、报警器等设施。

③ 接收票款时认真清点。

④ 接收交款时，检查交款单填写是否规范、正确，有无涂改、漏戳记现象。

⑤ 对售票车间所有票据进行管理。

⑥ 将客票及时清点入库并摆放整齐。

⑦ 按规定正确发放票据，确保顺号使用不越号。

⑧ 监督相关人员按规定数量请领票据。

⑨ 做好票据的防火、防潮、防盗等安全工作。

⑩ 妥善保管票据库钥匙。

任务六　售票值班员岗位工作

【技能目标】

能掌握售票值班员岗位作业的基本要求；

能绘制售票值班员岗位作业程序图；

能模拟售票值班员岗位作业流程并能对作业完成质量进行评价。

【知识点】

售票值班员岗位作业基本要求；

售票值班员岗位作业程序；

售票值班员岗位作业流程与质量标准。

【任务的提出】

售票值班员要指导售票员完成整个车站的售票作业，并及时处理售票中出现的各种问题。

【相关知识】

一、售票值班员岗位作业基本要求

售票值班员要规范售票员作业的程序和内容，提高售票工作的质量。

二、售票值班员岗位作业程序

售票值班员岗位作业程序如图 6－6 所示。

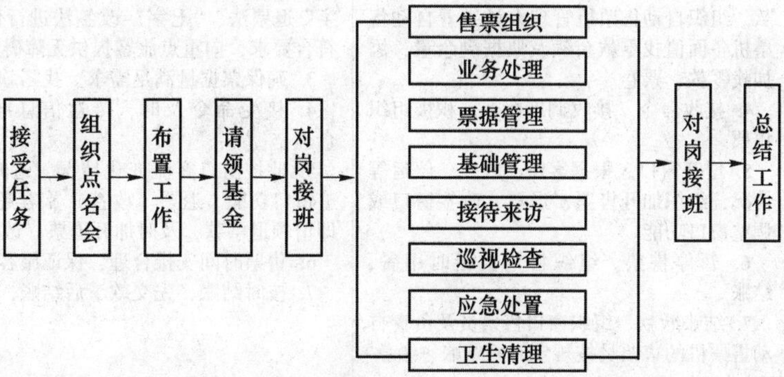

图 6－6　售票值班员岗位作业程序

三、售票值班员岗位作业流程与质量标准

售票值班员岗位作业流程与质量标准如表 6－6 所示。

表6－6 售票值班员岗位作业流程与质量标准

作业程序	作业项目	作业流程	质量标准
班前准备	接受任务	摘抄电报、命令、指示，了解当日工作重点及有关业务事项	提前30分钟到岗，清楚全面地掌握重点业务事项并摘抄在《工作日志》内
	组织点名会	1. 按照规定时间，在点名会上进行点名。 2. 完成相关人员的考勤统计工作。 3. 检查售票员的仪容仪表。 4. 进行业务试问	1. 按时组织点名会，不迟到、不早退。 2. 严格考勤纪律，实事求是。 3. 着装整齐、标志齐全、仪容整洁，精神饱满。 4. 业务试问结果有记载，不漏项
	布置工作	传达电报、命令、指示，对安全、服务等工作进行预想，合理布置本班工作	准确、清晰地传达电报、命令、指示；布置工作具体，各岗位分工合理，责任到人
班中工作	对岗接班	1. 组织班组人员列队上岗，对岗交接。 2. 组织进行票据、票款、找零款、设备设施、场地卫生、安全风险、生产指标、工具备品、规章资料、列车运行情况、电报命令及重点事项的交接工作	1. 排列有序，两人成排，三人成列，走姿端正，行进中步伐一致。 2. 接班时间短、速度快。做到“六不接”：票据现金不正确不接、列车运行情况不清不接、电报命令不掌握不接、场地卫生不达标准不接、设备备品丢损责任不清不接、重点事项不明不接
	售票组织	1. 业务分工。优化售票窗口功能，明确业务分工，设专人维护售票厅秩序，指导旅客使用自动售票机。 2. 组织售票。组织售票员办理实名制售票、退改签、取票、挂失补、中转签证、身份核验、订单查询、公免签证等业务。 3. 补充票、款。组织售票员查看票据余量及找零款，按需求请领票据、换发找零款。组织自动售票机管理人员查看自动售票机各面值找零款余额及票据剩余量，添加找零款、票卷。 4. 接收命令。接收调度命令，积极组织售票。 5. 增开窗口。根据客流、晚点、停运等情况，组织加开售票、退票、改签窗口或调整窗口功能。 6. 暂停售票。组织售票员错时用餐、结账。 7. 结账缴款。组织窗口售票员及负责自动售票机的售票员按规定时间结账、缴款	确保售票作业达到“六无”：无票款遗失、漏交，无误售客票，无误进班次，无票据填写差错，无票据丢失、越号，无溢赔款。 1. 优化窗口的业务分工，引导揭示醒目规范，旅客排队秩序良好。 2. 组织售票员严格按照“六字”售票法、“五字”退票法、“七字”改签法进行作业。业务办理符合要求，向重点旅客提供无障碍服务。 3. 确保票据量满足需求、找零款充足。 4. 接受命令及时，传达信息准确、反馈意见合理。 5. 监控窗口客流变化情况，适时增开窗口或调整窗口功能。退票（改签）旅客超过20人时，立即请领退票款，及时加开退票（改签）窗口。 6. 售票时间安排合理，保证旅客购票需求。 7. 按时结账，先交款、后结账，缴款及时准确
	业务处理	1. 处理自动售票机故障、互联网换取票异常等情况。特殊业务按要求编制客运记录。 2. 核对退改签原票、废票、POS机凭条、客运记录是否齐全，账款是否相符。 3. 维护售票系统、统计上报数据报表，进行客流量预测分析，及时申请增加无座席票数量	1. 故障处理及时，故障记录编制齐全准确。及时处理工作中的疑难问题，解决不了时，立即上报。 2. 逐项核对，确保票据准确，凭条齐全，记录完整，账款相符。发生溢赔款，及时处理。 3. 准确上报数据信息，确保售票系统运行稳定

续表

作业程序	作业项目	作业流程	质量标准
班中工作	基础管理	1. 配齐规章资料，填写各类表簿，按规定保管各类记录。 2. 按照文件、电报、“铁路客货运输专刊”等要求修改规章资料	1. 规章资料齐全，表簿填写规范。 2. 规章修改及时准确
	接待来访	1. 接待来访旅客，听取旅客意见，了解事件经过，妥善处理问题。 2. 对上级流转的服务质量问题，进行调查处理并给予回应	1. 实行“首问首诉”负责制。使用文明用语，耐心解答旅客疑问，虚心接受意见，及时解决旅客困难。处理问题公平公正。 2. 深入调查、回应及时、态度端正、处理得当。及时处理工作中的疑难问题，解决不了时，应立即上报，并向旅客说明原因，以免发生旅客投诉
	巡视检查	1. 现场巡视。检查安全、防火、服务、设备、卫生、作业标准、岗位纪律、现金管理等情况。 2. 指导纠正。发现违章违纪、班组管理、环境卫生、服务质量问题及时进行纠正。发现设备设施隐患、故障及时上报，妥善处理。 3. 考核整改。按章考核作业情况，跟踪整改。 4. 每日监控各售票点售票纪律执行情况，发现问题及时纠正。每月至少对所管理的售票点进行一次全面检查，发现问题按规定处理	1. 职场检查实行“八必检”“八做到”：安全管理必检、重点工作必检、服务质量必检、设备设施必检、环境卫生必检、作业标准必检、职务状态必检、售票秩序必检；做到安全管理到位、情况掌握全面、重点心中有数、岗位执行标准、售票组织有序、设备作用良好、标识内容准确、环境卫生达标。 2. 问题处理及时，措施得当。 3. 考核公平公正。 4. 杜绝违规售票、抢票、占票、囤积车票、价外收费
	应急处置	遇有非正常情况，启动相关应急处置预案，按照职责分工，做好应急处置工作	1. 信息通报及时准确。 2. 应急处置预案启动及时
	卫生清理	1. 组织清理场地卫生。 2. 监督设备备品按规定位置摆放	1. 卫生达标。 2. 备品定位摆放，用时在手、不用在位
	对岗交班	1. 组织列队离岗。 2. 组织进行票据、票款、找零款、设备设施、场地卫生、安全风险、生产指标、工具备品、规章资料、列车运行情况、电报命令及重点事项的交接工作	1. 排列有序，两人成排，三人成列，走姿端正，行进中步伐一致。 2. 交班时间短、速度快。做到“六不交”：票据现金不正确不交、列车运行情况不清不交、电报命令不掌握不交、场地卫生不达标准不交、设备备品丢损责任不清不交、重点事项不明不交
班后总结	总结工作	组织召开总结会，总结本班工作情况，吸取经验教训	成绩讲清，问题明确，不断改进工作

四、工作注意事项

① 关注购票窗口排队人数。

② 确保票款与票据的安全。

③ 妥善处理旅客投诉。

④ 精心组织节假日客流高峰的售票工作。

⑤ 做好军运售票组织工作。

⑥ 做好售票系统故障的应急处理。

任务七　客运员（检票）岗位工作

【技能目标】

能掌握客运员（检票）岗位作业的基本要求；

能绘制客运员（检票）岗位作业程序图；

能模拟客运员（检票）岗位作业流程并能对作业完成质量进行评价。

【知识点】

客运员（检票）岗位作业基本要求；

客运员（检票）岗位作业程序；

客运员（检票）岗位作业流程与质量标准。

【任务的提出】

客运员（检票）主要为候车室候车的旅客进行服务，其需要了解列车运行的相关信息，引导旅客按时乘车。

【相关知识】

一、客运员（检票）岗位作业基本要求

客运员（检票）要认真执行上级的命令、指示，对重点旅客做好重点照顾，遇突发情况时及时上报请示，确保检票作业安全有序。

二、客运员（检票）岗位作业程序

客运员（检票）岗位作业程序如图 6－7 所示。

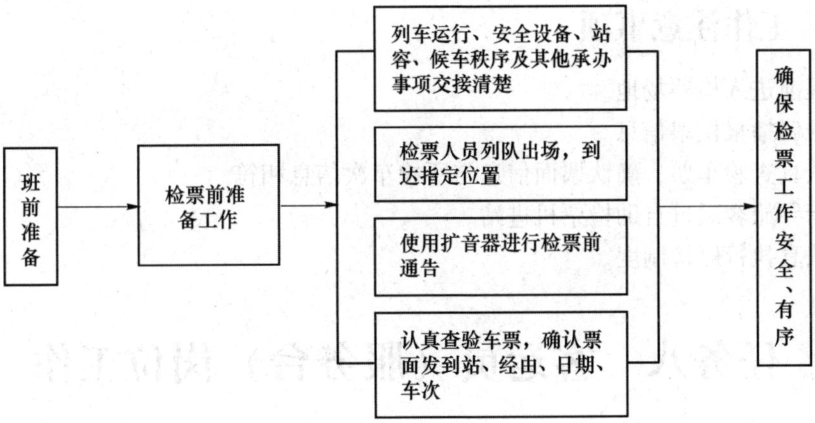

图6－7　客运员（检票）岗位作业程序

三、客运员（检票）岗位作业流程与质量标准

客运员（检票）岗位作业流程与质量标准如表6－7所示。

表6－7　客运员（检票）岗位作业流程与质量标准

作业程序	作业项目	作业流程	质量标准
班前准备	参加点名会	1. 按照规定时间，在指定地点参加点名会。 2. 仔细听取客运值班员（内勤）传达的电报、命令、指示。 3. 接受业务试问	1. 准时参加点名会，不迟到、不早退。着装统一规范，仪容整洁，女性客运员（检票）化淡妆上岗。 2. 仔细听取客运值班员（内勤）传达电报、命令，明确任务，领会上级布置的工作重点 3. 主动学习业务知识，准确回答班前试问
	列队上岗	排成一列，经指定线路进入作业岗位	精神饱满，排列有序，两人成行、三人成列，走姿端正，行进中步伐一致
班中工作	班中工作	1. 提前20分钟到岗（始发列车），列车客流量大时提前30分钟到岗。 2. 使用扩音器进行检票前通告。 3. 认真查验车票，确认票面到发站、经由、日期、车次。防止持废票、涂改票和不符合乘车条件的旅客进入站台	1. 到岗后检查检票广播、显示屏、电梯、闸机是否正常，如有异常及时上报综控室。 2. 向旅客提供“三要”“四心”“五主动”的热情周到服务。通告要清晰准确，通告检票车次、到站、使用闸机的方法等事项。 3. 检票时，引导持软纸车票的旅客到指定的检票通道进行人工检票。检票时做到磁卡车票张张过闸机，一人一票通行，防止后续旅客尾随进站。软纸车票核对票面信息后，张张剪口。对持有特殊票种的旅客要查验相关证件，票证相符后方可乘车。持有各种铁路乘车证的路内人员还须持有铁路公免签证后方可乘车。加强检票口管理，不漏剪、误剪，杜绝无票人员进站。认真执行开车前3～6分钟停检制度，停检后关闭闸机和人工检票口
班后总结	参加总结会	参加总结会，总结本班工作情况	发生问题“四不放过”（未查清原因不放过，未找出责任者不放过，未吸取教训不放过，未制订整改措施不放过），吸取经验教训，不断改进工作

四、工作注意事项

① 提前进入检票场地。
② 准确播报检票信息。
③ 认真查验车票，确认票面信息与所检车次信息相符。
④ 指导旅客通过自助检票机进站。
⑤ 认真执行停检制度。

任务八　客运员（服务台）岗位工作

【技能目标】

能掌握客运员（服务台）岗位作业的基本要求；
能绘制客运员（服务台）岗位作业程序图；
能模拟客运员（服务台）岗位作业流程并能对作业完成质量进行评价。

【知识点】

客运员（服务台）岗位作业基本要求；
客运员（服务台）岗位作业程序；
客运员（服务台）岗位作业流程与质量标准。

【任务的提出】

客运员（服务台）主要是为在候车室候车的旅客服务的，其需要了解大量与铁路运输相关的信息，引导旅客按时乘车。

【相关知识】

一、客运员（服务台）岗位作业基本要求

客运员（服务台）要认真执行上级的命令、指示，做好重点旅客的服务工作，解答旅客的咨询，遇突发情况时及时向上级汇报。

二、客运员（服务台）岗位作业程序

客运员（服务台）岗位作业程序如图 6－8 所示。

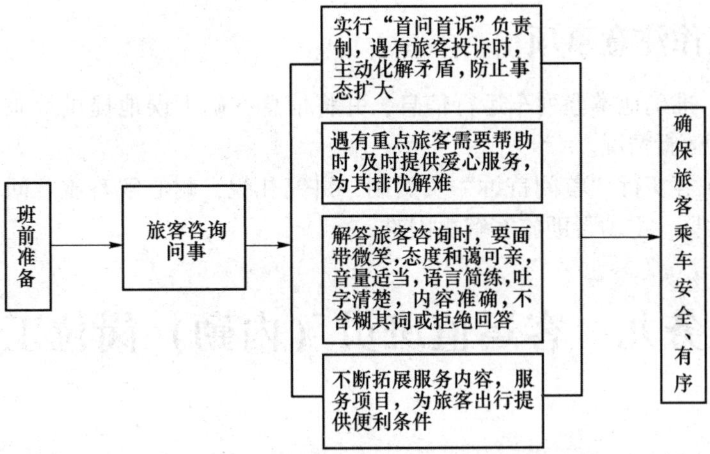

图 6－8　客运员（服务台）岗位作业程序

三、客运员（服务台）岗位作业流程与质量标准

客运员（服务台）岗位作业流程与质量标准如表 6－8 所示。

表 6－8　客运员（服务台）岗位作业流程与质量标准

作业程序	作业项目	作业流程	质量标准
班前准备	参加点名会	1. 按照规定时间，在指定地点参加点名会。 2. 仔细听取客运值班员（内勤）传达的电报、命令、指示。 3. 接受业务试问	1. 准时参加点名会，不迟到、不早退。着装统一规范，仪容整洁，女性客运员（服务台）化淡妆上岗。 2. 仔细听取客运值班员（内勤）传达电报、命令、指示，明确任务，领会上级布置的工作重点。 3. 主动学习业务知识，准确回答班前试问
	列队上岗	排成一列，经指定线路进入作业岗位	精神饱满，排列有序，两人成行、三人成列，走姿端正，行进中步伐一致
班中工作	班中工作	1. 接听电话要使用文明用语。 2. 解答旅客咨询时，要面带微笑，态度和蔼可亲，音量适当，语言简练，吐字清楚，内容准确，不含糊其词或拒绝回答。 3. 遇有重点旅客需要帮助时，及时提供爱心服务，帮助其排忧解难。 4. 实行“首问首诉”负责制，遇有旅客投诉时，要化解矛盾，防止事态扩大。 5. 做好信息反馈工作，遇到突发事件，要在第一时间向客运值班员（内勤）反馈，并听从安排，及时启动应急预案。 6. 不断拓展服务内容，服务项目，为旅客出行提供便利条件	1. 及时、准确掌握列车运行信息，准确无误地将列车运行信息提供给旅客。 2. 对旅客提出的问题、电话咨询要进行耐心回答，主动向旅客介绍公交地铁线路、城市旅游景点、大型宾馆饭店信息，直到旅客满意为止。 3. 对问事、问路、走错候车区域的旅客必须耐心解答，清楚地指明路线。 4. 及时掌握列车晚点变道运行情况。 5. 认真执行岗位纪律，不违章作业，做到听从命令，服从指挥，坚守岗位，尽职尽责。 6. 精通规章，业务熟练，做到有问必答，答必正确，态度和蔼。 7. 接待旅客实行“首问首诉”负责制，讲究礼貌，耐心解答旅客问事，虚心接受意见，主动帮助旅客解决困难，处理问题公平公正。 8. 使用规范的工作用语。 9. 出现重点旅客和人数较多的团体旅客等情况时，必须提前与上级联系，确认提前进站时间，不得擅自做主让旅客进站台。 10. 任何与工作无关的物品不能摆放在服务台桌面上
班后总结	参加总结会	参加总结会，总结本班工作情况	发生问题“四不放过”（未查清原因不放过，未找出责任者不放过，未吸取教训不放过，未制订整改措施不放过），吸取经验教训，不断改进工作

四、工作注意事项

① 及时、准确地掌握列车运行信息，并将信息准确无误地提供给旅客，及时掌握列车晚点变道运行情况。

② 接待旅客实行“首问首诉”负责制，讲究礼貌，耐心解答旅客问事，虚心接受旅客的批评意见，主动帮助旅客解决困难。

任务九　客运值班员（内勤）岗位工作

【技能目标】

能掌握客运值班员（内勤）岗位作业的基本要求；
能绘制客运值班员（内勤）岗位作业程序图；
能模拟客运值班员（内勤）岗位作业流程并能对作业完成质量进行评价。

【知识点】

客运值班员（内勤）岗位作业基本要求；
客运值班员（内勤）岗位作业程序；
客运值班员（内勤）岗位作业流程与质量标准。

【任务的提出】

客运值班员（内勤）主要是领导客运员（检票）和客运员（服务台）完成候车室的旅客服务工作，保证旅客能按时乘车。

【相关知识】

一、客运值班员（内勤）岗位作业基本要求

客运值班员（内勤）要认真执行上级的命令、指示，做好客运组织工作。掌握列车正晚点、增开、停运等信息，及时对候车区出现的突发情况进行处理，确保旅客乘降安全有序。

二、客运值班员（内勤）岗位作业程序

客运值班员（内勤）岗位作业程序如图 6-9 所示。

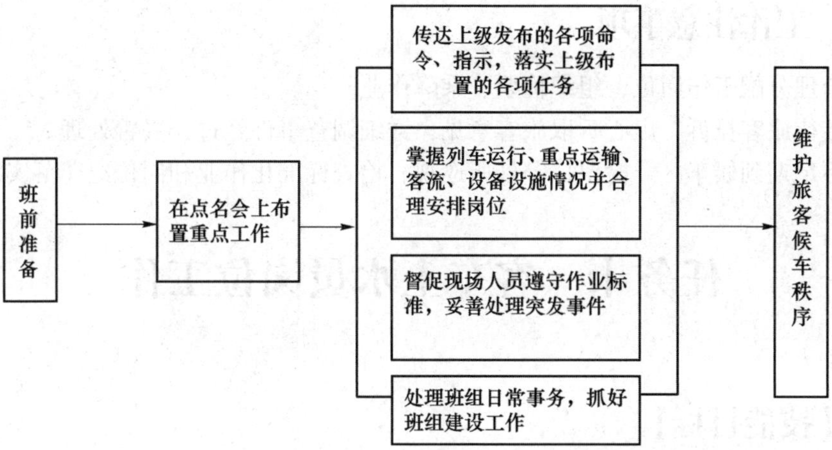

图6－9　客运值班员（内勤）岗位作业程序

三、客运值班员（内勤）岗位作业流程与质量标准

客运值班员（内勤）岗位作业流程与质量标准如表6－9所示。

表6－9　客运值班员（内勤）岗位作业流程与质量标准

作业程序	作业项目	作业流程	质量标准
班前准备	组织点名会	组织召开点名会，检查班组职工仪容仪表、着装	1. 着装统一规范，仪容整洁。 2. 在点名会上布置任务，任务要具体落实到责任人
	组织上岗	组织班组职工按顺序列队，经指定线路进入作业岗位	精神饱满，排列有序，两人成行、三人成列，走姿端正，行进中步伐一致
班中工作	工作检查	1. 经常深入候车室、检票口等处所巡视，检查标准化作业和岗位纪律落实情况。 2. 发现旅客有困难，主动帮助解决。 3. 检查职工的着装、妆容。 4. 合理分配岗位，组织检票、乘降等作业。 5. 加强检票口的管理	1. 检查巡视，掌握全面情况。 2. 工作中按“三要”“四心”“五主动”的标准热情周到地为旅客服务。 3. 发现班组职工作业不标准，及时纠正；发现设备故障，及时上报处理。 4. 向旅客提供微笑、优质、安全服务，安排重点旅客优先检票进站。 5. 加强检票宣传，杜绝漏乘。维持好检票秩序，做到不挤、不乱。要求客运员（检票）确认票面日期、车次，做到消灭误剪、漏检。严格按规定控制好检票截止时间
班后总结	参加总结会	组织召开总结会，总结本班工作情况	成绩讲清，发生问题“四不放过”（未查清原因不放过，未找出责任者不放过，未吸取教训不放过，未制定整改措施不放过），吸取经验教训，不断改进工作

四、工作注意事项

① 合理分配工作岗位，组织检票、乘降作业。

② 接待旅客投诉，虚心听取旅客意见，详细调查事件经过，妥善处理。

③ 不定期到候车区、检票口等处所巡视，检查标准化作业和岗位纪律落实情况。

任务十　客车上水员岗位工作

【技能目标】

能掌握客车上水员岗位作业的基本要求；
能绘制客车上水员岗位作业程序图；
能模拟客车上水员岗位作业流程并能对作业完成质量进行评价。

【知识点】

客车上水员岗位作业基本要求；
客车上水员岗位作业程序；
客车上水员岗位作业流程与质量标准。

【任务的提出】

客车上水员主要是完成旅客列车的上水工作的，上水工作保证了列车饮用水，以及盥洗间和卫生间用水，保障了高速铁路运输服务质量。

【相关知识】

一、客车上水员岗位作业基本要求

客车上水员要做好客车上水组织工作，指导、督促班组成员按标准作业，安全、顺利、优质地进行给水作业，满足旅客在旅行过程中饮水的需要及列车餐饮服务、卫生保洁等工作的需求。

二、客车上水员岗位作业程序

客车上水员岗位作业程序如图 6－10 所示。

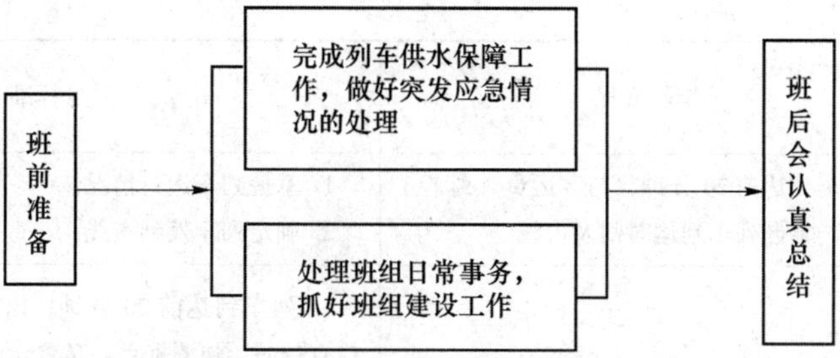

图 6－10　客车上水员岗位作业程序

三、客车上水员岗位作业流程与质量标准

客车上水员岗位作业流程与质量标准如表 6－10 所示。

表 6－10　客车上水员岗位作业流程与质量标准

作业程序	作业项目	作业流程	质量标准
班前准备	参加点名会	1. 按照规定时间，在指定地点参加点名会。 2. 仔细听取客运值班员（外勤）传达的电报、命令、指示。 3. 明确重点事项、重点工作，做好班前预想。 4. 接受业务试问	1. 准时参加点名会，不迟到、不早退。着装统一规范，仪容整洁。 2. 仔细听取客运值班员（外勤）传达的电报、命令、指示。 3. 主动学习业务知识，准确回答班前试问
	对岗交接	交班： 1. 对岗交班，相互敬礼。 2. 交清列车运行、设备，重点任务、重点列车情况。 接班： 接清列车运行、设备、重点任务、重点列车情况	交班： 1. 面对面进行交接班。 2. 交接时做到“六不交”：列车运行情况不清不交；上水设备、备品不齐全不交；备品不定位不交；冬季有冻管不交；卫生不达到标准不交；一批作业未完毕不交。 3. 有上水作业时，必须将该车作业组织完毕，开车后，再进行对岗交接。 接班： 1. 对岗交接时，挺胸、收腹、两脚并拢，脚尖略分开，双手自然下垂。 2. 交接做到“六不接”：列车运行情况不清不接；上水设备、备品不齐全不接；备品不定位不接；冬季有冻管不接；卫生不达到标准不接；一批作业未完毕不接

续表

作业程序	作业项目	作业流程	质量标准
班中工作	接车准备	列车到达前20分钟，与客运员（综控）联系，掌握列车到达时间及占线	1. 掌握列车运行情况。 2. 确定列车发到占线
	提前出场	提前出场，做好接车准备	1. 列车到达前20分钟，出场列队、整理着装。检查备品、强调重点、布置作业。 2. 检查线路、接触网情况，确保线路中无障碍物、无积冰、无积水等影响安全的隐患
	上水作业	1. 列车到达前，与客运员（综控）联系进行上水作业。 2. 作业人员站在规定地点，迎接列车进站。 3. 列车停稳后作业人员开始作业。 4. 上水完毕后，再次检查、确认上水情况。 5. 向客运员（综控）报告上水作业完毕	1. 上水时，注意瞭望邻线机车、车辆运行状态，注意脚下安全，不钻车作业，不在枕木、轨面和线路中心行走。 2. 禁止车下钻人。 3. 做到关阀、撤管及时，确保管内无残水
	列队退场	上水作业后，进行退场	按先后顺序列纵队经由原径路返回上水休息室或进行下一趟列车的上水作业

四、工作注意事项

① 保证列车在始发前处于满水状态。

② 认真落实上级有关文电和要求。

③ 做好节假日客流高峰的客车给水作业。

④ 做好重点运输客车的给水作业。

⑤ 做好水井突发故障的应急处理。

任务十一 客运员（站台）岗位工作

【技能目标】

能掌握客运员（站台）岗位作业的基本要求；

能绘制客运员（站台）岗位作业程序图；

能模拟客运员（站台）岗位作业流程并能对作业完成质量进行评价。

【知识点】

客运员（站台）岗位作业基本要求；
客运员（站台）岗位作业程序；
客运员（站台）岗位作业流程与质量标准。

【任务的提出】

客运员（站台）主要担负组织站台旅客乘降列车的任务，其要按规定的流程组织好旅客乘降，避免发生旅客人身伤亡事故。

【相关知识】

一、客运员（站台）岗位作业基本要求

客运员（站台）要按规定时间上岗，巡视站台设备设施；发现影响旅客乘降安全的问题要及时处理并上报；在规定位置接发车，做好宣传引导，防止旅客积压，引导旅客在站台安全白线内安全乘降；组织旅客按车厢位置等候列车，保证旅客安全、快速、有序地上下车。

二、客运员（站台）岗位作业程序（此处配备微课视频）

客运员（站台）岗位作业程序如图 6－11 所示。

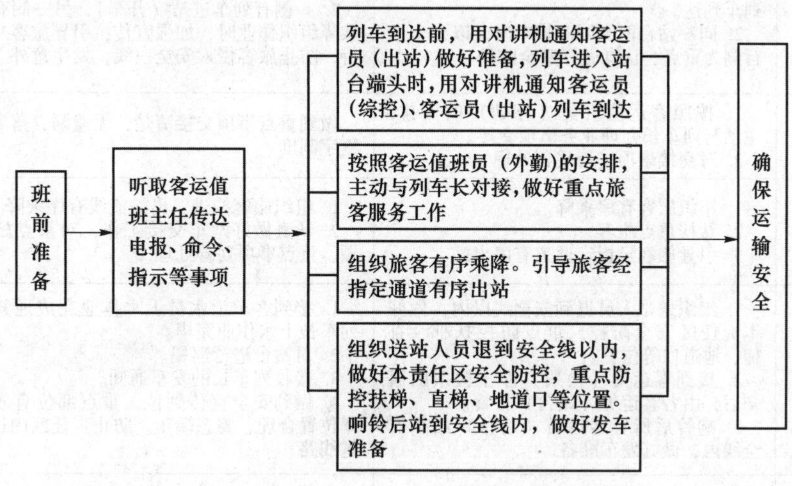

图 6－11　客运员（站台）岗位作业程序

三、客运员（站台）岗位作业流程与质量标准

客运员（站台）岗位作业流程与质量标准如表 6－11 所示。

表 6-11 客运员（站台）岗位作业流程与质量标准

作业程序	作业项目	作业流程	质量标准
班前准备	参加点名会	1. 按照规定时间，在指定地点参加点名会。 2. 仔细听取客运值班主任传达的电报、命令、指示。 3. 接受业务试问	1. 准时参加点名会，不迟到、不早退。着装统一规范，仪容整洁。 2. 仔细听取客运值班主任传达的电报、命令、指示，明确任务，领会上级布置的工作重点。 3. 主动学习业务知识，准确回答班前试问
	列队上岗	按顺序排成一列，经指定线路进入作业岗位	精神饱满，排列有序，两人成行、三人成列，走姿端正，行进中步伐一致
	对岗交接	交班： 1. 对岗交班，相互敬礼。 2. 交清列车运行、设备、站台秩序、重点旅客情况。 接班：接清列车运行、设备、站台秩序、重点旅客情况	交班： 1. 停止检票前不得进行交接班。 2. 交接时做到"六不交"：列车运行情况不清不交；环境卫生不达到标准不交；重点旅客情况不明不交；应处理问题未处理不交；设备备品丢损责任不清不交；一次作业未完不交。 3. 有未完成的作业时，必须将该车作业组织完毕，开车后，再进行对岗交接。 接班： 1. 对岗交接时，挺胸、收腹、两脚并拢，脚尖略分开，双手自然下垂。 2. 交接做到"六不接"：列车运行情况不清不接；环境卫生不达到标准不接；重点旅客情况不明不接；应处理问题未处理不接；设备备品丢损责任不清不接；一次作业未完不接
班中工作	提前出场	提前出场，做好接车准备	1. 始发列车提前 20 分钟到岗；到达列车提前 10 分钟到岗。 2. 检查线路、接触网、时钟、显示屏及扶梯、直梯的运行情况，确保站台面无障碍物、无积冰、无积水等影响安全的隐患
	接车作业	1. 列车到达前，用对讲机通知客运员（出站）准备，列车进入站台端头用对讲机通知客运员（综控）、客运员（出站）列车到达。 2. 同一站台两侧同时接车时，以列车运行侧为重点，认真做好安全防护	1. 到达列车进站前，站立于盲道里侧接车，面向来车方向立岗，列车接近立岗位置时，转身面向列车，待列车停稳后，引导旅客出站。 2. 一侧有列车进站（开车），另一侧有列车进行乘降组织作业时，加强宣传，引导旅客从另一侧通行，防止旅客侵入安全白线，发生意外
	站车交接	1. 按照客运值班员（外勤）的安排，主动与列车长办理业务事项交接。 2. 对交接事项进行妥善处理	做到重点事项交接清楚，无遗漏，落实站车交接签字制度
	乘降组织	1. 组织旅客有序乘降。 2. 帮扶重点旅客。 3. 引导旅客经指定通道有序出站	1. 组织旅客按进、出站流线有序乘降。 2. 认真做好站车交接工作，对重点旅客重点照顾，重点事项妥善处理
	发车作业	1. 组织送站人员退到安全线以内，做好本责任区安全防控，重点防控扶梯、直梯、地道口等位置。 2. 接到客运员（检票）停止检票的通知后，由各客运员（站台）打铃。 3. 响铃后所有客运员（站台）站到安全线内，做好发车准备	1. 接到客车上水员上水作业完成通知后，通知列车长上水作业完毕。 2. 对站台进行巡视。 3. 接收列车长的发车通知。 4. 做到安全宣传到位，重点部位有效防控，送车位置合理、姿态端正。防止责任区内送站人员侵越线路
	列队退场	1. 列车出站后，清理站台闲杂人员。 2. 引导送站旅客出站。 3. 列车开出站台后退场	做到车开站台清，退场时姿态端正，列队有序
班后总结	班后总结会	自我讲评，听取客运值班主任的本班工作总结	实事求是，成绩讲清，问题不隐瞒，吸取经验教训，不断改进工作

四、工作注意事项

① 准确掌握列车运行情况，组织旅客有序乘降，与各岗位密切配合，为旅客正常乘降提供有效保障。

② 严格按规定时间出场，对站台、线路、扶梯、台阶等处重点巡视，核对显示屏内容，及时清除障碍物，保证运输安全。

③ 做好站台巡视、防护工作。旅客乘降完毕后及时清理站台，确保无滞留人员。

④ 重点列车重点组织，突发情况上报及时。

任务十二　客运员（出站）岗位工作

【技能目标】

能掌握客运员（出站）岗位作业的基本要求；
能绘制客运员（出站）岗位作业程序图；
能模拟客运员（出站）岗位作业流程并能对作业完成质量进行评价。

【知识点】

客运员（出站）岗位作业基本要求；
客运员（出站）岗位作业程序；
客运员（出站）岗位作业流程与质量标准。

【任务的提出】

客运员（出站）主要负责组织旅客出站，对无票、越站乘车及携带违章物品等行为进行按章处理，确保旅客出站高速、有序。

【相关知识】

一、客运员（出站）岗位作业基本要求

客运员（出站）要按规定时间上岗，巡视出站口设备设施，发现影响旅客出站安全的问题要及时处理并上报；在人工检票口验票，要求无票人员、违章乘车旅客及违章携带物品的旅客按章补费；保证旅客安全、快速、有序地出站。

二、客运员（出站）岗位作业程序

客运员（出站）岗位作业程序如图6－12所示。

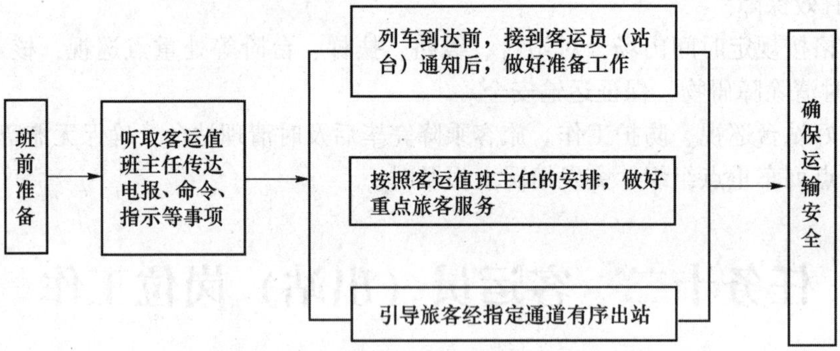

图6－12　客运员（出站）岗位作业程序

三、客运员（出站）岗位作业流程与质量标准

客运员（出站）岗位作业流程与质量标准如表6－12所示。

表6－12　客运员（出站）岗位作业流程与质量标准

作业程序	作业项目	作业流程	质量标准
班前准备	参加点名会	1. 按照规定时间，在指定地点参加点名会。 2. 仔细听取客运值班主任传达的电报、命令、指示。 3. 接受业务试问	1. 准时参加点名会，不迟到、不早退。着装统一规范，仪容整洁。 2. 仔细听取客运值班主任传达的电报、命令、指示，明确任务，领会上级布置的工作重点。 3. 主动学习业务知识，准确回答班前试问
	列队上岗	按顺序排成一列，经指定线路进入作业岗位	精神饱满，排列有序，两人成行、三人成列，走姿端正，行进中步伐一致
	对岗交接	交班： 1. 对岗交班，相互敬礼。 2. 交清设备设施、卫生、重点旅客、安全风险、票据现金、列车运行情况、电报命令及重点事项。 接班： 接清设备设施、卫生、重点旅客、安全风险、票据现金、列车运行情况、电报命令及重点事项	交班： 1. 停止出站检票前不得进行交接班。 2. 交接时做到“六不交”：列车运行情况不清不交；环境卫生不达到标准不交；重点旅客情况不明不交；应处理问题未处理不交；设备备品丢损责任不清不交；一次作业未完不交。 3. 有出站检票作业时，必须将本次作业组织完毕，再进行对岗交接。 接班： 1. 对岗交接时，挺胸、收腹、两脚并拢，脚尖略分开，双手自然下垂。 2. 交接做到“六不接”：列车运行情况不清不接；环境卫生不达到标准不接；重点旅客情况不明不接；应处理问题未处理不接；设备备品丢损责任不清不接；一次作业未完不接

续表

作业程序	作业项目	作业流程	质量标准
班中工作	提前出场	对出站检票闸机、楼梯、扶梯、显示屏、引导标识等进行检查	提前出场，发现异常及时上报，妥善处理
	出站组织	1. 验票出站。维护出站秩序，宣传检票闸机使用方法，根据客流情况增开检票通道，人工检票口核对车票及其他凭证，防止尾随。 2. 补票补费。要求无票人员、违章乘车旅客及违章携带物品的旅客按章补费	1. 宣传用语规范，出站组织有序，通道不堵，严禁逆向进站。 2. 正确补票、补费，票款收付准确，账款、票据相符，确保票款、票据安全
	重点组织	1. 听从上级指挥，按专运、军运、重点运输工作要求，到达指定岗位进行作业。 2. 针对施工、调图等情况，加强作业组织，确保安全	1. 严格按专运、军运、重点运输的作业规范进行作业。 2. 严格按施工、调图等情况的处理预案开展作业
	应急处置	遇有非正常情况，启动相关应急处置预案，按照职责分工，做好应急处置工作	1. 信息通报及时准确。 2. 应急处置预案启动及时、妥善处理
	结账交款	1. 按规定时间结账交班。 2. 核对票据、现金。 3. 填写票据、报表，本簿资料，加盖印章。 4. 将运输进款、客杂收入等上缴售票室	1. 现金清点正确。 2. 票据账款相符，账目齐全。 3. 填写正确、字迹清楚、印鉴齐全。 4. 当面清点，上缴及时，专人护送，严禁代交
	对岗交接	1. 列队离岗。 2. 交清设备设施、卫生、重点旅客、安全风险、票据现金、列车运行情况、电报命令及重点事项	姿态端正，列队有序
班后总结	班后总结会	自我讲评，听取客运值班主任的本班工作总结	实事求是，成绩讲清，问题不隐瞒，吸取经验教训，不断改进工作

四、工作注意事项

① 准确掌握列车运行情况，组织旅客有序出站，与各岗位密切配合，为旅客正常出站提供有力保障。

② 严格按规定时间出场，对出站检票闸机、卷帘门等处进行重点巡视，核对显示屏内容，及时清除障碍物，保证运输安全。

③ 重点列车重点组织，突发情况上报及时。

任务十三 客运值班员（外勤）岗位工作

【技能目标】

能掌握客运值班员（外勤）岗位作业的基本要求；
能绘制客运值班员（外勤）岗位作业程序图；
能模拟客运值班员（外勤）岗位作业流程并能对作业完成质量进行评价。

【知识点】

客运值班员（外勤）岗位作业基本要求；
客运值班员（外勤）岗位作业程序；
客运值班员（外勤）岗位作业流程与质量标准。

【任务的提出】

客运值班员（外勤）主要是组织客运员（站台）完成旅客乘降、出站工作，确保旅客安全。

【相关知识】

一、客运值班员（外勤）岗位作业基本要求

客运值班员（外勤）要根据客流情况、设备状态等因素调整各岗位人员设置，组织开展旅客运输和服务工作；组织实施非正常情况下的应急处置预案并按规定时间和程序将非正常情况向上级报告，配合相关人员对事故、事件进行调查处理。

二、客运值班员（外勤）岗位作业程序

客运值班员（外勤）岗位作业程序如图 6－13 所示。

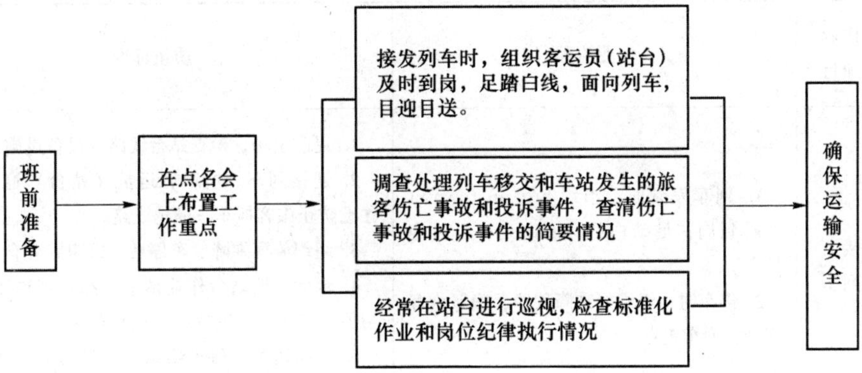

图 6－13　客运值班员（外勤）岗位作业程序

三、客运值班员（外勤）岗位作业流程与质量标准

客运值班员（外勤）岗位作业流程与质量标准如表 6－13 所示。

表 6－13　客运值班员（外勤）岗位作业流程与质量标准

作业程序	作业项目	作业流程	质量标准
班前点名	参加点名会	1. 按照规定时间，在指定地点参加点名会。 2. 仔细听取客运值班主任传达的电报、命令、指示。 3. 接受业务试问	1. 准时参加，不迟到、不早退。着装统一规范，仪容整洁。 2. 仔细听取客运值班主任传达的电报、命令、指示，明确任务，领会上级布置的工作重点。 3. 主动学习业务知识，准确回答班前试问
	列队上岗	组织客运员（站台）按顺序排成一列，经指定线路进入作业岗位	精神饱满，排列有序，两人成行、三人成列，走姿端正，行进中步伐一致
	对岗接班	就列车运行、设备、站台秩序及承办事项进行交接	1. 就当日列车运行情况及重点运输、客流情况、设备设施、消防器材、站台显示屏、扶梯、直梯、对讲机等服务设施和相关备品情况进行交接。 2. 交接做到“六不接”：列车运行情况不清不接；环境卫生不达到标准不接；重点旅客情况不明不接；应处理问题未处理不接；设备备品丢损责任不清不接；一次作业未完不接

续表

作业程序	作业项目	作业流程	质量标准
班中工作	接送列车	1. 列车发到时，组织客运员（站台）及时到岗，足踏白线，面向列车，目迎目送。 2. 停车时，组织好乘降秩序，确保旅客安全，列车正点	1. 提前出场。检查站台线路及设备设施。 2. 迎接列车。组织客运员（站台）迎接列车，注意防止旅客抓车、横越线路。 3. 组织旅客乘降。车停后，组织旅客有序乘降。 4. 全面掌握站台作业情况，如有特殊事项及时与值班主任和客运员（综控）联系。 5. 立岗送车。列车出站时，目送列车出站，注意防止旅客抓车、钻车
	应急处理	1. 调查处理列车移交和车站发生的旅客伤亡事故和服务事件，会同公安人员勘察现场。 2. 收集不少于两份旅客证言，登记物品清单；调查事故、事件发生原因，编制客运记录，加盖公章，及时将受伤旅客移交医院就医。及时将相关情况向客运值班主任报告	严格按照《铁路旅客人身伤害及自带行李损失事故处理办法》进行相关事故和事件的处理。对发生的事故、事件，必须认真查明情况，按章如实汇报，妥善处理，做到不推、不拖
	检查巡视	1. 经常在站台进行巡视，检查标准化作业和岗位纪律执行情况。 2. 发现旅客有困难，帮助解决。 3. 检查客运员（站台）的着装、作业标准情况	1. 进行检查巡视，掌握全面情况。 2. 为旅客提供热情周到的服务。 3. 发现客运员（站台）作业不标准，及时纠正，并随时跟踪检查
	对岗交班	1. 组织对岗交班。 2. 交清列车运行、客流、重点旅客、安全、卫生、电报、命令、指示及重点事项	做到“六不接”：列车运行情况不清不接；环境卫生不达到标准不接；重点旅客情况不明不接；应处理问题未处理不接；设备备品丢损责任不清不接；一次作业未完不接
班后总结	召开总结会	组织客运员（站台）参加总结会，听取客运值班主任总结本班工作情况	“四不放过”：未查清原因不放过、未找出责任者不放过、未吸取教训不放过、未制订整改措施不放过

四、工作注意事项

① 负责站台接发列车工作的组织、管理，认真执行相关规章、命令，妥善处理工作中发生的问题，高质量地完成任务。

② 认真贯彻执行作业技术规范，掌握客流变化和客车运行情况，按时接发列车，加强协作，安全有序地组织好旅客乘降，认真办理站车交接业务，确保列车安全、

正点运行。组织好客运员（站台）的业务学习，加强客运员（站台）遵章守纪和服务礼仪教育。

③ 定期检查站台设备。

④ 落实经济责任制，认真考核。

⑤ 组织开好班后总结会，总结经验，提出问题，制订改进措施。

任务十四　客运值班主任岗位工作

【技能目标】

能掌握客运值班主任岗位作业的基本要求；
能绘制客运值班主任岗位作业程序图；
能模拟客运值班主任岗位作业流程并能对作业完成质量进行评价。

【知识点】

客运值班主任岗位作业基本要求；
客运值班主任岗位作业程序；
客运值班主任岗位作业流程与质量标准。

【任务的提出】

客运值班主任的主要任务是组织客运值班员（内勤）、客运值班员（外勤）、客运员（检票）、客运员（服务台）、客车上水员、客运员（站台）、客运员（出站）完成旅客乘降、出站等工作，确保旅客安全。

【相关知识】

一、客运值班主任岗位作业基本要求

客运值班主任要传达、贯彻、落实上级有关文电、命令、提示，根据出勤情况、客流情况、设备状态等因素调整各岗位人员设置，组织开展旅客运输和客运服务工作。

二、客运值班主任岗位作业程序

客运值班主任岗位作业程序如图 6 – 14 所示。

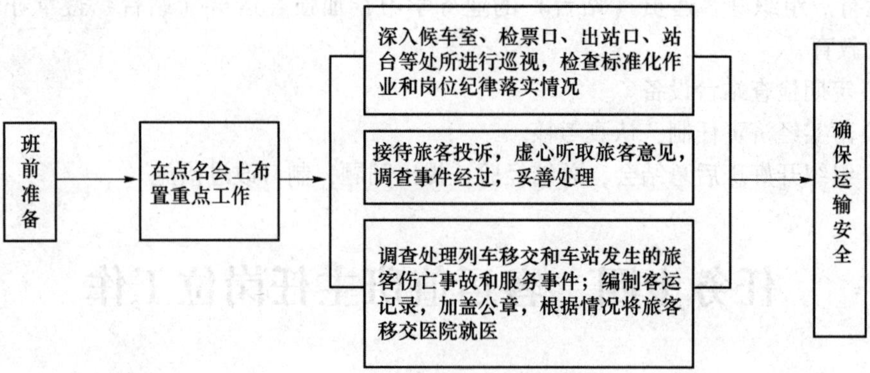

图 6－14　客运值班主任岗位作业程序

三、客运值班主任岗位作业流程与质量标准

客运值班主任岗位作业流程与质量标准如表 6－14 所示。

表 6－14　客运值班主任岗位作业流程与质量标准

作业程序	作业项目	作业流程	质量标准
班前准备	准备工作	提前向客运员（综控）了解、收集客流和列车运行情况，阅读上级电报、命令、指示，认真核对接班重要事项，向主管客运的负责人请示任务	1. 电报、命令、指示摘抄在《班工作日志》上，字迹清楚，记载明确，全面掌握情况，做到心中有数。 2. 对当日安全风险点做到心中有数，安全风险提示到位
	组织点名会	1. 主持点名会，检查班组职工仪容、仪表，着装情况。 2. 布置工作、传达电报、命令、通知、重点事项，针对上一班次存在的问题进行分析，布置工作任务，进行班前试问	1. 着装统一规范，仪容整洁，做到“十不”。 2. 布置任务具体，责任落实到岗、到人。 3. 记载业务试问结果
	组织上岗	组织班组职工按顺序列队，经指定线路进入作业岗位	精神饱满，排列有序，二人成行，三人成列，走姿端正，行进中步伐一致
	对岗接班	就列车运行，客流输送、重点任务、重点旅客、设备、卫生、电报、命令、通知进行交接	做到“六不接”：列车运行情况不清不接；环境卫生不达到标准不接；重点旅客情况不明不接；应处理问题未处理不接；设备备品丢损责任不清不接；一次作业未完不接

续表

作业程序	作业项目	作业流程	质量标准
班中工作	检查巡视	1. 经常深入候车室、检票口、出站口、站台等处所进行巡视，检查标准化作业和岗位纪律落实情况。 2. 帮助旅客解决困难，纠正职工作业不规范情况，及时处理设备问题	1. 加强班中检查巡视，掌握全面情况，做到心中有数。 2. 加强安全宣传工作，确保作业安全。 3. 严格执行作业标准，保证设备正常使用。 4. 做好重点时段、重点岗位的监控工作，时刻监督在岗职工的作业情况，发现问题，及时纠正，立即整改
	接待来访	1. 接待旅客投诉，虚心听取旅客意见，弄清事件经过，妥善处理。 2. 阅签旅客留言簿	1. 实行"首问首诉"负责制，讲究礼貌，虚心接受旅客意见，主动帮助旅客解决困难。 2. 处理问题公平、公正。 3. 及时签阅旅客留言簿，相关内容及时向上级报告
	应急处理	调查处理列车移交和车站发生的旅客伤亡事故和服务事件，会同公安人员勘察现场；收集不少于两份旅客证言，登记物品清单；调查事故发生原因，编制客运记录，加盖公章，根据情况将旅客移交医院就医	1. 严格按照《铁路旅客人身伤害及自带行李损失事故处理办法》进行处理。 2. 熟练掌握突发事件应急处理方法，妥善处理突发情况。对发生的事故、事件，必须认真查明情况，妥善处理，做到不推、不拖 3. 执行车站信息上报制度
	对岗交班	1. 组织对岗交班。 2. 就列车运行、客流输送、重点任免、重点旅客、设备、卫生、电报、命令、通知进行交接	1. 交班前，认真检查设备设施性能，检查重点旅客登记簿，确认须交接的重点服务对象。 2. 做到"六不接"：列车运行情况不清不接；环境卫生不达到标准不接；重点旅客情况不明不接；应处理问题未处理不接；设备备品丢损责任不清不接；一次作业未完不接
班后总结	召开总结会	组织召开总结会，总结本班工作情况	成绩讲清，发生问题"四不放过"（未查清原因不放过，未找出责任者不放过，未吸取教训不放过，未制订整改措施不放过），吸取经验教训，不断改进工作
	汇报工作	将本班工作全面向上级汇报	汇报要实事求是，成绩要讲明，问题不隐瞒

四、工作注意事项

① 加强检查巡视，掌握全面情况，做到心中有数。

② 电报、命令、指示摘录在《班工作日志》上，字迹清楚，记载明确，明确重点事项。

③ 做好重点时段、重点岗位的监控工作，杜绝违反作业标准现象，保障各项工作顺利开展。

④ 严格实行“首问首诉”负责制，化解旅客对服务工作的意见，提升铁路部门形象。

⑤ 做好节假日客流高峰的旅客乘降组织工作。

⑥ 熟练掌握突发事件应急处理方法，妥善处理突发情况。

⑦ 对发生的事故、事件，必须认真查明情况，妥善处理，杜绝漏报、瞒报。

任务十五　客运员（综控）岗位工作

【技能目标】

能掌握客运员（综控）岗位作业的基本要求；
能绘制客运员（综控）岗位作业程序图；
能模拟客运员（综控）岗位作业流程并能对作业完成质量进行评价。

【知识点】

客运员（综控）岗位作业基本要求；
客运员（综控）岗位作业程序；
客运员（综控）岗位作业流程与质量标准。

【任务的提出】

客运员（综控）主要负责根据运行图，编制调度计划、闸机计划及广播计划并检查相关计划的完成情况。

【相关知识】

一、客运员（综控）岗位作业基本要求

负责编制调度计划、客运计划、闸机计划并监控计划执行情况，根据天气、节日等情况编制广播计划。出现突发情况时，及时向上级领导汇报，按照车站应急预案快速、准确地配合有关部门处理。

二、客运员（综控）岗位作业程序

客运员（综控）岗位作业程序如图 6－15 所示。

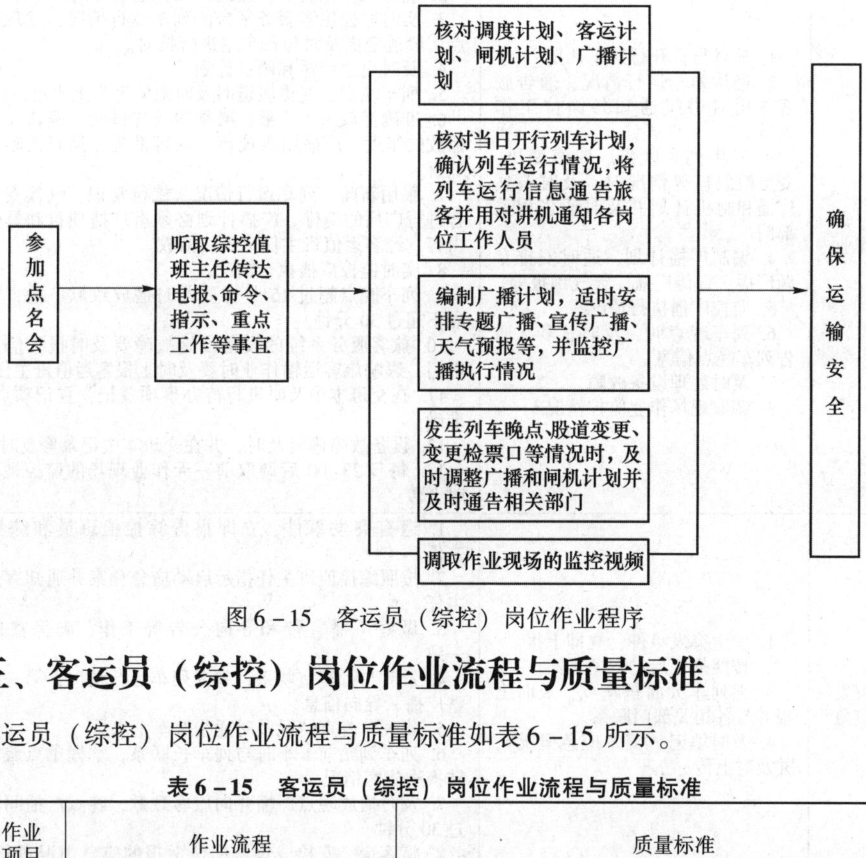

图 6－15　客运员（综控）岗位作业程序

三、客运员（综控）岗位作业流程与质量标准

客运员（综控）岗位作业流程与质量标准如表 6－15 所示。

表 6－15　客运员（综控）岗位作业流程与质量标准

作业程序	作业项目	作业流程	质量标准
班前点名	参加点名会	1. 按照规定时间，在指定地点参加点名会。 2. 听取客运值班主任传达电报、命令、指示、重点工作等事宜	1. 统一着装，佩戴标志，仪容整洁。班组长站排头，职工按身高列纵队进入点名室，坐姿端正、两腿并拢、抬头挺胸、目视前方。 2. 明确本岗位任务
	列队上岗	点名完毕，全体列队，经指定路线进入作业岗位	精神饱满，排列有序，两人成行、三人成列，走姿端正，行进中步伐一致

续表

作业程序	作业项目	作业流程	质量标准
	对岗交接	交班： 1. 填记交班本，交清列车运行情况、设备、备品情况。 2. 清理场地的环境卫生。 3. 一次列车作业完成后进行交接。 接班： 1. 接清列车运行情况、设备、备品、卫生情况。 2. 核对调度计划、客运计划、闸机计划、广播计划	1. 做到交接班“四清楚”：列车晚点、股道变更必须交接清楚；列车运行情况必须交接清楚；设备故障（包括隐患）必须交接清楚；有关文电、命令、指示、要求必须交接清楚。 2. 做到“六不接”：列车运行情况不清不接；环境卫生不达到标准不接；重点旅客情况不明不接；应处理问题未处理不接；设备备品丢损责任不清不接；一次作业未完不接
班中工作	日常作业	1. 核对当日开行列车计划。 2. 确认列车运行情况，通告旅客并用对讲机通知各岗位工作人员。 3. 发生列车晚点、股道变更、变更检票口等情况时，及时调整广播和闸机计划并及时通告相关部门。 4. 编制广播计划，适时安排专题广播、宣传广播、天气预报等。 5. 监控广播执行情况。 6. 列车晚点时，及时、多次通告列车晚点信息。 7. 及时处理设备故障。 8. 调取现场作业监控情况	1. 核对旅客服务系统生成的客运计划，确保信息准确。 2. 确认列车正晚点、股道情况，通知各岗位工作人员。 3. 实时监控旅客服务平台的列车运行情况，发现列车晚点、股道变更及时与行车室进行核对。 4. 及时更改广播和闸机计划。 5. 列车晚点、变更股道时及时通知客车上水员。 6. 准确播放人工广播，必须执行先试听，确认无误后再播放的制度，广播用语规范、内容准确，播音清晰，音量适宜。 7. 采用新闻、列车运行情况、旅行常识、气候变化等内容进行广播的编排。广播计划必须有广播项目和具体广播内容，经客运值班主任审批后播放。 8. 实时监控广播执行情况。 9. 列车晚点超过15分钟要及时播放致歉广播，播放间隔不超过30分钟。 10. 旅客服务系统的设备设施故障要及时报告信息技术部门，影响旅客运输作业时要及时上报客运值班主任。 11. 在交班本中及时进行待办事项登记，登记项点齐全、准确。 12. 设备故障修复及时，并在交班本中记录修复时间。 13. 每日23：00后调取前一天作业现场的监控视频，及时上传
	突发应急	1. 发生突发事件，立即上报。 2. 按照规定启动应急预案。 3. 遇列车大面积晚点，及时上报并与各相关部门联系。 4. 及时填记《突发应急概况》，并及时上传	1. 遇有突发事件，立即报告综控值班员和综控值班主任。 2. 按照综控值班主任指示启动应急预案并通知客运值班主任。 3. 做好广播宣传和导向公告等工作，确保宣传口径一致。 4. 及时与行车室联系，掌握列车运行情况，第一时间调整广播、导向信息。 5. 将列车晚点情况及时通告客车上水员。 6. 列车到站前1小时与列车长联系，掌握重点旅客及中转换乘旅客情况。 7. 及时播放晚点广播并向旅客致歉，晚点广播间隔不超过30分钟。 8. 将客运、安检、售票岗位上报的应急情况进行汇总，填记《突发应急概况》，及时上报
	间休准备	1. 统计各式报表，及时准确上传。 2. 检查设备状态。 3. 清理环境卫生	1. 上报信息及时准确。 2. 检查门锁、窗户、电源、空调情况。 3. 确保地面干净无杂物、物品摆放在固定的位置，垃圾清理干净
班后总结	参加总结会	进行自我讲评，听取综控值班主任的本班工作总结	实事求是，成绩讲清，问题不隐瞒，吸取经验教训，不断改进工作

四、工作注意事项

① 核对旅客服务系统生成的客运计划，确保信息准确。

② 确认列车正晚点和股道情况，通知各岗位工作人员。

③ 实时监控旅客服务平台的列车运行信息，发现列车晚点、股道变更及时与行车室进行核对并立即对旅客服务平台的信息进行更改。

④ 实时监控广播执行情况、播放高铁场站广播时注意与普速场站广播进行区分。

⑤ 在交接班本中及时进行待办事项登记，登记项点齐全、准确。

任务十六　综控值班员岗位工作

【技能目标】

能掌握综控值班员岗位作业的基本要求；
能绘制综控值班员岗位作业程序图；
能模拟综控值班员岗位作业流程并能对作业完成质量进行评价。

【知识点】

综控值班员岗位作业基本要求；
综控值班员岗位作业程序；
综控值班员岗位作业流程与质量标准。

【任务的提出】

综控值班员接受上级部门发送的文件、电报、通知等，将这些信息传达给相关部门并督促相关部门落实执行。

【相关知识】

一、综控值班员岗位作业基本要求

综控值班员负责综控室日常工作，处理作业、设备设施管理中的安全问题，向综控值班主任做好信息反馈。出现突发情况时，及时向综控值班主任及上级领导汇报，按照车站应急预案快速、准确地配合有关部门处理。

二、综控值班员作业程序

综控值班员作业程序如图 6－16 所示。

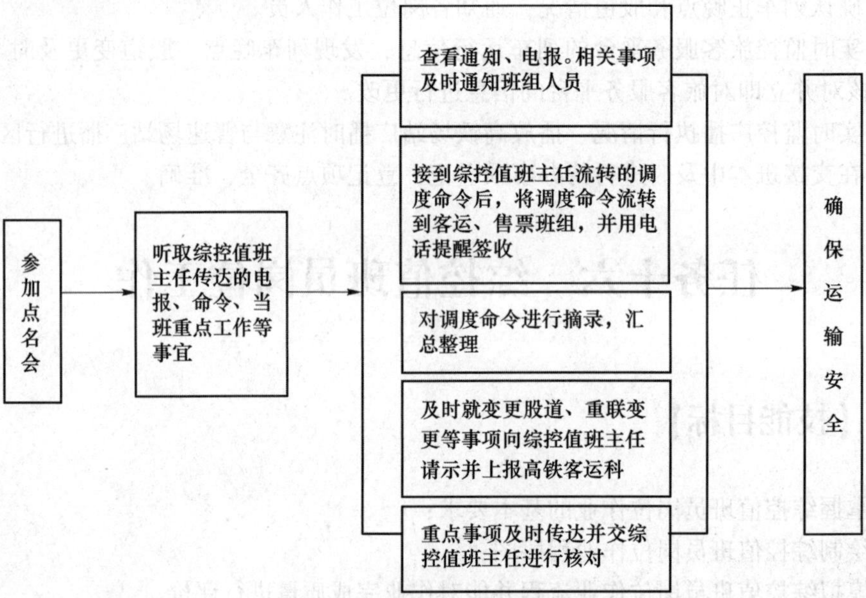

图 6－16 综控值班员作业程序

三、综控值班员岗位作业流程与质量标准

综控值班员岗位作业流程与质量标准如表 6－16 所示。

表 6－16 综控值班员岗位作业流程与质量标准

作业程序	作业项目	作业流程	质量标准
班前准备	参加点名会	1. 按照规定时间，在指定地点参加点名会。 2. 听取综控值班主任传达的电报、命令、指示、重点工作等事宜	1. 统一着装，佩戴标志，仪容整洁。班组长站排头，职工按身高列纵队进入点名室，坐姿端正、两腿并拢、抬头挺胸、目视前方。 2. 明确本岗位任务
	列队上岗	点名完毕后，全体列队，经指定路线进入作业岗位	精神饱满，排列有序，两人成行、三人成列，走姿端正，行进中步伐一致
	查看文件	1. 查看电报、命令、指示。 2. 相关事项及时通知班组人员	1. 及时、准确查看电报、命令、通知。 2. 将电报、命令、通知及时传达到人
	落实工作	负责落实完成车站、车间等部门下达的临时任务	按照要求及时、准确上报临时任务完成情况

续表

作业程序	作业项目	作业流程	质量标准
班中工作	处理求助	1. 及时接听求助信息。 2. 遇有旅客求助时，通知现场相关人员，帮助旅客解决问题	接到求助后，要及时在《旅客求助系统使用登记簿》上登记
	传达调度命令，请领备品	1. 接到综控值班主任流转的调度命令后，及时流转。 2. 对调度命令进行摘录，汇总整理。 3. 重点事项及时传达并交综控值班主任进行核对。 4. 及时就变更股道、重联变更等事项向综控值班主任请示并上报高铁客运科。 5. 每月下旬统计班组备品使用情况，及时请领	1. 将调度命令流转到客运、售票班组，并用电话提醒签收。 2. 流转电报时与接收电报人共同核对电报号，防止漏传。 3. 流转电报人员必须第一时间掌握详细内容，逐条查看。 4. 将调度命令分为长期、短期、重点三种类型，分别进行摘抄并装订，月末统一封存。 5. 重点事项核对完毕后交由综控值班主任进行二次核对。确保信息核对准确并及时通知相关部门。 6. 重点运输命令立即通知综控值班主任并按要求逐级上报相关部门。 7. 接到定员变更、重联变更、变更股道命令后，立即上报综控值班主任，根据指示通报车站相关部门。 8. 了解备品使用情况，本着节支降耗的原则进行请领
班后总结	参加总结会	将工作完成情况进行重点交接，对班中工作进行讲评	实事求是，成绩讲清，问题不隐瞒，吸取经验教训，不断改进工作

四、工作注意事项

① 流转电报时与接收电报人共同核对电报号，禁止放松要求，严禁漏传。

② 将调度命令分为长期、短期、重点三种类型，分别进行摘抄并装订，确保所有调度命令均已摘抄，杜绝漏抄。

③ 重点运输命令中有停办行包、快件业务时，须及时通知中铁快件负责人收取命令并登记。

④ 接到定员变更、重联变更、变更股道命令后，立即上报综控值班主任，根据指示通报车站相关部门，做好现场突发情况的应急处理。

任务十七　综控值班主任岗位工作

【技能目标】

能掌握综控值班主任岗位作业的基本要求；

能绘制综控值班主任岗位作业程序图；

能模拟综控值班主任岗位作业流程并能对作业完成质量进行评价。

【知识点】

综控值班主任岗位作业基本要求；
综控值班主任岗位作业程序；
综控值班主任岗位作业流程与质量标准。

【任务的提出】

综控值班主任要根据上级及相关文件要求，指导综控室全体人员完成相关工作。

【相关知识】

一、综控值班主任岗位作业基本要求

综控值班主任要认真执行上级的电报、命令、指示，做好客运、运转、售票等部门的协调工作。掌握列车正晚点、增开、停运等情况，确保运输安全。

二、综控值班主任岗位作业程序

综控值班主任岗位作业程序如图 6－17 所示。

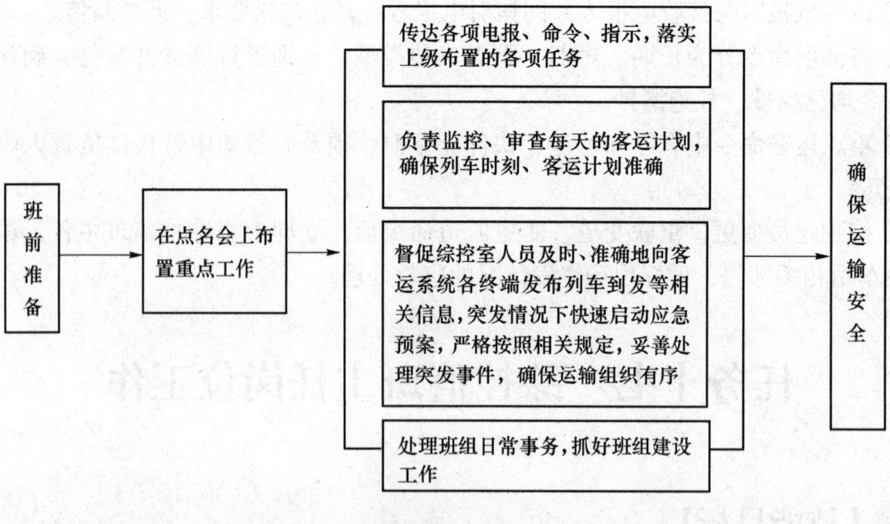

图 6－17 综控值班主任岗位作业程序

三、综控值班主任岗位作业流程与质量标准

综控值班主任岗位作业流程与质量标准如表 6－17 所示。

表6－17　综控值班主任岗位作业流程与质量标准

作业程序	作业项目	作业流程	质量标准
班前准备	组织点名会	按规定时间召开点名会，检查班组职工仪容仪表、着装	1. 着装统一规范，仪容整洁，做到“十不”。 2. 布置任务具体，责任落实到岗、到人
	组织上岗	组织班组职工按顺序列队，经指定线路进入作业岗位	精神饱满，排列有序，两人成行、三人成列，走姿端正，行进中步伐一致
班中工作	工作检查	1. 传达、执行各项电报、命令、指示，落实上级布置的各项任务。 2. 严格督促和检查综控室人员按作业标准工作，落实考核制度。 3. 负责监控、审查客运系统生成的客运作业计划，确保列车时刻、客运计划准确。 4. 督促综控室人员及时、准确地向客运系统各终端发布列车发到等相关信息，确保运输组织有序。 5. 严格执行综控室管理制度，严禁无关人员进入综控室。 6. 在规定的时间内对广播计划进行审批	1. 加强班中检查巡视，掌握全面情况，对各项工作要做到心中有数。 2. 在检查中发现作业不规范时，须进行纠正并记入日常考核。 3. 按照开行日计划核对客运平台列车计划。 4. 突发情况下快速启动应急预案，严格按照相关规定，妥善处理突发事件。 5. 认真审批，不走过场，履行签字程序。 6. 对计划编制不当之处及时指出并整改
班后总结	召开总结会	组织召开总结会，总结本班工作情况	成绩讲清，发生问题“四不放过”（未查清原因不放过，未找出责任者不放过，未吸取教训不放过，未制订整改措施不放过），吸取经验教训，不断改进工作

四、工作注意事项

① 认真执行上级的电报、命令、指示，做好客运、售票等部门的协调工作，负责各部门的信息沟通工作，确保各部门协调一致。

② 及时处理旅客投诉，确保无路风、路纪问题发生。

③ 出现安全险情时，及时向上级领导汇报，并按照车站应急预案快速、准确地开展相关应急工作。

④ 根据上级下达的军运和专运任务，组织班组人员做好军运和专运的安全、保密和服务工作。

项目七

高速铁路旅客运输安全

任务一　高速铁路运输安全管理

【技能目标】

能掌握高速铁路车站安全管理的关键环节；
能掌握高速铁路列车安全管理的关键环节。

【知识点】

高速铁路车站安全管理；
高速铁路列车安全管理。

【任务的提出】

安全管理工作是高速铁路全部工作的基础，如何对高速铁路运输的全过程进行安全管理是高速铁路从业人员要面对的首要问题。

【相关知识】

一、高速铁路车站安全管理

1. 高速铁路车站运营安全与一般的铁路车站不同

安全是铁路运输系统必须永远坚持的目标，车站安全管理是铁路安全管理的重要环节之一，虽然高速铁路车站看起来与地铁、普速铁路车站并无太大差异，但实际上，高速铁路车站与一般的地铁、普速铁路车站的运行有着明显的差异。例如在一般的地铁、普速铁路车站，列车由于运行速度相对较慢，所以一般情况下停靠站较多，而高速铁路列车运行速度快，很多时候以减少停靠站来达到直达或快捷的目标，所以在列车不停站通过时，虽然是减速运行，但速度仍然是高于一般地铁和普速铁路列车的，这就给高铁候车月台带来瞬间的强气流，可能会导致月台设备晃动或是人员被气旋牵引或吹动等现象发生。因此，高速铁路车站对于月台设备的固定及监控，以及人员的管制就不同于一般的地铁、普速铁路车站。国内外的高速铁路车站都会设置特殊的管制及人员侦测设备，一些监控设备及月台信号灯设备也有特定的固定与安装架设方式，这样当高速铁路列车不停站通过时，相关设备也不至于晃动或被强气流吹落。

在月台进出及人员滞留管制的侦测技术上，高速铁路车站通常会采用视频动态侦测技术或体温热感侦测器等方法和设备，以防止人员或小动物不当进入月台区域。在一般的地铁、普速铁路车站，列车进站前或未发车前，候车人员可以随意使用扶梯或步行梯，自由地进出月台区域。高速铁路车站则不同，在尚未接到列车进站通知，开放检票口前，以及列车开出之后，月台区域属于管制区域，扶梯与验票闸机进行联动管制，也就是说在尚未获得列车进站信号前，所有验票闸机及扶梯等进出月台的设施及卡口都是严格管控的，这样一来，除了可以达到对人流的控制外，更可以对月台进行有效管制，实现维护月台候车安全的效果。总而言之，虽然作业方式相似，但高速铁路车站的安全管制要求比其他轨道系统要高得多。

2. 高速铁路车站及车站周边安全是旅客安全的延伸

由于高速铁路车站运量较大，对集散厅及公共区域的安全管制除了安装必要的高清摄像机外，配置宽动态的捕捉摄像机并配合辨识系统也是必要的。对于随身行李的安检流程及安检区前后区域的管理也应该有完整的影像监控机制，这样可以对违规物品的藏匿行为进行有效监控。对于售票区及自动售票机区域也应使用摄像机进行全面监控，售票区内外应有影音摄像机记录所有的售票过程，包括售票员在售票时的行为举止和与旅客的对话等，这样除了可以核验票务纠纷事件的现场情况，还可以提升票务工作的服务水平。

另外，在高速铁路车站的一些公共区域，如卫生间、商业区、旅客候车休息区等容易发生盗窃及旅客个人安全事件的区域，也要配备摄像机及带有影像智能分析的系统；利用针对不当逗留、群聚骚动、打架、突然奔跑或烟火等情况的影像分析辨识技术来帮助车站管理人员及时进行事件监控与处理。

高速铁路车站附近设置的停车场，也应纳入高速铁路车站安全管理系统的管辖范围之内，停车场的安全是高速铁路旅客安全的延伸，做好高速铁路停车场的安全管理是高速铁路车站安防的要点之一。在停车场区域可以配备日夜监控系统（包括宽动态的捕捉摄像机、紧急求救系统、辨识系统及消防系统等设备和系统）。日夜监控系统为保证停车区域的人、车安全，进行全面的高清监控，其针对人员进出，使用高清的全身及脸部画面监控；针对车型、车牌、驾驶人采用先进的辨识及比对技术，以便进行事件追查。

高速铁路车站的消防系统是针对火情侦测及灭火功能而设计的，采用智能影像侦烟/侦焰系统搭配固定的差动、烟雾、温度探测设备，以监控整个车站的消防状态。

二、高速铁路列车安全管理

高速铁路列车安全管理应坚持“安全第一、预防为主”的原则，有健全的安全管理制度，有应急情况下的处置预案。发生影响旅客安全的问题时，本着“先人后物、先重后轻”的原则，客运乘务组应当立即采取有效措施，保护旅客生命、财产安全。

各类安全设施设备齐全，作用良好，安全标志明显。列车员对消防器材、紧急处置设备做到知位置、知性能、会使用。

（一）乘务人员人身安全管理

（1）出乘前、折返站待乘期间严禁饮酒，必须保证8小时充分休息。

（2）出乘时严禁穿高跟鞋，冬季严禁穿塑料底鞋，棉帽、围巾不遮耳。

（3）进出站、出入库统一列队经指定通道线路行走，通过线路时走天桥或人行地道，无这些设施时走平交道口，做到“指定专人防护，一停、二看、三通过”，不与运行的机车车辆抢行。

（4）不在横越线路时使用对讲机或手机。

（5）在站台等待接车时，应站在安全黄线以内的安全地点，随时注意站台来往作业车辆。

（6）在车体调车作业和列车运行时，严禁登高作业。

（7）高站台出场时，站立位置必须与站台边缘保持30厘米以上的安全距离。

（8）在库内和运行中严禁用水冲刷通过台和用水冲洗电器设备。

（9）严禁无关人员进入司机室、机械室或触碰与本岗位作业无关的电器设备，电器设备发生故障或需要调整时，必须通知随车机械师到场处理。

（10）行李架上物品的摆放应做到平稳牢固，无铁器、锐器、玻璃制品，超大、超重及杆状物品应放置于大件物品存放处。

（11）关门时，要自觉执行“提示当先，先看后关”的程序，随时提示车门附近旅客不要将手扶在门框、门缝处，以免挤伤。

（12）在巡视服务中，必须提示带小孩的旅客做好小孩的安全监护工作，不让儿童在座席、茶桌上站立，在车内来回跑动，单独如厕和取水、倒水。

（13）必须主动为重点旅客做好送水服务工作，杜绝重点旅客到电茶炉取水，提示旅客不要用塑料瓶，罐头瓶等容器接开水，以免容器发生变形或炸裂导致烫伤。

（14）为旅客送开水要做到“取杯倒水，不站稳不倒，壶嘴不朝向旅客，旅客接稳后松手”。

（15）在运行中发现旅客做织毛衣、掏耳朵、用刀叉往嘴里送水果等不安全动作时，应及时予以提示和制止，以免发生意外伤害。

（二）车门管理

（1）动车组始发或中间站开车前2分钟，列车工作人员（包括乘务员、列车长、随车机械师、司机和乘警），按动车组侧门监控分工到岗监控侧门锁闭状态。

（2）当司机发出集控关门指令后发现车门指示灯显示红色时，立即呼叫列车长和随车机械师并通知该车门的监控人员检查车门的状态，并按照下列要求进行处理。

① 如监控人员发现所监控车门未关闭，立即检查塞拉门机构是否处于正确位置，采用手动关门措施，关门后立即通知随车机械师，随车机械师通知司机开车。

② 如车门已关闭，车门红色显示灯亮时，监控人员立即通知随车机械师，随车机械师通知司机开门，同时认真查找故障，确保车门运行安全。

③ 如车门未关闭且采用手动措施不能关闭时，监控人员立即通知列车长和随车机械师，由随车机械师采取措施关门，然后通知司机确认车门状态，确保车门运用安全。

④ 如随车机械师采取手动、机械强制或隔离措施后，车门仍不能关闭，由随车机械师负责立即进行处理，在确认车门关闭前不得开车。

（3）开车后，监控人员立即按分工对车门进行一次检查，确保车门锁闭状态良好、安全。操纵端司机室侧门由随车机械师负责检查。

（4）动车组到达停车站前，列车工作人员需根据停车站的站台高低，正确设置侧门及踏板（翻板）、车梯状态，并按分工监控车门开启状态。若车门未开启，监控人员立即检查开门机构是否处于正确位置，采用手动开门措施，同时向列车长或随车机械师、司机通报有关情况，保证旅客下车安全。

（5）塞拉门故障及停电后的手动开门。

① 动车组到站停稳后，司机操纵控制开关，打开站台一侧塞拉门，自动开关门装置故障（停车超过5秒钟，塞拉门仍未激活）时，由司机使用对讲机通知随车机械师和列车长，列车长负责组织乘务员手动打开塞拉门，随车机械师负责处理相关故障。

② 动车组发车前塞拉门出现故障时，列车长立即通知司机和随车机械师处理。

③ 动车组在运行中塞拉门发生故障时，乘务员发现或接到旅客报告后，应立即采取临时安全防护措施，将靠近故障门的内端门和防火隔断门锁闭，同时通知机械师及时关闭故障门，再做进一步处理。

④ 手动开门程序：用三角钥匙将三角锁向右（顺时针）旋转90°，拉开红色把手的同时推开门即可。

⑤ 手动关门程序：将三角锁向左（逆时针）旋转90°，门即自动关闭。

（三）消防管理

（1）动车组消防工作在列车长的统一领导下实行岗位防火责任制。

（2）动车组应建立由列车长为组长，本务司机、随车机械师、乘警、乘务员、随车餐饮、保洁人员参加的消防安全小组，履行下列职责。

① 认真贯彻执行上级有关消防工作的规定和工作部署，定期召开消防安全小组会议，安排消防工作。

② 组织乘务人员认真学习消防知识，人人达到“三懂三会”（懂得本岗位火灾危险性、懂得预防火灾的措施、懂得扑救火灾的方法，会报警、会使用灭火器、会扑救初起火灾）。

③ 督促相关人员落实岗位防火责任制。

④ 做好针对旅客的防火安全宣传教育工作，落实控烟制度。

⑤ 发生火灾时，启动火灾事故应急处置预案，疏散旅客，扑救火灾，上报火灾情况。

⑥ 建立消防安全台账。由列车长负责填写和管理消防安全台账，台账在车队存放，包括以下主要内容。

- 上级有关消防工作的文电（复印件或摘抄件）；
- 动车组消防安全小组名册；
- 火灾事故应急预案及人员分工；
- 消防安全小组会议和活动记录；
- 乘务人员消防安全培训记录。

（四）动车组列车设施设备安全

（1）确保车辆外观统一，各部位金属部件无锈蚀。车窗密封良好，不透气、透尘，不漏水。车内各种标牌齐全醒目、型号一致、位置统一。显示屏显示内容准确、规范。洗手间、厕所等设施齐全，作用良好。

（2）车辆设施无违章改造和挪作他用现象，不违章占用厕所、客车座席、行李架、行李存放处等。

（3）车厢紧急设备、破窗锤、灭火器等配置齐全，车门、门锁、紧急出口等设施的状态良好。

（4）各种服务设施、备品齐全，色调协调，实用美观，装饰典雅，清洁卫生。旅客车厢通过台有儿童票标高线。

（5）车厢内座席有靠背头，座席背后的网兜袋中装有旅客服务指南、清洁袋。垃圾箱套有垃圾袋。洗手间内有洗手液、干手器。厕所内有消毒纸巾、卫生纸、洗手液（皂）、擦手纸、环保垃圾袋。备品室有清洁工具。

（6）售货车辆美观实用，有制动装置和防撞胶条。各种饮、食品按规定位置放置。

（五）动车组列车运行安全

（1）动车组应当接入固定站台并停于固定位置。站台上应以颜色区别车型，标出车门位置。站、车有关工种应当紧密配合，组织旅客按照车厢号在标明的车门位置处排队等候，有序乘降。

（2）当站台邻靠正线，一侧有动车组通过时，站台另一侧应当停止组织旅客乘降或设防护栏进行防护。当一个站台两侧同时有动车组通过且没有防护措施时，除有人身安全防护措施的车站工作人员外，站台上不得再有候车旅客、其他工作人员和可移动物品。

（3）有动车组停靠或通过的车站，应当对跨线候车室窗户或天桥进行封闭管理，并有“禁止抛物”等安全提示。没有立体跨线设备的车站，平过道应当有专人管理。旅客或作业车辆通过平过道时应有人引导。

(4) 列车注水口处设有加锁式挡板门的动车组，上水人员在给列车注水结束后，应当锁闭挡板门。

(5) 列车乘务人员在列车运行中应当加强列车安全设备的管理，制止搬动、触碰安全设备等不安全行为。严禁任何人在列车正常运行中打开气密窗，禁止任何无关人员进入司机室。

(6) 列车各部位均不得吸烟。乘务员发现旅客吸烟应予以制止。

(7) 车站、动车段（所）对进站、段（所）的餐饮、保洁人员和车辆进行安全管理。餐饮、保洁人员出、退乘和进出上述场所时，应当穿着统一服装，列队整齐，佩戴工牌。

(六) 乘务作业安全管理

(1) 动车组运行中，乘务员要加强车内巡视，做好针对旅客的禁烟宣传和提示工作。提示旅客取送开水时不要倒得过满。

(2) 乘务员在巡视中应加强对列车安全设备的管理，禁止旅客扳动、触碰灭火器、紧急开门阀、紧急制动阀等安全设备，对车门口附近的旅客随时进行“请勿倚靠车门、不要在车门附近站立”的宣传。

(3) 列车开车前，提示站在车门口的旅客不要靠近车门，以免被车门挤伤；宣传提示上车旅客注意脚下，防止摔伤。列车终到前，提示旅客注意脚下，防止摔伤（遇有雨雪天气还要进行恶劣天气提示）。

(4) 为确保动车组运行安全，乘务员在列车运行中要对司机室连接端门进行锁闭。列车运行中严禁任何人进入司机室。

(5) 列车运行中乘务员应加强车内行走安全（尤其是儿童行走安全）的宣传教育。

(6) 随时对中途需要照顾的重点旅客进行重点帮扶，防止其摔伤。

(七) 电气化区段安全注意事项

(1) 电气化区段的作业人员每年须按规定进行电气化安全措施的专门培训和考试，考试合格后方可在电气化区段作业（考试成绩 80 分以上为合格）。非电气化区段调入电气化区段的人员必须参加安全培训并经考试合格后方可上岗。

(2) 作业人员拿有长、大物体通过电气化铁路时，必须使长、大物体保持水平状态。

(3) 电气化区段接触网未停电时，任何人员严禁登上各种机车车辆顶部进行任何作业，严禁翻越车顶通过线路。

(4) 禁止在接触网支柱上搭挂衣物、攀登支柱或在支柱旁休息。禁止在吸流变压器、支柱、铁塔下避雨。在雷雨天气巡视设备时，不准靠近避雷针、避雷器。雨天作业时，必须远离接触网支柱、接地线、回流线等设备。

(5) 电气化铁路区段接触网的额定电压为 25 kV，最高工作电压为 27 kV，瞬时最大电压为 29 kV，最低工作电压为 20 kV，非正常情况下，不得低于 19 kV。

（6）为保证人身安全，除专业人员，其他人员（包括所携带的物件）与牵引供电设备带电部分的距离不得少于2 000 mm。

（7）在电气化铁路上，接触网的各导线及其相连接部件通常均带有高压电，因此禁止直接或间接地（通过任何物件，如棒条、导线、水流等）与上述设备接触。

（8）客运人员在电气化区段要注意以下几点。

① 严禁登上机车车辆的车顶或翻越车顶通过线路。

② 严禁登上车顶击打餐车、电茶炉的烟囱，也不能用长杆去接触车顶任何部位。

③ 在接触网带电的情况下，严禁用水冲刷车厢外皮。

④ 上水时注意先插胶管后开水阀。客车上水完毕，拔掉水管时，严禁水管口朝上喷射，以免喷射到接触网的带电部分。

⑤ 在接触网带电的情况下，严禁用棒条等物体处理车辆顶部的物体。

（9）电气化铁路附近发生火灾时的处理方法。

电气化铁路附近发生火灾时，必须立即通知列车调度员、电力调度员或接触网工区值班人员，并遵守下列规定。

① 用水或一般灭火器浇灭离接触网带电部分不足4 m的燃着物体时，接触网必须停电。若使用沙土灭火，距接触网在2 m以上时，可不停电。

② 距接触网超过4 m的燃着物体，可以不停电用水或一般灭火器浇灭燃着物体，但必须特别注意使水流不向接触网的方向喷射，并保持水流与带电部分的距离在2 m以上。

（八）电器设备安全

1. 餐车电器设备安全

（1）电气化厨房设备的安全操作，直接影响到人身的安全、设备的可靠性及使用寿命。因此，厨房设备操作人员必须经过操作培训，并经考试合格后才能进行上岗操作。

（2）随车机械师应对电气化厨房设备进行定期巡视，发现使用人员未按安全操作规定使用设备时，应及时予以制止和纠正。

（3）电气化厨房设备在使用操作前，应确认电源控制柜技术状态，各设备开关是否在正常位，指示灯显示是否正常后，方可操作使用。

（4）无人操作设备时，应及时将各设备开关放置在关闭或零挡位，切断电源控制柜总电源，锁闭电源柜，做到人走电断，防止发生意外。

（5）电气化厨房设备必须在明显位置粘贴操作说明和安全操作规程。

（6）动车组列车餐车内使用的电器，不能超过列车规定的额定功率。餐饮公司不得擅自增大用电设备的功率而产生过载。

2. 电茶炉安全操作规定

（1）电茶炉必须由参加过操作培训，并经考试合格的人员进行操作，其他人员不得使用和看管。

（2）必须严格执行交接制度。接班人员须确认电茶炉各部位状态良好后，方可开始正常操作。

（3）要检查电茶炉供水系统各阀门状态是否良好，位置是否正确，防止电茶炉缺水干烧。

（4）正常情况下，应将控制开关放置在正常使用位，同时严密监视电茶炉水位。当水位过低或听到报警声时，应立即切断电源。

（5）发生设备故障时，应首先切断电源并及时向随车机械师反映情况，不得擅自拆卸电茶炉配件和打开控制箱。

（6）严禁用水冲刷炉体。不得在电茶炉上堆（存）放各种杂物，保持排水系统清洁通畅。

（7）随时提醒旅客安全使用电茶炉（见图7－1）。

图7－1 提醒旅客安全使用电茶炉

3. 微波炉安全操作规定

（1）使用微波炉进行烹调时，不得用金属网架及其他金属和带金、银边的器皿装盛食物，仅可用陶瓷、耐热玻璃、耐热塑料等器皿装盛食物。

（2）烹调前应先放入转盘支承及玻璃转盘，再将盛好食物的器皿放在玻璃转盘上进行烹调。

（3）不得直接加热装在密封容器内的液体和其他食物，以免发生爆炸。使用保鲜纸遮盖食物烹调时，需将保鲜纸一角摺上或将保鲜纸刺出几个小洞，使蒸汽可以逸出。

当食物在塑料、纸或其他可燃材料制成的简易容器中加热或烹调时，应时刻观察微波炉状况，防止起火。烹调少量食物时，要多留心，防止过热起火。不得用微波炉煎、炸食物。微波炉内无食物时，不得运转微波炉，以免损坏设备。

（4）从微波炉内拿出食物和器皿时，应使用锅夹或戴上隔热手套，以免高温烫伤。烹调过程中发生冒烟或起火现象时，应立即切断电源，不得立即打开炉门，以免火源与微波炉外的空气相遇而使火势变大。

（5）微波炉内禁止加热不符合微波炉烹饪要求的食品。不得加热和存放任何无关物品。微波炉炉门或门封损坏，以及设备出现异常时，需及时向列车长反映情况，不得继续使用。

安全操作微波炉如图 7－2 所示。

图 7－2 安全操作微波炉

4. 电冰箱安全操作规定

(1) 电冰箱必须由参加过操作培训并经考试合格的人员进行操作。

(2) 必须严格执行交接制度。接班人员需确认电冰箱各部位状态良好后，方可进行正常操作。

(3) 应避免频繁启动电冰箱，每两次启动电冰箱的时间间隔不得少于 5 min，使用中避免长时间开启电冰箱门。存放物品时，应在内腔四周留出不少于 3 cm 的空隙。存取物品时，应轻拿轻放，轻开轻关。

(4) 电冰箱不得冷藏过热物品。需存放过热物品时，应先让物品在电冰箱外自然冷却，达到室温后，方可放入电冰箱内。

(5) 电冰箱的蒸发器若冰层较厚，不得敲击冰块，必须停机，待冰块完全融化后，再启动使用。应定期清除电冰箱内的污物，保持电冰箱的排水孔畅通。

(6) 发生设备故障时，应首先切断电源并及时报告列车长，不得擅自拆卸电冰箱配件和打开控制箱。待故障排除后，方可继续使用。

任务二 高速铁路突发事件应急处理

【技能目标】

能了解高速铁路突发事件应急预案的基本原则；

能掌握站车发生火灾、爆炸事故时的应急处置程序；

能掌握列车晚点的应急处置程序；

能掌握站车发生重大疫情和旅客食物中毒事件的应急处置程序；

能掌握车站突发大客流的应急处置程序；

能掌握动车组列车空调失效的应急处置及启用热备动车组的应急处置程序；
能掌握恶劣天气情况下的客运应急处置程序；
能掌握列车运行中遇有旅客因伤、病须临时停车抢救的应急处置程序；
能掌握客运站接触网断线的应急处置程序；
能掌握售票系统发生严重故障的应急处置办法；
能掌握高速铁路动车组脱轨事故的应急处置办法；
能掌握高速铁路非正常行车时的应急处置办法。

【知识点】

高速铁路突发事件应急预案的基本原则；
站车发生火灾、爆炸事故时的应急处置程序；
列车晚点的应急处置程序；
站车发生重大疫情和旅客食物中毒事件的应急处置程序；
车站突发大客流的应急处置程序；
动车组列车空调失效的应急处置程序；
启用热备动车组的应急处置程序；
恶劣天气情况下的客运应急处置程序；
列车运行中遇有旅客因伤、病须临时停车抢救的应急处置程序；
客运站接触网断线的应急处置程序；
售票系统发生严重故障的应急处置办法；
高速铁路动车组脱轨事故的应急处置办法；
高速铁路非正常行车时的应急处置办法。

【任务的提出】

动车组列车在运行过程中会遇到一些突发情况，因此要制定相应的应急预案，并针对一些可预见和已经发生过的突发情况制定处理的基本原则，以便于在工作中及时正确地处理。

【相关知识】

一、高速铁路突发事件应急预案

（一）总则

1. 编制目的

为满足高速铁路应急救援需要，进一步增强应对高速铁路突发事件的能力，进行规范、科学、准确、迅速的应急处置，有效防范自然灾害、铁路交通事故等突发事件对高速铁路行车安全、运输秩序的影响，最大限度地减少突发事件造成的人员伤亡、财产损失，须制定《高速铁路突发事件应急预案》。

2. 编制依据

《高速铁路突发事件应急预案》依托《中华人民共和国突发事件应对法》《中华人民共和国安全生产法》《中华人民共和国铁路法》《国家突发公共事件总体应急预案》《铁路交通事故应急救援和调查处理条例》《国家处置铁路交通事故应急预案》《铁路技术管理规程》《铁路交通事故调查处理规则》《铁路交通事故应急救援规则》等法律法规和相关规定编制。

3. 适用范围

《高速铁路突发事件应急预案》适用于我国境内已投入运营的时速 200 公里及以上高速铁路发生交通事故、自然灾害、相关设备故障等突发事件的应急处置。

4. 工作原则

按照以人为本、安全第一、预防为主，统一领导、集中指挥、归口负责、分级管理，分工协作、快速反应、紧急处置的原则，不断提高对高速铁路突发事件的应急处置能力，保证高速铁路运行安全有序。

（二）应急机构及职责

1. 组织指挥体系

（1）中国铁路总公司组织机构。

中国铁路总公司成立高速铁路突发事件应急领导小组。应急领导小组由中国铁路总公司分管副总经理任组长，总调度长、安全总监任副组长，成员由安监部、财务部、计划部、建设部、劳卫部、运输局（营运、调度、机务、车辆、供电、工务、电务部）、铁路总工会、铁路公安局等相关部门负责人组成。应急领导小组下设办公室。办公室设在运输局调度部（应急救援指挥中心）。

（2）铁路局组织机构。

铁路局成立高速铁路突发事件应急领导小组。应急领导小组由铁路局分管副局长任组长，成员由局办公室、安监处、运输处、客运处、货运处、机务处、供电处、工务处、电务处、车辆处、财务处、物资处、建设处、计划处、劳卫处，调度所、工会、公安处等部门负责人组成。应急领导小组下设办公室。办公室设在调度所（应急救援指挥中心）。站段级的应急组织机构由铁路局具体规定。

2. 应急机构职责

（1）中国铁路总公司应急领导小组负责领导、协调高速铁路突发事件应急处置工作，其主要职责：

① 决定启动或终止本级预案。

② 组织、指导有关铁路局进行突发事件的应急处置。

③ 负责与有关部委、地方人民政府进行相关事务的协调工作。

④ 决定向国务院有关部门报告和请求支援。

⑤ 有关事项的决策。

（2）中国铁路总公司应急领导小组办公室负责信息传递、协调组织等工作，其主要职责：

① 负责日常工作和应急领导小组交办的事项。

② 收集掌握高速铁路突发事件的信息并及时通报；落实应急领导小组有关应急处置的指示、命令。

（3）铁路局、站段应急领导小组职责：

① 铁路局应急组织机构的职责在铁路局高速铁路突发事件应急预案中规定。

② 站段应急组织机构的职责在站段高速铁路突发事件应急预案中规定。

（三）预防预警

（1）铁路有关单位和部门要根据高铁沿线线路和桥梁设备、地质地形、气象水文等条件，确定可能发生的灾害类型，加强危险源的监控，对可能引发事故的重要隐患应及时报告。

（2）各铁路局要加强与地方水利、气象、地震、国土资源等相关部门的联系，建立应急联络机制，做好防灾工作。

（3）遇灾害性的不良天气，相关铁路局要及时发布预警信息。

（四）应急响应

1. 应急响应标准

应急响应分为特别重大、重大、较大、一般四级（即Ⅰ、Ⅱ、Ⅲ、Ⅳ级）。发生突发事件时，由相应部门启动应急预案，启动相应级别的应急响应。

（1）Ⅰ级应急响应标准。

出现以下情况之一，启动Ⅰ级应急响应：

① 造成30人以上死亡或者100人以上重伤；

② 铁路直接经济损失1亿元以上；

③ 中断铁路行车48小时以上；

④ 其他需要启动Ⅰ级应急响应的事件。

（2）Ⅱ级应急响应标准。

出现以下情况之一，启动Ⅱ级应急响应：

① 造成10人以上30人以下死亡或者50人以上100人以下重伤；

② 铁路直接经济损失5 000万元以上1亿元以下；

③ 中断铁路行车12小时以上48小时以下；

④ 其他需要启动Ⅱ级应急响应的事件。

(3) Ⅲ级应急响应标准。

出现以下情况之一，启动Ⅲ级应急响应：

① 造成3人以上10人以下死亡，或者10人以上50人以下重伤；

② 铁路直接经济损失1 000万元以上5 000万元以下；

③ 中断铁路行车6小时以上12小时以下；

④ 其他需要启动Ⅲ级应急响应的事件。

(4) Ⅳ级应急响应标准。

因突发事件造成以下条件之一者，启动Ⅳ级应急响应：

① 造成3人以下死亡，或者10人以下重伤；

② 铁路直接经济损失1 000万元以下；

③ 中断铁路行车1小时以上6小时以下；

④ 其他需要启动Ⅳ级应急响应的事件。

(5) 应急响应的启动方式。

应急响应的启动按照启动级别，由中国铁路总公司（铁路局）高速铁路突发事件应急领导小组以《中国铁路总公司（铁路局）关于启动高速铁路突发事件×级应急响应的命令》的形式宣布，命令内容应包括灾害基本情况、响应级别、响应单位及相关要求等。

(6) 应急响应行动。

① Ⅰ级应急响应。

Ⅰ级应急响应由中国铁路总公司报请国务院，由国务院或国务院授权中国铁路总公司启动。中国铁路总公司及以下各级相关单位同时启动相应级别的应急响应。

中国铁路总公司迅速启动应急救援指挥，开展铁路应急救援工作，并参加国务院应急领导小组办公室的应急工作。

中国铁路总公司应急响应行动：

- 在国务院的领导下，全面负责高速铁路的应急处置工作。
- 执行国务院的有关指示，贯彻落实国务院的各项决议、要求和任务。
- 实施紧急救援工作，确定紧急救援的区域、项目和规模，部署各部门的应急措施，根据国务院的要求和铁路事故灾害情况，紧急调集救援抢险队伍、设备和器材，研究部署救援抢险方案。视铁路事故灾害情况，可向国务院报告请求支援。
- 迅速派出工作组赶赴事故灾害现场，加强救援抢险的组织领导，协助、督促和指导现场开展救援抢险工作，及时掌握事故灾害地区铁路救援抢险的主要工作和进展情况。
- 及时协调、解决救援抢险运输和救援抢险工作中出现的各种问题。认真落实铁路突发事件新闻报道应急办法，正确引导舆论。

铁路局应急响应行动：

发生铁路特别重大突发事件后，事发地铁路局的应急响应，应在中国铁路总公司和省级人民政府的领导下，按本级铁路特别重大事故灾害应急处置方案执行。

② Ⅱ级应急响应。

Ⅱ级应急响应由中国铁路总公司负责启动，铁路局及以下各级相关单位启动相应级别的应急响应。事发地铁路局应立即采取事故灾害应急行动。

中国铁路总公司应急响应行动：

- 中国铁路总公司根据事故灾害情况和发展趋势迅速作出救援抢险部署，向国务院报告事故灾害情况，落实国务院救援抢险的指示。
- 根据救援抢险部署，组成救援抢险工作组，迅速赶赴事故灾害地区开展工作。
- 根据事发地铁路局的请求，迅速确定对灾害地区进行紧急支援的部门、单位、设备及有关救援安排。

铁路局应急响应行动：

- 铁路局应急领导小组启动应急预案，实施对管内应急工作的统一领导。
- 铁路局应急领导小组须迅速了解事故灾害及救援抢险情况，研究部署救援抢险工作，确定铁路运输事故灾害范围和应急救援规模，将事故灾害情况及时报告中国铁路总公司和所在地人民政府，视事故灾害情况请求支援。
- 事发地铁路局各部门和单位要迅速就位，各级专业救援抢险队伍集结待命，紧急集中运输车辆、救援抢险机械设备、工具器材、物资、材料、通信工具和其他备品进入紧急待命状态，做好支援救援抢险和应急运输的一切准备。
- 铁路局各业务部门依据各自职责和应急领导小组要求，组织制定应急救援抢险措施和方案，迅速开展各项应急工作。
- 次生灾害防御。对易发生次生灾害（火灾、爆炸、污染）的地点和设施，有关部门、站段、工区要采取紧急处置措施，及时疏散有关人员，加强监视、控制，防止灾害扩展。

③ Ⅲ级和Ⅳ级应急响应。

Ⅲ、Ⅳ级应急响应由铁路局负责启动，应急响应级别、程序、内容及形式在铁路局应急预案中规定。

各有关单位、部门按应急预案的要求，积极进行紧急处置，并及时将有关情况向铁路局报告。

2. 应急响应行动

（1）接到高速铁路突发事件信息后，事发地铁路局应急领导小组要立即派员赶赴现场，组织指挥有关人员进行处置。

在采取处置措施的同时，事发地有关单位要对事件的性质、类别、危害程度、影响范围等因素进行初步评估，及时向铁路局报告。应急领导小组根据突发事件影响程度，启动相应级别的应急预案。

（2）高速铁路主要突发事件应急响应行动。

遇铁路交通事故、自然灾害、设备故障等突发事件时，立即启动相关应急预案，及时开展应急救援处置工作。

3. 信息报送

当高速铁路发生突发事件时，有关人员应迅速采取安全防护措施并立即报告铁路局调度所（应急救援指挥中心）。值班主任接到报告后，应立即报告本部门负责人、总调度长、铁路局应急办、中国铁路总公司列车调度员、中国铁路总公司应急救援指挥中心，构成铁路交通事故的，要立即填写“安监报－1”并报当地铁路安全监管办公室安全监察值班人员，当地铁路安全监管办公室安全监察值班人员要立即填写“安监报－3”并向中国铁路总公司安全监察部值班人员报告；由铁路局应急办报告铁路局有关领导，根据情况报告中国铁路总公司应急办并及时通知铁路局应急领导小组其他成员。

中国铁路总公司列车调度员接到高速铁路突发事件报告后，应立即向值班主任报告；值班主任、安全监察部值班人员接到报告后，按规定分别向本部门负责人、中国铁路总公司应急办报告，由应急办值班人员向中国铁路总公司领导报告。中国铁路总公司应急救援指挥中心通知相关部门负责人。

4. 指挥和协调

突发事件发生后，应急领导小组根据具体情况，按照分级响应的原则决定启动相应级别的预案，并组织开展突发事件应急处置。

中国铁路总公司、相关铁路局负责管辖范围内高速铁路突发事件应急协调指挥工作，有关部门根据职责分工负责协调相关工作。涉及跨局指挥时，事发地铁路局负责现场指挥工作，并制定救援抢修方案，交调度指挥权所属铁路局应急救援指挥中心组织实施。

中国铁路总公司、铁路局应急领导小组成员未到达现场之前，有关站段组织救援力量实施救援行动，全力控制态势，防止影响扩大。

5. 应急处置

应急领导小组根据实际需要调动应急队伍，集结相关设备、物资、药品等，落实处置措施。

6. 救护和医疗

事发地铁路局迅速联系地方医疗机构、急救中心、卫生行政部门，配合协调医疗部门开展紧急医疗救护和现场卫生防疫处置工作。

7. 应急人员的安全防护

现场应急救援人员的自身安全防护，必须按相关操作规程和标准执行。

8. 社会力量的动员与参与

事件发生后，根据现场具体情况，由应急领导小组商请地方人民政府动员相应的社会力量，参与应急处置。

9. 信息发布

突发事件的信息发布由应急领导小组成立的新闻领导组及办公室归口管理，确定新闻发言人，按照国家有关突发事件新闻发布的原则、办法等规范性要求，确定发布时机和发布内容，向社会和媒体通报有关情况。中国铁路总公司宣传部门统筹、协调新闻发布工作。事发地铁路局宣传部门负责现场信息收集、媒体协调等工作。

10. 应急结束

按“谁启动、谁结束”的原则，当现场应急救援工作结束后，由相应的应急领导小组宣布应急结束。

（五）后期处置

1. 善后处置

事发地铁路局应急领导小组负责组织清理现场、救助伤员、遗体处理、旅客携带品收集整理、补偿抚恤、保险理赔、法律支持等善后处置工作。

2. 调查和总结

根据突发事件的等级，由相应的应急领导小组组织对突发事件的性质、原因、责任和处置进行调查、总结，并提出防范和改进措施，形成书面报告报上级有关部门。

（六）保障措施

1. 资料保障

（1）为满足故障抢修工作的需要，铁路局管理部门、调度部门及有关站段（含客运专线基础设施维修基地、动车基地，动车运用所等）应根据要求健全相关技术资料；根据有关规定配备故障抢修机具、材料，建立管理制度和台账，每年定期检查。指定人员负责故障抢修机具、材料的管理。

（2）相关资料。

① 技术资料：高速铁路管内设备示意图，线、桥、隧等设备图表；高铁沿线道路交通路线图（标明高铁紧急疏散通道、安全门、作业门等位置）；挖掘机、推土机等大型抢险机械储备明细表；常规故障抢修机具、材料储备明细表；应急通信电路组网示意图；各车站（含基站）位置公里标、行驶里程与到达时间表；管内各车站（含基站）应急传输通道端口位置配线图、应急通信电话号码资源分配表等。

② 联系电话表：高速铁路应急抢修联系电话表（包括 GMS－R 手持终端）；相关设备产品集成商、生产厂商及客专（高铁）公司的联系电话表。

③ 应急值守表：高速铁路应急抢修组织机构表，铁路局、站段、车间值班人员表，重要地段的看守工作人员电话号码表等。

④ 高铁沿线道路交通路线图、长大隧道内的应急通信组网示意图应通报经由该线路的所有列车客运乘务担当局，并交担当客运段。

2. 通信保障

当高速铁路运输遭受各种自然灾害、设备故障、铁路交通事故等突发事件时，为快速实施抢险救援，确保通信指挥畅通，必须立即启动突发事件应急通信，在现场与各级救援指挥中心之间建立语音、图像、数据等通信联系，为事故现场的救援指挥提供通信手段。

3. 交通运输保障

启动应急预案期间，根据需要，现场救援指挥部商请交通管理部门实行必要的交通管制，保障应急处置期间的交通运输。事发地铁路局按管理权限调动管辖范围内的交通工具，任何单位和个人必须积极配合。

应急处置、抢险救援人员，可搭乘动车组、轨道车赶赴现场。

4. 治安保障

启动预案期间，公安部门负责现场的安全警戒，维护现场秩序，提供治安保障。

5. 医疗卫生保障

劳卫部门负责组织、协调医疗卫生保障工作，应急抢修救援时，积极与地方卫生部门协调，根据现场的需要，及时协调有关医疗专家和医疗卫生小分队进入现场，实施对伤病员的救护。

6. 物资保障

铁路运输企业要按规定备足必需的应急抢险物料及备用器材、设施并由专人负责管理，定期检查。

7. 资金保障

铁路交通事故应急救援费用、善后处理费用和损失赔偿费用由事故责任单位承担，事故责任单位无力承担的，由地方政府和中国铁路总公司、铁路安全生产监督管理办公室按管理权限协调解决。相关单位可根据国家有关精神向财政部门申请应急处置工作经费补助。

（七）监督检查

中国铁路总公司、铁路局应急领导小组对应急预案实施的全过程进行检查督促，确保应急措施到位。铁路局、站段应根据应急预案的要求，定期检查本部门应急人员、设施、装备等资源的落实情况。

（八）培训和演练

1. 培训

按照分级管理的原则，中国铁路总公司、铁路局、站段要组织应急管理、应急救援人员进行岗前培训、专项培训，提高处置高速铁路突发事件的技能。根据需要，可开展国内外的工作交流，充分学习和借鉴国内外的先进、成熟经验。

2. 演练

各铁路局、站段要结合实际，定期开展演练，提高处置高速铁路突发事件的实战能力。

二、站车发生火灾、爆炸事故时的应急处置程序

（一）动车组列车发生火灾、爆炸时的应急处置程序

（1）动车组列车工作人员（包括司机、随车机械师、乘警，以及客运、餐饮、保洁

等人员，下同）发现或接到旅客反映车厢内有爆炸、明火、冒烟，以及消防设施报警时，应立即施救并通知列车长。列车长接到通知后，应会同随车机械师、乘警进行现场确认。

（2）在确认发生火灾或爆炸后，列车工作人员应立即启动紧急停车装置（或按下火灾报警按钮），同时列车长（或随车机械师）立即通知司机。停车后，司机应立即向列车调度员或车站值班员报告，配合列车长、随车机械师、乘警进行火灾扑救、旅客疏散等工作。有制动停放装置的由司机负责实施防溜，无制动停放装置的由随车机械师做好防溜、防护工作。

（3）列车长应立即指挥扑救，乘警、随车机械师等列车工作人员应积极配合；同时组织事故车厢的旅客向安全车厢疏散。

（4）全部人员向安全车厢疏散完毕，火势仍未得到有效控制，需向地面疏散时，列车长应立即通知司机、随车机械师或其他列车工作人员关闭通道阻火门。司机根据列车长的请求，向列车调度员报告，请求向地面疏散人员。

（5）组织旅客疏散时，必须扣停邻线列车。司机在接到列车调度员已扣停邻线列车的口头指示后，立即通知列车长，列车长接到司机通知后应立即指挥列车工作人员打开车门，根据需要安装好应急梯，组织旅客向地面安全地带疏散。

（6）列车工作人员应维护好旅客疏散秩序，确保人员安全。

（7）列车工作人员应对受伤人员开展紧急救护，并做好对重点旅客的服务工作。

（8）列车工作人员应积极配合公安部门保护好事故现场，协助调查取证。

（9）如遇火灾危及旅客安全，又未能及时接到已扣停邻线列车的通知，列车长应会同司机，组织列车工作人员打开运行方向左侧车门（无线路一侧），结合现场实际，确定旅客疏散方向和疏散方式，列车工作人员应做好旅客安全宣传和防护工作，严禁旅客跨越线路。

（二）车站发生火灾、爆炸事故时的应急处置程序

（1）车站工作人员发现或接到旅客反映站内有爆炸、明火、冒烟，以及消防设施报警时，应立即向消防部门报告火情并向车站值班干部报告。车站值班干部通知有关人员立即到现场进行事故确认和处置，同时亲自赶赴现场。

（2）在确认发生火灾或爆炸后，车站值班干部负责现场指挥救援，并将事故情况首先上报铁路局客运调度员，之后将事故情况逐级上报。

（3）现场工作人员应组织旅客安全有序地撤离事故现场，同时做好受伤人员的紧急救护和重点旅客的服务工作。

（4）车站工作人员应配合公安部门保护好事故现场并积极协助公安部门进行调查取证。

三、列车晚点的应急处置程序

（一）列车应急处置程序

（1）列车运行晚点超过 15 分钟时，列车长应及时联系列车运行地所在局客运调度

员或通过司机联系列车调度员，了解晚点原因和列车运行情况，代表铁路部门向旅客致歉并通报晚点原因，每次致歉间隔时间不超过 20 分钟。

（2）列车工作人员应加强车厢巡视，掌握旅客动态并做好宣传、解释、服务工作，稳定旅客情绪，维护好车内秩序。

（3）列车晚点 1 小时以上且逢用餐时间时，列车长应提前统计车上旅客人数并向客运调度员报告，客运调度员接到信息后，应安排前方停车站为列车准备饮、食品由列车免费向旅客提供。

（二）车站应急处置程序

（1）列车运行晚点超过 15 分钟时，车站应及时与客运调度员联系，了解晚点原因和列车运行情况，代表铁路部门向旅客致歉，并通报晚点原因，每次致歉间隔时间不超过 20 分钟。

（2）车站应掌握售票、候车及旅客滞留情况，维持好站内秩序，并立即向客运主管部门报告。

（3）列车晚点 1 小时以上且逢用餐时间时，车站应免费为等候该次列车的旅客提供饮、食品；按客运调度员的安排，为晚点列车提供饮、食品。

（4）车站应加强列车运行信息公告，积极地为有需要的旅客办理退票、改签等工作。

四、站车发生重大疫情时的应急处置程序

（一）列车发生重大疫情时的应急处置程序

（1）列车上发现疑似鼠疫、霍乱等重大疫情的病例或接到列车上有疑似病例的通知时，列车长应立即向司机和上级主管部门报告，司机向列车调度员报告，列车调度员立即向值班主任报告，值班主任立即向铁路疾控部门报告。

（2）列车调度员根据铁路局有关部门确定的处置方案，安排动车组在指定车站停车。列车长接到司机转达的在指定车站停车的通知后，做好疾控人员上车和疑似病例交站等相关准备工作，车站及铁路疾控部门做好接车后的紧急处置准备。

（3）列车长应组织隔离传染病人、疑似病人和密切接触者，紧急疏散其他旅客，并对有关人员进行登记。

（4）列车长应组织封锁已经污染或可能污染的区域，同时做好被隔离人员的交站准备。

（5）列车长在指定停车站将传染病人、疑似病人、密切接触者和其他需要跟踪观察的旅客及相关资料移交车站和铁路疾控部门。

（6）乘警应维护好车内秩序，确保区域封锁、旅客隔离、站车移交等工作正常开展。

（7）铁路疾控部门应上车对已经污染或可能污染的区域进行消毒。铁路疾控部门确认处置完毕后，方可解除封锁。

（8）站车应积极配合现场的医疗和疾控部门工作。

（二）车站发生重大疫情时的应急处置程序

（1）车站发现疑似鼠疫、霍乱等重大疫情的病例或接到车站有疑似病例的通知时，应立即向铁路疾控部门报告。

（2）车站应隔离传染病人、疑似病人和密切接触者，紧急疏散其他旅客，并对有关人员进行登记。

（3）车站应封锁已经污染或可能污染的区域，由铁路疾控人员对该区域进行消毒。

（4）车站应将传染病人、疑似病人和密切接触者及其他需要跟踪观察的旅客和相关资料移交铁路疾控部门。铁路疾控部门确认处置完毕后，方可解除区域封锁。

（5）公安部门应维护好站内秩序，确保区域封锁、旅客隔离和疏散等工作正常开展。

（6）车站应积极配合现场的医疗和疾控部门工作。

五、站车发生旅客食物中毒事件时的应急处置程序

（一）列车发生旅客食物中毒事件时的处置程序

（1）列车发生旅客疑似食物中毒事件，列车长应立即向司机和上级主管部门报告，司机向列车调度员报告，列车调度员立即向值班主任报告，值班主任通知铁路疾控部门。

（2）需停站处置时，列车调度员应安排列车在最近的具备医疗抢救条件的车站停车并通知该停车站做好抢救准备。

（3）列车工作人员应对有关人员进行登记，封锁现场，封存可疑食品、餐具等。铁路疾控部门应上车收集中毒人员的呕吐物、排泄物待查。

（4）站车应积极配合现场的医疗和疾控部门工作。

（二）车站发生旅客食物中毒事件的应急处置程序

（1）车站发生旅客疑似食物中毒事件，应立即向铁路疾控部门报告。

（2）车站应对有关人员进行登记，封锁现场，封存可疑食品、餐具等。铁路疾控部门应收集中毒人员的呕吐物、排泄物待查。

（3）车站应积极配合现场的医疗和疾控部门工作。

六、车站突发大客流的应急处置程序

（1）车站突发大客流时，应立即组织后备力量上岗，维护好车站秩序，通知铁路公安部门，铁路公安部门应增派警力协助车站维护秩序，必要时车站应请求地方政府、公安部门给予支援，同时向上级主管部门报告。

（2）车站应协调地方政府，利用电视、广播、报纸等媒体广泛宣传、引导旅客理性选择交通工具。

（3）车站应增开售、退票窗口并维护好售、退票秩序。

（4）车站应加强候车组织，充分利用好候车能力，做好重点旅客服务工作，维护好候车区域的秩序。

（5）加强乘降组织，重点部位安排专人引导、防护，确保旅客进出站、上下车的安全。

（6）铁路局应加强运输设备和运能调配，组织加开列车，及时疏散客流。

七、动车组空调失效的应急处置

动车组空调失效时，应按照《关于印发〈旅客列车空调失效应急处置办法〉的通知》（铁运〔2010〕175 号）开展应急处置工作。

八、启用热备动车组的应急处置程序

（一）站内换乘热备动车组的处置程序

（1）遇车次变动时，车站应收回原票、换发新票，退还票价差额。旅客要求退票或改乘其他列车时，车站应及时为旅客办理退票、改签等手续。

（2）故障车停靠站台换乘时应尽可能安排在同一站台面，不能在同一站台面换乘时，应组织旅客通过天桥或地道换乘，严禁跨越股道换乘。故障车在站内没有停靠站台时，换乘处置程序比照区间换乘热备动车组的处置程序办理。

（3）换乘时，站车应认真组织验票，严禁持其他车次车票的旅客上车。

（二）区间换乘热备动车组的处置程序

（1）列车长接到司机转达的组织旅客换乘热备动车组的命令时，应立即向列车工作人员传达，列车工作人员应检查车内情况，坚守岗位。

（2）列车应向旅客通告换乘的决定，告知安全注意事项。对于列车不能如期运行给旅客出行造成的不便，列车长应代表铁路部门向旅客致歉并感谢旅客的配合，做好后续服务工作，取得旅客的支持与谅解。

（3）热备动车组停靠在指定位置后，热备动车组司机通知列车长。列车长接到通知后，组织列车工作人员打开指定车厢车门，放置好应急梯或渡板并做好防护，组织旅客有序换乘。在隧道内换乘时，由隧道管理单位操作开启隧道内的应急照明装置，隧道内的应急照明装置应具有远动开关功能。

（4）旅客换乘完毕，列车工作人员应将应急梯和渡板收好，定位存放并关闭车门。

九、恶劣天气情况下的客运应急处置程序

因恶劣天气（含暴雨、大雾、大雪、冰雹、台风等）影响列车正常运行时，客运调度员应及时将天气情况通知客运管理部门、沿线车站及滞留列车，客运管理部门应了解现场情况，指挥相关人员开展应急处置，站车应及时公告列车非正常运行情况并向旅客致歉。

（一）列车应急处置程序

（1）列车长接到客运调度员或上级主管部门动车组列车因恶劣天气影响导致非正常运行的通知后，应立即了解车内情况，加强对重点旅客的服务。出现异常情况及时向客运调度员或上级主管部门报告。

（2）列车长应与司机或滞留地所在铁路局调度所客运调度员保持联系，了解动车组列车的运行安排，及时向旅客通报。

（3）列车应备足餐食和饮用水，确保供应。需补充餐食和饮用水时，列车长应向滞留地所在铁路局调度所客运调度员或通过司机向列车调度员报告，请求车站为动车组列车补充餐食和饮用水。

（二）车站应急处置程序

（1）车站应及时将列车因恶劣天气导致非正常运行的情况进行公告。售票处、候车室、问询处等服务处所做好对旅客的宣传和服务工作。

（2）车站应及时增开退票和改签窗口，为旅客办理退票、改签等手续。

（3）车站公安派出所应协助客运部门维护好售票、候车、乘降等秩序。

（4）车站应根据客运调度员的安排，及时为列车提供餐食和饮用水。

十、列车运行中遇有旅客因伤、病必须临时停车抢救的应急处置程序

（1）动车组司机接到列车长请求后，立即向列车调度员或车站值班员报告。

（2）列车调度员要及时安排列车在前方有医疗条件车站临时停车。

（3）接到列车调度员同意临时停车的命令后，列车长与前方临时停车站联系，告之旅客基本情况。

（4）前方临时停车站负责与当地医疗机构联系，安排好救护车等抢救措施。

（5）列车到站后，站车办好交接。

十一、客运站接触网断线的应急处置程序

（1）当车站、公安派出所发现或接到客运站接触网断线报告时，车站工作人员、公安人员要迅速在导线断线地点周围设置警戒区，确保人员远离断线地点10米以外。

（2）车站及时通知列车调度员和设备管理部门。

（3）设备管理部门应立即进行处置。

（4）列车听从列车调度员的指示，严禁擅自行动。

十二、售票系统发生严重故障的应急处置办法

售票系统发生严重故障时，应按照《关于印发〈铁路客票发售和预订系统应急预案〉的通知》（铁运函〔2007〕125号）开展应急处置工作。

十三、高速铁路动车组脱轨事故的应急处置办法

（一）应急处置

（1）发生动车组脱轨事故后，随车机械师应立即短接邻线轨道电路，司机应立即报告列车调度员或车站值班员，列车调度员或车站值班员接到报告后应立即扣停后续列车和邻线列车，通知已进入区间的后续列车和邻线列车停车。

（2）报告内容。

① 事故发生的年、月、日、时、分。

② 事故发生地点（线路名称、行别、区间、公里、米、停车位置）。

③ 列车车次、型号、编组、总重、计长及关系人姓名。

④ 人员伤亡及动车组、线路损坏等情况。

⑤ 事故概况及初步原因判断。

⑥ 应当立即报告的其他情况。

（3）列车调度员根据司机或车站报告的情况，向值班主任报告，值班主任按规定向应急领导小组及有关成员单位通报，根据事故等级和应急领导小组指示，启动相应等级的应急预案。

（4）现场救援的协调配合。

① 调度所按照救援响应程序立即设置区间封锁标识，发布封锁区间和救援出动命令，命令附近车站的救援人员立即赶赴现场，开展救援工作；负责运输组织计划的调整，安排救援所需的机车车辆，为救援工作提供运输条件保障；向沿线站车发布列车晚点原因、时间及预计晚点时间。

② 客运部门负责妥善安置事故中受伤的旅客，收集、清理、看守旅客携带物品，并做好旅客的安抚、疏散、转运工作。

③ 机务部门负责制定救援起复方案并组织实施。

④ 供电部门负责现场照明和电力供应，根据救援需要，组织对事故现场接触网的拆除和恢复工作，确保人身安全。

⑤ 工务部门负责组织足够的人力、物力，尽快抢修、恢复线路，配合救援列车做好救援起复工作。

⑥ 电务部门负责现场通信保障及信息传输工作，负责组织对相关设备进行修复。

⑦ 车辆部门负责配合救援列车做好车辆起复和检查工作。

⑧ 劳卫部门迅速组织开展现场卫生防疫处置工作，并联系地方医疗机构，实施紧急医疗救护。

⑨ 公安部门负责现场警戒，组织现场勘查和调查，收集有关资料、可疑物。

⑩ 安监部门负责组织和协调事故调查处理工作。

⑪ 宣传部门负责组织和协调新闻报道及舆论引导工作。

（二）事故救援

（1）高速铁路发生动车组脱轨事故后，现场救援实行单一指挥。

（2）事故救援以拉复为主，顶复为辅，合理采用吊复法。

（3）救援起复方法。

① 拉复起复法。

动车组轮对脱轨后距基本轨距离具备拉复条件，且车辆未颠覆，线路基本条件良好时，应采用拉复法进行救援起复作业。动车组两端车辆脱轨，救援起复时，原则上不进行动车组解编；动车组中部车辆或动车组在道岔、桥梁、隧道内脱轨，救援起复时，应根据实际情况，将妨碍救援的其他车辆解编后进行起复作业。

② 顶复起复法。

动车组轮对脱轨后距基本轨距离不具备拉复条件但距离较小，且车辆未颠覆、线路基本条件良好时，或在桥梁上、隧道内等其他不适用拉复起复法和吊复起复法救援的情况下，应采用顶复法进行救援起复作业。

③ 吊复起复法。

动车组轮对脱轨后距基本轨距离较大或车辆倾斜、颠覆，不能实施拉复起复法、顶复起复法作业时，应采用吊复起复法进行救援起复作业。

十四、高速铁路非正常行车时的应急处置办法

（一）动车组列车运行中出现故障时

动车组列车运行中出现故障时，司机应按车载信息监控装置的提示，按规定及时处理；需要由随车机械师处理时，司机应通知随车机械师。经处置确认无法正常运行时，司机应按车载信息监控装置的提示和随车机械师的要求，选择维持运行或停车等方式，并报告列车调度员或车站值班员。

（二）动车组列车在区间被迫停车时

（1）随车机械师、客运乘务组、乘警均应听从动车组列车司机的指挥，配合处理有关行车、列车防护和事故救援等的事宜。

（2）需下车处理时，列车调度员发布邻线列车限速 160 km/h 及以下的调度命令，限速位置按停车列车位置前后各 1 km 确定；需组织旅客疏散时，必须扣停邻线列车。司机在接到列车调度员已发布邻线列车限速调度命令或邻线列车已扣停的口头指示后，通知有关作业人员办理。

（3）道岔故障需现场准备进路。

① 列车调度员负责非故障道岔的操纵、准备进路。

② 工务、电务等有关部门人员现场检查前，应本线封锁、邻线限速 160 km/h 及以下。待工务、电务等有关部门现场检查和确认具备现场准备进路放行列车条件，确认本线封锁及邻线限速命令下达后，车务应急值守人员组织电务、工务等人员现场操纵道岔准备进路，确认进路正确并按规定加锁，列车调度员根据现场人员汇报的故障道岔开通方向及控制台上非故障道岔的显示，确认进路正确。车站应急值守人员须及时向列车调度员汇报进路准备情况。

③ 列车调度员得到现场进路准备妥当、道岔加锁良好、作业人员已撤至安全地点的汇报后，确认进路正确，解除封锁，取消限速后方可办理行车凭证，准备接发列车。

（4）站内轨道电路故障红光带。

工务、电务等有关部门人员现场检查前，应本线封锁、邻线限速 160 km/h 及以下。待工务、电务等有关部门现场检查和确认具备列车放行条件，列车调度员确认故障区段空闲后，按以下规定办理行车。

站内无岔区段出现红光带、可开放引导信号时，办理引导接（发）车进路，列车凭引导信号进（出）站；引导信号不能开放（故障）时，人工操纵道岔、准备进路，列车凭调度命令进、出站。

（5）动车组司机运行途中接到危及行车安全的通知时。

① 立即采取停车措施，并报告列车调度员或车站值班员，待危及行车安全情况消除后，方可恢复正常运行。

② 需下车处理时，列车调度员发布邻线列车限速 160 km/h 及以下的调度命令，限速位置按停车列车位置前后各 1 km 确定。司机在接到列车调度员已发布相关调度命令的口头指示后，通知随车机械师手动开门下车处理，下车处理人员下、上车时与司机共同签认。

（6）动车组故障不能继续运行而请求救援。

① 列车调度员接到动车组司机请求救援的报告后，应根据实际情况，组织符合要求的动车组或机车担当救援，并立即将有关情况向调度所值班主任报告。

② 已请求救援的动车组，不得再行移动。列车调度员发布救援命令后，动车组司机应了解救援列车开来的方向，通知随车机械师做好防护工作。

如需接触网停电作业，须按规定办理停电手续。

③ 故障动车组应尽可能保证辅助供电系统工作正常，若辅助供电系统不能保证工作正常时，应优先保持基本的列车通风、照明。

动车组无外部供电的情况下，如蓄电池不能维持供电运行到终点站，应将故障动车组牵引至客运站组织旅客换乘或启用热备车底组织换乘。

（7）接触网故障停电。

① 列车调度员接到接触网故障停电的报告后，立即通知供电调度员确认原因并处理，同时向值班主任报告，及时扣停未进入停电区域的列车。

② 接触网故障需立即抢修时，供电调度员将本线处理故障时的影响范围、邻线放行列车条件等内容登记清楚，列车调度员根据登记要求办理。

须开行轨道车时，要报请调度所值班主任（副主任）批准，并向轨道车司机发布准许运行的调度命令。

③ 采取越区供电方式供电前，须确认停在无电区的列车已全部降弓。

④ 接触网送电后，列车调度员必须确认供电调度的签认，准确掌握线路开通后的行车条件。

（8）运行途中晃车。

① 运行途中列车司机发现晃车时，应立即减速运行并报告列车调度员，待无异常

状况后恢复常速运行。

② 列车调度员向后续列车发布限速调度命令，后续列车通过晃车地点立即向列车调度员汇报运行情况。限速位置按司机汇报的晃车地点前后各加 1 km 确定。后续首列为时速 300～350 km 的列车，限速 160 km/h；首列为时速 200～250 km 的列车，限速 120 km/h；首列为普速旅客列车，限速 80 km/h。若后续列车仍晃车，列车调度员禁止再向该地点和该区间放行列车（关系区间车站为非常站控模式时应封锁该区间），发布邻线限速 160 km/h 及以下的调度命令后，通知工务部门立即上道检查。若后续列车不晃车，则按 160 km/h、250 km/h、常速逐级逐列提速。

（9）动车组运行中碰撞障碍物或撞人。

① 动车组运行中碰撞障碍物影响行车安全或撞人时，司机应立即采取停车措施，并报告列车调度员或车站值班员，通知随车机械师。

② 需下车处理时，列车调度员发布邻线列车限速 160 km/h 及以下的调度命令，限速位置按停车列车位置前后各 1 km 确定。司机在接到列车调度员已发布相关调度命令的口头指示后，通知随车机械师手动开门下车，确认动车组技术状态。

③ 经检查确认可以继续运行时，司机按随车机械师签认的要求常速或限速运行并报告列车调度员；若不能继续运行，应及时请求救援，并按规定进行防护。

④ 列车调度员接到碰撞障碍物和撞人的报告后，应立即通知邻近车站和公安派出所派员到现场处置。到达现场人员应及时了解、上报现场勘查处置情况。

⑤ 发生重大路外伤亡造成动车组紧急停车时，司机应立即报告列车调度员或附近车站值班员，并协助有关人员保护事故现场，采取措施抢救人员和财产，尽快排除线路障碍恢复正常行车，将人员伤亡和损失降到最低程度。

（10）动车组因故停于分相区时。

由列车调度员、供电调度员根据动车组类型、停车位置、牵引供电设备状况，共同确定采用换弓、向接触网无电区送电或开行救援列车等方案。

（11）恶劣天气行车。

① 遇大雾、暴风、雨雪、冰冻等恶劣天气，在地面信号作为行车凭证且显示距离不足 200 m 时，司机应报告列车调度员。列车调度员应及时发布调度命令，改按天气恶劣难以辨认信号的办法行车。

机车信号良好时，按机车信号显示运行，遇地面信号与机车信号显示不一致时，司机应立即采取减速或停车措施。天气转好时，司机应及时报告列车调度员，恢复正常行车。

② 遇有降雨天气，重点防洪地段 1 小时降雨量达到 45 mm 及以上时，列车限速 120 km/h；1 小时降雨量达到 60 mm 及以上时，列车限速 45 km/h。当 1 小时降雨量降至 20 mm 及以下，且持续 30 分钟以上时，可逐步解除限速。沿线雨量信息由防灾安全监控系统提供，当雨量超标时，由列车调度员根据防灾安全监控系统报警提示发布限速调度命令。

动车组列车运行中，司机发现积水高于轨面时，应立即停车，根据现场情况与随车机械师共同确定行车条件或请求救援，并立即报告列车调度员，列车调度员及时采取应急措施，下达相关调度命令。司机以随时能够停车的速度（不超过 40 km/h，下同）通过积水地段。列车调度员立即通知已进入区间的后续列车停车（避免停在隧道内），并禁止向该区间放行列车。

③ 遇有落石、倒树等障碍物危及行车安全时，司机应立即停车并报告列车调度员，待障碍排除确认安全后，方可继续运行。

④ 列车遇到线路塌方、道床冲空等危及行车安全的突发情况时，司机应立即停车，并报告列车调度员或车站值班员，列车调度员或车站值班员应立即通知追踪列车、邻线列车。需要退行时，按有关规定迅速将列车退至安全地段。

⑤ 调度所、工务部门应掌握大风天气情况，遇有防灾安全监控系统提示大风报警信息时，列车调度员及时发布限速调度命令。司机接到调度命令后，须立即确认大风地点、限速区段，限速运行，收到禁止运行的报警，须按照要求立即采取停车措施。动车组列车运行途中，遇大风天气，司机根据情况控制列车运行速度，并报告列车调度员。列车调度员通知后续通过该地段的列车司机注意运行。

(12) 列控车载信号与机车信号不一致时。

① 列控车载信号显示停车信号而机车信号显示进行信号时，按列控车载信号显示立即停车。

② 列控车载信号显示进行信号而机车信号显示停车信号：

- 在区间运行时，动车组司机须立即停车，并向列车调度员汇报。列车调度员确认前方闭塞分区无车占用后通知司机。司机以遇到阻碍能随时停车的速度运行至前方次一信号机或闭塞分区入口处，如列控车载信号与机车信号均显示进行信号，按车载信号显示运行；如列控车载信号显示进行信号而机车信号仍显示停车信号，按上述规定处理。
- 在车站发车时，司机应立即向列车调度员汇报。列车调度员应确认第一个闭塞分区空闲、道岔位置正确及进路空闲后通知司机发车，司机在出发信号机前以遇到阻碍能随时停车的速度运行，如列控车载信号与机车信号均显示进行信号，按车载信号显示运行；如列控车载信号显示进行信号而机车信号仍显示停车信号，司机以遇到阻碍能随时停车的速度运行至前方次一信号机或闭塞分区入口处，按上述规定处理。

(13) 利用动车组列车运送人员处理故障。

① 设备管理部门向列车调度员申请利用动车组列车运送人员处理故障时，须报告清楚上、下车地点。

② 列车调度员接到报告后，经值班主任（副主任）同意，方可向指定动车组列车发布调度命令，准许该次动车组列车运送故障处理人员，并须注明上、下车地点。司机接收调度命令后，向列车长和随车机械师进行转达。

③ 故障处理人员在列车运行前方驾驶室后的车门处上车。

④ 列车运行至停车地点停车后，司机在接到列车调度员已发布邻线列车限速160 km/h及以下的调度命令的口头指示后，方可通知随车机械师人工开启列车运行前方驾驶室后的动车组左（非会车）侧车门，客运乘务员配合做好人员上下工作。

⑤ 随车机械师确认故障处理人员全部下车并撤至安全地点后，随车机械师关闭车门并通知列车司机，司机确认行车凭证后即可开车。

附录 A

高速铁路车站广场安全应急预案

一、高速铁路车站广场火灾应急预案

1. 应急响应

（1）各级员工应尽快发现、及时处理、减少损失、缩小影响。

（2）疏散转移现场无关人员和附近的危险物品和无关设备。

（3）做出迅速反应，判明火势大小，根据现有消防能力决定是否报警。

（4）如需消防部门协助救援，报警时要迅速、准确、清晰、详细地讲明火场地点、燃烧物、火势和报警人员姓名、联系电话并做好详细记录。

（5）如需医疗救护部门协助救援，要讲明事发地点、火情、伤亡情况，可能造成的人员伤害情况及报警人员姓名、联系电话并做好记录。

（6）如需公安保卫部门协助救援，要讲明事发地点、火灾范围、现场情况、初步判定的事发原因和需要协助的要求及报警人员姓名、联系电话并做好详细记录。

（7）保持信息沟通渠道畅通有效，并做好信息传递记录。

（8）安全保卫部指派专人等待、引导外部救援人员和车辆，清理救援通道，确保道路畅通。

（9）指定专人登记伤亡人员数量、姓名、伤情和转移目的地。

（10）根据灾情，组织人员撤离现场。

2. 发生火灾后的应急措施与抢救方案

（1）职工发现火情后，立即向车站应急指挥办公室报告，火情确认后，车站应急指挥办公室通知车站应急指挥部及相关部门、人员赶赴现场进行抢救。

（2）根据火情，拨打 119 报警电话。

（3）对初起小火，在场人员使用附近的灭火器材及灭火工具迅速将火扑灭，然后报告综合管理部。

（4）起火点附近的部门在组织本部门人员采取灭火行动，在车站应急指挥部领导赶到现场后，根据指示继续进行灭火工作。

（5）工程管理部在接到通知后，应立即赶至现场，根据指挥人员的命令，调配人员采取断电、供水、照明等技术措施。

（6）综合管理部等相关部门应视火情，根据应急方案抢运、调配救灾物资。

（7）医务人员接到命令后应立即赶至现场，按照现场指挥人员的指令，做好救治、转运伤员的工作。

（8）安全保卫部根据现场指挥人员的部署做好人员的疏导工作。

（9）其他部门在没有接到车站应急指挥部的命令时，必须坚守岗位，严守现场。根据灭火情况，车站应急指挥部调动各部门人员赶赴现场进行更大规模的扑救工作。

3. 发现火险的行动措施

（1）安全保卫部巡视人员或其他岗位人员在发现火情，且火势不大时，要及时进行补救，并将详细情况上报（时间、地点、火源、燃烧物、附近情况等）本部门领导。

（2）火势较大或预计无法控制时，迅速上报应急指挥部，在取用附近消防器材扑救的同时，注意维护现场秩序，阻止无关人员盲目冲进火场，等待消防人员前来救火。

4. 接到报警的行动措施

（1）车站应急指挥办公室要详细记录报警人的姓名、部门。

（2）车站应急指挥办公室要冷静、详细地了解火情发生的位置和火势大小。

（3）车站应急指挥办公室要迅速将火势情况上报车站应急指挥部。

（4）车站应急指挥部要立即赶赴现场调查了解情况。查明火情的具体位置、燃烧物品、燃烧范围及火势走向；查清火源和起火原因；查明火场的详细情况，有无人员被困等。

（5）在确定火情后，由车站应急指挥部现场负责人视火情大小，迅速做出是否通知消防队的决定。

（6）车站应急指挥部要在便于指挥，方便联络的地方设立现场应急指挥部。现场所有人员均需服从现场应急指挥部的领导和指挥。

5. 各有关部门的任务

（1）所有铁路职工在发现火情后，都有报告险情、扑救火灾、协助事故调查处理的责任。

（2）车站应急指挥办公室负责掌握全面情况，做好上传下达工作。

（3）现场应急指挥部负责现场的指挥工作。

（4）综合管理部负责救援车辆的调集工作。

（5）各单位兼职消防员在接到报警后，立即携带消防灭火器材和工具赶赴现场进行扑救。

（6）安全保卫部的任务。

① 安全保卫部的消防组成员要携带通信器材和必备物品赶赴现场进行灭火。

② 内勤人员要坚守岗位，保持与消防、公安部门的联系。

③ 做好迎接消防车辆到达现场的引导工作，并配合他们进行抢救。

④ 保安人员要阻止一切无关人员进入现场并要担负防止治安案件发生的重任。

⑤ 加强对要害部门的巡逻和戒备。

（7）工程管理部的任务。

① 携带抢险工具进入现场进行设备抢修，清理障碍物等工作。

② 切断失火部位的电源，防止引发电气火灾。

③ 保证救援用水。

④ 提供救援所需的临时照明。

（8）医务室的任务。

① 值班医务人员迅速准备好抢救受伤人员的药品和担架等器材。

② 组织抢救受伤人员并根据情况送往医院。

③ 负责与地方医疗部门的沟通。

6. 组织疏散

现场应急指挥部下达疏散命令，各有关部门按照疏散计划组织疏散。

（1）广播室在接到现场应急指挥部的疏散命令后，立即反复用中英文进行 10 分钟不间断的广播通知。通知的主要内容是要求旅客听从高速铁路车站工作人员的指挥，在工作人员的引导下，有序地从最近的安全疏散通道撤离。

（2）从起火区域开始，沿火场周围区域依次疏散。

（3）人员疏散顺序：旅客、一线职工、二线职工、管理人员、指挥人员、安保人员等。在疏散的过程中要优先帮助老、弱、病、残和妇女、儿童等人员撤离。

（4）在疏散的过程中要将易燃品和煤气罐、氧气瓶等危险物品迅速进行转移。

（5）在人员撤离后，安保人员配合协助专业消防人员一起检查每一个角落，确认无滞留人员后，方可撤离。

（6）在人员疏散到安全地带后，要将人员进行集中核实，再次确认火场内无滞留人员，最后将清点人员的情况上报指挥中心。

7. 善后处理

（1）保护好现场；（2）配合相关部门取证；（3）与保险公司联系；（4）进行事故调查和总结经验教训。

二、防爆应急处置预案

1. 目的

指导全体员工掌握处置爆炸物品的办法。

2. 范围

高速铁路车站广场管辖范围内的危险爆炸品均在应急处置的范围内。

3. 职责

（1）全体铁路职工在高速铁路车站广场管辖范围内发现可疑危险爆炸物品时，都有报警和协助进行案情调查的责任。

（2）车站应急指挥办公室负责掌握全面情况，做好上传下达工作。

（3）综合管理部负责救援车辆的调集工作。

（4）现场应急指挥部负责现场的指挥工作。

（5）安全保卫部的任务。

① 安全保卫部组织的消防组成员进行爆炸物爆炸后发生火灾的扑救工作。

② 内勤人员要坚守岗位，保持与消防、公安部门的联系。

③ 做好迎接消防车辆到达现场的引导工作，并配合他们进行抢救。

④ 保安人员要阻止一切无关人员进入现场并要担负防止治安案件发生的重任。

⑤ 加强对要害部门的巡逻和戒备。

⑥ 安保人员负责现场搜索、组织疏散人员、排除险情、保护现场及善后处理等工作。

（6）工程管理部的任务。

① 及时清理通道障碍物。

② 切断失火部位的电源，防止引发电气火灾。

③ 负责抢险物资的供应，确保通信、照明、供水系统正常运行。

（7）医务室的任务。

① 值班医务人员迅速准备好抢救受伤人员的药品和担架等器材。

② 组织抢救受伤人员并根据情况送往医院。

③ 负责与地方医疗部门的沟通。

4. 报警程序

所有铁路职工在发现可疑爆炸物品后应立即向安全保卫部门报警，讲清自己的姓名，所在部门及发现的可疑物品、爆炸物的放置地点和现场基本情况，同时要保守秘密以免引起旅客的恐慌。严禁谎报，如有谎报将追究谎报者的法律责任。

5. 接警程序

（1）接获报警人员：详细记录报警时间及报警人员讲述的情况，立即通知安保值班队长及高速铁路车站领导。接获任何恐吓电话，须保持镇定，争取与对方详谈，留意对方电话的背景音及有何要求，将恐吓电话内容通知上级领导。

（2）接到报警的领导：对相关信息迅速作出正确判断，部署下一步工作。

（3）安保人员：按照现场应急指挥部或上级领导的部署，携带防爆毯赶赴现场进行搜索。

6. 现场处置程序

（1）安全保卫部在接到报警后，按照应急处置方案立即展开工作。

（2）安保人员使用专业探测设备搜索可疑物品，当搜索到可疑物品后，对相关区域进行封锁。

（3）安保人员不得轻易拨弄、移动爆炸（可疑）物品。对当即能够判定的爆炸物品如雷管、导火索、定时器及自制爆炸装置，要立即罩上防爆毯，并在现场周围拉上警戒绳，设立警戒、警示标示，疏散围观职工和旅客。

（4）现场应急指挥部通知公安部门，报告爆炸（可疑）物品的形式、数量及位置，并按照公安部门的要求进行前期处理工作。

（5）安保人员在做好现场保护的同时，加强对周边地域的巡视检查，严防犯罪分子声东击西或连续作案。待公安人员到达现场后，听从指挥，并为其排除爆炸（可疑）物品提供一切便利条件。

7. 组织疏散

现场应急指挥部下达疏散命令，各有关部门按照疏散计划组织疏散。

（1）公安部门的专业人员要在现场排除险情时，现场应急指挥部应立即做出疏散决定。

（2）广播室在接到现场应急指挥部的疏散命令后，立即反复用中英文进行 10 分钟不间断的广播通知。通知的主要内容是要求旅客听从高速铁路车站工作人员的指挥，在工作人员的引导下，有序地从最近的安全疏散通道撤离。

（3）从爆炸物所在区域开始，沿爆炸物品周围区域依次疏散。

（4）人员疏散顺序：旅客、一线职工、二线职工、管理人员、指挥人员、保安人员等。在疏散的过程中要优先帮助老、弱、病、残和妇女、儿童等人员撤离。

（5）在疏散的过程中要将易燃品和煤气罐、氧气瓶等危险物品迅速转移。

（6）相关部门要组织有关人员做好发生爆炸后引起火灾的预防和灭火准备工作。组织人员做好旅客的宣传疏导工作，避免发生秩序混乱。

（7）在人员撤离后，安保人员配合公安部门的人员一起检查每一个角落，确认无滞留人员后，方可撤离。

（8）在人员疏散到安全地带后，要将人员进行集中核实，再次确认现场内无滞留人员，最后将清点人员的情况上报指挥中心。

8. 发生爆炸后的处理

（1）安保人员在接到爆炸事故的通知后要立即赶赴事发现场，设立警戒线，保持现场原状，等待公安机关人员来勘查现场。同时，搜索可疑物品和可疑人员。

（2）组织有关人员在本单位责任区域范围内进行仔细的检查，以防还有其他爆炸物品。

（3）若由于爆炸引起火灾事故的发生，相关部门按照消防应急处置预案进行处置。

9. 善后处理

（1）保护好现场；（2）配合相关部门取证；（3）与保险公司联系；（4）进行事故调查和总结经验教训。

三、大型设施设备意外事故应急预案

设备在运行中突发故障，岗位操作人员应立即关掉电源开关，迅速将设备周围乘客带离现场，确认所有旅客安全后，立即向上级汇报情况并及时通知维修人员进行检修。

（1）及时转移易燃、易爆危险物品和贵重设备。

（2）抢修因事故受损坏的需应急使用的设施设备。

（3）关闭可能会使事故扩大或引发其他事故的设施设备。

（4）水管破裂、电气事故应先关闭设施总闸。

（5）停电事故，应及时启动发电机以保障应急设备的正常运行。

四、高速铁路车站广场重大活动安全保卫预案

1. 目的

确保在重大节日、重要接待任务，以及举办大型活动期间的安全保卫工作万无一失。

2. 范围

重大节日、重要纪念日；党和国家领导人及外国政府首脑、政要来高速铁路车站站前广场指导和参观；人大、政协两会期间；举办大型活动。

3. 职责

（1）安全保卫部负责主持全面工作。

（2）综合管理部负责协调各项安全保卫工作的具体实施及运输、后勤保障等工作。

（3）车站办公室负责内外部的协调、信息的传递工作。

（4）其他相关部门负责各自职责范围内的安全防范事宜，配合安全保卫部的工作。

4. 成立安全保卫领导工作小组

（1）上面第2条规定的范围出现时，领导小组即告成立。

（2）站级领导为安全保卫领导小组核心人员，其他成员职责则按照具体情况，在活动前制定。

5. 前期准备

（1）按照公安、消防部门的要求进行检查部署。积极协助公安、消防部门做好安全保卫工作。

（2）自查自纠。由各单位自行开展检查，主要检查责任区内是否存在安全隐患，如存在隐患则妥善解决，难以自行解决的上报安全保卫部，同时采取切实可行的措施予以控制。自查自纠要进行详细的记录。

（3）各职能单位专项检查。安全保卫部、综合管理部要重点检查要害部位的防火、防爆、防抢等措施的落实情况，检查有无安全隐患。工程管理部主要检查重点部位电器设备设施的安全使用情况。

（4）高速铁路车站广场联合大检查。由高速铁路车站主要领导带队，安全保卫部综合管理部、车站办公室和各部门主管领导组成联合检查组，对高速铁路车站广场范围内的娱乐场所、办公区域、停车场等所有区域进行全方位的综合检查。

6. 任务分工

（1）信息联络。由综合管理部或安全保卫部负责与外界公安、消防及上级主管部门进行沟通。车站办公室主要负责内部协调和上传下达。

（2）数据统计。由安全保卫部负责将停车场、治安组上报来的来宾车辆及人员数量统计、汇总报有关方面。

（3）组织疏散。安全保卫部负责在发生意外时，按照相应的预案组织疏散。

（4）现场警卫。

（1）安全保卫部配合公安、消防等部门做好现场警卫工作。

（2）在遇有重要接待任务时，根据公安部门的要求，由高速铁路车站领导和综合管理部、安全保卫部会同其他相关部门组成临时警卫组，对警卫对象实施有分寸的近身警卫。近身警卫主管人员要事前对现场地形地物进行勘查和熟悉，在实施保卫的过程中，要选择合适的位置和行进方向，既便于做好警卫工作又要注意不要遮挡警卫对象的视线和行进路线，也不要挤掉主要陪同人员的位置，同时尽可能避开新闻摄像镜头。在人员拥挤的情况下，要严密注视周围的动向，一旦秩序混乱，在警卫对象周围迅速形成保卫圈，保护其迅速撤离现场，严禁“脱岗”，确保警卫对象的绝对安全。

（3）在重大活动现场，由安保人员组成警卫组进行巡视检查，发现安全隐患及时妥善处理，对扰乱现场秩序的人员迅速强行将其带离现场，同时尽可能避免引起周边人员的注意和骚动。

（4）现场处置。安全保卫部负责人在发生治安事件或突发事件时须保持冷静，及时妥善处理相关问题，必要时与公安机关进行联系，寻求帮助。

（5）现场抢险救护。一旦发生突发伤害事件，按相应的预案妥善处置。

7. 相关规定和原则

（1）活动的筹办部门要及时向安全保卫部通报活动的内容和性质。

（2）根据活动现场的具体情况和活动的性质设定相应的岗位，布置安全保卫力量，确定上岗人员名单。

（3）各部门要对职工进行岗前动员，讲解相关的安全注意事项。

（4）安全保卫部负责对车辆进行管理，保障来宾车辆及车内物品的安全。

（5）如发生突发事件按相应的预案执行。

8. 工作目标

（1）保证重大活动的顺利进行。

（2）保证重要来宾的绝对安全。

（3）保证参加重大活动人员的人身、财产安全。

（4）保证高速铁路车站广场的正常秩序。

五、紧急疏散处置预案

1. 目的

指导职工在发生火灾、爆炸及有毒、有害化学危险物品扩散时，安全有序地协助旅客快速逃生。

2. 范围

适用于高速铁路车站广场区域内发生火灾、爆炸及有毒、有害化学危险物品扩散时人员的疏散。

3. 职责

(1) 现场应急指挥部根据现场情况下达紧急疏散命令，并按照《应急指挥预案》行使职责。

(2) 应急指挥办公室负责现场具体事务的协调。

(3) 应急指挥办公室负责统一对外的宣传口径和上传下达。

(4) 安全保卫部负责维护现场及各疏散通道口的秩序，进行现场检查、保护，防止次生灾害事故的发生。把守重点部位和贵重物品，接受其他救助。

4. 疏散程序

(1) 现场应急指挥部在接到报警后，应迅速赶赴现场进行疏散指挥，对所发生事件的事态做出准确判断，迅速组织疏散。

(2) 若紧急事态尚可控制，只需要局部疏散时，指挥部下达二级疏散命令；若紧急事态严重，需要整体疏散时，现场应急救援指挥部下达一级疏散命令。

(3) 疏散的顺序：事故发生区域、事故发生周边区域。

(4) 人员疏散程序：旅客、一线职工、二线职工、一般管理人员、指挥部成员、安保人员、安全保卫部负责人。

(5) 疏散行走路线：进入就近的安全疏散通道直至安全的开阔地带。

(6) 车站广播室在接到现场应急指挥办公室的疏散命令后，立即对需疏散区域反复用中英文进行10分钟不间断的应急疏散广播，并对不需要疏散的区域进行安抚播放，确保不需要疏散的区域秩序良好。

5. 具体行动方案

(1) 应急指导挥办公室值班人员在接到报警后，要迅速通知安全保卫部领导和车站领导，并做电话记录，根据领导的指示进行下一步工作。

(2) 现场应急指挥部按照应急预案组织开展工作。

(3) 安保人员维护现场秩序，阻止无关人员进入现场。

(4) 各单位在接到报警后，当班领导要迅速赶到事发现场按照应急预案开展工作。

(5) 相关人员按照职责分工实施抢险、财务保护、旅客、职工的引导疏散。在所有人员撤离到安全地带后清点人数，并将清点的人数上报现场应急指挥部。

① 负责现场疏导的人员负责向旅客指示疏散的方向。

② 先护送老弱幼病残及妇女、儿童先行到达安全区域。

③ 现场疏导人员在确认无旅客滞留后迅速撤离。

④ 安全保卫部在确认事故现场无人员滞留后，立即对现场实施警戒，阻止无关人员进入。

⑤ 相关单位领导派人对本单位的疏散人员进行清点后，将清点人数及时上报现场应急指挥部。

⑥ 有关单位的领导在完成上述工作后，迅速向现场应急指挥部报告，等待下一步

的指示。

6. 通信畅通

现场应急指挥部成员在完成一级疏散任务的指挥后迅速撤离，并保持与现场有关人员的通信联系，随时了解现场情况。

7. 发布

事故发生造成的损失等所有数据统一上报现场应急指挥部。由应急指挥办公室全权负责对外说明事故的情况，其他人员无权对外谈论任何情况。

8. 其他

火灾、爆炸（含爆炸可疑物）及有毒、有害化学品等事故的现场保护、清理及善后工作按照各类紧急应对预案实施细则执行。

附录 B

××铁路局高速铁路客运非正常情况应急处置办法

1. 站车发生火灾、爆炸时的应急处置预案

(1) 动车组列车发生火灾、爆炸时的应急处置预案。

① 动车组列车工作人员（含司机、随车机械师、乘警、客运、餐饮、保洁等人员，下同）发现或接到旅客反映车厢内有爆炸、明火、冒烟，以及消防设施报警时，应立即施救并通知列车长。列车长接到通知后，应会同随车机械师、乘警进行现场确认。

② 在确认发生火灾或爆炸后，列车工作人员应立即启动紧急停车装置（或按下火灾报警按钮），同时列车长（或随车机械师）立即通知司机。停车后，司机应立即向列车调度员或车站值班员（车务应急值守人员，以下同）报告，配合列车长、随车机械师、乘警进行火灾扑救、旅客疏散等工作。有制动停放装置的由司机负责实施防溜，无制动停放装置的由随车机械师做好防溜、防护工作。

③ 列车长应立即指挥扑救，乘警、随车机械师等列车工作人员应积极配合；同时组织事故车厢的旅客向安全车厢疏散。

④ 全部人员向安全车厢疏散完毕，火势仍未得到有效控制，需向地面疏散时，列车长应立即通知司机、随车机械师或其他列车工作人员关闭通道阻火门。司机根据列车长的请求，向列车调度员报告，请求向地面疏散。

⑤ 组织旅客疏散时，必须扣停邻线列车。司机在接到列车调度员已扣停邻线列车的口头指示后，立即通知列车长，列车长接到司机通知后应立即指挥列车工作人员打开车门，根据需要安装好应急梯，组织旅客向地面安全地带疏散。

⑥ 列车工作人员应维护好旅客疏散秩序，确保人员安全。

⑦ 列车工作人员应对受伤人员开展紧急救护，并做好对重点旅客的服务工作。

⑧ 列车工作人员应积极配合公安部门保护好事故现场，协助调查取证。

⑨ 如遇火灾危及旅客安全，又未能及时接到扣停邻线列车的命令，列车长应会同

司机，组织列车工作人员打开运行方向左侧车门（无线路一侧），结合现场实际，确定旅客疏散方向和疏散方式，列车工作人员应做好旅客安全宣传和防护工作，严禁旅客跨越线路。

⑩ 疏散旅客时，乘务人员应迅速采取口头宣传或由司机使用广播宣传方式，安定旅客情绪，组织起火车厢的旅客向邻近车厢疏散。列车停稳后，列车乘务人员从指定车厢取出安全梯，打开规定车厢（2号、5号、7号车厢，大编组增加10号、13号、15号车厢，根据实际情况可应急调整）列车运行方向左侧的车门，按一个车门二名工作人员分工，一人车下、一人车上，组织旅客向车下安全地带疏散。列车乘务员要防止旅客盲目打破车窗玻璃跳车的行为，以避免发生意外。疏散旅客时应遵循以下原则：

- 严禁在未做好防护的情况下，擅自打开车门让旅客下车。
- 停车后列车乘务员应按分工迅速做好防护措施，组织旅客下车并将旅客引导至安全地带，应指派专人负责防护，防止旅客返回起火列车。
- 在接触网未停电前，列车乘务人员应严格遵守电气化区段作业安全办法和人身安全的有关规定并向旅客做好宣传。

（2）车站发生火灾、爆炸时的应急处置预案。

① 车站工作人员发现或接到旅客反映站内有爆炸、明火、冒烟，以及消防设施报警时，应立即向消防部门报告火情并向车站综控室值班干部报告。综控室值班干部立即通知有关人员立即到现场进行事故确认和处置，同时亲自赶赴现场。

② 在确认发生火灾、爆炸后，车站值班干部负责现场指挥救援，并将事故情况首先上报铁路局客运调度员，之后将事故情况逐级上报。

③ 现场工作人员应组织旅客安全有序地撤离事故现场，同时做好受伤人员的紧急救护和重点旅客的服务工作。

④ 车站工作人员应配合公安部门保护好事故现场并积极协助公安部门进行调查取证。

⑤ 具体处置流程依据《××铁路局高速铁路公共场所消防火灾事故应急处置办法》执行。

2. 动车组列车晚点的应急处置预案

（1）动车组列车应急处置预案。

① 列车运行晚点超过15分钟时，列车长应及时联系列车运行地所在铁局客运（客服）调度员或通过司机联系列车调度员，了解晚点原因和列车运行情况，代表铁路部门向旅客致歉并通报晚点原因，每次致歉间隔时间不超过20分钟。

② 列车工作人员应加强车厢巡视，掌握旅客动态并做好宣传、解释、服务工作，稳定旅客情绪，维护好车内秩序。

③ 列车晚点1小时以上且逢用餐时间时，列车长应提前统计车上旅客人数，通过司机向列车调度员报告，列车调度员通知客运（客服）调度员，客运（客服）调度员接到信息后，应安排前方停车站为列车提供饮、食品，列车免费为旅客提供。

（2）车站应急处置预案。

① 动车组列车运行晚点超过15分钟时，车站应及时与客运（客服）调度员联系，

了解晚点原因和列车运行情况，代表铁路部门向旅客致歉，并通报晚点原因，每次致歉间隔时间不超过20分钟。

② 车站应掌握售票、候车及旅客滞留情况，维持好站内秩序，并立即向客运主管部门报告。

③ 列车晚点1小时以上且逢用餐时间时，车站应免费为等候该次动车组列车的旅客提供饮、食品；按客运（客服）调度员的安排，为晚点动车组列车提供饮、食品。

④ 车站应加强列车运行信息公告，积极地为有需要的旅客办理退票、改签。

（3）需要启用热备车底时，按照《动车组启用热备车底客运应急处置预案》执行。

3. 站车发生重大疫情时的应急处置预案

（1）动车组列车发生重大疫情时的应急处置预案。

① 动车组列车上发现疑似鼠疫、霍乱等重大疫情的病例或接到动车组列车上有疑似病例的通知时，列车长应立即向司机和客运段、客服调度、客运处报告，司机向列车调度员报告，列车调度员立即向值班主任报告，值班主任立即向铁路疾控部门报告。

② 列车调度员根据铁路局有关部门确定的处置方案，安排动车组在指定车站停车。列车长接到在指定站停车的通知后，做好疾控人员上车和疑似病例交站等相关准备工作，车站及铁路疾控部门做好接车后的紧急处置准备。

③ 列车长应组织隔离传染病人、疑似病人和密切接触者，紧急疏散其他旅客，并对有关人员进行登记。

④ 列车长应组织封锁已经污染或可能污染的区域，同时做好被隔离人员的交站准备。

⑤ 列车长在指定停车站将传染病人、疑似病人、密切接触者和其他需要跟踪观察的旅客及相关资料移交车站和铁路疾控部门。

⑥ 乘警应维护好车内秩序，确保区域封锁、旅客隔离、站车移交等工作正常开展。

⑦ 铁路疾控部门应上车对已经污染或可能污染的区域进行消毒。铁路疾控部门确认处置完毕后，方可解除区域封锁。

⑧ 站车应积极配合现场的医疗和疾控部门工作。

（2）车站发生重大疫情时的应急处置预案。

① 车站发现疑似鼠疫、霍乱等重大疫情的病例或接到车站有疑似病例的通知时，应立即向铁路疾控部门、客运处报告。

② 车站应指定专人着“防护服”隔离传染病人、疑似病人和密切接触者，紧急疏散其他旅客，并对有关人员进行登记。

③ 车站应封锁已经污染或可能污染的区域，由铁路疾控人员对该区域进行消毒。

④ 车站应将传染病人、疑似病人和密切接触者及其他需要跟踪观察的旅客及相关资料移交铁路疾控部门。铁路疾控部门确认处置完毕后，方可解除区域封锁。

⑤ 公安部门应维护好站内秩序，确保区域封锁、旅客隔离和疏散等工作正常开展。

⑥ 车站应积极配合现场的医疗和疾控部门工作。

4. 站车发生旅客食物中毒事件时的应急处置预案

（1）动车组列车发生旅客食物中毒事件时的应急处置预案。

① 动车组列车发生旅客疑似食物中毒事件，列车长应立即向司机和客运段、客服

调度、客运处报告，司机向列车调度员报告，列车调度员立即向值班主任报告，值班主任通知铁路疾控部门。

② 需停站处置时，列车调度员应安排动车组列车在最近具备医疗抢救条件的车站停车并通知该停车站做好抢救准备。

③ 列车工作人员应对有关人员进行登记，封锁现场，封存可疑食品、餐具等。铁路疾控部门应上车收集中毒人员的呕吐物、排泄物待查。

④ 站车应积极配合现场的医疗和疾控部门工作。

(2) 车站发生旅客食物中毒事件的应急处置预案。

① 车站发生旅客疑似食物中毒事件，应立即向铁路疾控部门、客运处报告。

② 车站应对有关人员进行登记，封锁现场，封存可疑食品、餐具等。铁路疾控部门应收集中毒人员的呕吐物、排泄物待查。

③ 车站应积极配合现场的医疗和疾控部门工作。

5. 动车组列车故障需启用热备车底的应急处置预案

(1) 站内换乘热备动车组的应急处置预案。

① 遇车次变动时，车站应收回原票、换发新票，退还票价差额。旅客要求退票或改乘其他列车时，车站应及时为旅客办理退票、改签等手续。

② 故障车停靠站台换乘时应尽可能安排在同一站台面，不能在同一站台面换乘时，应组织旅客通过天桥或地道换乘，严禁跨越股道换乘。故障车在站内没有停靠站台时，换乘处置程序比照区间换乘热备动车组的处置程序办理。

③ 换乘时，站车应认真组织验票，严禁持其他车次车票的旅客上车。

(2) 区间换乘热备动车组的应急处置预案。

① 列车长接到司机转达的组织旅客换乘热备动车组的命令时，应立即向列车工作人员传达，列车工作人员应检查车内情况，坚守岗位。

② 列车应向旅客通告换乘的决定，告知安全注意事项。对列车不能如期运行给旅客出行造成的不便，列车长应代表铁路部门向旅客致歉并感谢旅客的配合，做好后续服务工作，取得旅客的支持与谅解。

③ 热备动车组停靠在指定位置后，热备动车组司机通知列车长。列车长接到通知后，组织列车工作人员打开指定车厢车门，放置好应急梯或渡板并做好防护，组织旅客有序换乘。在隧道内换乘时，由设备管理单位操作开启隧道内的应急照明装置，隧道内的应急照明装置应实施远动开关。

④ 旅客换乘完毕，列车工作人员应将应急梯和渡板收好，定位存放并关闭车门。

6. 恶劣天气情况下的客运组织应急处置预案

因恶劣天气（含暴雨、大雾、大雪、冰雹、台风等）影响动车组列车正常运行时，客运（客服）调度员应及时将天气情况通知客运管理部门、沿线车站及滞留列车，客运管理部门应了解现场情况，指挥开展应急处置，站车及时将情况通告给旅客并致歉。

(1) 动车组列车应急处置预案。

① 列车长接到客运（客服）调度员或上级主管部门动车组列车因恶劣天气影响导

致非正常运行的通知后，应立即了解车内情况，加强对重点旅客的服务。出现异常情况及时向客运（客服）调度员或上级主管部门报告。

② 列车长应与司机或滞留地所在铁路局调度所客运（客服）调度员保持联系，了解动车组列车的运行情况，及时向旅客通报。

③ 动车组列车应备足餐食和饮用水，确保供应。需补充餐食和饮用水时，列车长应向滞留地所在铁路局调度所客运（客服）调度员或通过司机向列车调度员报告，请求车站为动车组列车补充餐食和饮用水。

（2）车站应急处置预案。

① 车站应及时将动车组列车因恶劣天气导致非正常运行的情况进行公告。售票处、候车室、问询处等服务处所做好对旅客的宣传和服务工作。

② 车站应及时增开退票和改签窗口，为旅客办理退票、改签等手续。

③ 车站公安派出所应协助客运部门维护好售票、候车、乘降等秩序。

④ 车站应根据客运（客服）调度员的安排，及时为动车组列车提供餐食和饮用水。

7. 高铁车站非正常情况作业下的应急处置预案

（1）车站售票系统发生故障的应急处置预案。

① 车站售票窗口发现售票系统故障、瘫痪或售票信息错误时，应立即向售票（客运）值班员或站长汇报。售票（客运）值班员或站长接到售票员报告后，应立即到售票窗口确认故障情况，并向车站报告。

② 车站接到售票系统故障的报告后，应立即向本单位应急领导小组汇报，并向路局客运处、信息化处、信息技术所报告相关情况。

③ 车站应及时调配客运作业人员，加强售票房的秩序维护工作，做好对旅客的宣传和解释，稳定旅客情绪。

④ 车站客票系统值班技术人员必须及时对故障程度进行确认，正确估算故障恢复时间并组织尽快恢复；确认在 10 分钟内不能处理完毕时，应立即向车站应急领导小组、铁路局客运处、信息化处报告，并联系信息技术所取得技术支持。

⑤ 车站应急领导小组在接到客票技术人员报告后，对预计 15 分钟内不恢复的客票系统故障，应立即决定启用车站售票应急系统，通过离线方式组织发售无座席车票，满足旅客购票乘车要求。

⑥ 车站决定启用车站售票应急系统后，应立即与铁路局客票管理所联系，获取售票应急系统启动密码，按步骤启动应急售票程序。

⑦ 当车站售票应急系统无法启用时，车站应立即向铁路局客运处报告，并申请开通绿色通道，允许旅客上车补票。

⑧ 车站采取绿色通道应急措施时，应向列车和相关前方车站通报情况。列车要做好上车旅客的补票工作。相关前方停车站，要加强出口处查验车票的力度并认真做好部分未及时补票旅客的补票工作。

（2）高铁车站综控室集成管理平台故障应急处置预案。

① 高铁车站综控室值班员发现集成管理平台故障后，应立即通知客运车间主任和

站长，通知技术维护人员，进行系统抢修。车站应立即将故障情况报客服调度、客运处、信息化处。

② 车站综控室要立即启用站控应急模式，并做好站控应急模式的操作和控制。

③ 车站要立即组织专业技术人员、客运人员负责监控广播、闸机、引导系统的运行状态并建立相应的联系通报制度。

④ 车站应加强各岗位的巡视，对相关的客服系统显示信息及广播内容进行核对，正确组织旅客检票、进站、上车，必要时通过手持扩音器进行宣传、引导。

⑤ 车站综控室集成管理平台恢复正常后，操作人员应立即将车站应急模式切换至正常模式，通知各岗位人员恢复正常操作流程。

（3）车站引导系统故障时的应急处置预案。

① 客运人员发现车站引导系统故障后应立即报告车站综控室，由综控室值班员向车站领导报告。综控室值班员还须立即通知维修部门进行维修。

② 综控室值班员应立即通知各岗位，告知影响的车次，列车进路的安排等信息，同时加强远程监控，将现场信息通知相关岗位，加强对旅客的广播宣传，正确引导旅客购票、进出站、上下车。

③ 车站应及时抽调人员在候车大厅设立引导岗位，引导旅客候车，加强检票进站的引导宣传。在地道或天桥处设置临时引导标志，在检票口、天桥、站台等处增加引导力量引导旅客进站上车。

④ 车站候车室、进站口、进站厅、天桥口、地道口、站台处应使用其他醒目的车次揭示牌做好引导工作，确保旅客正常候车。

（4）车站广播系统故障时的应急处置预案。

① 遇车站广播系统故障时，客运人员应立即报告车站综控室值班员，由综控室值班员向车站领导报告并通知维修部门进行维修。同时，综控室操作人员应将广播切换至人工模式，按照广播内容顺序进行人工广播，做到不缺项、不遗漏、不错播。

② 车站要充分利用客运导向揭示、手持扩音器等工具，及时向旅客通报列车运行、发到及候车室、站台情况。

③ 车站领导要现场把控，客运人员要坚守岗位，同时抽调人员在进站大厅、旅客集散区、售票厅、候车室、进出站口、通道、站台等处进行宣传，确保旅客正确候车、有序乘降。

（5）车站自动检票系统故障的应急处置预案。

① 客运人员发现车站自动检票系统发生故障后，应立即报告车站综控室值班员，车站综控室值班员在接到报告后，要立即向车站领导报告并通知维修部门进行维修。

② 车站领导要在现场进行把控，根据客流情况，合理调配客运人员加开进出站检票口，调整检票时间，实施人工检票。

③ 对持铁路乘车卡的旅客，发放乘车凭条进站上车，并由客运值班员通知相关站车。到站要对持铁路乘车卡的出站旅客，按实际乘车区间办理铁路乘车卡扣款手续。

④ 车站要及时将本站自动检票闸机故障的情况向列车前方各停车站进行通报，方

便各前方停车站对到站旅客进行相关检票、补票工作。

(6) 动车组旅客或行李物品掉落站台的应急处置预案。

① 发生旅客跌落到站台与车体之间的缝隙中或行李物品掉下站台时，站车工作人员应立即通知司机，并通知车站客运值班员对旅客进行施救或使用专用工具取出行李物品。

② 相关处置工作完毕后，按规定程序关门。如物品掉落站台，确认不危及列车安全时，可待列车出发后由车站处理。

(7) 车站突发大客流的应急处置预案。

① 车站突发大客流时，应立即组织后备力量上岗，维护好车站秩序，通知铁路公安部门，铁路公安部门应增派警力协助车站维护秩序，必要时车站应请求地方政府、公安部门给予支援，同时向上级主管部门报告。

② 车站应协调地方政府，利用电视、广播、报纸等媒体广泛宣传，引导旅客理性选择交通工具。

③ 车站应增开售、退票窗口并维护好售、退票秩序。

④ 车站应加强候车组织，充分利用好候车能力，做好重点旅客服务工作。

⑤ 加强乘降组织，重点部位安排专人引导、防护，确保旅客进出站、上下车的安全。

⑥ 客运处、调度所、运输处应加强运输设备和能力调配，组织加开列车，及时疏散客流。

8. 动车组列车突发事件应急处置预案。

(1) 动车组列车发生旅客人身伤害或疾病时的应急处置预案。

① 旅客受到意外伤害，突发疾病时，列车长利用列车上配备的急救药箱，进行初步救治，同时应立即通过广播寻找旅客中的医务工作者帮助救治。

② 旅客受伤、病情严重，必须临时停车送医院抢救或已经死亡时，列车长需及时通知司机向列车调度员请示，申请在最近的前方站临时停车，下交伤病或死亡旅客。

③ 前方最近临时停车站接到接收旅客的通知后，应立即联系救护车，并安排人员做好接收伤病（或死亡）旅客的各项准备工作。

④ 列车长应编制客运记录将受伤（或死亡）旅客，连同车票、携带品一并交车站处理，列车乘务人员不下车参与处理。

⑤ 在列车上受伤、发生疾病无同行人或旅客在列车上死亡时，列车长还应会同公安人员，收集旁证物证，调查旅客受伤或死亡的原因，采集相关证词不少于两份，对参加抢救的医务工作者的姓名、单位、电话进行登记，根据有效证件确定伤亡者姓名、单位、住址。时间紧迫时，为保证动车组恢复正点运行，列车可暂不移交相关材料，三日内向受理车站补交。

⑥ 旅客人身伤害事故系打架斗殴等治安或刑事案件所致，列车乘警应在客运记录上签章，列车长同时拍发事故速报。事故速报内容：

- 事故种类；
- 发生日期、时间、车次；

- 发生地点、车站、区间里程；
- 伤亡旅客姓名、性别、国籍、民族、年龄、职业、单位、地址、车票种类、到发站、票号、证件号码；
- 事故及伤亡概况。

（2）动车组列车车门故障应急处置预案。

① 动车组列车发生车门故障，集控装置无法打开（关闭）车门时，列车乘务人员要及时向列车长报告车门情况；列车长应迅速通过对讲机与司机及随车机械师联系，了解故障原因，及时修复。

② 当无法在短时间内修复车门集控开关时，由列车长迅速统一指挥，各工种人员按照具体分工，手动开启（关闭）车门，保证旅客安全乘降。同时广播宣传，告知旅客下车门所在位置，提前做好下车准备。列车乘务人员应提前在车内宣传，引导旅客在下车门等候。

③ 司机和随车机械师应迅速查找造成车门故障的原因，及时维修，尽快恢复车门正常使用，保证动车组列车安全正点运行。

④ 列车长要及时向所属单位汇报情况，并做好记录，同时通知列车乘务人员坚守岗位，做好车门观察。

（3）发现精神病患者乘坐动车组时的应急处置预案。

① 列车乘务人员发现无人护送的精神病旅客时，立即报告列车长、乘警。列车长指定专人看护，乘警协助处理。

② 有人护送的精神病旅客，列车乘务人员向护送人介绍安全注意事项并在需要时予以协助。不准精神病旅客单独行动，精神病旅客离座时必须有同行人护送。

③ 对无人护送的精神病旅客，列车长应编制客运记录移交旅客到站或换乘站处理。发现间歇或突发精神病旅客在乘车途中病情发作时，要立即向列车长、乘警报告。列车长、乘警根据实际情况派人看护，病人狂躁威胁他人人身安全时，乘警应对其采取强制制约措施。

（4）动车组空调失效时的应急处置程序。

① 信息通报：

空调失效超过20分钟不能恢复时，列车长应及时进行信息通报，安抚旅客情绪。

② 应急处理：

- 动车组司机向列车调度员报告动车组空调失效，请求启动开门运行，得到列车调度员同意后，向列车长通报列车调度员已经同意开门运行。
- 列车长组织列车工作人员做好旅客安抚和服务工作。
- 列车长向列车工作人员布置开门运行的准备工作并介绍安全事项。
- 列车长向旅客进行开门运行广播通报并宣讲安全事项。
- 列车长组织有关人员按规定在车厢非会车侧安装防护网，检查确认安装良好后用对讲机通知司机、机械师。
- 动车组司机向列车调度员报告：准备工作已经完毕，可以停车开门。列车调度员下达限速运行命令。

- 动车组停车后，列车长组织人员手动打开车门，工作人员一门一岗进行防护，防止旅客下车。
- 乘警协助列车长做好旅客组织工作。

③ 运行条件：

动车组司机确认限速命令已收到，得到列车长可以开车的通知后开车。

(5) 动车组列车运行途中停电的应急处置预案。

① 列车运行中发生车厢突然停电时，客运乘务员要立即通知随车机械师到场处理。检查各车厢的应急电源开关是否处于闭合位，保证应急电源装置正常工作并迅速查找原因修复故障，恢复供电。

② 列车因故障不能满负载供电时，随车机械师要根据实际情况，立即通知列车长，暂时停止使用部分电器。列车长要按照随车机械师的要求组织列车工作人员关闭用电量大的设备，尽量减少用电负荷，以保证蓄电池不过放，必要时可保留应急灯和监控系统用电，其他负荷全部关闭。

③ 列车长、乘警应及时到场，加强安全宣传和治安管理工作，稳定车内秩序，严防不法分子乘机破坏，做好针对重点旅客的安全保护及服务工作，同时向旅客做好正面解释工作。

④ 停电车厢应派乘务员坚守岗位，加强车厢巡视，做好安全宣传，严禁使用明火照明。

⑤ 列车长应会同随车机械师，查明原因后立即向所属单位汇报。

(6) 动车组运行中遇飞石击车，造成车窗双层玻璃同时被击碎时的应急处置预案。

① 列车乘务人员要迅速报告列车长，列车长通知公安乘警、随车机械师赶赴现场，并通知司机采取相应措施。

② 如造成旅客伤害事故，列车长应按有关规定处理。

③ 保洁员要迅速清理车内玻璃碎片，防止扎伤旅客；乘务员调整破损车窗附近旅客座位，同时做好安全宣传和防护工作。

④ 现场处理完毕后，随车机械师要立即对损坏的车窗采取稳妥的封掩措施，消除安全隐患。

(7) 动车组在长大隧道、桥梁发生故障或停电的应急处置预案。

① 动车组在长大隧道、桥梁发生故障或突然停电时，客运乘务人员要立即通知机械师到场处理。

② 动车组故障或停电，造成空调无法使用，可启动应急通风功能。

③ 遇夜间停电时，随车机械师启动应急照明，严禁使用明火照明。列车乘务人员在车厢内加强宣传、巡视，做好旅客的解释、安抚工作。

④ 列车故障或停电后，列车长应会同随车机械师，查明原因后立即向上级汇报。如不能及时修复，应通过司机立即向列车调度员报告，听候命令。

⑤ 列车长、乘警要加强车厢巡视，做好安全宣传和治安管理工作以维护车内秩序，严防不法分子趁机破坏，做好重点旅客的安全保护和服务工作，同时要向旅客做好正面解释工作，稳定旅客情绪。

（8）动车组列车运行中发生事故，旅客需紧急逃生时的疏散应急处置预案。

① 列车停车后，在车门能正常开启时，列车长立即通知司机，由司机打开所有靠线路外侧的车门；在列车断电、司机无法操纵打开车门时，由列车长组织列车工作人员手动解锁开门。

② 列车长迅速组织工作人员按照分工，在每个车门处进行防护，组织旅客下车。

③ 在车门不能正常开启时，列车长迅速通过广播（因断电广播系统无法使用时，由列车工作人员在车厢中部位置通过手持扩音器）向旅客宣传疏散程序、安全注意事项，工作人员迅速组织旅客使用安全锤击破紧急逃生窗，组织旅客撤离车厢。

④ 事故中发生人员伤亡时，列车长要及时安排专人救助。

⑤ 所有旅客撤离车厢后，列车工作人员组织旅客沿线路外侧向安全地带转移，将旅客安置在安全地带等待救援，同时做好安全宣传、引导工作。乘警承担旅客疏散过程中的防护、警戒工作。

⑥ 动车组停在高架桥上需紧急疏散旅客时，列车长应立即向所属铁路局客运调度员汇报，得到客运调度员同意向车下疏散旅客的指令后，通知本务司机打开列车运行方向左侧车门或按照客运调度员指示的方向打开指定的车门（如集控开门失灵时，应手动打开车门），向车下疏散旅客，通过应急通道门有序离开高架桥。

⑦ 在隧道内临时停车需疏散旅客时，列车长应首先向所属铁路局客运调度员汇报，得到允许后（如手机无信号时，应通过司机向上级汇报），方可疏散旅客，以避免疏散时发生意外。有应急救援横通道的隧道无论上下行，均应打开列车运行方向右侧车门。

⑧ 向车下疏散旅客时，提示旅客使用救援应急设备时注意脚下障碍物，防止出现摔伤或踩踏事故。

⑨ 应急处置后，列车长应及时向客运调度员、客运段值班员汇报，客运调度员、客运段值班员接事故报告后，立即组织开展后续救援工作。

（9）动车组发生旅客滞留列车的应急处置预案。

① 车站在接到因动车组列车晚点旅客集体拒绝下车的信息后，车站站长（副站长）及有关车间干部要立即赶到现场，了解情况，亲自指挥。立即组织部署客运部门、公安部门增加人员接车。

② 公安部门在接到车站通知后，要立即组织足够的力量到现场维持秩序，积极配合客运部门工作，认真开展滞留旅客的说服工作，争取得到旅客的理解和支持。同时，要向旅客宣传法律知识，告知旅客可以通过其他合法渠道和方式维护合法权益，劝说旅客听从车站工作人员的安排到指定地点协商解决问题，并协助车站工作人员引导旅客下车。公安部门在协助劝解过程中，严禁携带枪支。

③ 动车组列车晚点到达后，车站应组织有关人员向旅客做耐心的解释工作，尽快组织旅客下车、出站，对拒绝下车的旅客，全力做劝说工作，全力促使旅客下车，到专门的地点进行处理。

④ 因晚点造成旅客没有赶上所乘列车时，车站安排人员及时为旅客按章办理改签、退票手续。

⑤ 发生旅客以滞留列车的方式向铁路部门要求晚点或空调故障赔偿时，站车工作

人员应当以说服劝解、诚恳道歉为主，耐心细致地做好解释工作和相关法律法规的宣传工作，稳定旅客情绪，化解旅客怨气，力争取得旅客的理解和配合。

⑥ 客运部门在宣传和说服旅客离开车厢时，现场应有公安人员维持秩序，经反复劝离无效时，公安人员应宣布《关于严禁旅客滞留列车维护铁路运输秩序和安全的通知》并组织足够的警力，对拒不下车的人员依法采取措施带离车厢。对煽动旅客滞留车厢、扰乱列车治安、破坏铁路运输秩序、用暴力手段对抗执法的个别人员，要认真调查取证，依法追究其法律责任。劝阻中要依法依规，有理有节，文明执法。

⑦ 旅客因晚点集体拒绝下车事件处理情况，车站应及时向客运调度员汇报，处理完毕向客运处汇报。

9. 车站站台紧急停车的应急处置预案

（1）动车组停站或初启动（尾部未过出站信息机），站、车客运人员发现危及旅客人身安全或行车安全现象，需紧急叫停列车时，将对讲机调至司机电台频道，呼叫司机停车（列车工作人员同时按照相关规范要求按下紧急停车按钮），呼叫用语为“××次司机，有紧急情况，立即停车”。

（2）司机听到呼叫后须立即紧急制动，同时应答呼叫者“××次司机明白”，呼叫者通过对讲机告知司机停车事由。司机及时向列车调度员报告停车原因。相关人员及时做好应急处置工作。

（3）司机在停靠站启动列车，接到紧急停车报警时，如车没有启动则不启动，如车已启动要立即紧急制动停车，需要确认车辆技术状态时应立即通知随车机械师。紧急停车后，司机要及时向列车调度员报告停车原因。

（4）随车机械师接到司机通知后应立即进行确认并将确认情况报告司机，司机根据随车机械师确认情况正确处置。

（5）列车工作人员按下紧急停车按钮，要及时向列车长报告，由列车长向司机通报原因和处置情况。

（6）应急事件处置完毕后，呼叫者向司机报告，列车长按规定程序通知司机（随车机械师）关闭车门，司机按规定程序开车。

10. 区间救援的客运组织预案

（1）动车组因故在站内（区间）非正常停车后，列车长要利用对讲机或立即赶到司机室向司机询问停车原因、预计恢复运行时间，并将停车原因、预计恢复运行时间、停车期间安全注意事项利用广播向旅客公布。

（2）动车组停车（晚点）超过 15 分钟时，列车长要通过广播向旅客致歉，致歉间隔时间不超过 20 分钟。

（3）确认需要救援时，救援指挥人为动车组司机，动车组客运乘务人员在服务的同时，要指定 2 名男性乘务人员配合随车机械师，做好救援的相关工作，具体工作为：协助随车机械师搬运过渡车钩、接地杆等救援设备，配合随车机械师安装过渡车钩。

（4）动车组在冬季无电、无空调时，列车长要组织测量停车时的车温，关闭各节车厢通过门、车门；夏季空调故障停用超过 20 分钟时，按照预案打开边门，并设置防护网，在停车期间，列车长要指定不参与配合随车机械师的客运乘务人员按每人2车值守，主要职责是车门看护、安抚旅客。

（5）在搬运救援器材时，根据救援器材存放位置，就近车门上下，减少对旅客的干扰。

（6）停车后，列车长要详细了解停车时间、停车地点、车内人数、重点旅客人数、换乘旅客人数、餐食储备、车内温度、采取的应急处置措施、添乘人员姓名、联系电话、防寒备品储备情况并将相关情况报客运调度员。

（7）列车长要组织客运乘务人员做好服务工作，由于停电造成车温较低时，应对重点旅客发放防寒毯，昼间要通知司机关闭通风、空调、照明设备，减少电池的使用，夜间应尽量保持车内的应急照明。

（8）救援结束后，列车长要根据命令，做好开车前的准备和组织工作，确认工作人员、旅客全部上车后，通知司机关闭车门后开车。

附录 C

××铁路局旅客列车火灾爆炸应急预案

一、应急处置小组分工及职责

为加强旅客列车发生火灾爆炸时的应急处置工作，应成立列车火灾爆炸应急处置小组。应急处置小组分工及职责如下。

（1）指挥组。指挥组由列车长负责，乘警长、检车长、餐车长、行邮人员为组员。指挥组对列车发生火灾爆炸处置工作统一指挥，其他小组必须坚决服从命令，根据分工和火灾情况相互配合，协同作战。

（2）疏散组。疏散组由休班车长负责，休班值班员、列车员、乘警、其他工作人员为组员。接到火灾警报后，疏散组立即携带抢救工具赶赴火场，迅速救助受火灾威胁人员脱离危险场所，将人员疏散到安全地带。检车人员配合运转车长解体列车，隔断火源。做好防护和列车防溜工作。

（3）灭火组。灭火组由当班列车长负责，起火车厢列车员、当班列车员、值班员、乘警、车辆乘务员为组员。灭火组负责切断火源、电源，携带灭火器赶赴现场，全力扑救，尽快灭火。

（4）伤员抢救组。伤员抢救组由当班软卧列车员负责，兼职广播员、餐车工作人员为组员。伤员抢救组负责对受伤旅客进行救治，如旅客伤情严重，应及时向有关部门请求帮助。

（5）警戒组。警戒组由乘警长负责，乘警、起火车厢邻近前后休班列车员为组员。警戒组负责维护现场秩序，设立警戒线，警戒重要部位，抢救重要物资，监督飞火蔓延，保护火灾现场，防止趁火打劫。乘警要及时收集旁证、物证、做好笔录，调查事故原因，做好善后处理工作。

各班组要根据所值乘列车编组、乘务组织及工作实际，适时删减或调整以上分工及职责。

二、旅客列车消防信息反馈图（火情较大时）

旅客列车消防信息反馈图（火情较大时）如图C－1所示。

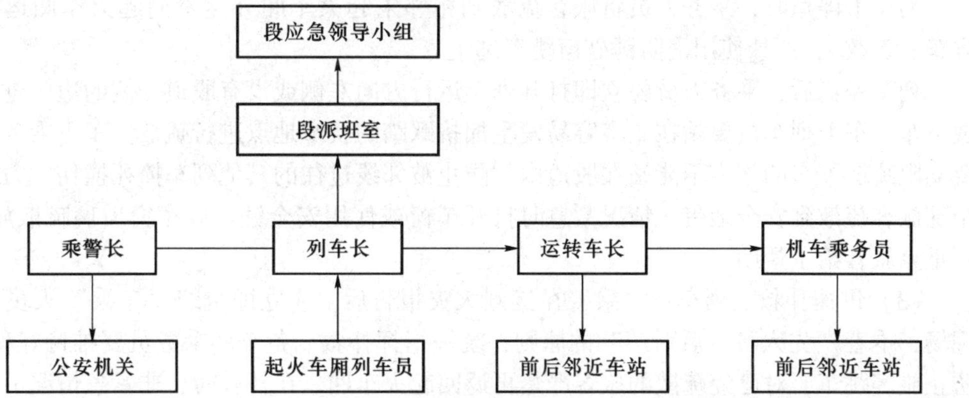

图C－1　旅客列车消防信息反馈图（火情较大时）

三、现场应急处置措施和流程

1. 火灾初起时的处置

列车发生火灾时，起火车厢当班列车员应立即疏散起火部位旅客，判断火情能够迅速扑灭时，就地取材或使用灭火器扑灭。扑灭后，列车员要保护好现场，并将信息以遂车传递的方式报告列车长，严禁惊慌失措，大声呼救，避免引起旅客恐慌。在列车长、乘警长、检车长未到现场处理前，起火车厢列车员要注意查看冒烟起火部位，防止复燃。列车长、乘警长、检车长赶到现场后，对起火部位进行全面检查，确认火已完全熄灭后，保护好现场，调查取证，初步确定起火原因。

列车长及时将事情概况向段派班室进行汇报，车辆乘务员对损坏的设施、设备进行处理和修复。

2. 火情较大或发生爆炸时的处置

（1）立即停车。列车在运行中发生火灾无法马上扑灭或运行中发生爆炸，严重威胁行车和旅客人身安全时，起火车厢列车员或其他乘务人员要选择利于疏散旅客的开阔地点，使用紧急制动阀停车。确认因列车火灾难以扑灭时，起火车厢列车员要立即将信息通知前、后车厢列车员，起火车厢的前、后车厢列车员立即将车厢起火信息以对讲机或逐车传递的方式通知其他列车工作人员，列车工作人员闻讯后须立即赶赴起火车厢进行疏散及扑救。传递时注意不能大声呼叫，惊慌失措。原则上不得使用列车广播公布列车发生火灾的信息，防止引发混乱，致使旅客惊慌失措，不听从指挥，盲目跳车，造成伤亡。信息传递内容包括车厢号、起火位置、火势等情况。

因列车拥挤难以将起火信息迅速传递时，列车工作人员要使用对讲机将起火信息迅速传递到其他列车工作人员，尾部车列车员负责向运转车长或检车人员传递起火信息。

（2）疏散旅客。起火车厢列车员应迅速组织本车厢旅客放弃携带物品，指导旅客用湿毛巾、手帕等捂住口鼻，采取低姿行走的方式，向安全位置疏散，尽力阻止旅客携带大件行李逃生。如车厢内浓烟弥漫时，列车员应引导旅客疏散。防止疏散到车下的旅客在跨越列车股道转移到安全地带的过程中，被过往的其他列车撞伤。

列车未停稳时，乘务人员将旅客疏散到相邻未起火车厢（尽量向起火车厢运行前方车厢疏散），严禁使用消防锤破窗跳车逃生。

列车停稳后，乘务人员要立即打开列车运行方向左侧或没有股道一侧的边门进行疏散下车，车上列车员要站在旅客容易发生拥挤踩踏的狭窄地点进行疏散。车下乘务人员要劝阻疏散下车的旅客不能站在股道内，防止被邻线过往的其他列车撞死撞伤，力求将全部旅客疏散到安全地带。情况紧急时打开车窗或使用安全锤击碎车窗玻璃疏散旅客，对重点旅客给予帮助。

（3）迅速扑救。列车长、乘警在接到火灾报告后，应立即组织“三乘”人员赶赴现场，本着“先人员、后财产”的原则，统一指挥扑救。各车厢乘务员要维持好秩序，防止旅客跳车，对已经疏散的旅客严禁再返回起火车厢。在扑救时，非紧急情况下不得使用安全锤打破车窗，以防空气流通加速火势蔓延。各车厢列车员将全列灭火器迅速传递到起火车厢使用，灭火组各成员注意自身安全，火情较严重时，立即退出火场，以控制火势进一步蔓延为主，及时拨打当地“119”电话，请求消防部门援助。

（4）切断火源。火灾发生时，要迅速判断火灾原因。电器火灾，必须首先切断电源，防止火势蔓延。需分解列车时，机车、车辆乘务员和运转车长要密切配合，按照先摘后车、后摘前车的方法分解列车（即先将着火车辆与后部车列分离，并将着火的车辆尽量转移到线路平坦处，但不得停留在桥梁、隧道及重要建筑物附近，再将前部车列与着火车辆分离）。分解列车时要锁闭分解车辆的车厢端门，列车长安排专人负责分解车辆的防护，查看有无旅客，防止车列移动造成旅客伤害。分离后的车组要拧紧全部人力制动机，防止车辆溜逸。

（5）设置防护。列车停车后，机车乘务员使用列车无线调度电话通知两端车站、列车调度员及运转车长。运转车长和机车乘务员根据需要做好列车（包括列车分解后区间遗留的车列、车辆）防护工作。自动制动机故障或区间有遗留车列、车辆需采取防溜措施时，运转车长（无运转车长由检车员负责）要按规定指挥客运乘务人员拧紧车辆人力制动机。各工种充分利用对讲机做好信息互递和工作协调。车辆分解时列车员要做好防护工作，避免发生人身安全事故。拧紧人力制动机时，列车员要按照列车长或检车人员要求，顺箭头指示方向拧紧人力制动机；松开人力制动机时，检车人员要按照要求松开一辆检查一辆。

（6）报告救援。由机车乘务员、运转车长（无运转车长时为检车人员）按规定及时向相关部门（单位）报告行车信息，并向相邻车站报告情况。列车长要尽快向事故发生地客调报告情况，请求救援。报告内容主要包括车次、列车编组、起火车厢编组位置、起火车厢车号、人员伤亡情况（是否有外籍旅客）、时间、区间、事故概况和现状等。

（7）抢救伤员。对危重伤员要优先抢救，尽力使其脱离险境，及时拨打当地“120”急救电话。在急救人员到达前，要根据伤员具体情况，采取相应的措施进行抢救。

(8) 保护现场。在扑救火灾的过程中，乘警长要采取多种措施，维护现场秩序，列车员要听从乘警长安排，组织人员看守旅客财物，视情况设置警戒区，禁止无关人员进入（持有机要交通专用证的机要交通人员抢救、保护机要文件时除外）。注意保护好现场，不得擅自移动现场任何物品，对痕迹和物证要采取有效措施妥善保护。列车广播及乘务人员要主动配合乘警长工作，共同维护秩序，保护现场，稳定旅客情绪，以免发生混乱。

(9) 协助查访。列车长和列车乘务员要积极配合公安机关了解情况，提供线索，协助调查。同时，要认真清点疏散旅客和伤员人数、伤害程度、车票、财物、旅客姓名、性别、年龄、单位、地址、身份证号码及其他证件，并做好详细记录，登记造册，分析查找起火原因，对可疑人员要进行看管。

(10) 认真取证。乘警要及时进行调查取证，取证工作做到严密、细致、真实。必要时请示邻近公安机关协助勘查现场，对较大事故的责任人采取必要措施。

3. 停留列车发生火灾爆炸的应急处置

(1) 发生初起火情的处置。守车人员判断火情能够迅速扑灭时，就地取材或使用灭火器进行灭火。扑灭后，守车人员要保护好现场，及时将起火信息报告列车长并要注意查看冒烟起火部位，防止复燃。列车长赶到现场后，对起火部位进行全面检查，确认火已完全熄灭后，保护好现场，并及时向停留场所所属单位、段派班室进行汇报，坚守岗位收集旁证，等待上级部门调查处理。

(2) 停留列车发生较大火灾或爆炸的处置。守车人员要迅速赶到起火车厢，使用灭火器进行灭火。同时，立即向停留场所所属单位、当地消防部门（119）、段派班室汇报，汇报内容为列车所在位置、车次、停车股道号、起火列车车号、起火部位、火势情况等。如因火势较大确认无法扑灭时，守车灭火人员要退到安全地带，不得擅自离开，如夜间发生火灾要及时打开锁闭车门门锁，未经同意严禁打开车窗或击碎车窗玻璃，在安全位置积极引导救火人员、灭火车辆进入火场。消防人员进入火场灭火时，守车人员要服从命令，配合上级部门进行调查。

附录 D

××铁路局动车组列车质量标准

一、人员素质

（1）列车乘务员应具有大专以上文化程度。身体健康，五官端正，身材匀称，年龄在 18 ~35 岁，男性身高不低于 1.70 米；女性身高不低于 1.60 米。定期体检，持有健康证。

（2）列车乘务员上岗前应通过安全、技术业务培训，参加乘务实习及动车组专业技术培训，经理论、实作考试合格，持证上岗。

客运乘务员每年进行脱产培训不少于 10 天，学习新设备、新知识、新标准，确保技术业务素质达标。

（3）列车乘务员应熟知本岗位业务知识和职责，能够熟练使用列车相关设施、设备，熟练执行规章制度；具有较高的服务技能和应变能力；具有良好的语言文字表达能力，能进行常用英语会话。

（4）列车长从事乘务工作时间满二年以上，具有大专及以上文化程度，能进行常用英语会话，经路局组织的岗位培训考试合格，男性身高 1.72 ~1.80 米，女性身高 1.62 ~1.70 米，初次任职在 32 岁及以下，岗位年龄在 40 岁及以下。熟悉旅客列车其他工种业务，有较强的组织管理、妥善处理问题及良好的语言、文字表达能力。

二、设备设施

1. 车辆设备设施

（1）列车车内各种标牌齐全醒目、型号一致、位置统一，质地高档，电子显示屏显示的内容准确、规范。

（2）广播系统、照明、空调、给水装置、影视系统、列车多功能室、乘务员室、监控室、备品室、储物柜、电茶炉（饮水机）、工具室（柜）、垃圾箱、盥洗间、厕所等设施齐全，能正常使用。

(3) 车厢的紧急按钮、灭火器、紧急开门阀、紧急破窗锤、逃生窗、防火隔断门、烟雾报警器、紧急门锁、防护网（带）、应急梯、渡板等安全、应急设施齐全，作用良好。

(4) 可调节式座椅、脚蹬、折叠式小桌板、遮阳帘、卧铺、茶桌、座席号牌、铺位号牌、包房号牌、卧铺吊带（栏杆）、扶手、梯子、婴儿护理台、座椅、车厢内外电子显示屏、电源插座、大件行李处、通风装置、残疾人服务设施、感应式内端门、车门、行李架、梳妆台、面镜、脸盆、洗手盆、便器、手纸架、餐桌、冰箱、冷藏柜、微波炉等服务设施设备齐全、良好，检修及时，符合动车组运用标准。

(5) 动车组 CRH_2A 允许配置额定功率3 kW 微波炉1台，额定功率1.5 kW 微波炉1台；动车组 CRH_2B、CRH_2E 允许配置额定功率3kW 微波炉4台。

(6) 加强对动车组上部设施的维修工作。发现上部设施故障时，乘务员立即向列车长报告并通知随车机械师。随车机械师须及时到达故障车厢进行维修，对在运行中修复不了的，应向列车长详细说明情况。

2. 服务备品

(1) 列车的各种服务设施齐全完整，作用良好；备品要质地良好，色调协调、美观，装饰典雅，清洁卫生。及时更新车厢宣传框所标示的时刻表。

(2) 头枕片、座椅头枕质地良好、平整洁净，无破损、无褪色；头枕片一天一换、定期更新；座椅头枕定期更换。清洁袋具有防水、承重性能，配备充足。

(3) 卧具使用高档纯棉制品，做到消毒、烫平、干燥、整洁、无污渍、无折痕。卧具使用周期不超过半年，一站直达卧铺动车组卧具按全列增加10套配备，其他卧铺动车组按全列增加20套配备，并做到定位摆放。

(4) 卧车备品配置标准：台布，不锈钢果皮盘和带盖垃圾桶，高档台式热水瓶、积水盘，按定员配置布艺衣架、一次性拖鞋。包房内有棉被、被套、枕套、垫背（垫毯）、小单、枕芯、卧铺套、背靠套、书报架和报纸杂志；洗脸间有洗手液（皂）；坐式便器备有一次性垫圈；高级包厢内有花瓶和鲜花（往返换）。包房视频系统耳机，应在列车终到前及时回收，必须经消毒处理后入袋保管。

(5) 售货车按照规定数量配置，刹车装置作用良好并有防撞胶条。

(6) 盥洗室（洗脸间）应配有洗手液、擦手纸；厕所内配备芳香片、水溶性好的卫生纸；男用厕所小便池内放置芳香球。垃圾袋符合垃圾箱规格，质地良好并印有担当段名称。配有一次性纸杯。杂志、服务指南按规定配备。洗手液、垃圾袋、卫生纸等低值易耗品要及时补充，保证使用。

(7) 加强对备品的管理。要根据担当动车组客流的规律，按规定配置服务备品，保证正常使用，加强对服务备品的管理，防止流失和浪费。服务备品须在库内摆放，特殊情况需要在始发站摆放的，应将所配的服务备品分装，不得上车分包。服务备品做到定位摆放、定置管理，将备品定置管理工作纳入考核范围。遇有厕所、电茶炉等设备故障，要悬挂设备故障提示牌。

三、安全制度

（1）安全行车，避免发生火灾、爆炸、旅客伤亡和食物中毒事故。

（2）应急预案完善，具有可操作性。当动车组运行中发生火灾、爆炸等事故，危及列车安全时，列车乘务人员应当立即使用紧急制动阀或按下火灾报警按钮，通知司机停车，并将旅客疏散到安全车厢，及时关闭防火隔断门，并将情况通报司机、列车长、乘警、随车机械师，司机和列车长应当迅速启动应急预案。

（3）对于消防器材等应急安全设施，乘务员要做到知位置、知性能、会熟练操作。

（4）适时进行安全常识和正确使用车辆设备的宣传工作，设置警示标志，提示旅客遵守安全乘车规定。动车组内及中途停靠站台禁止吸烟，要做好禁烟宣传，及时制止吸烟行为。

（5）动车组到站停稳后，司机或机械师开启车门；开车前，列车长确认旅客乘降完毕后，通知司机或机械师关闭车门；运行中，禁止旅客倚靠车门。列车在运行中与司机室相连接的车厢内端门应锁闭。

（6）正确使用电器设备，安全使用电源，不乱接电源，不超过允许负载；公共区域的电源插座应保证旅客正常使用，但仅限旅行生活用的小型电器。配电室（箱）锁闭，保持清洁干净，严禁放置物品。

四、服务要求

（1）应通过图形符号、电子显示、广播、服务指南等方式宣传设备使用方法和乘车须知，方便旅客实现自助服务。

（2）仪容端庄，精神饱满，举止得体，微笑服务，具有亲和力。

（3）对需要重点帮助的旅客及时提供相应服务，做到有登记、有服务、有交接。

（4）途中晚点 15 分钟以上，列车长应代表铁路向旅客致歉；晚点 1 小时以上，逢用餐时间，列车长向客调汇报车内人数，客调安排车站向列车提供食品，由列车免费为旅客供餐，并积极做好服务工作。

（5）及时帮助寻求帮助的旅客，礼貌接待旅客问讯，认真受理投诉，做到首问首诉负责，不推诿、不延误；对涉及非本职范围的询问应转告相应岗位乘务人员，及时妥善处理。

（6）应配备服务指南和列车免费读物。服务指南按规定印制和摆放，并及时补充；免费读物按规定摆放。

具体摆放标准：一等车厢从左至右分别为：①《和谐之旅》、②《旅伴》、③《上海铁道》、④《报林》和《旅客报》；二等车厢从左至右分别为：①《和谐之旅》、②《旅伴》、③《上海铁道》、④《报林》、⑤《旅客报》。《人民铁道》的摆放按有关要求执行。若上级对动车组摆放期刊种类做出调整或提出新要求，则按照新规定执行。

（7）启用热备车时，乘务人员应做好解释和服务工作，认真解决旅客换车过程中出现的问题。

（8）大件行李存放处用于摆放旅客的大件行李，不应挪作他用；乘务人员应引导携带大件行李的旅客使用大件行李存放处。

五、着装管理

1. 基本要求

分工种统一着装，着装整洁，佩戴相应标志；动车组制服原则上每二年更换一次。

2. 换装时间

根据季节、气温变化进行换装，做到换装统一。原则上 3 月 1 日换春秋装制服；6 月 1 日换夏装制服；10 月 1 日换春秋装制服；12 月 1 日至 2 月底换冬装制服。

制服由各客运段统一负责洗涤，洗净后，做到熨烫平整，无污渍、斑点、皱褶、脱线、缺扣、残破、毛边等现象。洗涤费用由单位与个人按 8:2 的比例分摊。

六、人员管理

1. 定期培训

各客运段定期对动车组乘务人员的仪容仪表、礼节礼貌进行培训，培训主要内容为仪容仪表、言谈举止、姿态（站姿、坐姿、行走）、面部表情、说话方式、服务技能等。

2. 人事管理

路局客运处与各客运段对现有动车组乘务人员进行核定，登记造册，建立档案。

七、保洁卫生

1. 基本要求

列车保洁实行专业化管理，运行中有随车保洁人员适时保洁。车体外壳见本色、无污痕；车厢内明亮、美观、整洁，地面干净、无污渍，厕所、洗脸间清洁、干燥、无异味；途中适时整理废弃物；备品定位，保洁工具隐蔽存放；拖把、抹布等备品分类使用，更换及时。定期清洗空调通风设施，定时强制通风，保持空气清新。合理确定排污时间，及时排污，确保厕所正常使用。

2. 出库保洁卫生标准

（1）厨房空调口、天花板无污迹、无灰尘，地板无污渍。

（2）废物箱内外壁清洁，桶内无垃圾，无异味。

（3）餐台、餐桌、座椅干净整洁，无杂物，餐车地板洁净。

（4）垃圾分类收集、装袋扎口、定点投放，废物箱清空无异味，桶壁擦抹干净。

（5）洗手盆、便器通畅，无污物、无异味，金属部件清洁，无水迹，桶壁内外擦抹干净，洗脸间、厕所镜表面干净、明亮。

（6）卫生间门及内壁板、天花板干净，地板洁净。

（7）纸架、用品存放格表面无积灰、内无杂物。各类易耗品配放齐全。

（8）车厢天花板、壁板、空调口、窗户内玻璃无积尘、无污迹。

（9）窗台、小桌板、行李架、大件行李存放格里外擦抹干净、无污迹和杂物，座椅扶手清洁无积尘污垢。

（10）地板洁净、无污迹，座位后网兜清洁无杂物，各类杂志和服务手册、清洁袋摆放整齐。

（11）更换座椅头枕片和一等座枕套，对明显污迹的座椅面及时清洁、洗净。

（12）座椅转向到位，窗帘拉放位置统一。

（13）清洁工具及备品定位摆放。

（14）动卧车卧具折叠整齐，备用卧具装袋保管，已使用与未使用的分别存放。

3. 折返保洁卫生标准

（1）座椅转向到位。

（2）窗帘拉放位置统一。

（3）台面、座椅、网兜、窗台、地面垃圾清理干净。

（4）地面拖抹干净。

（5）便器、洗手池无污物，厕所地面拖抹干净、板壁面板、镜面、部件无污迹。

（6）车门框擦抹干净。

（7）折返保洁时，应在车门处设置提示标志。

4. 随车保洁卫生标准

（1）洗脸盆、洗手盆、便器通畅无污物，厕所废物箱及时清理。

（2）洗脸间、厕所地面无污迹、无水迹。

（3）洗脸间、厕所壁板、面板、玻璃镜面、部件无污迹、无水迹。

（4）车厢地板无污迹、无水迹。

（5）车厢台面、座椅后网兜、座椅、窗台杂物清理及时。

（6）废物箱表面无污迹。

（7）各类服务备品补充及时。

（8）清洁工具及备品定位摆放。

（9）垃圾袋扎口，按规定投放。

5. 深度保洁卫生工作规定

（1）有计划进行深度保洁。动车客运段每月 28 日前，将次月的动车组二级修月度计划报路局车辆处、客运处，并书面通知保洁公司。保洁公司安排相应的深度保洁作业，并与动车客车段建立联系制度。

（2）认真做好深度保洁工作。保洁公司加强对动车组列车在顶棚、门帘等部位的隐蔽污垢进行深度保洁。每季度对座位进行保洁清洗，每季度对动车组饮水机进行消毒清洗。相关客运段客运质检员做好对保洁公司深度保洁质量的验收，并建立台账。

（3）完善考核制度。相关客运段每月 5 日前将上月的深度保洁验收考核情况汇总后报路局客运处。路局客运处依据《动车组列车保洁合同》，进行动车组月度深度保洁质量的综合考评。

（4）强化协调机制。将动车组二级修与深度保洁工作进行协调，并将其纳入路局动车组月度例会议题，协调解决有关动车组深度保洁工作中存在的问题。

6. 动车组列车长与折返保洁人员交接位置

根据动车组的车型确定列车长与折返保洁人员交接位置，CRH_1A 为 1 号车（重联为 9 号车）、CRH_2A 为 7 号车、CRH_1B 为 9 号车、CRH_2B 为 3 号车、CRH_2E 为 9 号车。折返保洁签收单没有列车长和折返站保洁组长签字的，一律不支付保洁费，因列车晚点、保洁时间不足 5 分钟的，在折返保洁签收单上注明。

八、饮食供应

（1）严格执行食品卫生方面的相关法律法规。商品、餐料的采购、保管、加工、出售符合相关规定。销售的配餐符合国家食品卫生规定。

（2）餐饮供应卫生管理制度健全，有卫生许可证。从业人员穿着规定服装，佩戴标志，持健康证上岗。

（3）餐车环境布置优雅、舒适，方便旅客用餐和选购商品。必须坚持方便、快捷、面向大众的原则，以满足旅客不同需求为目的。

（4）建立商品目录库管理制度，并根据不同线路配置商品，印制价目表，满足旅客需要；餐车提供订、送餐服务，饮食品、配餐种类丰富，价格合理，正餐不高于 15 元的盒饭必须不少于两种，禁止捆绑销售、搭售商品。

（5）列车上销售的食品，必须由餐饮公司统一采购。餐饮公司销售人员应将上车食品的出库单交列车长以备检查。列车销售的食品应当明码标价、一货一签，有“CRH”标记，并按旅客要求提供发票。

（6）加强对餐车的管理，餐饮人员要正确使用冰箱、微波炉等电器设备，餐车冰箱内设有专用食品箱，只限于放置供乘务人员食用的熟食品；报废食品不得销售，并贴有“报废签”。

（7）餐饮人员负责列车运行中餐车的清洁卫生，食品、备品存放不得侵占通道和影响安全。列车到站、开车时，餐饮人员应当在餐车门内立岗迎送旅客。

（8）所有商品必须有食品安全“QS”标志，移动售货在列车始发 5 分钟后方可开始，终到前 10 分钟停止。销售餐食应带一次性手套，旅客要求提供送餐服务时，要在规定时间内送到旅客手中，推车销售食品不得高声叫卖，不得干扰旅客，服务过程中主动避让旅客。

（9）严格乘务用餐和招待餐管理，乘务用餐仅限于乘务班组人员，包括客运人员、机械师、司机、乘警和保洁人员及车队添乘人员，除此之外，各级添乘人员、出差人员一律按销售价格购买。需招待客人的，一律由客运段协调餐饮公司，明确餐食标准、数量并及时结算。

九、广播宣传

（1）动车组广播要体现较高的品位，广播员必须具备相应的资质，具有国家或地方语言文字委员会普通话水平测试等级证书。

（2）广播员播音必须使用标准普通话，做到发音标准、口齿清晰、语调亲切、语速适度、富有感情。

（3）运行时间在3小时以内的列车，一般只播迎送词、服务设备介绍、安全提示、站名和背景音乐。运行时间超过3个小时的列车，可在不干扰旅客休息的前提下，适当增加播放内容。

（4）列车旅客信息服务及影音播放系统播放的内容应由客运部门提供，由车辆部门录入。

（5）动车组遇有临时停车、晚点、设备故障等突发情况，应立即通过广播做好宣传工作，播放的临时稿件由列车长审定后方可播出。

（6）建立广播员日常管理档案，对广播员日常播音质量及优缺点进行记载并备案，作为广播员考核的依据。

十、乘务管理

（1）乘务组在列车长的领导下按各工种岗位说明书分工协作，开展乘务工作。

（2）定员标准：动车组客运乘务人员单组实行1名列车长2名列车员，大编组实行1名列车长4名列车员，卧铺动车组实行1名列车长5名列车员。

（3）建立乘务例会制度。动车组列车在始发放客前或开车后10分钟内和进库终到前15分钟，由列车长召集乘警、机械师、餐饮领班和保洁组长在餐车召开动车组工作会议，布置工作、沟通情况、协调相关事宜。

（4）适当调整乘务交路。客运段应在路局核定的总定员内，配齐动车组乘务人员，并按照国家法定工作时间合理组织交路，动车组每天乘务交路连续值乘时间原则上不超过14小时，确保乘务人员以充沛的精力、饱满的精神状态出乘。

（5）加强乘务员的培训。各客运段和餐饮、保洁公司要制订动车组乘务人员培训计划，定期组织对列车长、乘务员和餐饮保洁人员的岗位轮训，不断提升综合素质。

① 列车长培训。各客运段每季组织对列车长培训一次，主要针对作业现场存在的普遍性和倾向性问题，开展形式多样、有针对性的培训，同时，将岗位培训纳入日常考核工作中。

② 乘务员培训。按照轮班制度，组织全体客运乘务员进行岗位轮训。重点对应急处理、作业标准和服务礼仪等方面进行培训。

③ 餐饮、保洁人员培训。餐饮、保洁公司要利用班前点名和休班时间做好作业人员的日常岗位培训，不断提高餐饮、保洁人员的岗位技能。

（6）严格动车组查验票制度。列车长根据车站提供乘车人数通知单，在开车后组织对空余席位和无座人员进行核对、验票，卧铺动车组核对作业应在始发后20分钟内完成。列车在始发站、中途站，应将一等车的端门锁闭，列车长要指定专人负责验票。列车在办理旅客越站手续时，必须严格按照动车组列车超员率的规定，合理控制列车超员情况。

（7）完善结合部管理。明确动车组各工种岗位职责，动车组餐饮、保洁、机械师和乘警的工作流程由相关单位报客运段，客运段组织列车长进行学习，作为列车长应加强结合部管理，做好运行途中各工种作业的督促和监管工作。

参考文献

[1] 兰云飞. 铁路运输信息系统应用实务. 北京：北京交通大学出版社，2015.
[2] 彭进. 铁路客运组织. 2 版. 北京：中国铁道出版社，2008.